钱曾怡文集

第十卷

山东大学中文专刊

社会科学文献出版社
SOCIAL SCIENCES ACADEMIC PRESS (CHINA)

本卷目录

《汉语方言研究的方法与实践》续编及其他

漫谈汉语方言学……………………………………………… 3

汉语方言研究的方法论问题………………………………… 17

汉语方言学对现代语言、文化建设的意义………………… 34

卷首语　实地调查是方言研究生命之源泉………………… 46

口语高频词比较的方言分区意义…………………………… 48

关于统一音标符号和统一用字的规定……………………… 57

中国语言资源保护工程调查的规范和统一性问题………… 65

语保故事：麻烦种种………………………………………… 69

从事汉语方言调查的片段回忆……………………………… 72

汉语三个单字调方言的类型及其分布（附：只有两个单字调的方言）… 75

汉语只有两个或三个单字调的方言资料长编……………… 86

"首届官话方言国际学术讨论会"开幕词………………… 107

官话方言调查研究对汉语史研究的意义…………………… 108

官话方言古知庄章声母的读音类型………………………… 115

从现代山东方言的共时语音现象看其历时演变的轨迹…… 133

从山东方言几个特殊词想到的方言词语的产生和演化问题… 151

朱德熙先生和我关于反复问句的来往信件………………… 158

山东沂山地区方言简志……………………………………… 163

长乐镇志·方言……………………………………………189

浙江嵊州长乐话的变调……………………………………225

扬雄"蝇，东齐谓之羊"古今考……………………………247

"做""作"考辨……………………………………………255

"假借"辨…………………………………………………273

《淄博乡音乡俗》（于中著）序……………………………279

《黄河三角洲方言研究》（沈兴华著）序…………………280

《陕西方言重点调查研究》丛书（邢向东主编）序………282

《东营方言研究》（杨秋泽著）序…………………………286

《绩溪荆州方言研究》（赵日新著）序……………………288

《霸州方言志》（李旭著）序………………………………291

《中古阳声韵韵尾在现代汉语方言中的读音类型》（张燕芬著）序　293

研究生教学
　　——在山东大学新增博士研究生导师岗前培训班上的报告…………296

给"子海"学生介绍国际音标及与之相关的常识……………302

谈"现代汉语"教学中的几个问题…………………………316

《中国语言学要籍解题》前言………………………………321

《汉语方言大词典》的贡献…………………………………323

读《汉字三论》……………………………………………328

《商子汇校汇注》原稿问题及处理意见……………………330

在"蒋维崧先生塑像落成式暨纪念蒋维崧先生诞辰九十六周年
　　座谈会"上的发言………………………………………333

钱高楣…………………………………………………………335

我的思念………………………………………………………337

附录：未刊及主编、合著 10 种……………………………342

钱曾怡教授访谈录……………………………………………343

《汉语方言研
究的方法与实
践》续编及其他

漫谈汉语方言学

回乡偶书

少小离家老大回，乡音无改鬓毛衰。

儿童相见不相识，笑问客从何处来。

———唐·贺知章（659—744）

贺诗中说的"乡音"，就是方言语音；研究"乡音"，属于汉语方言学的范围。

今天要讲的题目是"漫谈汉语方言学"。虽说是漫谈，却也不能漫无边际，下面主要讲两个问题，穿插介绍五个与本学科有关的人物。

一、什么是方言学？（包括什么是方言和方言学的历史）下面分两个问题讲

1. 古典方言学

（1）从古典方言学的创始人扬雄说起

第一个人物　扬雄

两千多年前，世纪前后之交，西汉时代，有个成都人名叫扬雄（公元前53—公元18），少年好学，口吃不善言谈，是著名的文学家、哲学家、语言学家。著有《甘泉》《河东》《羽猎》《长杨》等赋和《太玄》（仿《易经》）、《法言》（仿孔子《论语》）、《方言》和字书《仓颉训纂》。

扬雄42岁时游京城长安，次年经人举荐被汉成帝刘骜召为给事黄门侍郎。这年，扬雄上书请求免除公务，情愿停薪三年，以

实现其通过读书造就自己的志向。汉成帝刘骜不但供给薪俸，还另加笔墨钱六万，并给他观书石室的机会。从此以后，"雄常把三寸弱翰，赍油素四尺"，向外地来京的官吏士卒等"以问其异语"，回去以后再进行整理。这样的调查整理工作一直持续了 27 年，到刘歆写信向扬雄索求《方言》的时候。（见扬雄《答刘歆书》）

扬雄的《方言》是世界上第一部方言学专著。全称是《輶轩使者绝代语释别国方言》。"輶轩"是古代一种轻便的车，古代帝王的使臣被称为"輶轩使者"。

《方言》是一部词汇专集，全书收入词语 675 条，按意义分为 13 卷。每个词的基本内容是先作简略的解释，然后说明各地方言的不同说法。例如：

党，晓，哲，知也。楚谓之党，或曰晓，齐宋之间谓之哲。（一卷 1）
蝇，东齐谓之羊，陈楚之间谓之蝇，自关而西秦晋之间谓之蝇。（十一卷 12）

方言学是研究方言的学问。主要研究一种语言中不同方言的地域分布、特征，以及它们的形成、相互关系，等等。有方言才有方言学。

（2）什么是方言？

什么是方言呢？"方"就是地方，"言"就是语言，"方言"就是地方口语，是一种语言在其分布区域内不同地区的全民交际工具。对于存在方言差异的语言来说，方言是这种语言在不同地域的主要存在形式，这种形式跟这种语言所分布的其他地区的方言存在不同，也跟这种语言的共同语不同。例如汉语，在现代汉语的分布范围内，不同地区的主要存在形式是官话方言、吴方言、粤方言、闽方言等等，这些方言分别跟其他地区的方言不同，跟汉民族共同语普通话也不同。

一种语言有一种语言的特征，这种特征区别于其他语言。汉语的特征如：声调有区别性的意义（"衣姨椅异"），声母的送气和不送气区别字音（"我错了"与"我做了"、"我怕"与"我爸"），没有形态变化，复合词、词组、句子三个层次构造原则具有一致性：

	主谓	述宾动宾	偏正	述补	联合
复合词	年轻　心疼	关心　站岗	飞机　热爱	提高　证明	道路　买卖
词　组	天空晴朗 学习刻苦	洗衣服 爬山	塑料口袋 高速度	洗干净 说清楚	柴米油盐酱醋茶 又便宜又好看

续表

	主谓	述宾动宾	偏正	述补	联合
句　子	他学习刻苦 今天星期天	上课了 禁止吸烟	为人民服务 慢慢说	学得好 走到天涯海角	花好月圆 快乐如意
词组可以独立成句，也可以是句子的一部分					

　　这些特征都是汉语所有方言共同存在的。汉语的方言差异有的甚至达到彼此不能通话的程度，但是不论差异多么大，汉语的各种方言都没有离开上述汉语的共同特征。

　　属于同种语言的方言除服从于这种语言的整体特征以外，也有自己的特征区别于这种语言的其他方言。没有不同特征，也就是没有了方言的区别，那么，这种语言是统一的，就没有方言。例如：我国内蒙古自治区呼伦贝尔的鄂伦春族，人口四千余，鄂伦春语属于阿尔泰语系通古斯语族，内部比较一致，没有方言差异；甘肃省临夏回族自治州的保安族，人口五千到八千，保安语属于阿尔泰语系蒙古语族，也没有方言差异。

　　（3）方言的产生开始于人类历史进入定居的时代；我国文献对方言的
　　　　　差异早有记载

　　我们说，语言是作为人的重要标志之一。有人就有语言，语言的产生跟人的形成是同步的（人的特征是：有双手，能制造使用工具；有语言，能思维）。方言则是语言发展到一定时期以后的产物。在人类历史进入定居时代以前，自然没有地域方言可言。汉语存在方言差异的历史悠久，"跟人文历史至少是一样的古老"（袁家骅等《汉语方言概要》，第1页，文字改革出版社，1983年第二版）。方言的产生，可以追溯到人类定居时代的开始。"方言学是跟人种学密切地联系着而发展的，因为方言和方言的特征是极其重要的人种学标志。"（苏联阿瓦捏索夫《方言·方言学》《大百科全书》第11页）例如山东方言，我们将山东方言的分区跟考古学家所做的山东龙山文化的六种类型进行对照，发现两者大体一致，说明现代山东方言的分区远在距今四五千年前就已基本定局。当然，我们不是说现代的山东话在四五千年前就是这么说的，因为语言永远是发展的，但是，这种发展是在本土的范围之内，也就是说，一个地区的方言跟当地的地域文化存在着与生俱来的一致性关系，这种关系，就是一个地区的本地特色，不论经历多么长的历史发展，这种一致性始终存在。当然，汉语方言中也有形成时期较晚的，例如客家方言，是历史上由于战乱或其他原因而人口迁移的结果；今天分布于山东和东北的胶辽官话，也是山东人历次"闯关东",将山东胶东地区的方言带到东北辽宁等地的结果。

对于汉语存在方言差异,我国文献早有记述,例如:

《孟子·滕文公章句上》:"……许行……今也南蛮鴃舌之人……"(许行由楚国到滕国,宋国的陈相也到滕国,见了许行很高兴,要抛弃以前的学说向许行学习,跟孟子去说,孟子批评他不该去向许行学。)

《孟子·滕文公章句下》:"孟子谓戴不胜曰:'子欲子之王之善与?我明告子。有楚大夫于此,欲其子之齐语也,则使齐人傅诸?使楚人傅诸?'曰:'使齐人傅之。'曰:'一齐人傅之,众楚人咻之,虽日挞而求其齐也,不可得矣;引而置之庄岳(庄,街名;岳,里名。指齐地临淄)之间数年,虽日挞而求其楚,亦不可得矣。'"(这段话是孟子通过学习方言来说明环境对于造就人的影响)

《孟子·万章章句上》:"否,此非君子之言,齐东野人之语也。"(《孟子》,战国儒家经典之一。孟子,约前372—前289)

《礼记·王制》:"五方之民,言语不通。"(《礼记》,儒家经典之一,是秦汉以前记载各种礼仪论著的选集,相传西汉戴圣编撰,今本为东汉郑玄注本)

许慎(约58—约147)《说文解字·序》:"言语异声,文字异形。"

(4)方言调查在我国历史悠久,经历了长期曲折的发展过程

东汉应劭(汝南南顿今河南项城西南人,官泰山太守)《风俗通义·序》谈到汉语方言研究的早期历史时说:

> 传曰:"百里不同风,千里不同俗,户异政,人殊服。"由此言之,为政之要,辩风正俗,最其上也。周、秦常以岁八月遣辀轩之使,采异代方言,还奏籍之,藏于秘室。及嬴氏之亡,遗脱漏弃,无见者。蜀人严君平有千余言,林闾翁孺才有梗概之法。扬雄好之,天下孝廉卫卒交会,周章质问,以次注续。二十七年,尔乃治正,凡九千字。

应劭的话说明两点。第一,对方言进行调查的历史最晚在周、秦时代就已开始。第二,扬雄撰《方言》的过程,开头是受到他的同乡严君平(庄遵)和林闾翁孺的影响,两人都是当时蜀地的著名文人,是扬雄年轻时的师长,林闾翁孺跟扬雄还有亲戚关系。后来扬雄又在京城进行27年的调查整理才告完成。

扬雄的《方言》开创了我国古典方言学的先河。

扬雄之后，汉语方言学经历了一个缓慢的发展过程。主要内容有四：一是用方言注释经书，属于训诂学的门类，注重词语的考证；二是对扬雄《方言》进行解读，如晋代郭璞《方言注》；三是续补《方言》，如清代杭世骏《续方言》；四是描写记录方言，如明末清初李实《蜀语》。前面两项，基本上已经不是严格意义的方言调查。此外，还有西洋传教士为宣扬宗教所做的方言调查，如方言《圣经》译本、词典、课本等。

2. 现当代方言学

（1）《现代吴语的研究》出版，标志着我国现代方言学的开始

1928 年赵元任（1892—1982）《现代吴语的研究》出版，标志着我国现代方言学的开始，是我国方言学史上的里程碑。

《现代吴语的研究》是研究现代吴方言的一部专著。作者和助教杨时逢于 1927 年 10 月至 12 月到浙江、江苏进行调查。全书分吴音和吴语两大部分：吴音是 33 处方言的音系，包括声母、韵母、声调的三个比较表；吴语是 30 处方言 75 个词语的比较、24 处方言的"特别词"（今称"特征词"）和 22 处方言 56 种用法的语助词。可以说，这是一部示范性的著作，从内容到方法，都为以后的研究提供了范例，其实事求是的治学精神也是极为可贵的。

现代方言学的兴起，跟我国新文化运动密切相关，是统一国语的要求，也受到国外先进语言学理论的影响（如：赵元任 1910 年留学美国，获哲学博士学位，先后在美国、日本、中国多所知名大学任教、讲学并从事研究工作。1945 年曾任美国语言学会会长）。1924 年 1 月，北京大学研究所国学门成立了"方言调查会"，同年发表了方言调查宣言书，提倡调查研究"活"的方言口语。

（2）现代方言学继承并发扬了古典方言学的传统

第二个人物　赵元任

现代方言学继承并发扬了扬雄方言研究注重口头调查的实事求是的良好学风。这种精神贯穿于汉语方言学研究的全过程。总的来看，现代方言学跟传统的方言学的主要区别有四：一是注重口语；二是注重语言的系统性；三是注重共时与历时的对比；四是用国际通用的国际音标记音。

从《现代吴语的研究》出版到新中国成立，汉语方言研究取得了可观的成果。大规模的调查成果有《湖北方言调查报告》（赵元任、丁声树、杨时逢、吴宗济、董同龢，中央研究院历史语言研究所专刊，商

务印书馆，1948 年）、《湖南方言调查报告》《云南方言调查报告》《四川方言调查报告》（署名杨时逢，台湾"中央研究院"历史语言研究所专刊之 56、66、82）；单行本有《闽音研究》（陶燠民，1930 年历史语言研究所增刊第一本第 4 分册，科学出版社1956 年再版）、《厦门音系》（罗常培，1931年出版，科学出版社 1956 年再版）、《华阳凉水井客家话记音》（董同龢，1948 年商务印书馆出版，科学出版社 1956 年再版）等。这些成果在内容上、方法上都为后来的汉语方言研究奠定了扎实的基础。

（3）新中国成立以来汉语方言学的繁荣局面

新中国成立后的方言学是贯彻国家语言政策的重要内容，汉语方言普查是为推广普通话服务的。20 世纪五六十年代，国家开办了专门培训方言调查人才的研究班，培养了大批方言研究工作者。全国进行了近2000 个点的方言普查，写出了 300 多种指导方言地区学习普通话的手册，这是世界上任何一个国家都难以达到的。

第三个人物　丁声树　　　　　　　第四个人物　李荣

这个时期的代表人物是丁声树（1909—1989）、李荣（1920—2002）。

丁声树是和赵元任同一辈的人物，在汉语方言学从现代走向当代的发展中起到了重要的作用。在改革开放以后，1979 年《方言》杂志创刊，李荣任主编。

这个杂志就像一座航标引领着全国汉语方言研究的方向，在研究内容和研究方法上，从以调查语音为主到词汇、语法的全面铺开，从单纯的音系调查到进一步注意语流音变的研究，从单点调查到成片地区的比较，从共时到历时，从纯语言研究到与地域文化的结合，都呈现出前所未有的繁荣局面，有许多令人瞩目的成果。大型的著作有：《中国语言地图集》《汉语方言大词典》42 分册、《普通话基础方言基本词汇集》《现代汉语方言音库》、各省市的方言志（包括全省性的和县一级的单本或丛书）。2008 年 11 月由商务印书馆出版的《汉语方言地图集》，是一个大型集体项目，经过 7 年，总共调查了 930 个方言点，原始数据达 100 多万条，总共绘制了 510 幅地图（语音 205 幅、词汇 203 幅、语法 102 幅），被誉为"世界上第一部在统一的实地调查基础上编写的、全面反映 20 世纪汉语方言基本面貌的原创性语言特征地图集"。

（4）关于社会方言

国外方言学的一些著作将方言分为社会方言和地域方言两大类。我国的社会方言学是随着地域方言学的发展而兴起的。

社会方言是指由于社会的原因而产生了变异的语言。人的不同社会地位、职业、文化水平、信仰、思想修养、性别、年龄、心理、生理等等，都会影响到语言的使用，使他们的个人言语带有一定的社会色彩。所谓社会习惯语、行业语、隐语、黑话、秘密语、忌讳语等等，都属于社会方言。

社会方言研究在我国发展很快，目前已经形成一门独立的学科，被称为"社会语言学"。社会语言学主要研究在不同社会语境中言语的使用情况，我所了解的主要成果有《叫卖语言初探》《山西理发社群行话的研究报告》《语气词运用的性别差异》《精神病患者的语言护理》《苏州方言三项新起音变的五百人调查》等等。

地域方言跟社会方言可以作以下比较。

第一，地域方言有地方性，方言的区分按不同分布地区的语言特点从地域划定；社会方言的不同则缘于社会因素，并不绝对受地域限制。以行业语来说，一种行业并非集中在一个地区，一个地区也不限于一种行业。例如教师语言"备课""板书""教案"等，各地基本一致。

第二，就服务对象看，地域方言在本地区有全民性，服务于分布地区的全体成员；社会方言则决定于不同社会成员的特殊需要，只服务于本社群的成员。

第三，就语言特点看，地域方言有自己的语音系统、基本词汇和语法结构；社会方言则是以地域方言为基础而存在的，其特点只是牵涉语言要素的某一部分，局限于某一特定范围内的语音、词汇、语法的一些特殊结构和含义，例如一些特殊的用词、某些措辞法，用词义的特殊化使之具有不同于这种语言常规的意义，等等。

但是，在地域方言和社会方言之间的绝对的鸿沟是不存在的，因为从总体来看，地域方言的产生和发展也都离不开社会的原因，地域方言也是跟社会密切相关的。从语言的角度说，社会方言没有自己的语音系统、基本词汇和语法结构，社会方言在不同地区的语言形式是地域方言。也就是说，社会方言是借助于地域方言而存在的。例如山西理发社群的行话，其特点是有一批特有的词语，如"隔山照镜子""偏圪亮分头"，以及某些词语含有特别的词义，如"木耳耳朵""滴水兵"。据侯精一的研究报告，山西境内理发社群行话的用词在各地是基本相同的，但是由于说话的人用的是自己的方音，所以听起来仍然有明显的差别。又如天津刑事犯罪隐语（《刑事犯罪隐语》，中国刑事警察学院刑事侦察教研室编公安机关内部发行）：

老爷	老四	雏	老惯	掰把	输现场	折了	吐	够板	苦窑	上手	下手	毕业
警察	便衣	初犯	惯犯	分赃	行窃被当场抓住	被捕	交代	拒不交代	监狱	手铐	脚镣	刑满释放

再如，叫卖语言的运用历来为话剧、电影、电视等文艺表演所青睐，北京的叫卖语言是以北京方言为基础的，模仿北京的叫卖语言的表演，确实能够烘托一个地道的北京地方风土人情的场景。

二、方言学的意义

1. 汉语方言对语言学研究的意义

（1）构建汉语的历史

第五个人物   高本汉

这里先介绍第五个人物，即瑞典著名汉学家高本汉。

高本汉（1889—1978），曾于1910年2月至1912年1月、1912年3月至12月前后两次到中国游历，访问和调查方言。他关于汉语研究的著作有《汉语词类》（1933 年）、《中上古汉语音韵纲要》（1954 年，聂鸿音译于 1987 年）、《汉朝以前文献中的假借字》等。其中《中国音韵学研究》（1915 年，原著法文，赵元任、罗常培、李方桂译，商务印书馆，1940 年）是汉语方言研究史上第一个将现代汉语方言的材料用于构拟古音的著作，对于汉语史和汉语方言学的研究有重大影响。

　　语言学研究的重要目的之一，是探求语言发展的规律，构建语言的历史。罗常培、吕叔湘《现代汉语规范问题》一文中说："方言是研究汉语史的一部分极其宝贵的资料，可以和书面材料相印证，尤其能够补充书面材料的不足。"（《现代汉语规范问题学术会议文件汇编》，第 21 页，科学出版社，1956 年）瑞典语言学家贝蒂尔·马尔姆贝格也说过这样一段话："语言学家很晚才觉察到，在方言中，保留下来了民族语言中业已消失的比较古老的形式、词或语音阶段。历史语言学家可以从这里为语言的历史发展线索找到证据，而如果没有方言学，这一切线索就会成为纯粹的推测。"（B. 马尔姆贝格《方言与语言地理学》，黄长著译，见《语言学译丛》第一辑，第 152 页，中国社会科学出版社，1979 年）以上中外学者把方言研究对汉语史研究的意义说得十分清楚。我国以往汉语史研究的主要依据是历史文献，例如将汉语语音分为上古、中古、近代等不同的历史时期。由于汉字不是表音文字，我国传统的音韵学研究以汉字来表示语音的分类。例如：描写古汉语声母有 36 字母，其中的"帮"，代表跟"帮"声母相同的一类字；描写古汉语韵母的 206 韵的"东"，代表跟"东"韵母相同的一类字；"平上去入"表示古代的四个声调。这些代表字，原来并不固定，各种韵书或不同的人的选择有所不同，如梁武帝曾问周舍"何谓四声"，周舍回答"天子圣哲是也"，后来约定俗成，"平上去入"固定为四声的名称。古汉语研究中对于语言的分类是很讲究的，但是它就像代数中的 X，X 等于什么？从文献中得不到回答。古代的声母"帮"怎么读，"帮滂并明"在古代是四个声母，但是用现代普通话来读"帮并"同声母，只有三个声母。高本汉首先利用现代汉语方言解开了这些代数号码的值，就说"帮滂并明"四字，在现代吴语中是 p、p'、b、m。又如：钱大昕研究古代声母的一项重大贡献是"轻唇重唇不分"，但是从文献只能知道"封帮""妃配""繁婆"等字可以混用，却不能知道古人将这些音是读为轻唇还是读为重唇，我们从现代闽方言这些字今读重唇可以判断古代轻重唇不分是将轻重唇都读成了重唇。（过去有人将从方言构拟古音比作给祖先画像）

利用现代方言的材料构建语言发展的历史，目前是方言学研究的前沿课题之一。同一地域存在的文白和新老异读，往往反映这个方言语音演变的历史过程；现时不同方言的地域差异，常常折射出纵向的历史演变脉络。例如，北京 z̧ 声母的字，济南老派开口呼"人、然"等读 z̧、合口呼"如、荣"等读 l（＝炉、龙），新派则都读 z̧ 了。又如，我们利用河北方言自西向东横向的地域比较，总结出官话方言中入声消失的途径是由浊音声母字开始的。

（2）全面了解现代汉语

高等学校现代汉语课所介绍的内容是共同语（当然语音部分的方音辩证会涉及方言），并不包含现代汉语的全貌。举例说：《现代汉语》教材语音部分的"音变"介绍"什么是儿化"说："'儿化'指的是一个音节中，韵母带上卷舌色彩的一种特殊音变现象，这种卷舌化了的韵母就叫'儿化韵'。"《现代汉语》教材中讲的"儿化"是北京语音的情况，不能概括现代汉语中儿化的全部事实。"儿化"的最大功能是表示小称，汉语方言中能够表示小称的音变有许多种，既有韵母的变化，也有声母和声调的变化，都有自己的一套规律，如山东淄博、平邑、定陶等地的小称有一部分并不是元音卷舌，如"一半儿 pɛ""河沿边儿 piɛ""小罐儿 kuɛ""大杂院儿 yɛ"，"赔本儿 pei""不得劲儿 tɕiei""掉魂儿 xuei""合群儿 tɕ'yei""啥事儿 ʂei""小米儿 mei""小猪儿 tʂuei""小鱼儿 yei"等。方言中的儿化还有声母变化（徐通锵《山西平定方言的"儿化"和晋中的所谓"嵌 l 词"》中的"一点儿 tlɛ"）、声调变化（小称变调）等。由此可见，要想全面了解现代汉语，就不能忽略方言存在的各种差异。

（3）充实普通语言学理论

对普通语言学的意义。汉语方言是极其丰富的语言宝藏。普通语言学的研究，不能忽略了占全世界五分之一还多的人口所使用的汉语方言。过去的普通语言学理论主要是建立在印欧语系的语言材料的基础上的，如语法研究词的变化规则等，不能适用于汉语的研究。从目前的研究来看，汉语方言资源的开发及由此提炼升华的语言学理论已日益引人注目。例如，19 世纪新语法学派强调"语音演变无例外"，认为语音是一个系统，同类的音都有相同的演变，所谓"类同变化同，没有例外"。这种理论统治了我国学术界几十年。汉语方言调查的无数事实说明，"类同变化同"固然是一个普遍性的规律，但是，"类同变化不同"的事实也是普遍存在的。这就需要方言工作者进一步探讨语音演变的规律，深化历史语言学的理论。日本著名语言学家桥本万太郎的《语言地理类型学》(余志鸿译，北京大学出版社，1985年)，把注意力集中到了亚洲，书中的许多论点是通过汉语方言的事实来总结的。

（4）为制定国家语言文字政策提供重要依据

前面讲过，新中国成立后汉语方言普查是为推广普通话服务的。

汉语规范化是我国语言政策的重要组成部分。汉语规范化的两个主要内容是制定规范的标准和推行这个标准，汉语方言的调查研究于此两者都有不可忽视的作用。像众所周知的普通话的语音（"以北京语音为标准音"）、词汇（"以北方话为基础方言"）、语法（"以典范的现代白话文为语法规范"）标准的制定，如果没有对汉语方言的比较全面的调查和了解，是难以做到的。至于具体到确定存在异读的一些字的标准读音，以及简化汉字字形的确定等，也有必要参考方言的一些情况（例如将古次浊平声的"啰~嗦危微猫悠攸焉扔拎庸"、全浊平声的"藩帆涛焘苔青~"等定为阴平）。

推广普通话是汉语规范化的重要内容之一。汉语方言的严重差异影响政府的集中施政，阻碍各地人们的交际，所以历代政府都有统一语言文字的政策。新中国成立以后，"推广普通话"是我国的重要国策，《中华人民共和国宪法》规定，"国家推广全国通用的普通话"。在推广普通话的工作中，从方言调查所得的材料总结方言与普通话的差异之所在，求出语音对应规律，指出该方言区的人在学习普通话时要注意的重点及如何克服难点，就可以起到事半功倍的效果。

2. 汉语方言学对语言学以外领域研究的意义

（1）方言与文学艺术

① 地方戏曲语言问题。如：侯宝林《戏剧与方言》，上海话"打打头"（上海洗涤义的"汏"是个浊音声母的字，跟"打"字不同音，但这并不影响侯宝林相声的艺术效果）、地方剧种的唱词发音、山东快书"当那个当"。研究地方戏曲语言如何发展，也应对方言有所研究。

② 正确了解作品语言。主要是指那些带有方言词语的著作，如果不明白方言词语的意思，就很难理解作品的内容。如：山西方言之于赵树

理的小说，苏沪一带方言之于多用俗语写成的清人张南庄的讽刺性滑稽章回体小说《何典》，山东淄博方言之于清代作家蒲松龄的作品《聊斋俚曲集》和《日用俗字》，等等。像蒲松龄《聊斋俚曲集》第一篇《墙头记》中的"糊突—种稀粥""发脾寒疟疾""夜来昨天晚上""扎挂治疗""相不中看不上"等词语，如果了解淄博地区的方言，就会帮助我们更好地掌握作品内容。

③ 考证作家。通过对作品中一些词语和语音的分析，来考证我国近代小说的作者籍贯，更是学术界关注的一个热门课题。例如：《〈金瓶梅〉作者之谜》（聊城《水浒》《金瓶梅》研究学会编，宁夏人民出版社，1988年），其中就有多篇文章从方言的角度讨论《金瓶梅》的作者是什么地方的人。一些方言和曲艺工作者都注意到方言对曲艺和通俗戏曲的影响，例如湖南方言跟花鼓戏的地方剧种、山东方言声调调型跟各地曲艺品种的关系等。

（2）方言与地域文化

方言属于地域文化本身，也是地域文化的载体。地域文化的内容十分广泛，包括婚丧、服饰饮食、信仰禁忌、族规乡约、游艺竞技等等。

① 方言与地名学。中国的许多地名都是用方言来称说的。例如：烟台一带称洼地为"夼"，有地名"大夼""前七夼"等；浙江沿海一带称山间平地为"岙"，有地名"松岙"、鲁迅《祝福》中的"贺家岙"等；历史上驻军的所在地称"卫"，有地名"靖海卫""松门卫"等；内蒙古围起的草场称"圐圙"，有地名"马家圐圙""小厂圐圙"等。

② 方言与民俗。"十里不同风，百里不同俗。"各地的风俗习惯是历代相沿而成的，体现了当地人民的风尚和道德准则，是当地社会文化最广泛也是最集中的表现形式，而这种种，都不能离开方言而存在。

③ 方言与地方历史。近几年我们开展了方言与原始文化的研究，将现代山东方言的分区跟新石器时代的山东地区龙山文化的分布进行比较，结果发现两者的区域分布基本上是一致的。一方面，这使我们了解到，现代山东方言的分区格局，远在新石器时代就大体已定；另一方面，史学界对山东考古文化圈类型的划分存在不同看法，方言分区的事实，也可以从语言区域的角度说明当时龙山文化在山东的分布类型。

方言中有些词是历史的记录，下面举山东方言中两个有趣的例子。诸城、五莲一带称青年妇女为"识字班"，来源于新中国成立初期的扫盲运动。当时以不同性别和年龄组织的识字班，其中青年妇女坚持得最为长久，当地人就称未婚女子为"识字班"。"识字班"作为学习文化的形式后来虽然不再通行，但作为对青年妇女的称呼却一直习用至今。博山人称汉奸为"三本"，"这人干过三本队"，是说这人当过汉奸。"三本"指汉奸，产生于抗日战争时期，因为博山话"日"字和"二"字同音，"日本"音同"二本"，汉奸帮日本人干坏事，就叫"三本"。

　　④ 方言与不同地区人们的社会心理。例如许多方言中都有一些忌讳的字眼，如：闽语忌讳说"丝"（音同输，"丝瓜"叫"胜瓜"）、"空"（音同凶，"空屋"叫"吉屋"）；新加坡一条街上有个书店叫"万胜楼"，据说也是因为那里的华人忌讳说"书"字（"书"音同"输"）；山东沿海渔民忌讳说"蒜"（音同"散"，称"蒜"为"义和菜"）、"翻""帆"（称"翻身"为"划个儿""划身儿"）、"破""裂"（饺子煮破了称"挣了"、馒头蒸裂口了称"笑了"）、"完了"（卸完一船的鱼称"满了"，把杯中酒喝完叫"把酒满出来"）等。长岛称"鲸鱼"为"财神爷爷"，因鲸鱼追逐鱼群捕食，发现鲸鱼，就可能找到鱼群。

　　方言学对其他方面的意义如语言识别等，此处不细叙。

最后说三点：

　　① "实践是检验真理的唯一标准。"对于方言学研究来说，只有语言事实才是检验研究成果科学性的唯一标准。方言学是一门实实在在的学问，在研究理念上，我们讲究的就是一个"实"字，不允许存在半点的虚假。

　　② 推广普通话是要消灭方言吗？

　　方言本身就是地域文化，也是地域文化的载体。我国丰富悠久的地域文化借方言而传承，也常由方言维系。方言是我国极为丰富的语言资源，在语言交际中具有特殊的作用。普通话在过去吸收了方言中许多具有表现力的成分，今后也仍然要不断吸收方言的营养来丰富自己。方言不能消灭，实际上也消灭不了。

　　人人都离不开语言，人人都可以按照自己的意愿，在不同的场合选择说什么话。但是如果不会普通话，那就失去了一种选择的条件，没法跟方言区外的人们交谈。尤其是现在，信息化社会对于规范化的要求日益严格，只会说方言，那就会影响工作，也影响日常生活的质量。

　　建立和谐社会，要有宽容的心态、宽松的语言环境。在"推广普通话"的前提下，普通话和方言互相补充、共同繁荣。

　　③ 汉语方言如此丰富复杂，世界上没有哪种语言能够与之相比，以至自古至今，一直吸引着中外学者的注意，不管各自是出于何种不同的

目的（如新中国成立前的外国传教士为了宣传宗教）。我们如果不努力，别人就会抢先。（李荣说日本有许多地方不如我们，但是日本有许多学者研究中国的方言，而中国人没有去研究日本方言的，这一点我们输给他们了。）汉语方言研究的最高水平、最佳成果，应该是出于我们自己，否则，这真使人无地自容。

2008 年 8 月 6 日至 10 月 21 日写定

2009 年 10 月至 11 月修改补充

2010 年 11 月 24 日再次改定

2011 年 11 月 23 日修改

2012 年 11 月 20 日审定

汉语方言研究的方法论问题

提要： 全文分两部分，第一部分简要谈汉语方言学方法论要点，包括：实事求是观、系统观、地域观、发展观、全面观。第二部分讨论汉语方言研究中的几种辩证关系，包括：方言与共同语、地域方言与社会方言、描写与比较、一般与个别、表象与实质、创新与继承。

关键词： 汉语方言　方法论　辩证关系

引　　言

（1）方法论是认识世界和改造世界的系统理论。方法论和方法不同：方法论是对事物的系统认识和见解，方法是实践中所采用的具体方法。两者相互影响，研究方法取决于对于研究对象的认识，有什么样的认识就会有什么样的方法。但是归根结底，一切认识都来源于实践，实践是检验真理的唯一标准。

（2）语言学的方法论，是指认识语言和研究语言的方法，包括对语言本质、语言构造、语言作用以及语言发展规律的认识。

语言研究的方法取决于对于语言的认识。有什么样的认识就有什么样的方法。例如，对于一种方言的调查，有关调查内容的确定、调查对象的选择、调查表格的制定等，无不跟调查人对这种方言的认识密切相关。认识"类同变化同"并非绝对，就不会用类推的方法进行记音；认识语言处于不断发展的过程之中，就会用动态的眼光去观察处于相对静止状态的方言现象。

（3）方法论对于任何学科来说都是相通的。科学的方法论要求我们客观地、历史地、全面地分析事物和认识事物。

我今天所讲的全部内容分为两部分。第一部分简单谈谈汉语方言学方法论要点，第二部分讨论汉语方言研究中的几种辩证关系。

一　汉语方言学方法论要点

罗常培先生《汉语音韵学导论》"音韵学研究法"提出四点：一曰审音，二曰明变，三曰旁证，四曰祛妄（祛玄虚、祛含混、祛附会、祛武断）。即三要四不要。（中华书局 1956 年版，第 23—25 页）

王力先生《汉语语音史》讲到汉语语音史的研究方法：第一，要掌握唯物辩证法；第二，要讲究普通语言学的理论；第三，要讲究比较语言学的理论；第四，要讲究音位学。（中国社会科学出版社 1985 年版，第 13 页）

罗、王两位先生关于音韵学和语音史方法的论述对我有很大的启发。根据我多年来研究汉语方言的体会，我认为汉语方言学方法论主要有五点，简述如下。

（一）实事求是的观点

客观存在的语言是第一性的，研究汉语方言应该以语言事实为基础。有关汉语方言的知识只能直接、间接地从调查研究汉语方言中得来，也只有客观存在的方言事实才是衡量方言研究成果科学性的第一标准。违背事实就是失真，也就谈不上真理，也就没有任何意义。

顺便说说关于调查实践的问题。如果承认客观存在的方言事实是检验方言学真理的标准，那么也不能否认方言实地调查是方言研究的生命之源泉，方言工作者只有植根于调查实践，多争取亲身从事实地调查的机会，十分审慎地对待每一个调查步骤，不断从调查实践中丰富经验，才会越来越多地掌握方言的第一手资料，开阔眼界，才能真正有所发现，有所创造，使研究水平得以不断提高。当然，在不断的调查研究实践中会有许多新的语言资料，使我们原先的认识有所改变和提高。这样循环往复，达到更为接近真理的水平。

（二）系统性的观点

语言的系统性是普通语言学理论的基本观点，主要指语言的内部结构具有系统性。各种语言都是成系统的存在。在语言这个大系统中，语音、词汇、语法也都存在于各自的系统之中，各种系统既相联系，又相制约。例如北京语音系统中轻声音节能够区分词义、表示特定的语法意义等。在语言的系统中，语音系统是最为明显、最为严密的，每一个方言音系的声母、韵母、声调都有一定的组合规则。各方言声韵调的不同音值及其定规的组合规则是这个方言音系重要特点之所在。语音系统性的观念，是方言语音分析和音位归纳的理论基础。

任何系统的结构网络都是复杂交错的，因此系统性也就可以从不同的角度进行分析。例如：语音系统的声母系统有发音部位的序列和发音方法的序列；韵母系统可以分析为开齐合撮的四呼序列，开尾、元音尾、辅音尾（包括口辅尾、鼻辅尾）的韵尾序列，还有主要元音不同的主要元音序列。又如，词汇系统有"天文""地理""时间"等的义类系列，也有"名词""动词"等的语法系列。再如，对一个句子中一些具体词的语法分析，可以从词类的系列分析它是属于什么词类，也可以从句子结构的系列分析它在句子中是主语、谓语、宾语，等等。

从系统性的观点出发，可以肯定：表面上看起来十分纷繁复杂的方言现象实际上都是有序的。我们的工作，正是要通过对各种现象的分析归纳，有条不紊地总结出各种方言所存在的内部结构规律。

（三）地域的观点

地域的观点，也就是空间的观点。方言的地域性差异有以下情况需要注意。

第一，方言的地域差异是渐移的。一种方言的特点分布，从中心地区到四围地区的延伸不是跳动的而是流动的，特点的浓度是渐行渐淡的。

第二，方言差异的程度未必跟地域分布范围的大小成正比。例如，汉语东南各大方言区的差异大大地超过了北部和西南地区的官话方言，而其分布面积的总和则远远小于官话方言。官话方言由于特殊的地位，在长期的发展中不断向四围渗透、扩散。这种渗透、扩散目前仍在继续，而且会随着普通话的推广而加强。

第三，由于内部交往的频繁，历史上属于同一政区的方言一致性比较强。政区可以用来解释方言区形成的原因，甚至用来对某些方言区进行命名，但是政区不能作为方言分区的标准，语言特征才是方言分区的唯一标准。

第四，较大规模的移民使移民原籍的方言跟当地土著居民的方言产生交融：一种是以当地方言为主吸收了客籍方言的某些成分，一种则在客籍人员中保持原有的方言而在当地成为方言岛。

第五，自然条件的因素对方言有极大的影响，但是仍要做具体分析，例如有的水域阻隔了两岸人们的交往，有的却沟通了两地的方言。

（四）发展的观点

事物的矛盾发展是绝对的，静止是相对的。一切语言都处于发展的过程之中。语言的发展有以下特点。

第一，语言的发展是成系统的。既然语言是成系统的存在，这就决定了语言的发展也是成系统的。语言的系统发展就是语言结构的内部更新，某些旧的成分系统地为新的成分所替代。汉语发展的历史可以简略地总结为：语音简化，构词法的丰富，词汇由单音词向多音词转化，句法的严密化。具体如：语音系统中古全浊声母在官话方言中成系统地转化为清声母、由分尖团到不分尖团；不断产生的新词都会纳入汉语词汇系统；一种新的句型的出现，必然会产生一些同型的具体的句子；等等。

第二，语言的变化是一种渐变。因为语言是长期形成、为全体社会成员约定俗成的交际工具，所以从总体来说不可能会有突然的变革，否则就没法进行交际。不能想象一夜之间全社会的成员忽然会把甲说成乙。从方言中所存在的新老读音的不同、新老不同的用词和不同的句式来看，一种语言现象的变化，往往要经过两三代甚至更长的时间才能完成。

第三，语言结构各部分的系统发展并不是孤立进行、各不相干的，而是互相关联的。连锁反应、互为因果的例子不胜枚举。例如：汉语构词法发展中附加式构词特别是后缀范围的加宽是很明显的，像普通话的名词后缀"子、头、化、家、性、手"等，多由词根虚化而来，山东许多地方的动词后缀有"巴、拉、悠、呼、么、打、古、查、送"等，非常丰富，汉语语法的这一发展，明显地影响到词汇系统多音词的增加、语音系统中轻声音节范围的扩大。再如：语音系统官话方言入声转化为舒声，也就意味着塞音韵尾的失落。

（五）全面的观点

方言现象十分丰富复杂，有许多是相对立而存在的。方言研究对此必须有客观的、全面的认识。既要从总体上把握语言现象最基本的方面，也要注意非基本的、特殊的方面，切不可以偏概全，使表象掩盖了实质。尤其是纵横数千公里，近十亿人口使用的汉语方言，其蕴藏的内容常常会超出人们的预想。

我下面讲的第二个大问题，大多是跟全面的观点有关的。

二　汉语方言研究中的几种辩证关系

（一）方言与共同语

（1）共同语跟方言是互相依存的，一种语言如果有方言的差异，相应地也就必然有共同语的存在。因为方言的差异阻碍了不同地区人们的交际，不便于中央政权机构实行集中施政，影响了不同方言区政府之间和人民之间的互相交往。共同语是对方言而言的，如果不存在方言的差异，也就无所谓共同语了，所以，共同语是依存于方言的。我国最早的方言专著西汉扬雄《方言》（《𬨎轩使者绝代语释别国方言》）中所说的"通语""凡语""总语"等，都是指当时的共同语，可见共同语跟方言同样有悠久的历史。我国历代政府多有"书同文"一类的统一语言的措施。明清以来的"官话"，就是现代汉民族共同语普通话的旧称，指官府使用的、公共通用的语言（"官"有公共的意义，如"官大路做人情"）。

（2）共同语以一种方言为基础。作为共同语的基础方言，其通行地区一般是本种语言区的政治、经济、文化的中心。三个中心密切相关、互为因果，但其中首要的还是政治中心。以中央政府所在地的方言为共同语的基础方言是很自然的，这也是中央政府进行集中施政的需要。我国汉民族共同语的基础方言是分布于广大北方地区的官话方言。这个方言区的中心地带是我国古老文化的发源地，历史上长期是政治中心。北京话是当代官话方言的代表。

（3）方言跟共同语的关系是一般方言跟基础方言的关系，所以实质上也是方言跟方言的关系。但是，共同语要舍弃基础方言中比较土、比较粗俗的不健康的成分，同时也要旁收博采非基础方言中具有积极意义的内容。共同语跟书面语比较一致，是一种语言统一的文字所记录的语言基础，其书面形式还可以经过人为的加工而更完美。从这一点来说，共同语是超越于方言的。另外，方言的实体意义比共同语要大得多，而人的能动作用则比共同语要小得多。这是因为：作为一个语言系统而客观存在的方言，其语音、词汇、语法是约定俗成的，它的发展有自身的规律而不以什么人的意志为转移。共同语就不那么绝对，共同语不仅标准可以由人们制定，不同历史时期的基础方言也不相同。共同语虽然有了标准，但是人们对它的认识和具体的掌握也是有一定伸缩性的。在具体推广中，对不同的人可以有不同的要求，不同方言区的人还会受到其母方言的各种影响。

（4）通常所说的共同语，是指整个民族的语言。实际上也还存在不同层次的区域共同语。同一政区的人们交往比较频繁，不同管辖范围的政府所在地的方言对其所辖地的方言有综合、统一的作用，李荣先生在讲到各级政府所在地的方言跟周围方言的关系时说："一县的人往往学习县城的话，同府的人往往学习府城的话，全省的人往往学习省城的话。"（《官话方言的分区》，《方言》1985 年第 1 期）不同层次的区域共同语，在古代如《方言》中所提到的"楚通语也""赵魏之间通语也""齐赵之总语也"等，现代汉语方言中，经济发达的中心城市的方言往往在其方言区中具有区域共同语的地位，像广州方言之于粤方言、上海方言之于吴方言。

（5）在不同的历史时期，共同语的性质、作用及影响并不相同。现代汉民族共同语普通话无论从哪一方面都大大地超越于以往的共同语。第一，普通话有明确的标准，就是"以北京语音为标准音，以北方话为基础方言，以典范的现代白话文为语法规范"。这个标准是在对汉民族共同语的形成过程及汉语方言特点做了全面研究的基础上，总结了长期的汉语规范化运动的实践经验之后才确定的，是广大语文工作者对汉语发展的客观规律自觉运用的成果，因而也就具有高度的科学性和可行性。第二，普通话推广声势之浩大、范围之宽广、影响之深远，也是任何一个历史时期的共同语不能相比的。第三，作为交际工具，普通话的推广，对我国的政治统一及经济、文化建设起到了前所未有的作用。

（6）推广普通话和"保护方言"。普通话是法定的现代汉民族共同语，推广普通话是汉语规范化的主要内容之一。有人认为，因为推广普通话，许多方言特点消失了，因此提出"保护方言"。关于这个问题，我说三点想法。

第一，方言的演变并不完全是因为推广了普通话。推广普通话无疑加速了方言的发展，致使方言一些特点消失而向普通话靠拢，但是这种结果并不完全是由推广普通话造成的。因为语言随社会的发展而发展，语言的演变是客观规律，任何人都无法阻挡。每一种方言都以自身的演变规律向前发展，例如方言语音新老和文白异读有很长的历史，反映了方言发展的不同阶段，并不是推广普通话以后才有的现象。再如方言词语演变的重要方式是新陈代谢，旧事物消失，新事物产生，久而久之，表示旧事物的词语消亡、表示新事物的词语产生。某些旧风俗、旧习惯不存在了，反映这些风俗习惯的词语最终消失，想留也留不住；进入信息时代，"网吧""短信"一类新词产生，想不要也无法阻挡。这都是很自然的，是社会发展的结果，也不是推广普通话造成的。

方言总是要发展的，发展中肯定要受到共同语、其他方言乃至外语的影响。推广普通话，引领方言的发展走向同一途径，这对完善语言这一交际工具的职能有百利而无一害。

第二，方言无须消灭，更不可能消灭。据我所知，是吕叔湘先生最早提出"抢救方言"的口号。吕先生的原意是：方言迅速变化而向普通话靠拢，要及时调查记录，为后世保存现时方言的实况，作为汉语史研究的资料。这些，都是所有方言研究工作者为之奋斗的目标。

方言本身就是一种地域文化，是我国极为丰富的语言资源，在语言交际中具有特殊的地位。方言也是地域文化的载体，我国丰富悠久的地域文化借方言传承。不能想象，各地风俗习惯的特有用语，如果不用方言将如何表达；地方戏曲如果离开了方言，又会是什么样子，还能不能为当地的人们所接受？同乡之间、家人之间的亲和力，也常由方言维系。

方言不能消灭，实际上也消灭不了。像汉语这样分布地域如此广泛、承载着如此丰厚的地域文化的语言，即使普通话普及率达到100%，人们在掌握普通话的同时，也不可能完全脱离方言，因为推广普通话，是要求人们有能力使用普通话，并不是绝对不允许说方言。

第三，方言与普通话互补共荣。普通话以官话方言为基础，有广泛的地域优势，普通话还是书面语的基础，普通话的首要地位无可替代。方言向普通话靠拢是客观规律，大势不可逆转。但是普通话也不是一成不变的，普通话过去吸收了方言中许多具有表现力的成分，在继续发展中仍然要不断吸收方言的营养来丰富自己。汉语规范化经验要及时总结，这方面我们还有许多工作要做。

人人都离不开语言，人人都可以按照自己的意愿，在不同的场合选择说普通话还是说方言。但是如果不会普通话，那就没有选择的余地。建立和谐社会，要有宽容的心态、宽松的语言环境。在"推广普通话"的前提下，普通话跟方言互相补充、共同繁荣。

（二）地域方言与社会方言

广义的方言分为地域方言与社会方言。我国传统所称的方言是指地域方言，是指因为分布地区的不同而在语言上有所不同的地方话，这也正是我们现在所说的方言。

社会方言是指由于社会的原因而产生了变异的语言。语言与社会共变，作为社会现象、人类最重要的交际工具，语言受社会的影响是必然的、显而易见的。人的不同社会地位、职业、文化水平、信仰、思想修养、性别、年龄、心理、生理等等，都会影响到语言的使用，使他们的个人言语带有一定的社会色彩。所谓社会习惯语、行业语（行话）、隐语、黑话、秘密语、忌讳语等等，都属于社会方言。研究社会方言的学科在我国已经发展为一门独立的学科，称为社会语言学。这方面的研究成果有很多。

地域方言跟社会方言的异同可以作以下比较。

第一，地域方言具有地方性，方言的区分按不同分布地域的语言特点从地区划定；社会方言的不同则是缘于社会因素，并不绝对受地域的限制，以行业语来说，一种行业并非集中在同一地域，一个地方也不限于一种行业。

第二，就服务对象看，地域方言具有全民性，服务于该分布区内的全体成员；社会方言则决定于不同社会成员的特殊需要，主要服务于本社群的成员，当然也有可能在一定程度上被其他社群的成员使用。

第三，就语言特点看，地域方言有自己的语音系统、基本词汇和语法结构；社会方言则只是牵涉到语言要素的一部分，例如一些特殊的用词、某些措辞法，用词义的特殊化使之具有不同于常规的含义，等等。当然，这并不排斥某一种具体的社会方言在某一特定范围内的语音、词汇、语法的一些特定结构。

但是，在地域方言和社会方言之间的绝对的鸿沟是不存在的，因为从总体来看，地域方言的产生和发展也都离不开社会的原因，地域方言也是跟社会密切相关的。从语言的角度说，社会方言没有自己的语音系统、基本词汇和语法结构，社会方言在不同地区的语言形式是地域方言。也就是说，社会方言是借助于地域方言而存在的。例如：据侯精一的研究报告，山西境内理发社群行话的用词在各地是基本相同的，但是由于说话的人用的是自己的方音，所以听起来仍然有明显的差别。再如：叫卖语言的运用历来为话剧、电影、电视等文艺表演所青睐，北京的叫卖语言是以北京方言为基础的。

（三）描写与比较（静态与动态）

丹麦叶斯柏森《语法哲学》："对语言现象，可以从两种不同的角度，即描写的和历史的角度来考察。它们相当于物理学中的静力学和动力学（或运动学），它们的区别在于：前者把现象看成是静止的，后者把现象看成是运动的。"（何勇、夏宁生、司辉、张兆星译，王惟甦，韩有毅校，廖序东审订，语文出版社 1988 年版，第 21 页）动和静是任何学科研究都必须具有的基本观念。

（1）描写。对方言的某一时期的现象进行调查、分析、描写，属于静态研究。语言是发展的，但在某一时期内，则又可以看作静止的。静态研究，就是截取一种方言在其发展的历史长河中一个相对静止的横断面进行研究。例如：1956—1957 年，全国进行了 2000 多个县市的方言普查，主要是对现代汉语方言的现状进行描写；《中原音韵》记述了元代北方官话的语音实况。描写方言学是方言学研究的必要基础，也是每一种语言研究的基础。

（2）比较。属于动态研究。比较法无处不在。任何事物的特点，都是从比较中得来的。甲和乙比较，两者有差别，甲对乙来说有特点，乙对甲来说也有特点；个别方言不同于一般，那个别必有特点。没有比较就谈不上特点。

方言比较的内容，也就是比较项，可以是全面的系统比较，也可以是局部的特征比较，由研究课题决定。例如某某方言语音与普通话的系统比较；描写某某方言的语法特点，当然可以直接分项描述，但是如果加上与其他方言比较的内容，就可以使描写的特点更为显明。比较都得有尺度，也就是参照系，是用于说明特征的标准。例如语音比较用普通话或是中古音，词汇中某某方言多少词语与普通话的比较。普通话、中古音都是方言研究用于方言比较研究的参照。

汉语方言的比较，内容多种多样，但都不外乎时和地也即纵和横的两向比较。

纵向比较是将方言跟历史上某一时期的语言记载进行比较，或者历史上两个不同时期的比较，通过比较总结语言发展的规律。现在多数的成果是将某一方言语音跟《切韵》音系进行比较。赵荫棠讲到周德清《中原音韵》的三个要点是："一分韵，二平分阴阳，三入派三声。"（《中原音韵研究》，商务印书馆 1956 年重印版）是将以《中原音韵》为代表的近代北方官话的音系跟中古音系进行比较。

横向比较是方言跟方言的共时比较，也属于动态研究。目前方言研究一个重要的内容是给方言进行分区。正如上面所说，方言在地域中的分布是绵延的。邻近地区的方言往往具有相同或相似的特点。这给方言分区带来许多麻烦。有人提出方言分区要求做到"对内有一致性，对外有排他性"，要达到这一目标很不容易，而要绝对做到几乎是不可能的，因为地域相通，又隔不断人们的异地交往，也就难以避免方言间"同中有异、异中有同"的局面。

方言研究中时与地（纵与横）的两向比较研究密切相关。尤其是，方言特点的地域流变现象，为我们研究语言演变的历史规律提供了广阔的天地。例如：1984年我和研究生奉命调查河北靠山东的39县市方言，发现邯郸地区的方言存在入声自西向东逐渐消失现象，通过比较发现，这个地区入声的消失，经历了先全浊声母再次浊声母后清声母的过程。

以上分析说明：任何方言都处于发展的过程中，任何方言都位于跟其他方言相接邻的地域中，都会在自身的发展中受到周围方言的各种影响，那么，任何方言都处于时和地纵横两向发展的交叉点上。全面认识方言，便是要从动态的角度观察方言，时中有地、地中有时，从单纯的线性认识提高到立体认识。

有人在描写方言学和比较方言学之外，还分出方言地理学。实际上方言地理学也属于比较方言学的范围。方言地理学的特点是将调查得到的各地方言现象用地图的形式描写出来，达到直观的效果。

（3）描写和比较的关系。（一种观点认为：现在的方言语法研究，描写已经很多了，以后应该着重进行比较研究。）

第一，描写是基础，只有在描写的基础上才有可能进行比较。叶斯柏森《语法哲学》："在任何情况下，历史语言学决不可能使描写语言学成为多余，因为历史语言学应当一直是建立在对我们可以直接了解到的语言发展各阶段所作的描写之上的。"

第二，描写和比较相辅相成。方言比较研究只能在描写的基础上进行，方言的描写也必须借助于比较的内容和方法。例如，描写一个方言音系 p、p' 两个声母的例字：

```
p  巴比布班帮包        p' 怕批普潘跑配
p  巴耙               p' 怕爬
```

前者举了六个例字，后者只举两个，但是后面的隐含着与古音的比较，"静中求动"，比前者提供了更多的方言信息。（丁声树先生曾在我的作业"长乐方言音系"的例字部分批示"表现尖团"，是说要用例字体现长乐方言分尖团的特点，四个字使我受益终身。）

（四）一般与个别

1. 规律与例外

语言的系统性决定语言演变的规律性。

方言研究中的规律，主要指方言与方言之间、方言与共同语之间、现代方言与历史上某一时期的语言之间、两个不同历史时期的语言之间的对应关系。上述各种对应关系决定于语言系统的有规则发展，也就是规律性。语言有规律演变的理论基础是语言的系统性。

方言调查研究中一项重要的内容就是寻求方言发展的规律。不同方言的不同历史演变规律是各种方言的重要特征之一。在当前汉语方言研究中，对于方言语音特点的说明，一个重要的参照系或者说"语音坐标"是《切韵》音系。将方言语音系统跟《切韵》音系进行对照，可以求出古今语音演变的规律。例如，丁声树、李荣《汉语音韵讲义》中说："古代的开合口、摄、等和今音的开齐合撮四呼大致都有相当整齐的对应关系。但是错综的情况也要注意。"将《切韵》音系的四等二呼跟今北京音的开齐合撮四呼对照，大体上有以下关系：

	古一等	古二等	古三等	古四等
古开口	今开口呼		今齐齿呼	
古合口	今合口呼		今撮口呼	

但是这种对应关系并不是百分之百的，上表今开齐合撮四呼的古来源几乎没有一项没有例外，这就是丁、李两位先生所说的"错综的情况"。通过对这些情况的分析，可以将古四等二呼跟今四呼对应关系的例外分为两类（以下统计的反切数字按照陈汉清、邓希敏《〈古今字音对照手册〉的计算机处理》，华中理工大学出版社 1988 年版）。

一类是有条件的系统分化。①古开口二等今北京读开口呼，在《古今字音对照手册》的 381 个古开口二等的反切中，今读开口呼的是 248 个，占 65.1%；另有 108 个反切读齐齿呼，占古开口二等字的 28.3%，从开口呼中分化出来的条件是见系声母。②古合口一等今读合口呼，在《古今字音对照手册》的 416 个古合口一等的反切中，今读合口呼的是 326 个，占 78.6%；另有 88 个反切读开口呼，占 21.2%，分化条件是唇音声母。③古开口一等今读开口呼，在《古今字音对照手册》的 459 个古开口一等的反切中，今读开口呼的是 427 个，占 93%；另有 32 个读合口呼，占 7%，分化条件是果摄字。

另一类是个别字的读音特殊。①在《古今字音对照手册》的 247 个古开口四等的反切中，今读齐齿呼的有 243 个，占 98.4%，规律比较整齐。另有"吃谜猜谜儿鼙"读开口呼、"婿"读撮口呼。②古合口二等有 69 个反切，读合口呼的是 65 个，占 94.2%，另有"傻还横横直横横竖"读开口呼。③古合口一等一般读合口呼、唇音读开口呼已见上文，此外，"坯"读齐齿呼、"逊"读撮口呼。

上述有条件的分化还有一定的规律可循，个别字的读音则基本没有什么规律。但从本质上说，两者都属于分化。语音演变分化的原因是多种多样的，有发音顺口的要求，如见系开口二等从开口呼分化出来为齐齿呼、唇音合口从合口呼分化出来为开口呼。此外还有社会、心理等多方面的因素。

19 世纪新语法学派强调"语音演变规律无例外"，就是基于对语言系统性的认识。"语音演变规律无例外"的理论在我国语言学界影响很大，所谓语音演变"类同变化同，条件同变化同，没有例外，有例外必有解释"，"没有分化"，等等。方言调查的无数事实都足以证明：类同变化同固然是带有普遍性的规律，但也并不绝对。事实上语音演变既有合并，也有分化；除了符合规律的发展以外，也存在例外。

列宁《谈谈辩证法问题》："任何一般只是大致地包括一切个别事物。任何个别都不能完全地包括在一般之中。"（《列宁选集》第二卷，人民出版社 1995 年版，第 558 页）规律与例外实质上也是一般与个别的关系。规律是一般，例外属于个别。个别并非全部符合一般，例外是超规律的。

关于例外，赵元任《语言问题》（商务印书馆 1980 年版，第 107 页）说过："例外字是件讨厌的事情，我常常说一百个字有九十五个都是规则的，你用几条规则就可以记下去。可是有五个不规则的，你为这五个不规则的字上就得花百分之五十的工夫上去，比规则的还麻烦。不过没有办法，因为事实如此，因为中国是一个国，不是交通完全隔绝的，方言之间是有借来借去的情形的。"

可见例外是客观存在的，需要花大力气去研究。

2. 顺势发展与逆行演变

语言都处于不断发展的过程之中，各种语言都有自己的演变规律。汉语方言虽然千差万别，却存在内部的一致性和大体相同的发展方向。

这种大体一致的顺势发展是汉语方言演变的主导方面，我们对每一种方言的调查研究，掌握这种方言在发展中的基本走势是不在话下的，但也不能无视与此相背的逆行演变的存在。

不同地域方言的借用使方言的特点互相渗透，是方言发生变化的原因之一。方言之间相互的渗透力是不等同的，大体来说，是政府所在地影响其所管辖的区域、经济发达地区影响不发达的地区。在我国，推广普通话是国家基本国策，《中华人民共和国宪法》规定"国家推广全国通用的普通话"，普通话测试在全国范围内推行，加上广播、电视的作用，全国各地方言向普通话靠拢，这种向心力的趋势十分明显，是方言发展的主流。

但是，也不可忽略离心力的存在。离心力，是跟向心力相背的发展，具体说是背离共同语标准的演变。以北京话为例，最明显的如"女国音"。所谓"女国音"，是指北京年轻的女性将舌面前音 j、q、x（tɕ、tɕʻ、ɕ）发得比较靠前，成为舌尖前音 z、c、s（ts、tsʻ、s）或接近舌尖前音。这种发音已经成为一种社会时尚，还影响到北京以外的济南等许多地方。山东方言也有许多这种逆向发展的例子，像"资此丝"读为齿间音 tθ、tθʻ、θ 的现象，过去只分布于青岛、潍坊等地，现在在济南市郊、淄博地区已有发现，而且还有扩展之势。

从语言发展的历史来看，汉语声调演变中入声消失的地域范围分布很广，约占汉语分布区的三分之二。例如北京没有入声，古入声字在北京分化为阴平、阳平、上声、去声四类。入声消失的前提是塞音韵尾（入声韵尾）的失落，所以，凡是入声消失的方言一概没有塞音韵尾。有的方言的塞音韵尾已经消失了，但是入声还是一个独立的调类，例如大多数湘语及官话方言的四川、山东等地。入声转变为舒声，是汉语语音发展的总趋势。跟这个总趋势相反的是舒声促化，指一些古音系属于舒声的字，现代方言中读成了入声，这在汉语有入声的方言中还相当普遍。例如山西的大同、太原等地，将"提提溜（古平声）、只只能（古上声）、这这里（古去声）"等字读为入声，笔者母语浙江嵊州方言将"阿阿妈、些一些、萝萝卜、猢猢狲（古平声）"读为入声。山东的高青、邹平、桓台、章丘、利津等地，入声只有清声母字在老派中保留，而且已经没有了塞音韵尾，最后消失是必然的，但是这些地方也有一些舒声字读成了入声，例如利津有"他初古平以妥古上际示古去"等近 40 个古舒声字读为入声。

韵母简化也是汉语方言发展的趋势，简化的内容之一是鼻辅尾（阳声韵尾）的合并、弱化乃至消失。合并的，例如北京将古代 m、n 两个韵尾合并为一个 n 韵尾，而山西的霍州则将古代的三个韵尾 m、n、ŋ 全都合并为 ŋ 韵尾。弱化的，例如青海的西宁，凡古鼻辅音韵尾全部读为鼻化元音。消失的，例如苏州，古咸山两摄的字读为纯口元音（阴声韵）。从读音看，以上演化读音的轨迹是：鼻辅尾→鼻化元音→阴声韵。汉语方言中合并最早、合并范围最广的是 m 韵尾，现代方言中只有粤、客、闽等少数方言还保留，但是现在山东的平邑和平度西部的一些地方，却从古 ŋ 尾中分出了一个 m 尾，来源于古代通摄唇音声母以外的舒声，如"东宗虫公翁胸"等字的韵母都是 om。m 韵尾在山西的祁县也存在，来自臻曾梗通四摄的合口，如"村臻弘曾轰荣梗公通"等字的韵母读为 ūm，"均臻永梗胸通"等字的韵母读为 yūm。值得注意的是，少数方言还存在古阴声韵读为阳声韵类的情况。例如：西南官话的成都、昆明等地将部分流摄的明母字"亩、谋、贸"等字读为带鼻辅音韵尾 ŋ 的阳声韵；宁夏的中卫，把蟹、止两摄"贝腿回蟹美醉规止"的韵母读为 ẽi、uẽi；山东平邑话将鼻音声母后的 ei 韵母读为 ə̃（妹＝闷、内＝嫩）；等等。

　　以上逆行演变的现象，说明语言发展具有多元化因素。全面认识这些因素，对汉语发展史的研究、普通话的推广，乃至国家语言文字政策的制定，都是很有必要的。

（五）表象与实质

　　从总体来说，表象是实质的反映，表象与实质是一致的。但是有时并不一致。

　　这里先举一个很明显的文字学方面的例子。简化汉字是我国文字改革的一项重要内容（1977 年公布第二批简化汉字），其中一个方法是同音代替。有人说，简化汉字的同音代替法古亦有之，就是假借。确实，简化字的同音代替在利用同音字这一点上，跟假借在形式上是相同的。但是两者有实质性的差别。主要是：两者所处的时代不同，目的不同，结果也不同。假借是文字初创时期，语言中有的词还没有文字可写，就借用同音字表示，《说文·叙》解释假借是"本无其字，依声托事"，如用象形字"裘皮"的"求"，表示"要求""求恳"的"求"，用会意字"薪"的"新"，表示"新旧"的"新"。假借的发展结果是增加了汉字，如"裘"减"衣"为"求"、"薪"减"草"为"新"，使"衣裘"的"裘"跟"要求"的"求"有别、柴火的"薪"跟"新旧"的"新"有别。汉字简化的同音代替是文字发达时期，汉字太多了，为了减少学习负担，用同音代替的方法合并一些汉字，如"表（錶）""丑（醜）""出（齣）""斗（鬥）"，其结果自然是减少了汉字。

方言中现象相同而实质不同的例子很多。

语音方面，不同方言相同的音值并非属于同一音类，例如声调的调值 55，在北京话中是阴平，在济南话中则是上声。

在广大的官话地区，中古的平声字大多按古声母的清浊分化为阴平和阳平两类，但是也有一些方言是阴阳平不分的，例如吐鲁番和太原方言：

新疆吐鲁番（中原官话南疆片）：平声 214、上声 51、去声 33

山西太原（晋语并州片）：平声 11、上声 53、去声 45、阴入 2（次浊入）、阳入 54

王福堂先生根据太原方言平声字能够在上声和阴入后分出阴阳平（阴平变 44，阳平不变），认为太原方言平声字原来曾经分化为阴平和阳平，之后又合流了。

上面讲到我国东南地区的粤闽客方言和山东、山西一些方言都有 m 韵尾但是性质不同：东南地区方言的 m 韵尾是古音的保留，来源于《切韵》音系咸深两摄；而山东平度和山西祁县等方言的 m 韵尾则是《切韵》音系咸深两摄的 m 韵尾与其他韵尾合并以后，在新的条件下新的发展，发生这种变化的条件是合口高元音。

罗福腾《牟平方言的比较句和反复问句》（《方言》1981 年第 4 期）在说明牟平方言反复问句的特点时有这样的例句：他是不爱吃干饭？你是不看电影？我穿这件衣裳是不合身？你自个儿走道是不害怕？老王是不是牟平人？最后一句，字面上的形式完全和普通话一样，实际上这两种问句并不相同。其不同有二。

第一，普通话和牟平话都是用肯定加否定的形式表示提问，但普通话用"是不是""去不去"等提问，牟平话用"是不"提问。普通话"老王是 ‖ 不是牟平人？"回答的人在"是"和"不是"中选择；牟平话"老王是不 ‖ 是牟平人？"回答的人在"是"和"不"中选择，回答后面表示肯定的意思"是"什么、"不"什么。牟平话"是不"是专用来表示反复问的固定结构。

第二，牟平话"是不"后的表肯定的"是"字可以省略。

（六）创新与继承

创新对每一个学者来说都是永恒的主题，创新是每一个学者不息的追求。以下谈谈对创新的几点理解。

（1）在继承的基础上创新。创新不是一蹴而就，说创新就能创新的。先进文化要有传统文化作为基石，我国传统语言学有许多值得继承发扬的东西，不能一概摒弃，例如扬雄所开创的古典方言学的求实精神、明代陈第"时有古今，地有南北"的时空观，至今仍不能说已经过时。开拓前进必须有丰厚的积累，继往才能开来。不继承而想创新，这正如鲁迅所说，"恰如用自己的手拔着头发，要离开地球一样，他离不开"。

（2）只要前进就有创新。在现代汉语方言学的历史上，我觉得有几项重要的创新，例如，赵元任先生《现代吴语的研究》（1928年作为清华研究院丛书第四种在北京出版，1956年科学出版社再版）标志着现代方言学的开始，可以说是开创汉语方言研究的新模式；再如，瑞典学者高本汉《中国音韵学研究》（原著法文，赵元任、罗常培、李方桂合译，1940年上海商务印书馆出版，1948年再版），第一次将历史比较语言学的方法运用于汉语研究，用方言实地调查的材料来拟测古音，成功地构拟了汉语中古音系统。

要人人都有这样的创新真是太难了。但是汉语的方言实在是太丰富了，有许许多多的空白，有待我们去开发。我们会不断发现新的语料，这些语料又会给我们提出许多新的课题。只要脚踏实地，我们就会在前人的基础上有所前进，有所创获。创新未必非要是翻天覆地的，一点一滴的，只要有所发现，就是创新。众人拾柴火焰高，只要我们方言工作者共同努力，我们方言学的领域就会不断创新，创造方言学研究新的辉煌。

（3）创新要勇于战胜自我，在自己的基础上创新。我的体会是，只要你一直在调查研究，就会不断有新的问题出现。这些问题，有的需要我们继续深入探讨，有的则改变原先的看法，需要重新认识。

王力先生1980年《汉语史稿》："语音的变化都是制约性的变化。这就是说，必须在完全相同的条件下，才能有同样的发展。反过来说，在完全相同的条件下，不可能有不同的发展，也就是不可能有分化。""这一个原则并不排斥一些个别的不规则的变化。由于某种外因，某一个变了另一个读法，而没有牵连到整个体系，那种情况也是有的。不过，那只是一些例外，我们并不能因此怀疑上述的原则。"1985年《汉语语音史》则说："有分化而无合流，语音系统会变得太复杂了，不利于交际；有合流而无分化，语音系统会变得太简单了，也不利于交际。因此，分化与合流交相为用，这是语音发展的规律。"王力先生1985年的说法无疑比

1980 年更为严密周到。王力先生这样的高龄，还在不断前进，我很佩服。

50 年以前我相信：推广普通话，方言差异就会消失，汉语就会达到完全统一。实际上方言没有必要消失，事实上也不可能消失。

尖团问题，《辞海》对"尖团音"的解释是："尖音和团音的合称。声母 z[ts]、c[tsʻ]、s[s] 跟 i[i]、ü[y] 或以 i[i]、ü[y] 开头的韵母相拼，叫尖音；声母 j[tɕ]、q[tɕʻ]、x[ɕ] 跟 i[i]、ü[y] 或以 i[i]、ü[y] 开头的韵母相拼，叫团音。如有的方言里，'精'念 zing[tsiŋ]，'经'念 jing[tɕiŋ]；'青'念 cing[tsʻiŋ]，'轻'念 qing[tɕʻiŋ]；'星'念 sing[siŋ]，'兴'念 xing[ɕiŋ]，各分尖团。普通话不分尖团，'精经'、'青轻'、'星兴'都读团音。"

但是，方言中有尖团音区别的，其读音未必一定是《辞海》所说的尖音读舌尖前音而团音读舌面前音，据我所知，汉语方言中尖团音的读音主要有以下 7 种：

	1	2	3	4	5	6	7
尖音	ts tsʻ s	tʃ tʃʻ ʃ	tɕ tɕʻ dʑ ɕ z	ts tsʻ s	tɕ tɕʻ ɕ	tθ tθʻ θ	ts tsʻ s
团音	k kʻ h	k kʻ h	k kʻ g h ɦ	c cʻ ç	c cʻ ç	tɕ tɕʻ ɕ	tɕ tɕʻ ɕ
方言点举例	厦门 梅县	广州	天台	平度	烟台 高平	衡水	南京 郑州

《辞海》的解释难以概括上述第 7 类以外的情况，用一种音值来对音类做出解释，难以避免以偏概全的错误。

尖音与团音是汉语方言学研究中经常要遇到的一对概念，指中古的精组和见晓组声母字在今韵母细音（齐齿呼和撮口呼）前面同音或不同音。同音的叫不分尖团，不同音的叫分尖团。在分尖团的方言里，由精组来的字叫尖音，由见晓组来的字叫团音。

山东诸城方言的尖团音对上述定义提出了挑战，诸城尖团音如下：

尖音：ʨ ʨʻ ɕ　　团音：tʃ tʃʻ ʃ　　（＝知庄章乙类：战＝见、钳＝缠、兴＝声）

团音韵母不是细音而是洪音，这就要我们对这一现象做出解释，或者修改我们的定义。

人的知识是一点一滴积累的，认识也是一步一步逐渐提高的。在学术研究的生涯中，难免有这样那样的错误认识，应该坦然面对。我想，这对自己，也算是一种创新。

汉语方言学对现代语言、文化建设的意义

主持人：

今天，我们有幸请到了山东大学文学院教授、博士生导师、著名语言学家钱曾怡老师。钱老师，是我们陕西师范大学文学院邢向东教授的博士生导师。邢向东老师在山东大学读博时师从钱老师。邢老师在读博期间完成了一部非常有影响的博士论文——《神木方言研究》，这篇论文获得了我们国家的优秀博士论文奖。我们知道，在全国所有文理科的博士点中，全国的优秀博士论文，每年只评 100 部，根据我对这几年的观察，文科的博士论文在 100 部里占 15 部左右，而属于中文学科的优秀博士论文，在文科的 15 部里边也就是两三部，所以这是一项非常难得的学术成就。今天把钱老师邀请到我们陕西师范大学来，我们希望通过今天下午这个讲座，能够让钱老师把她自己从教 50 年来在方言研究上的一些经验和思想传授给我们。接下来，让我们以热烈的掌声欢迎钱老师作讲座。

钱曾怡教授：

今天很高兴，能够来到陕西师大跟同学们见面，看到这么多年轻的面孔，我也好像年轻了许多。我的题目是《汉语方言学对现代语言、文化建设的意义》。我原来的题目叫《汉语方言学的意义》，定语是邢老师加的。在进入正式的内容之前，我先简单介绍跟这个题目相关的几个概念。

（一）第一个要说明的是，什么是方言

"方"就是地方，"言"就是语言。方言就是地方口语，是它的分布区域内的全民交际工具。对于存在方言差异的一种语言来说，方言是这种语言在不同地域的主要存在形式。比如说，汉语分布在汉族人居住的广大地区，在不同的汉语区域就有不同的方言，陕西人居住的地方就有陕西方言，西安人居住的地方就有西安方言。我这个方言的定义，跟一般的教材、辞书作者的定义不一样：他们一般都说，方言是全民语言的地

域分支；我的定义是，方言是一种语言在不同地域的实际存在形式，这种形式跟它所属语言的其他地区的方言或者它的共同语存在一定的差别。这是对方言的一个简单的解释。

（二）第二个问题，是方言跟语言的关系

方言跟语言是个别与一般的关系，语言是一般，方言是个别。就汉语说，汉语是一般，陕西方言或者西安方言就是个别。比如说，人是一般的概念，那么我钱曾怡就是个别，我们每一个同学都是个别。这是方言跟语言的关系。没有个别也就没有一般。

（三）第三个概念，是方言与共同语

一种语言如果有方言，那么也必然有共同语。假如这种语言不存在方言的差别，那就不存在也无需共同语，说明共同语是依附于方言而存在的。比如说原始社会的氏族语言，人很少，他们是游牧民族，过着游牧生活，他们就只有语言，而没有方言的差别。这就说明共同语跟方言是互相依存的，有方言就有共同语，没有方言就无需共同语。一种语言，它的共同语是以某一种方言为基础的。我们汉民族共同语，它是以北方方言为基础的。我们都会背："普通话是以北京语音为标准音，以北方话为基础方言，以典范的现代白话文著作为语法规范的。"语音、词汇、语法实际上都是以北方官话为基础的，共同语的基础是方言。所以从实质上来说，方言跟共同语的关系是方言与方言的关系，但是共同语是基础方言。当然，共同语是要高出方言的，因为共同语是书面语的基础。

（四）第四个概念，是地域方言与社会方言

广义的方言分为地域方言和社会方言，一般我们所讲的方言是地域方言。现在我简单说一下什么叫社会方言。我们知道地域方言是因地域的不同而形成方言的差别，社会方言则是因为人的社会的原因而形成一些语言的差别。比如说：行业有行业语；性别不同，语言也有不同；年纪大的跟年轻的语言有不同。这就是社会方言。社会方言的研究现在在我们国家的发展也是很快的，已经基本形成了一个独立的学科，叫作社会语言学。这是地域方言跟社会方言的不同。地域方言跟社会方言可以做三点比较。

第一，地域方言具有地方性，方言的区分是按不同分布地域的语言特点从地区来划定的；社会方言的不同是由于社会因素，并不受地域的限制。比如说行业语，一种行业不一定集中在某一个地区，不同的地区会有相同的行业。我们《中国语文》原来的主编侯精一教授曾经做过山西理发行业的语言研究。理发行业在山西各个地方都有，比如长治、太原，实际上别的省也都有，他们都有一些行业语。所以一种地域不限于一种行业，一种行业也不局限于一个地方。

第二，就服务对象看，地域方言具有全民性。比如陕西方言，对陕西人都是共同的；西安方言，对西安人也是共同的。但是社会方言决定于不同社会成员的特殊的需要，不受地域的限制，只服务于本社群的社会成员，而地域方言对某一个地区的人来说是全民的。

第三，从语言的特点来看，地域方言有自己的音系，有基本词汇，有语法结构。我的老师李荣先生曾经说过，"（方言）麻雀虽小，五脏俱全"。但是社会方言就不一定，它只牵涉到语言要素的一小部分，比如说一些特殊的用语、某些措辞法，用词义的特殊化使之与常规的含义有所不同。我们可以说社会方言实际上是依附于地域方言而存在的，因为社会方言没有自己的语音系统、基本词汇和语法结构，它只显示了某一个社会层次的人员的特殊的需要。比如说各个地方有黑话。我看过公安人员收集小偷的话（见《刑事犯罪隐语》，中国刑事警察学院刑事侦察教研室编，1987年7月），在这方面，我有个学生曾经到监狱里去采访犯人，调查他们的语言。这就是社会方言跟地域方言的不同。我们平常说的方言是地域方言。

清楚了这些以后，下面就说一说方言学的意义。至于方言学研究的内容、方法以及研究历史，因为时间的关系，我们这里不说。下面我们进入今天讲座的正题，说说方言学的意义。

汉语方言学的意义

我想分这么几个方面说：第一个是对语言学研究的意义；第二个是对文学研究的意义；第三个说说对其他文化的研究及另外一些方面的意义。

一　对语言学研究的意义

以下从四方面说。

（一）对全面了解现代汉语的意义

我们中文系的同学们想必都学过现代汉语。我们现在高等学校所开的现代汉语课程，它的内容主要是现代汉民族共同语。刚才我们说过方言与共同语的关系，其语音系统、词汇词法、句法都是共同语的。现代汉民族共同语足以充当现代汉语的代表，但是包括不了现代汉语的全部。既然方言和语言是个别与一般的关系，那么只有通过对尽可能多的个别的了解，才能不断地加深对一般的认识。上海的钱乃荣教授编过一本现代汉语的教材，他在序言里面倡议，现代汉语课除了教共同语以外，还应该讲授方言学的内容。

现在我想举一点例子，比如说我们现代汉语教材里面讲什么叫作儿化，"儿化就是主要元音卷舌"："花儿" [xuar⁵⁵]、"盘儿" [pʰar³⁵]，都是后面的元音卷舌。但是我们通过对很多方言的了解得知，实际上儿化的语音形式是多种多样的，不仅仅是主要元音卷舌。我举山东的例子，比如说 "一点儿"，它是 "一点儿" [tʰɛr⁵⁵]，声母是带滚音的；又如，有些地方，"一点儿" 是 "一点儿" [tie⁵⁵]，不卷舌，平舌的，"大侄儿" [tʂei⁴²]，它是平舌：都跟普通话不一样。浙江有一些方言，例如浙南的一些吴语，那些儿化音变是通过变调来表示的，叫作小称变调。上面我举的一些例子都是儿化音变，与共同语以北京语音为标准音的儿化音变形式是不一样的。讲到儿化的作用，儿化有名词性，说一旦儿化了以后，它就变成了名词，但是实际上江苏、山东有些地方，儿化后可以表示动作完成，例如烟台说 "抬儿上山去了"，就是抬到山上去了。说明儿化不完全是表示名词，也可以表示动作完成或者其他。这都说明共同语虽然可以代表我们的汉语，但是不能包括汉语的全部。这种例子太多了。

从另一个角度来说，不了解汉语方言，那就对共同语的认识也很难达到全面正确。比如说我们为什么确定北京语音为标准音，假如你没有把北京语音和其他方言进行比较，你就难以得出一定要用北京语音做标准音的结论。北京语音有什么特点？为什么我们要选它做标准？比起其他的，北京音系简单，而且它有丰富的表现形式。1991 年朱德熙先生在中国语言学第六届年会上有一个书面发言，应该说是朱德熙先生生前最后公开发表的一篇文章，是在《中国语文》上发的，中心议题是自己 30 年的 "的" 字研究进展缓慢，重要的原因是它绕了一些弯，"对方言的语法研究、历史语法研究和标准语语法研究三者之间的密切联系，缺乏清醒的认识"（见《中国语文》1992 年第 1 期，第 80 页）。朱先生后来发现，通过方言的研究，他最后的结论很快就能得出来，他是作为一个经验来推荐的。

　　以上内容说明：第一，只研究共同语，不能够包括汉语的各个方言；第二，不了解方言，即使你对共同语了解，也很难直接透彻。

（二）对汉语史研究的意义

　　语言学研究的重要目的之一就是探求语言发展的规律，构建语言的历史。罗常培、吕叔湘两位先生在《现代汉语规范问题》这篇文章里面说："方言是研究汉语史的一部分极其宝贵的资料，可以和书面材料相印证，尤其能够补充书面材料的不足。"（《现代汉语规范问题学术会议文件汇编》，第 21 页，科学出版社，1956 年）这是我们中国顶尖的语言学家说的，因为我们要构建汉语的历史，如果仅仅依靠一些书面文献，那是不足的。瑞典语言学家贝蒂尔·马尔姆贝格也说过这样一段话："语言学家很晚才觉察到，在方言中，保留下来了民族语言中业已消失的比较古老的形式、词或语音阶段。历史语言学家可以从这里为语言的历史发展线索找到证据，而如果没有方言学，这一切线索就会成为纯粹的推测。"（B. 马尔姆贝格《方言与语言地理学》，黄长著译，见《语言学译丛》第一辑，第 152 页，中国社会科学出版社，1979 年）上面，中外语言学家把方言研究对汉语史研究的意义说得十分清楚。

　　我的老师曾经给我讲过方言学研究对汉语史研究的意义。说是以前过年要拜祖宗，拜祖宗的时候要有祖宗的画像，可是祖宗已经去世了，那么按照什么来画呢？就找他的下一代或者下两代，比如说他的女儿，他的弟弟妹妹或者儿子，叫老人来看，来回忆，他儿子的鼻子像他，他女儿的眼睛像他，然后这个画家就根据老人的回忆来凑起祖宗的一个像，还有点儿像。那么我们古老的语言是什么样子？我们可以通过方言来找到一些线索。比如说学过古代汉语的人都背过三十六字母，"帮滂並明端透定泥"，"滂"是送气的，"帮"是不送气的，但是在北京话中"並"跟"帮"的声母是相同的，那为什么是两个声母呢？原来古代"並"母是全浊声母，现在吴方言还保留着古代的全浊声母，比如说我的母语，我是浙江嵊州人（嵊州就是越剧的故乡，你们看过《梁山伯与祝英台》吗？看过《红楼梦》吗？那些剧就是我的家乡戏），我的母语就是帮 [p] 滂 [pʰ] 並 [b]、端 [t] 透 [tʰ] 定 [d] 是三个不同的声母，第三个是浊音。我们学过英语，都知道这是个浊音。也就是说，从吴方言我们可以拟测古代三十六声母里面的浊音声母。

我们的文献研究说古代汉语轻唇重唇不分。清代有个著名的学者叫钱大昕，根据一些文献资料认定古无轻唇音，重唇是"帮滂并明"，轻唇是"非敷奉微"。那他所根据的是什么材料呢，比如封建的"封"和帮忙的"帮"、妃子的"妃"和分配的"配"、繁琐的"繁"跟老婆婆的"婆"这六个字，三组同音。"封帮""妃配""繁婆"混用，会混用说明它是同音了，古代有很多因同音而假借的字。这是钱大昕研究古音很重要的一个贡献。后来听说有一个事儿，这个事儿是王力先生在山东语言学会成立的时候讲的。他说有一个学者写信给他，认为不是古无轻唇音，而是古无重唇音。假如说没有方言来印证，古无轻唇音和古无重唇音是没法证明谁对谁错的，因为都是两个音混读，古音没有记下来。混读的情况我可以说古无重唇音，但光依靠文献资料也是不行的。现在闽语可以证明钱大昕的结论是对的，轻唇音非敷奉微，它读的是 [p]、[pʰ]，这是可以用来证明的。利用现代方言的材料构建语言发展的历史，是目前方言学研究的前沿课题之一，是大家都非常重视的一个题目。说起通过方言来构拟古音，最早这样做的是瑞典的学者高本汉。他的《中国音韵学研究》是用山西方言的材料来做的。后来王力先生也是通过方言构拟古音。

现在我们利用横向的地域比较来总结语言发展的一些历史脉络，比如说横向的一些方言，我们可以从东到西或者从南到北，把它竖起来。通过这种地域比较，有时候可以看到一些历史的脉络。我们以前在河北调查方言的时候，探讨河北方言入声怎么消失的，发现入声是从西到东逐渐地丢失的，先是全浊声母掉了，再往东次浊声母掉了，到最后还剩下清声母，再往东，清声母入声也没有了。这样我们可以得出一个结论，在河北这个地方，入声消失的途径，是从全浊声母到次浊声母，最后是清声母。山东有些地方现在还保留入声声调，但它只限于清声母字。全国各地，据我的研究，一般来说入声消失，最早都是从浊声母开始，清声母后消失，这是一个总体的趋势。我们可以通过方言总结历史，历史是过去。现在我觉得我们不光要总结过去，我们还应该探讨未来，我们的汉语方言在未来将会怎样发展。我想在官话方言地区，入声消失是早晚的事。像山东保留了入声的方言，60 年代保留入声的老派是百分之八十几，到了 80 年代再去调查，保留入声的老派是百分之六十几，那我相信等到这些老派的人全部去世了，入声也就消失了。包括河北也是这样的情况。它有一个总体从西到东慢慢少、慢慢少，最后消失的变化趋势，这是肯定的。

我们还通过各个地方方言的比较研究，来探讨汉语声调的演变是一种简化的趋势。比如说南方方言有 8 个声调，多的有 12 个声调，像粤方言有 9 个声调。声调的数量从南到北基本上是由多到少。单字调有辨义作用，阴平阳平上声去声，"天田舔掭"，就是 4 个单字调，表示不同的意义。但是通过一些音变研究，发现在有一些方言里面，在变调的时候或者是在轻声的时候，单字调就没有辨义作用了，也就是说，声调作为一个音位有消失的可能。那么将来汉语的声调会不会消失？我曾经有个想法，就是可能会消失，但是我不敢保证。我那年在日本京都大学讲学，讲到这个问题，我说不能验证，起码在我这一代不行，你们这一代也不行，你们下去几代也不行。因为语言的演变是一个非常漫长的历史过程，这是第一。第二，语言在一种情况下它不断地发展，因为事物永远是发展的，永远在不断地变化。它在某一个历史时期朝着一种方向发展，但是遇到了某一个历史事件或者由于一种偶然的原因，它会终止朝着某个方向发展，而折向另一个方向发展。比如说我原来认定，儿化在北京会不断发展，我在《论儿化》的文章里面提到过。但是现在看，我觉得这个儿化开始萎缩了。为什么萎缩呢？我们的文化越来越发达，广播电视逐渐推广，播音员还有有文化的人越来越多。而儿化一般多用于口语，字典词典中儿化用得比较少，人的文化越来越高，说儿化的人也就少了，这样的话儿化就会萎缩，而儿化发展到一定的历史时期，它就可能会终止发展。

这种例子很多，我就说到这里。

（三）对汉语规范化的意义

现在有人讨论汉语规范化要不要保护方言，并提出"保护方言""抢救方言""保卫方言"等口号。有些地方台比如上海、山东及济南电视台用方言来播，我们不去论它，但是汉语规范化恐怕是大势所趋。而且从我们国家的民族经济利益来看，汉语规范化还是要做的，因为这是我们国家政治经济文化建设的需要。汉语方言的研究对汉语规范化还是非常重要的。特别明显的，比如说推广普通话，你要是对一个地方的方言有了研究，推普工作就能做得更顺利一些。以前我们写过某某地方人怎样学习普通话，它的基础就是某某地方的方言调查。有了方言调查的材料，我们跟普通话来进行语音的对比，指出它的难点、要点，来指导当地人学习普通话，就可以起到事半功倍的效果。这个方面，我想大家都了解，我就不多说了。

（四）对普通语言学研究的意义

普通语言学是研究语言学的一般规律的，而我们汉语方言有非常丰富的宝藏，普通语言学的研究不能忽略了占全世界五分之一还多的人口使用的汉语方言。以前的普通语言学主要是建立在印欧语系的基础上。如何把汉语方言资源开发、提炼、升华成为普通语言学的理论，已经逐渐受到国内外学者的重视。比如说，著名的日本语言学家桥本万太郎，他有一本书叫作《语言地理类型学》（余志鸿译，北京大学出版社，1985 年），他的很多论点建立在汉语方言研究的基础上。徐通锵先生，北京大学语言学理论的专家，他是一辈子研究语言学理论的，他后来也做了很多的方言研究。他有很多的理论，都是用方言的事实来进行说明的。以前的青年语法学派，在一定的历史时期，在世界上都有重大的影响，在五六十年代也影响了我们国家的语言学发展。比如其中的理论相同的条件有相同的变化，叫作"类同变化同"，就是说，在语言的演变过程中，同样的条件下语言有相同的发展。后来理论有所发展，例如王士元教授的词汇扩散理论。后来有人把这些综合起来，它们都是很有用的。而这些理论，都需要我们汉语方言学来支持。我记得那一年山东大学请王士元来讲学，他阐述他的词汇扩散理论，是用苏州方言来解释的。

我们有一些学生有时候也把王士元的词汇扩散理论运用到具体的研究方面来。我有一个学生叫王淑霞，她的硕士论文曾经写到山东荣成方言。这个方言古代的次浊平声字，是无条件分化到阴平和阳平里去的。这要是用青年语法学派的理论来解释，是解释不通的。因为类同变化不同，比如说男人的"男"和东南西北的"南"，它们古音的条件是完全一样的，但是分化为一个读阴平、一个读阳平，为什么？她就用词汇扩散理论来做解释，最后得出的结论是读阴平的一般是老词，如人名词、地名词、生活里面常用的一些词；而读阳平的一般是新词或者书面语词。她判断原来这个地方的方言，它的次浊平声是跟着清声母平声字走的，都是读阴平。后来随着共同语和周围方言的影响，这一部分的次浊阴平字逐渐地向阳平过渡。那么怎么过渡的呢？它是一个词、一个词地往阳平走，所以现在存在的这种无条件分化的现象，说明这种过渡还没有完成。这是我举的这么一点例子。这是对语言学研究的意义。

二　对文学研究的意义

我想提一个问题，我不知道同学们注意过没有，陕北民歌有什么特点？从方言的角度来看，我不了解，但我想邢老师一定很了解。这是个很直接的问题，民歌跟方言应该是有关系的。对于我们陕西师大的同学，我给你们出一个这样的题目，你们有兴趣的话可以收集一些民歌的唱词，看看它是怎么用韵的，跟普通话有什么不同。我想起码可以写一篇硕士论文吧。

方言学对文学研究的意义，下面讲两个方面。

（一）对文学作品的了解

有一些文学作品，你要是不了解方言，你就很难把作品了解透了。比如说鲁迅的作品里面有一个词叫"狗气杀"。"狗气杀"是个什么东西？你要是不了解绍兴方言，就很难搞清楚。"狗气杀"是什么呢，是喂鸡的一个东西。里面是一个鸡食的盆儿，盆儿周边有个架子，用好多木条或者竹子把它们弄起来，然后把它们这样套着，只有鸡的头能伸进去吃，狗的头伸不进去，这叫"狗气杀"（杀的意思就是死了）。你要是不了解绍兴方言，恐怕很难懂。《光明日报》曾经讨论过"蚕豆"。《祝福》里面贺老六的儿子阿毛在那儿剥"蚕豆"，后来叫狼叼走了。那么这个"蚕豆"是什么豆？《光明日报》展开过一次讨论，当然都是豆腐干的文章。其实你要是了解绍兴方言就无须讨论。我是绍兴地区的，"蚕豆"就是"豌豆"，而北方的人所说的"蚕豆"是挺大的那种，绍兴话把这个叫"佛豆"，因为它豆大，我的母语把它叫"罗汉豆"，实际上一个意思，罗汉也是佛。绍兴话的"蚕豆"是"豌豆"。春天的时候，我们那个地方很时兴吃豌豆。新的豌豆出来以后，把它剥成圆圆的一粒粒，炒炒吃也行，或者煮煮吃也行。阿毛就是剥"蚕豆"的时候叫狼叼去的，是吧？那么就是说，你不了解方言，你对这些东西就很难了解。

山东有一个学者，是个老教师，北京人。他出了一本书《聊斋俚曲选》。后来我们系里有一个学生，78届的，淄博人，现在留在山东大学任教。我那个时候教他现代汉语，他有一次跟我说，某某老师写的那个书，里面好多都注得不对。因为蒲松龄是淄川人，但是那个老师不了解淄川方言，所以他有好多词都注错了，这样会影响到我们对作品的全面的了解。我这里有一些卡片，就有好多例子。比如说，蒲松龄的《聊斋俚曲集》有很多方言词，他有一篇著名的作品叫作《墙头记》。《墙头记》是说，有一个老头儿，他老伴儿死了以后，他就把他的家产全部分给他的儿子了。三个儿子本来说轮流养他，后来就不养他了。这个老头儿很可怜，吃不饱，他的那些儿媳妇就给他吃很稀很稀的稀饭。（就像《马家军》里面，他养猪用很稀的饲料将猪肚子撑大，你看过没有？）稀饭，他那个地方叫"糊突"。儿媳妇说他拼命地往肚子里吃，是往里"餂"。"餂"，"食"字旁一个宣传的"宣"。他儿媳妇就嫌弃他吃得多，没命地往肚里"餂"。这个老头儿非常可怜的，最后当然解决了，他有一个老朋友，叫王银匠，帮他想了办法。他表示说他父亲还有很多财产在他那儿，那三个儿子儿媳妇就都争着要他爸到他们家里去，结果老头儿死了以后没有什么财产，实际上是一些砖头。这个很有名，里面有大量的方言词，比如说饺子叫"扁食"，这是个古汉语的词。一会儿叫"一霎"，过一会儿就叫"待一霎"。打扮叫"扎挂"，"扎挂"在山东方言里面有几个意思：一个是打扮的意思，一个是修理的意思，还有一个是治疗的意思。像蒲松龄的研究，假如说你不了解淄川方言，那是很难研究透的。蒲松龄很有意思，他的《聊斋》里面很少有方言，但是他的《聊斋俚曲集》里面有大量的方言，很有意思的。这就是说，我们要了解文学作品，特别是带有方言特点的一些作品，就必须要对方言有所了解。这是一个方面。

（二）考证文学作品的作者

作品是谁的也需要考证。著名的小说，像《金瓶梅词话》，还有《醒世姻缘传》，作者是谁？是哪儿的人？现在这方面的研究也进行了很多，有很多也是要借助方言来研究的。比如说《金瓶梅》用的是山东话吗？几年前对《金瓶梅》作品的研究，曾经是一个很热门的课题，我可以报一下题目：《〈金瓶梅〉作者之谜》（王莹、王连州）、《〈金瓶梅〉的方音特点》（张鸿魁）、《〈金瓶梅〉是山东临清一带的方言》（殷黎明）、《〈金瓶梅〉中值得注意的语言现象》（张惠英）、《〈金瓶梅〉中杭州一带用语考》（张惠英）、《关于〈金瓶梅〉的语言》（张惠英）、《〈金瓶梅词话〉校点商订》（张鹤泉）。这种东西很多。大部分学者认为《金瓶梅》是写于明清山东临清一带。曾经有一位著名学者，他认为是写于杭州一带。他提出来几个词来证明，其中一个就是"马子"。"马子"就是马桶。他认为马子只有苏杭一带才有的叫法，但是后来聊城的张鹤泉教授通过在聊城一带的调查，写了《说〈金瓶梅〉中的"杩子"——调查报告》，说聊城老派的方言里面还有"杩子"这个词，就反驳了这个学者的观点。这个是关于《金瓶梅》的。另外，比如说《醒世姻缘传》，到现在也不知道它是什么地方的，有人认为是蒲松龄生活的那一带的。《醒世姻缘传》里面也有大量的方言词。

三　对其他文化建设的意义

1. 方言与民俗及各地人的心理都有密切关系

民俗的一些内容都是用当地方言来表示的，例如山西的"刀头会"、山东沿海祭海神奶奶、泰山一带的人祭泰山奶奶等。闽语的"吉屋""胜瓜"等，都反映了当地人的心理。

2. 方言跟历史的关系密切

例如，近几年我们开展了方言与原始文化的研究，将现代山东方言的分区跟新石器时代的山东地区龙山文化的分布进行比较，结果两者的区域分布基本上是一致的。这一方面使我们了解到现代山东方言的分区格局远在新石器时代就大体已定，另一方面也证明了当时龙山文化在山东的分布类型。

现代的例子如，淄博一带人称汉奸为"三本"，"这人干过三本队"是说这人当过汉奸。"三本"指汉奸，产生于抗日战争时期，因为博山话"日"字和"二"字同音，"日本"音同"二本"，汉奸帮日本人干坏事，就叫"三本"。诸城等地称青年女子为"识字班"，来源于新中国成立初期的扫盲运动。当时以不同性别和年龄组织的识字班，其中青年妇女坚持得最为长久，当地人就称未婚女子为"识字班"。

3. 方言与地名学

一些地名如"×家庄"，现代地图上"家"写为"格"或"戈"，是当地人地名用字保留古音的结果。许多地名是某一区域特有的，如鲁迅《祝福》中的"贺家坳"的"坳"、历史上驻军的所在地称"卫"、内蒙古围起的草场称"圐圙"等等。

此外方言学对于公安破案也有作用。（案例略）

在我国，汉语方言学是一门既古老又年轻的学科。西汉扬雄《輶轩使者绝代语释别国方言》是世界上最早的一部方言专著；现代方言学运用现代的理论、方法将汉语方言研究推向了崭新的局面。汉语方言十分丰富，世界上没有任何国家的语言可以与之相比。

　　陕西方言资源同样丰富，极有开发价值。陕西师大具有方言研究的良好条件，祝陕西师大的方言研究蒸蒸日上。

　　祝同学们学习进步，成绩优秀，前途无量。

　　　　　　　　　　在陕西师范大学的讲座发言稿
　　　　　　　　讲座地点：陕西师范大学长安大讲堂
　　　　　　　　讲座时间：2006 年 3 月 27 日
　　　　　　　　　　　　主持人：李西建教授
　　　　　　　　　　　　文稿整理人：蒋学

卷首语　实地调查是方言研究生命之源泉

我国方言研究有悠久的历史和实地调查的优良传统。如东汉应劭《风俗通义·序》记述古人："周、秦常以岁八月遣辆轩之使，采异代方言，还奏籍之，藏于秘室。"西汉扬雄《答刘歆书》记述："天下上计孝廉及内郡卫卒会者，雄常把三寸弱翰，赍油素四尺，以问其异语。"（周祖谟校，吴晓铃编《方言校笺及通检》，科学出版社 1956 年版，第 93 页）

标志着我国现代方言学肇始的赵元任《现代吴语的研究》，是赵先生与其助教杨时逢于 1927 年 10 月到 12 月对吴音 33 个调查点调查材料的总结。此后，大型的调查成果还有《湖北方言调查报告》（赵元任、丁声树、杨时逢、吴宗济、董同龢）以及署名杨时逢的《湖南方言调查报告》《云南方言调查报告》《四川方言调查报告》等等。

新中国成立后，在 20 世纪五六十年代，全国进行了近 2000 个点的方言普查。这些调查是贯彻国家语言政策的重要措施，是为推广普通话而进行的。21 世纪以来，为达到弘扬中华优秀传统文化的目的，史无前例的语言资源保护工程正在全国范围内开展，收集记录口头语言文化实态，建立了大规模的可持续增长的资料库。

以上内容可见：从秦汉时期的古典方言学到现当代方言学，都是以实地调查为基础的。

1982 年 9 月 29 日，李荣先生在复旦大学举行的吴语研究首次学术会议上做了题为《方言研究的若干问题》的学术报告（见《吴语论丛》，上海教育出版社 1988 年版；又见《方言存稿》，商务印书馆 2012 年版），其中说："巧妇难为无米之炊，研究语言，研究方言，都需要采集资料。……调查方言就是搜集资料，这是研究方言的基本功。不会调查，怎么说得上研究。你不调查，就不会鉴别、使用别人的调查成果。"

方言学是一门极为严密的学科，汉语方言现象十分丰富复杂，往往为人们始料所不及。目前开展的语言资源保护工程，要求每一个点都须分别记录老男、老女、青男、青女的音系及某些语料，这是很有道理的，因为方言不断演变发展，存在着新派和老派的不同，而且男女的语言习惯也常有不同，例如北京有"女国音"。当然，也可以在异地找发音人，例如在北京找苏州人调查苏州话，但在有限的发音人中没有条件全面了解新老、男女的不同，而且有的发音人往往有个人习惯，其某些字音与当地普遍读音不相符，不在当地，不找其他当地人核实，也就没法鉴别。在记录单字音时，有人在了解一个点的音系规律之后就用这个规律推测记音，这很危险，因为虽然每一种方言都在按自身的规律发展，但是规律之外也有例外，一般之外还有个别，遇到例外的情况，如果还按规则记录，那就肯定会出错。所以，研究方言必须依赖全面客观的实地调查，探寻语言事实，这样下结论才能言之有据。

理论来源于实践，方言学的理论，只有在大量实地调查的基础上才能建立；也只有客观存在的方言事实，才是检验方言研究真理的标准。不进行实地调查，方言学研究犹如无源之水、无本之木，流不远、难长成。

（原载《语言战略研究》2019 年第 5 期）

口语高频词比较的方言分区意义

摘要： 长期以来，汉语方言的分区标准主要集中于对语音现象的分析判断，很少从词汇的角度来进行比较，这在一定程度上制约了汉语方言分区研究全面、系统的发展。实际上，方言词语的比较研究是方言分区研究不可或缺的内容之一。因此，立足于对口语高频词语的考察，通过方言与标准语、方言与方言之间口语高频词的比较，可以找出各方言在词语使用上的接近度，从而揭示出各方言间的远近亲疏关系。同时也能够为汉语方言分区研究开辟一条合理的、有效的词汇考量途径。

关键词： 方言　词汇　口语高频词　方言分区

一　汉语方言分区研究的一条新途径

长期以来，汉语方言的分区一直是学术界争议的热点，其中分区的标准是核心问题。以前的讨论，有关汉语方言的分区标准主要集中在对语音特点的比较分析上面，如吴方言保留古全浊声母、晋语独立是由于有入声等，而很少从词语的角度进行讨论。但是，作为构成语言基本要素的词汇，各地方言自成系统、各有特色又相互关联，方言词语的比较研究，有助于了解各地方言的特点，是方言分区研究不可或缺的内容之一。①

方言词语，尤其是方言中的日常生活口语高频词语，往往能够最直观地反映出一种方言的个性特色，而口语高频词语又大多是方言中的基本词汇。基本词汇都具有很强的稳定性，是方言中最不易改变的语言成分。因此，要想了解一种方言的词汇特点，最有效的方法就是考察它的日常生活口语高频词语，同样，要想弄清不同方言之间在词汇

---

① 方言在语音、词汇、语法三方面都存在某些区别性特征，它们在汉语方言分区中都具有重要作用。本文仅讨论词汇问题。

上的相同或相异情况，最有效的方法也是比较各个方言中的日常生活口语高频词语。

在汉语方言分区研究中，应充分考察各个方言中的日常生活口语高频词语，比较各方言口语高频词语的说法，分析它们之间的相同或相异程度，并由此得出各方言在词汇使用上的接近度。这种词汇接近度不仅为我们判断各方言间的远近亲疏关系提供了可靠依据，同时，也扩大了方言分区研究的视野，为汉语方言的分区找到了一种行之有效的、合理的词汇论证方法。

二　口语高频词语的厘定及方言说法对照

1. 口语高频词语的厘定

我们确定口语高频词语，根据的是《现代汉语频率词典》[①]一书的词频统计结果。依照该书"生活口语中前 4000 个高频词词表"所列口语词，按词频由高到低依次从表中选取了前 150 个词（词频累计达 58.7943%），然后再剔除其中少数口语中不常用的词语（如"可、就、可是、您、请、同志、妈妈、先生、才、她"等）和部分方言间无法作简单对应的词语（如"的、地、得、着、了、过、吧、呢、呀、啦、吗、啊、来、去、上、下、这、那"等），最终选出 80 个口语高频词（词频累计为 35.2296%）作为考察的对象。这 80 个口语高频词见表 1（依词频由高到低排列，词下数字为各词词频）[②]。

表 1　80 个口语高频词及词频一览

我 3.6514	你 3.0109	不 2.4494	是 2.3345	一数 1.2291	有动 1.1023	他 0.9982	个量 0.9756	说 0.9524	好形、补 0.7322	人 0.6669	也副 0.6663
什么代 0.6249	还副 0.6155	看 0.5835	要助动 0.5703	在介、动 0.5509	都 0.5327	我们 0.5019	大形 0.4442	没副 0.4323	走动 0.4072	怎么副 0.3934	把介 0.3783
又 0.3357	叫动 0.3106	小 0.3093	给介 0.3043	跟介、连 0.2961	事名 0.2955	你们 0.2698	很副 0.2522	知道 0.2453	到介 0.2416	话名 0.2384	家名、尾 0.2265
没有动 0.2265	谁代 0.2240	回量 0.2190	买 0.2190	再副 0.2152	别副 0.2133	钱 0.2133	妈 0.2096	想动 0.1976	给动 0.1964	多形 0.1951	孩子 0.1901

---

① 北京语言学院语言教学研究所编著《现代汉语频率词典》，北京：北京语言学院出版社，1986 年，第 1122—1124 页。

② 词的右下角所注功能，基本保留《现代汉语频率词典》所列"生活口语中前 4000 个高频词词表"的注释原貌，个别地方有调整，如"用"，原词表中无功能说明，鉴于方言中动词和介词说法常有不同，在此规定为介词。

续表

吃 0.1876	老形、头 0.1782	年数量 0.1757	拿动 0.1757	找 0.1725	这个 0.1725	现在 0.1719	自己 0.1713	这么代 0.1713	打动 0.1688	他们 0.1656	这样 0.1638
咱们 0.1612	干动 0.1594	听动 0.1581	时候 0.1462	和介、连 0.1412	对形 0.1393	手名、尾 0.1368	门名 0.1355	告诉 0.1299	卖 0.1292	坐 0.1286	用介 0.1230
要动 0.1111	东西 0.1042	开动 0.1029	怕动 0.1029	问动 0.1004	为什么 0.0991	那么代 0.0991	跑 0.0979				

2. 80 个口语高频词语的方言说法对照

以 80 个口语高频词为词目（词目代表标准语说法），采用列表对照的方式列出 80 个口语高频词在不同方言中的具体说法。分别在 "北京官话" "胶辽官话" "冀鲁官话" "中原官话" "晋语" "兰银官话" "西南官话" "江淮官话" "吴方言" "徽语" "湘方言" "赣方言" "客家方言" "粤方言" "闽方言" 等 15 种方言中各选一个代表点（如 "北京官话" 区代表点 "北京"、"胶辽官话" 区代表点 "烟台" 等）。依据当前具有权威性的方言词汇调查成果，逐一查找并依次列出它们与 80 个词目相对应的说法[①]，整理列出各方言 "80 个口语高频词的说法对照表"（详见钱曾怡《汉语官话方言研究》[②]，限于篇幅此处略去）。

三　方言口语高频词比较及 "基础方言" 与 "非基础方言" 的划定

1. 80 个口语高频词方言说法与标准语的异同比较

鉴于 80 个口语高频词在各方言中的说法与标准语的说法都有一定程度的一致性，那么，是否与标准语说法一致，就成为考察方言与标准语、方言与方言之间口语高频词相同或相异程度的一个切入点。为此，我们在详细了解 80 个口语高频词各方言说法的基础上，又进一步对各方言与标准语有相同或相异说法的词数进行了重点考察，考察结果比较如下。

---

① 各点方言材料主要摘自北京大学中国语言文学系语言学教研室编《汉语方言词汇》（第 2 版），北京：语文出版社，1995 年；李荣主编《现代汉语方言大辞典》（综合本），南京：江苏教育出版社，2002 年；钱曾怡等《烟台方言报告》，济南：齐鲁书社，1982 年；高葆泰、林涛《银川方言志》，北京：语文出版社，1993 年；赵日新编纂《绩溪方言词典》，南京：江苏教育出版社，2003 年。

② 钱曾怡主编《汉语官话方言研究》，济南：齐鲁书社，2010 年，第 42—50 页。

表 2　各方言口语高频词说法与标准语说法的异同词数比较

单位：个，%

		说法完全相同		相同和不同说法并存		说法完全不同	
		词数	比例	词数	比例	词数	比例
北京官话	北京	61	76.25	17	21.25	2	2.50
冀鲁官话	济南	52	65.00	26	32.50	2	2.50
胶辽官话	烟台	68	85.00	5	6.25	7	8.75
兰银官话	银川	62	77.50	11	13.75	7	8.75
晋　语	太原	52	65.00	19	23.75	9	11.25
中原官话	西安	53	66.25	15	18.75	12	15.00
西南官话	成都	52	65.00	15	18.75	13	16.25
江淮官话	扬州	48	60.00	15	18.75	17	21.25
湘方言	长沙	45	56.25	10	12.50	25	31.25
赣方言	南昌	38	47.50	12	15.00	30	37.50
徽　语	绩溪	40	50.00	3	3.75	37	46.25
吴方言	苏州	32	40.00	8	10.00	40	50.00
粤方言	广州	22	27.50	12	15.00	46	57.50
客家方言	梅州	29	36.25	4	5.00	47	58.75
闽方言	福州	19	23.75	9	11.25	52	65.00

注："相同和不同说法并存"，是指某个词在这种方言中有两种或两种以上说法，其中一种与标准语相同。

2. 方言口语高频词接近度比较及"基础方言"和"非基础方言"的划定

在口语高频词中，一种方言与标准语"有共同说法"（包括"说法完全相同""相同和不同说法并存"两种情况）的词的数量越多，它与标准语的接近度就越高。据此分析，我们又可以通过"表 2"进一步获知各方言口语高频词说法与标准语说法的接近度。详见表 3（表中位次序数越小表示接近度越高，反之，则表示接近度越低；位次相等表示接近度相同）。

对于不同方言来说，一种方言与标准语有相同说法的词数量越多，它与其他方言拥有相同说法的概率就越大；在一定数量的词语范围内，不同方言拥有相同说法的概率的高低值越相近，也就说明方言之间的接近度越高。所以，表3排出的位次也可反映方言之间的相对接近度（位次越近，接近度越高；位次越远，接近度越低；位次相等，表明它们彼此的接近度最高，它们与其他方言的相对接近度相等）。

现代汉民族共同语是"以北方话为基础方言"，这里的"以北方话为基础方言"，实际指的是确定现代汉民族共同语的词汇标准。一种方言的常用词中与共同语（标准语）说法相同的词越多、接近度越高，它是基础方言的可能性就越大。我们认为，在汉语方言中，如果一种方言达到75%以上的口语常用词与共同语都有共同的说法，它就应该被认定为现代汉民族共同语的基础方言。由此，我们又可以在表3中划分出"基础方言"和"非基础方言"。

表3　各方言口语高频词的接近度比较及基础方言与非基础方言的判定

单位：个，%

	北京官话	冀鲁官话	胶辽官话	兰银官话	晋语	中原官话	西南官话	江淮官话	湘方言	赣方言	徽语	吴方言	粤方言	客家方言	闽方言
有共同说法的词数	78	78	73	73	71	68	67	63	55	50	43	40	34	33	28
接近度	97.50	97.50	91.25	91.25	88.75	85.00	83.75	78.75	68.75	62.50	53.75	50.00	42.50	41.25	35.00
接近度高低位次	1	1	2	2	3	4	5	6	7	8	9	10	11	12	13
	基础方言								非基础方言						

四　口语高频词比较的方言分区意义

各方言与标准语之间的口语高频词比较研究，基础方言内部和非基础方言内部各方言之间、基础方言和非基础方言之间的口语高频词比较研究，其数据可为汉语方言分区提供非常有价值的依据。口语高频词的比较对方言分区研究具有极为重要的意义。

1. 有助于基础方言和非基础方言的划定

根据统计，在基础方言内部，80个口语高频词中，其方言说法与标准语说法完全相同的就有32个：你、不、是、一数、有动、他、个量、说、人、也副、还副、要助动、大形、走动、把介、又、买、多形、吃、老形、头、年数量、这个、打动、听动、对形、手名、尾、门名、卖、坐、要动、开动、问动。除此之外，像"我、好形、补、看、在介、动、都、我们、没副、叫动、小、跟介、连、事名、你们、到介、话名、家名、尾、再副、钱、想动、给动、拿动、找、他们、时候、用介、东西、怕动、跑"等27个词，不同方言点虽各有自己的方言说法，但又同时兼有与标准语相同的说法。这两类情况合起来在80个口语高频词中已占到73.75%的比例。相比之下，在基础方言内部说法真正存在较大分歧的只有"什么代、怎么副、别副、孩子、告诉、为什么"等少数词语，其所占比例还不足8%。因此可以说，在基础方言内部口语高频词的方言说法通常都有很高的通用性。

在非基础方言内部，80个口语高频词中，其方言说法与标准语说法完全相同或有一致说法的总共只有16个：有动、大形、到介、买、听动、手名、尾、门名、坐、开动、问动、好形、补、话名、再副、想动、年数量、卖。除此之外，还有极少数词语与标准语说法不同，但在非基础方言内部有较强的一致性，例如：在非基础方言各代表点中，"说"多说"讲"，"走动"多说"行"，"小"多说"细"，"知道"多说"晓得"，"吃"多说"食"，"找"多说"寻"，"干动"多说"做"。这两种情况加在一起，在80个口语高频词中所占比例也只有28.75%，也就是说，在非基础方言内部仅有不足1/3的口语高频词的常用说法具有通用性。换句话说，在非基础方言内部口语高频词的方言说法很难有通用性。

这些研究可为我们确定现代汉民族共同语的基础方言提供富有说服力的依据。比如就晋语而言，与基础方言内部其他方言相比，80个高频词的晋语说法中真正不具有通用性的特征词很少。根据统计，在80个高频词中，晋语太原话与标准语说法完全相同的有52个，已占65%；相同和不同说法并存的有19个，占23.75%；而说法完全不同的只有"什么代、怎么副、没有动、孩子、现在、这样、干动、告诉、为什么"等9个，仅占11.25%。如果再结合基础方言内部其他方言的情况，晋语与其他方言真正不能通用的、勉强具有区别性特征的词实际上只有"什么代、这样、为什么"3个。跟公认属于基础方言的江淮官话扬州点相比，扬州话与标准语的相同说法为48个，占60%；相同和不同说法并存的15个，占18.75%；说法完全不同的为17个，占21.25%。扬州话相同说法的比例比太原话低，不同说法的比例则远远高于太原话。由此可见，晋语归属于现代汉民族共同语的基础方言，从词汇的标准来说，是有充分根据的。

2. 有助于方言之间以及方言与标准语之间接近度的测定

通过与标准语说法的异同比较，能够非常清楚地分析出各个方言与标准语之间的接近度。从与标准语的相同度来看，基础方言内部各大方言，与标准语存在相同说法的词数（包括完全相同和相同、不同并存）所占比例，除江淮官话为 78.75% 以外，其余的七大基础方言都达 80% 以上，而北京官话和冀鲁官话竟高达 97.50%；而在非基础方言中，除湘、赣方言以外，其他方言都明显低于 60%，闽、客、粤三方言甚至不足 45%。从与标准语的相异度来看，包括晋语在内的八大基础方言与标准语的相异程度，明显低于非基础方言各大方言。大多数基础方言相异说法的词都非常少，像北京官话、冀鲁官话说法完全不同的词都只有两个（北京官话北京，"自己"说"自个儿"，"告诉"说"告送"；冀鲁官话济南，"自己"说"自个儿""自家"，"很副"说"挺""棱"）；与此形成鲜明对照的是，大多数非基础方言中相异说法的词的数量都很多，除去湘方言以外，其他像赣方言、徽语、吴方言都在 30 个及以上，而粤、客、闽方言竟都在 46 个及以上。在异同数量的比较当中，不同方言与标准语之间在接近度上的差异可谓一目了然。

虽然不能仅仅根据方言口语高频词与标准语的相同度，来直接判定方言之间口语高频词的接近度，但方言口语高频词与标准语的相同度却可以在一定程度上反映方言之间可能拥有相同说法的概率，而通过各方言概率值的大小比较，我们就可以推测出方言之间的相对接近度。正如表 3 中所显示的，在依据概率值大小所排出的位次中，北京官话与冀鲁官话的位次近，与江淮官话的位次远，那么，北京官话与冀鲁官话的接近度就比与江淮官话的接近度要高；同样，闽方言与客家方言、粤方言的位次近，与湘方言、赣方言的位次远，那么，闽方言与客家方言、粤方言的接近度就比与湘方言、赣方言的接近度要高。

这种利用口语高频词的比较来勾勒方言之间以及方言与标准语之间接近度的方法，与以往根据语音特点的比较所得出的结果大体一致，说明两种方法有着异曲同工之效。

3. 有助于方言接触地带方言性质的认定

据统计，在 80 个口语高频词中，常用说法能够明显反映基础方言与非基础方言之间不同的、可起区别性特征词作用的词语主要有 22 个：他、说、没副、走动、怎么副、小、知道、没有动、别副、给动、孩子、吃、找、这个、这么代、他们、这样、干动、时候、告诉、为什么、那么代。但"他、走动、吃、告诉、干动、知道、给动"等部分词目，在西南官话、江淮官话、湘方言、赣方言、徽语等方言里，又常会有一致的说法，既有属于基础方言的西南官话、江淮官话说非基础方言词的，也有属于非基础方言的湘方言、赣方言、徽语说基础方言词的，这就形成了一个南北不同方言词汇相互融合的特殊区域。例如："吃""告诉"等词目，在非基础方言中多用"食""话……知"等，而在这些地区通常都用"吃""告送"等，与北方的大部分基础方言说法相一致；"知道""干动"等词目，在基础方言中一般说"知道""干"等，而在这些地区却说成"晓得""做"，又与南方的大部分非基础方言说法一致。表 4 我们列举 7 个词在基础方言和非基础方言交界地区各方言说法的分布情况。①

从方言分布的地理位置来看，成都、扬州和长沙、南昌、绩溪等所代表的西南官话、江淮官话和湘方言、赣方言、徽语等方言恰恰是处于基础方言和非基础方言的交界地带，两大区域方言的词汇接触由来已久，表 4 中表现的其相互影响、彼此交融的痕迹是非常明显的，特别是湘方言，地处西南官话北、西、南的三面包围之中，由于长期受到基础方言的冲击和渗透②，这种痕迹就更为突出，而表 3 各方言之间相对接近度的分析结果也印证了这一点。表 3 中显示，在基础方言各区的接近度位次上，江淮官话处于基础方言与非基础方言相邻的位置，与之相邻的另一基础方言就是西南官话；而在非基础方言各区的接近度位次上，湘方言也恰处于非基础方言与基础方言相邻的位置，与之接近的非基础方言也正是赣方言和徽语，其相互关系与表 4 的分析相一致。

---

① 袁家骅曾指出："我们从汉语词汇最稳固的核心部分中发现，家畜雌雄性别的词形和第三人称代词几乎把汉语分成了南北两大派。"［袁家骅：《汉语方言概要》(第二版)，北京：文字改革出版社，1983 年，第 315 页］第三人称代词即成为后来学者观察、了解各方言间联系和区别的重要词汇特征。

② 就湘方言长期受基础方言冲击和渗透的问题，鲍厚星教授在《现代汉语方言概论·湘语》中，已从语音演变的角度作了明确阐述（侯精一主编《现代汉语方言概论》，上海：上海教育出版社，2002 年，第 119 页）。本文口语高频词比较的结果也充分印证了这一点。

表 4　7 个词语在基础方言和非基础方言交界地区各方言说法的分布

		他	走动	吃	告诉	干动	知道	给动
基础方言	基础方言多数说法	他	走	吃	告送、告诉	干	知道	给
	西南官话：成都	他	走	吃	给……说	做	晓得	给
	江淮官话：扬州	他	走	吃	告送	做	晓得	把、给
非基础方言	湘方言：长沙	他	走	吃	告送	做	晓得	把
	赣方言：南昌	佢	走	喫	告送	做事	晓得	把
	徽语：绩溪	渠	行	吃	搭……讲	做	晓得	□xã
	非基础方言多数说法	佢、伊	行	食	话……知	做	晓得、知	把、分、畀

注：表中的方框（□），表示写不出本字而又无同音字的音节。

　　由于这些方言所处的特殊地理位置，它们彼此间的这种接近度，在一定程度上也表现为基础方言与非基础方言词汇的融合度。从方言分区的角度来认识，这些地区的方言实际上都具有方言交界地带的过渡性特点，而方言交界地带词汇融合度的分析，可以帮助我们在方言分区研究中确定某些方言的过渡性质。

　　总之，方言与标准语之间、方言与方言之间口语高频词的比较，的确为我们找到了一条能够了解各方言之间远近关系的路子，这条路子也为汉语方言分区研究开辟了一条合理的、有效的词汇考量途径。

（原载《文史哲》2012 年第 3 期，与岳立静合作，本人为第二作者）

关于统一音标符号和统一用字的规定

题记：2012 年，中国语言资源有声数据库山东库建设工程启动，组织了 10 个调查队。在这个过程中，我们发现存在各队对同一语音使用不同音标、相同词语书写不一的情况。为防止上述混乱现象，于 2017 年 1 月制定了"关于统一音标符号和统一用字的规定"。后来陆续有所补正。

（以下凡加粗的字皆为规定的书写形式）

一　音标符号

（一）声母

1. n 和 ȵ 分开记：按照《中国语言资源有声数据库调查手册》（以下简称《手册》）第 21 页"字体和格式"第 10 条规定：尽量遵循汉语方言学界通行的记音方法，提出三条，其中之一是 n、ȵ 声母要分开。

2. v 声母一律处理为介音 u，在音系说明中说明。

（二）韵母

1. a 音位：a、ia、ua（博山等地因 ɑ、iɑ、uɑ 的 ɑ 发音明显为后元音，可记为 ɑ、iɑ、uɑ），ã、iã、uã、yã（包括 an、ian、uan、yan）；后鼻辅韵尾为 ŋ 的韵母，其韵腹记为后 ɑ（ɑŋ、iɑŋ、uɑŋ）。

2. iŋ 和 iəŋ：不记 iəŋ，如果中间的 ə 特别明显，可在音系说明中加说明。

3. uŋ 和 uəŋ：uəŋ 只在零声母时，如"翁瓮"，一般不列出，作说明并举例。

以上据中国语言资源有声数据库山东库建设核心专家组 2016 年 8 月 3 日上午会议商定，下面补充一条，为 4。

4. ə、iə、uə、yə：这套韵母的主要元音在不同声母或不同介音之前发音略有不同，如在舌根音声母后舌位靠后，在圆唇的介音前唇形略圆。用 ə、iə、uə、yə 记录这套韵母比较符合山东实际情况，不记 ɤ、iɤ、uɤ、yɤ。

二　用字

（一）表音字

《手册》第 24 页提出了这些字的范围："词缀、助词、语气词、部分代词，以及其他意义较虚的词。注意两条，一是酌情使用表音字，二是选用常用、意义较虚的字，尽量照顾各方言音系，尽量使各方言的用字具有一致性。"

下面是几个重要的与表音字有关的问题。

1. 助词和语缀，按音写字

了$_1$和了$_2$：了$_1$用在动词后，表示动作完成；了$_2$用在句末表示事态出现或即将出现，有成句的作用。这两个"了"普通话同音，在山东方言中两者一般是分开的，各地有不同的读音，很能反映方言特色。这种情况，建议用表音字。如：洗 lɔ^0（唠了$_1$）澡 liɑ^0（啊了$_2$）

两个"了"在不同方言有不同读法，都按音记录，如：

了$_1$：喽（音 lou^0）安上～空调、死～三头猪、撇～他吧；哩（音 li^0）洗～澡了

了$_2$：咧（音 liə^0）我洗过澡～；唠（音 lɔ^0）帽子叫风刮跑～；嗹（音 liɑ^0）洗了澡～

其他如：溜（音 liou^0）提～；喽（音 lou^0）提～、直～；悠（音 iou^0）搓～、圆～；拉（音 la^0）疤～、稀～；和（音 xuə^0 或 xə^0）暖～；巴（音 pa^0）瘌～、撕～、窄～、眨～；乎（音 xu^0）软～；呀（音 iɑ^0）几～（不用牙）

2. 疑问句中的啊（音 a^0）去～吧

3. 程度副词棱（音 ləŋ 阴平）～好

4. 价（音 tɕiɑ^0 或 tɕiə^0）甭～：有的写"价"，有的写"介"，可统一写"价"，不写"介"。读 tɕiə^0 可视为轻声弱化的结果。

5. 的："记得""王先生的刀开得很好""我算得忒快"。这个"得"，济南等许多地方读为 ti^0。写"得"是写义；写"的"是写音。读 ti^0 音的地点，用"的"更符合地方特点。

（二）同音代替字

字后加"="号，须上标。请注意：

1. 应选用声韵调都相同的字，如：词汇 1184 条，济南"差一夕〔乎 tʂʰa²¹³ øi⁰ ɕi²³ xu²¹³"和语法 0011 条"差一夕〔乎 tʂʰa²¹³ øi⁰ ɕi²¹ xur⁰"其中同音代替字"夕〔"字本调阳平，而此处读的是阴平，声调不合，宜改为"稀"。

2. 也要注意语义。语义差别大甚至语义相反的也不宜选为同音代替字，如第 168 页语法 0025"我刚洗完澡今天就不去打篮球了"，"刚"音 tɕiaŋ 阴平，本无问题，却用了同音代替字"将"，语义就完全不同了。此处记"刚"不记"将"。

（三）其他

各地情况不同，难以一一具体规定，下面只定几项规则。

1. 有本字的写本字（其中包括词义相合，字音中声韵调只有一项不合者，如"攲""柠"等）。

2. 因音变而引起的与单字音不同，而能从音变解释其由来的，仍写本字，如"蜻蜓"tʰiŋ²¹³⁻²¹ tʰiŋ⁰ 的"蜻"字。（详见单字 0237"蜻蜓"）

3. 特殊字音（只有声韵调中的一个方面特殊）的字，词义明确，仍照原字书写。如："蝙蝠"的"蝙"，有的地方读 piã⁰、有的地方读 piə⁰，仍写"蝙"不写"憋"；"蝠（音 xu 阴平）"声母 x，为韵母后元音 u 的影响，仍写"蝠"不写"虎"。

4. 前面"表音字"部分说的写音主要是指一些意义较虚的字，而对一些实词语素，则不可忽略写义，否则就会有许多与词义完全不相干的同音字出现。现在规定：同一词的一个语素在不同地点读音不同，按正规的读音记字，如"鹁鸽"的"鹁（音 pə 阳平或 pu 阳平）""鸽（kə⁰ 或 ka⁰）"。

三 一些具体字的书写

以下暂定一些具体字的书写，为便于查看，按《手册》1000 单字音和 1200 词汇的先后顺序排列，序数后的字或词为本条目。

说明：

1. 各地声调调值不同，下面的记音声调一律记调类。

2. 以下所记情况，是对有此现象的方言而言，例如"踏"音 tʂa 阴平，只是济南等地的方言，并非其他方言都如此。

3. 前面标有"＊"号的表示此音特殊，或是有音变。

（一）单字

单字都须写原字，不能因有的字读音特殊而改变书写形式。

0137 戒：戒，按其音韵地位（蟹开二怪韵见母去声）记音，有的地方读 tɕi 去声，不记"忌"。可用"戒严""戒备""警戒""受戒"等词启发发音人。

0382 踏（注意声调）：踏（音 tʰa 或 * tʂa 阴平）。如：脚踏车、原地踏步走。

0560 暖：暖（音 nuã 上声或 * naŋ 上声）。"暖和"的"暖"读 naŋ，韵尾为舌根音是受后字"和"的声母同化。

0587 刮：刮（音 kua 阴平或 * kʰua 阴平）。

0918 懂：懂（音 toŋ 上声或 * tuẽ 上声）山东许多地方的特殊读音，仍写"懂"。

（二）词汇

0014 冰：冻冻（音 tuŋ 阴平 tuŋ⁰），因声调阴平，有人写作"冬冬"，但是《广韵·东韵》"德红切，冻凌"，"冻"为阴平，符合《广韵反切》。说明：《广韵》"冻"字两收，一为平声东韵"德红切"，二为去声送韵"多贡切"。

0030 田埂：畦（音 ɕi 阳平），《广韵·齐韵》："户圭切，菜畦。"

0042 河岸：河沿儿，"沿"（音 øier 阳平），是"沿（音 øiã 阳平）"字音的儿化；河涯（音 øie 阳平），不是儿化，写"涯"。

0056 炭（木炭）：烰（音 fu 阴平），《广韵·尤韵》："缚谋切，火气。"《玉篇》："烰音浮，～～，火气盛也。"

0058 灰土（桌面上的）：埗（音 pu 阳平）土，《广韵·没韵》："蒲没切，尘起。"

0066 磁铁：吸（音 ɕi 阴平或 * ɕy 阴平）铁石。（"吸"读 ɕy，又见 0442"吸烟"。）

0081 今天：今门ⁿ儿，"门""们"皆同音代替字，统一写"门ⁿ"，不写"们ⁿ"；"今"字有的地方读 tɕi 阴平，是韵尾脱落现象，仍记"今"。

0090 早晨：早晨（音 tʂʰẽ⁰ 或 * tɕʰiẽ⁰），不写"寝""亲"等。

0102 端午：五月端（音 tuã 阴平或 * tã 阴平、* taŋ 阴平）午，"端"

字有的地方读为开口呼 tã 阴平，介音脱落；有的地方韵尾为 ŋ，疑受后字"午"字韵母后元音 u 的同化。不记"单""当"。

0175 蘑菇（野生的）：莪子，《广韵·歌韵》："五何切。"元王祯《农书·百谷谱·蔬属》："中原呼菌为蘑菇，又为莪。"

0182 麦秸（脱粒后的）：麦秸（音 tɕiɛ 阴平），不写"稭"（此字已被《现代汉语词典》作为异体字处理）。

0207 辣椒（统称）：秦（音 tɕʰiẽ 阳平）椒，见《现代汉语词典》。

0225 蝙蝠：檐蝙（音 piã⁰ 或 ＊ piə⁰）蝠（音 ＊ xu 阴平）子，不写"檐蹩虎子"。

0227 麻雀：家鸦（音 tʂʰẽ 阳平）子，《字汇·鸟部》"锄簪切，小鸟"。

0230 鸽子：鹁（音 pə 阳平或 ＊ pu 阳平）鸽（kə⁰ 或 ka⁰）。鸽，咸摄开口一等，不少地方咸、山摄开口一等入声读 a 韵母，如杂、割等。

0233 尾巴：尾（音 uei 上声或 ＊ øi 上声）巴（音 pa⁰ 或 ＊ paŋ⁰）。

0237 蜻蜓（统称）：蜻蜓（音 tʰiŋ 阴平 ＊ tʰiŋ⁰）有人写作"蜓蜓"，但前字是阴平调，写"蜓"字不符合轻声变调规律。前字声母读 tʰ 是后字逆同化的结果。

0240 知了（统称）：蠽蟟（音 tɕiə 阳平 liə⁰），见蒲松龄《日用俗字》。《字汇》："蠽，子列切，音节……似蝉而小。""蟟，落萧切，音聊……皆蝉也。"

0241 蚂蚁：米蛘（音 mi²¹³ 上声 øiaŋ⁰）。"蛘"：《广韵·阳韵》"与章切，虫名"。

0242 蚯蚓：蛐蟮（音 ʂã⁰ 或 ＊ tʂʰã⁰），不写"曲"。

0246 苍蝇（统称）：苍蝇（音 øiŋ⁰ 或 ＊ øiaŋ⁰）。"蝇"读 øiaŋ⁰，韵母受前字"苍"（音 tsʰaŋ）的同化。

0258 癞蛤蟆（表皮多疙瘩）：疥（音 tɕiɛ 去声）蛤蟆。"疥"，韵母为 iɛ，不写韵母为 iə 的"疖"。

0264 母牛（统称）：牸（音 ʂɿ 去声或 tsɿ 去声）牛，《广韵·志韵》"疾置切，牝牛"。《说文·牛部》："牝，畜母也。"《玉篇·牛部》："疾利切，母牛也。"（ʂɿ 声母不合反切上字）

0269 公猪（成年的，已阉的）：牙（音 øia 阳平）猪，不写"伢"。

0278 公狗：牙（音 øia 阳平）狗，不写"伢"。

0287 孵（～小鸡）：抱小鸡（本字菢，已被《现代汉语词典》作为异体字处理）。

0291 阉（～母的猪）：择（音 tʂei 阳平）猪。

0295 杀（～鱼）：治（音 tʂʰʅ 阳平）鱼，《广韵·之韵》"直之切，亦理也"。

0323 枕头，豆（音 tou 去声）枕，据说是因枕心用绿豆皮得名，不写"斗枕"。

0325 棉絮，穰（音 ʐɑŋ 上声）子，《广韵·养韵》"如两切，丰穰"。《汉语大词典》"穰"：音 ʐɑŋ 上声，释义③为"塞，填塞"。

0393 馒头（无馅的，统称）：卷子，不写"饝"（此字已被《现代汉语词典》作为异体字处理）。

0395 饺子：馉馇（音 ku 上声 tʂaˀ）。《字汇补·食部》"馉饳，面果也"。二字均见《现代汉语词典》。

0398 油条（旧称）：香油馃（音 kuə 上声）子，不写"果"，见《现代汉语词典》。

0434 揉（～面做馒头等）：㨨（音 tʂʰuɛ 阴平）面，《广韵·皆韵》"居宜切，以拳加物"。

0442 抽（～烟）：吸（音 ɕi 或 * ɕy 阴平）烟。（"吸"读 ɕy，又见 0066 "吸铁石"）

0444 夹（用筷子～菜）：敆（音 tɕi 阴平），《广韵·支韵》"居宜切，箸取物也"。又：刀ꞌ（音 tɔ 阴平）。

0453 额头：页（音 øiə 去声）拉盖儿。《说文·页部》"页，头也"。《广韵·屑韵》"页，胡结切，头也"。《玉篇·页部》"下结切，头也"。（此处声母不合反切上字）

0462 鼻涕（统称）：鼻锭ꞌ（音 tiŋˀ）。

0466 口水（～流出来）：漦（音 tʂʰʅ 阴平）水、漦漦、漦拉拉。《广韵·之韵》"俟甾切，涎沫也"。《现代汉语词典》记 sʅ 阴平、tʂʰʅ 阳平两音，释义为："（书）口水、涎沫。"

0469 下巴：下巴颏儿（音 kʰər 阴平或 xər 阳平）、下巴颏（音 kʰə 阴平）子。颏（音 xai 阳平），《广韵·海韵》"户陔切，颏颏也"。

0471 脖子：脖拉梗（音 kəŋ 上声）。

0472 喉咙：胡（音 xu 阳平）咙。

0480 大拇指：大门ꞌ（音 menˀ）手指头，不写"们"。

0488 膝盖：胳拉瓣儿（音 kə 阴平 laˀpɛr 去声）；膊（音 pə 阳平）拉（音

la^0）盖儿；膊（音 pə 阳平）落（音 luə^0）盖儿。

0489 背（名词）：脊梁（音 ★ ɳiaŋ^0），不写同音字"娘"。

0491 肚脐：脖（音 pə 阳平或 pu 去声）脐眼儿。《字汇》"脖，蒲没切，脖胦，脐也"。

0498 精液：雄（音 ɕyŋ），《现代汉语词典》："属性词，生物中能产生精细胞的。"不写"熊"；㞞（音 soŋ 阳平），《现代汉语词典》释义：① 精液 ② 讥讽人软弱无能。两字按字音选择。

0547 断奶：择（音 tʂei 阳平）奶；摘（音 tʂei 阴平）奶。两字按字音选择。

0578 老姑娘：老闺（音 kuei 阴平或 ★ kuẽ 阴平）女（音 ɳy^0 或 ★ ɳiŋ^0）。"闺"韵母为鼻化元音 kuẽ，为后字"女"的鼻音声母同化；"女"音 ɳiŋ^0，受其鼻音声母同化而加鼻韵尾 ŋ，但是 ɳ 声母不拼 yŋ 韵母而为 iŋ。

0582 女孩儿（统称，外面有个～在哭）：闺（音 kuei 阴平或 ★ kuẽ 阴平）女（音 ɳy^0 或 ★ ɳiŋ^0）。说见上条。

0584 亲戚（统称）：亲戚（音 tɕʰi^0 或 ★ tɕʰiẽ^0），后一种读音为鼻化元音，为前字鼻音韵母同化。

0593 裁缝：裁坊（音 faŋ^0）。因早年称裁缝铺为"裁坊"而得名。

0613 外祖母（叙称）：姥（音 lɔ 上声或 ★ laŋ 上声）娘。姥读 aŋ 韵母是后字鼻音声母。

0652 女儿（叙称，我的～）：闺女，音见 0578 条。

0767 含（～在嘴里）：含（音 xã 阳平或 ★ xẽ 阳平）。

0785 折（把树枝～断）：劂（音 tɕʰyə 阳平），《广韵·薛韵》"子悦切，劂断物也"。声母送气，与反切上字不合。

0789 倚（斜靠：～在墙上）：趋（音 tɕʰiə 阴平），见《现代汉语词典》。

0790 蹲（～下）：跍（音 ku 阴平）蹲，《广韵·模韵》"苦胡切，蹲貌"。声母不送气，与反切上字不合。

0801 跑（慢慢儿走，别～）：趠（音 tʂʰɔ 去声），《广韵·效韵》"丑教切，行貌"。

0808 推（几个人一起～汽车）：搑（音 soŋ 上声），《集韵·董韵》"损动切。推也"。

0831 扔：横 ＝（音 xəŋ 去声）。

0906 懂（我～英语）：懂（音 tuŋ 上声 ★ tuẽ 上声）。（"懂"音 tuẽ 又见

单字 0918）

0923 骂（当面～人）：捲 ˭（音 tɕyã 上声）、噘（音 tɕyə 阳平）。按字音选字。

0931 告诉（～他）：告送 ˭（音 ＊ suŋ⁰），不写"颂""诵"等。

0954 清（水～）：清（音 tɕʰiŋ 阴平或 ＊ tɕʰyẽ 阴平）。

0991 暖和（天气）：暖（音 nuã 上声或 ＊ naŋ 上声）和。"暖"读 ŋ 韵尾是受后字"和"的舌根声母影响。

1054 顽皮：蓑衣（音 suə 阴平 øi⁰），不写"琐依"等。写形，济南有"蓑衣萝卜"，整个萝卜切割成可以成串提起的咸菜，也用以形容孩子顽皮：这孩子真～、～孩子。

各位专家：

以上有的是会议决定，有的是个人想法，因为做得匆忙，肯定有不妥，请与我讨论，便于补充修正。

钱曾怡   2016 年 12 月 30 日

各位专家：

采纳几位专家意见，修正稿发给你们。再有不妥，还可以讨论。

钱曾怡   2017 年 1 月 2 日

中国语言资源保护工程调查的规范和统一性问题

　　史无先例、规模宏大的中国语言资源保护工程开展以来，收获丰硕。面临着各省市汉语方言资源集的编辑出版，有关规范和统一性问题亟待解决。下面谈谈山东省的一些做法。

　　《中国语言资源调查手册（汉语方言）》（下称《手册》）对语言资源语音词汇语法调查的标准都有统一规定，但有许多具体问题仍需要进一步明确，特别是大范围的调查，不同的调查人对不同方言点的同一语言现象往往有不同的处理，单点调查也可能出现调查人的记录前后不一致的情况。如何按《手册》规定要求，达到又符合规范又多点统一、前后一致？为此，山东数据库核心专家组于2017年1月编发了《关于统一音标符号和统一用字的规定》（下称《规定》），收到一定的效果。以下分两方面说。

一　语音

　　语音记录首先一个问题是记音人对严式记音与相对音值的认识。严式记音是听见什么音就记什么音标，看来很客观，但是忽略了语音系统性的简洁明了。相对音值是指实际语流中，有些音并不是绝对的，就是说：虽然语音系统是严密的，但是系统中的某一具体音值，却会由于受前后音的影响等不同条件在一个特定的范围内有所变化。大家都知道声调是相对音高，其实有些元音或辅音也并不是绝对的。一个元音，可以高一点、低一点，前一点、后一点，圆的略扁一点、扁的略圆一点，例如北京话前响复合元音的终点是不确定的（如 ai 可以是 aɪ、ae、aɛ，ɑu 可以是 ɑu、ɑʊ、ɑo 等）。一个辅音在语流中也有可能产生发音部位或发音方法的不同（如不送气清辅音声母字读轻声时变为浊音等）。如果一味追求严式记音，势必会造成音系杂乱的后果，这就有必要在几个相对音值中选定一个具有代表性的音值符号进行记录。《规定》对几个容易不一致的记音做了统一处理。

1. a 和 ɑ　音位归纳的原则之一是"以少为贵"，但也不能一味求少，要考虑语言的实际情况（例如《汉语拼音方案》没有将细音前的 tɕ 组声母归入 k 组或 ts 组）。山东 a 音位的音值主要有 a、ɑ、ɛ 等，《规定》除韵尾为后鼻辅音 ŋ 记为 ɑ 以外，其余记为 a。（较为特殊的是中部淄博一带韵母 ɑ、iɑ、uɑ 的 ɑ 舌位明显为后元音，如"喇叭花"，主要元音可记为 ɑ，并加说明。）

2. ə 和 ɤ　山东方言有一套韵母 ə、iə、uə、yə，其中的主要元音在不同的介音后面音值不同：在舌根声母或 u 介音后舌位靠后（ɤ 或 ʌ），在圆唇的介音 y 后唇形略圆（近似 ø），常见的有 ə、iə、uə、yə 或 ɤ、iɤ、uɤ、yɤ 两套不同记录，《规定》记 ə 不记 ɤ。

3. iŋ 和 iəŋ　一般情况下，元音 ə 并不明显，《规定》记 iŋ 不记 iəŋ。

4. 变调调值　《手册》规定："连读调只记调值，其中有的是单字调，有的是连读调（连读调前面不加符号）。"语音调查中，《手册》一开始就是单字音系的调查整理的内容，但是没有整理连读变调规律的要求。语音的系统性很强，其中变调也不是毫无规则的。一种存在变调现象的方言，如果不先对变调规则进行归纳整理，其变调的调值就会难以把握，以致在多字组的词汇语法的记录中产生混乱。例如济南"老虎"lo$^{55\text{-}42}$xu^{55}，前字变高降，就单个词来说，光凭听感，有可能记成 53，或者记成 42，但是如果预先总结了变调规则就不至于记 53 了，因为跟北京一样，济南方言"上 + 上"的两字组变调是 42+55，跟"阳 + 上"合并（起码 = 骑马）。

起码 tɕ^{h}i$^{55\text{-}42}$ ma^{55} = 骑马 tɕ^{h}i^{42} ma^{55}

所以要求各调查队：在按《手册》要求总结了单字音系的基础上，还应该对变调规则进行总结，将音变规则附在单字音系之后。

二　词汇语法的用字

1. 表音字和一音多字

《手册》指出"'表音字'是指'意义较虚且本字不明的字'，主要用于词缀、助词、语气词、部分代词，以及其他意义较虚的字"。并规定使用表音字的要求有二：一是尽量选用常用字、意义较虚的字；二是尽量照顾各方言音系，同时尽量使各方言的用字具有一致性。

表音字的书写能够体现方言的特色，例如："吃了饭了"的"了"，有"了₁"和"了₂"之别："了₁"用在动词后，表示动作完成；"了₂"用在句末，有成句的作用。"了₁"和"了₂"北京同音，但在山东许多地方两者是分开的，如济南"俺洗 lo^{0} 澡 lia^{0}"，"了₁"写作"唠"，"了₂"写作"啊"。

"了₁"和"了₂"

北京：吃 $lə^0$（了₁）饭 $lə^0$（了₂）　　洗 $lə^0$（了₁）澡 $lə^0$（了₂）

济南：吃 $lɔ^0$（唠）饭 lia^0（俩）　　洗 $lɔ^0$（唠）澡 lia^0（俩）

两个"了"各地有不同的读音，除了"唠、俩"以外，还有"了₁"读"喽"（lou^0）、哩（li^0）的，"了₂"读"咧"（$liə^0$）、嗻（$liä^0$）的，等等，都有自己的特色，《规定》用记音字。

"的"和"得"，如"记得""王先生的刀开得好""我算得忒快"，济南等许多地方读为 ti^0。读 ti^0 的方言，有的人记"得"、有的人记"的"，记"得"是写义、记"的"是写音，《规定》一律用"的"，更符合方言特点。

一音多字，有的表音字形体多样，不同的调查人选用了不同的字形，例如"棱好"的"棱"，有的写"楞"，有的写"愣"；"白日价"的"价"，有的写"介"；"转悠"的"悠"，有的写"游"，有的写"由"；等等。《规定》统一用"棱、价、悠"。

ləŋ：棱（楞 $_×$ 愣 $_×$）

tɕia：价（介 $_×$）

iou：悠（游 $_×$ 由 $_×$ 油 $_×$）

2. 本字和异体字

《手册》规定："有本字可写者一律写本字。"本字的确定有出现误差的可能。例如：山东"结冰"的"冰"说成 $tuŋ^{213\text{-}21}tuŋ^0$（前字阴平，后字轻声），一般人写成"冬冬"，因为"冻"字在通常情况下读去声，而"冬"是阴平，按读音，写"冬冬"顺理成章，殊不知在《广韵》中，"冻"字除了去声的"都贡切"以外，还有平声的"德红切"，其释义正是"冻凌"，而"都宗切""冬"字的释义却是"四时之末……终也"，并没有冰冻这个义项，"冬"不是 $tuŋ^{213\text{-}21}tuŋ^0$ 的本字。《规定》本字写"冻"。

《广韵》

冻：① 平声东韵，"德红切"，"冻凌"，又都贡切。

② 去声送韵，"多贡切"，"冰冻"，又音东。

冬："都宗切"，"四时之末，尸子曰，冬为信，北方为冬。冬，终也。"

异体字，《手册》又说："本字（正字）如有多种写法，选择较通用的写法。"例如"包谷、包米"不写"苞谷、苞米"、"番茄"不写"蕃茄"。

查《现代汉语词典》："包谷、包米"是在"苞谷、苞米"条下以"也作"进行补充说明的，说明"苞谷、苞米"的正字是"苞"而不是"包"。

（《现代汉语词典》1978 年第二版作"包谷、包米"直到 2005 年第五版；2012 年第六版及以后的第七版，皆为"苞谷、苞米"）。

作者参加首届世界语言资源保护大会

　　什么是"较通用"？不好判断。如果让我写，"苞谷、苞米"一定是带草头的"苞"而不是"包"。不若改为"以《现代汉语词典》所确定的规范汉字为准"，如山东方言的"麦秸、抱小鸡（孵）"，"秸、菢"已被处理为异体字，应予遵从。

　　为了减少字数，许多形声字的义符被省略了，这虽然减少了字数，却增加了字义的负荷，有的各义项之间意义相差很大，像上面说的"苞谷、苞米"，第六版以后将原来的"包"改为带草字头的"苞"，是很有道理的。

3. 变音字

　　多音节词语中的一个字（语素）发生了音变，记音人会舍弃本字而按照具体读音写字。例如：山东许多地方如济南"蜻蜓"叫 $t^hiŋ^{213-21}$（本调阴平）$t^hiŋ^0$（轻声）。前字声母为 t^h，许多人写作"蜓蜓"，但是"蜓"的本调是阳平，按轻声音变规律，"蜓蜓"的读音当是 $t^hiŋ^{42-55}$ $t^hiŋ^0$。实际上"蜻"的声母为 t^h 是被后音节"蜓"同化的结果（逆同化）。

　　蜻蜓 $tɕ^hiŋ^{213-21}$ $t^hiŋ^0$ → $t^hiŋ^{213-21}$ $t^hiŋ^0$

　　其他的例子还有许多，例如："老娘" $laŋ^{213-21}niaŋ^0$（前字韵尾受后字鼻音声母同化为鼻辅音韵尾）不写"狼娘"、"暖壶" $naŋ^{213-21}xu^0$（前字韵尾受后字舌根声母影响 n 韵尾变为 ŋ，又因为 n 声母不拼 uaŋ 韵母而转为开口呼）不写"囊壶"、"亲戚" $tɕ^hin^{213-21}$ $tɕ^hin^0$（后字韵母受前字韵母同化）不写"亲亲"。

　　《关于统一音标符号和统一用字的规定》主要是对以往各调查队记录的材料所存在的问题进行总结后作出的一些处理意见，很不成熟，更不完善，还需要根据以后的调查进行补充修订。

　　谢谢！

　　本文为参加首届世界语言资源保护大会（中国·长沙　2018 年 9 月）的发言稿

语保故事：麻烦种种

一　一个与众不同的音节

　　山东的语保工程是在中国语言资源有声数据库山东库建设工程的基础上实施的。数据库的建设开始于 2012 年，于这年的 5 月开始筹备，省语委筹资 1200 万元，根据"一县一点"的基本原则，计划调查 120 个点，成立了核心专家组，组成了 10 个调查团队，各调查团队的成员经过了记音调查的测试。经研究决定，对济南市区的方言进行试点调查。

　　第一步是发音人的遴选。在山东省语委和济南市语委办的组织下，济南市发音人的遴选工作做得风生水起，《齐鲁晚报》《济南时报》《山东商报》等媒体密切配合，发表了《方言是宝，要保》《济南话谁说得最赛，来当方言发音人吧》等几十篇宣传文章，引得众多人员前来报名。经过考核，最后选定老年发音人赵致平。

　　赵致平，1942 年生人，出生时家居济南市老城区舜井街，各方面条件符合发音人的要求。调查工作顺利开展，不料到了词汇记录时，第九部分"人品称谓"中 0586 条"邻居"，济南话"邻身家"，他读为 [lẽ⁴²⁻⁵⁵ʂẽ⁰tɕiaᵒ]，"邻"字读为开口呼，经过询问其他"林淋临"等 [l] 声母拼 [iẽ] 的音节，他都没有 [i] 介音。我从 20 世纪 60 年代开始调查研究济南方言，几十年从未听说过"邻"字读开口呼的。据我所知，在山东诸城、沂水等一些地方，确实是有将普通话"lin"的音节读为开口呼的，不光 [l] 声母，还有唇音 [p、pʰ、m] 声母的"宾、拼、民"等字也读开口呼，但是只限于潍坊一带而没有向鲁山以西的淄博、济南等地延伸的。发音人赵老师有潍坊等地的亲戚吗？没有！这可奇了，他这音怎么来的？找不到缘由。赵老师也承认他知道有济南人将"邻"等字读 [liã] 的，只好特事特办，既要尊重发音人的个体特点，又要符合济南音的一般规则，"邻"字记了 [liã⁴²]、[lã⁴²] 两个音。

二　两个难点

（一）[ts、tʂ、tʃ] 三组声母的分辨

李荣先生说过："学声母到山东，学韵母到广东。"说的是两地区声母和韵母复杂。山东方言东区大部分地区声母发音部位分类之细在全国汉语方言中极为少见，主要是塞擦音和擦音，来源于中古知庄章和精见五组声母。其中知庄章按开合等呼的一定条件分为甲乙两组、精见组按韵母的洪细分尖团。分合后的两组知庄章声母和精见组的细音，分分合合、相互交叉，具体读音各不相同而又相近，常常难以分辨。山东方言试点调查完成之后，十个调查团队全面铺开，我们关注的是东部一些点有关知庄章声母的记音情况，为保证记录准确，采取了某些点与记音人一边一起听着录音一边看着调查的纸本记录进行对照检查的办法，有错及时纠正。

（二）低降升调的听辨

山东方言单字调阴平的调值，从南到北，从东到西，除了胶东地区以外都是低降升调，一般记为213。除了单字调阴平以外，不少地方上声读高平55的，在轻声前也是低降升调，如"好的、椅子"等。这个前降后升的调型与北京的上声214相同。但是，从听感来说两者是有所不同的：山东的阴平从降到升的弯度小，有的降不到1就即刻上升；而北京上声是降下后缓慢上升的，加以在普通话教学中，老师还常会拉长弯度，来让学生模仿，致使有的调查人不认可山东阴平和上声在轻声前的变调值是213而记为低升23。硬性命令记音人将这个音记为降升调容易，但是你有责任帮助他具有听明白、分辨低升和低降升的不同的能力，这就难了。一个办法是，将同一个字的单字调和连调前字进行比较，例如：济南话两个阴平相连，前字变23，听听单字"东 tuŋ²¹³"和"东方 tuŋ²¹³⁻²³faŋ²¹³"的"东"的调值，可以明显听出其中的不同，这种效果比较理想。有一次为使某一位调查人听准低降升调的音，用了许多例子反复启发，她倒是会了，最后忽然说"老师你的眼睛怎么红了"，原来我急得眼底出血了。

三　顺利中的疏忽

2018年5月6日，为做语保工程平阴点的调查，张燕芬带她的研

究生王璐婷、金一凡去平阴遴选发音人，邀我参加，我欣然随行。平阴县语委办宣传工作做得周到细致，报名人数达到 63 人之多，都愿为"全面、客观地了解我县的语言情况，保存我县语言文化资源、传存地方优秀文化、繁荣发展文化事业和文化产业"（《平阴话我代言》广告词）做贡献。遴选程序：1.自我介绍、介绍平阴；2.用平阴话说字、词、句；3.答专家提问。经过一天半面对面的交流，7 日上午顺利选出了各类发音人。平阴是著名的玫瑰之乡，还有玫瑰茶、玫瑰饴、玫瑰酥等各种玫瑰产品。好不容易来到这里，不能错此良机，下午我们一行四人轻松愉快地参观了玫瑰园，虽然花期已过，多数花开始凋谢，但是院内景色还是迷人。返程时在一个小卖部采购玫瑰食品准备送给友人。回家后收拾外出物件，发现身份证丢失，好不着急，幸好燕芬见我购物时将身份证放在柜台上，立马打电话联系司机丁师傅去小卖部寻找，果然落在那里。我一向还算仔细，这次如此大意，教训真是深刻。

（原载王莉宁主编《语保故事》，光明日报出版社，2021 年 11 月）

从事汉语方言调查的片段回忆

　　1956 年 7 月，我在山东大学中文系汉语言文学专业毕业留校，被派往教育部和中国科学院语言研究所合办的第二期"普通话语音研究班"学习。这一期的学员分甲、乙两班：甲班的学员是推广、教学普通话的干部和教师；乙班的学员多是来自高等学校的教师，主要培养方言调查能力。学员按籍贯分组，因为我是浙江人而在山东工作，被分配在乙班方言混杂的那个小组，与贺巍、周同春等同组。甲、乙两班分别上课，乙班的课有周殿福的语音学、丁声树和李荣的音韵学和方言调查、徐世荣的北京语音。周先生的语音学课主要训练国际音标的发音和听音，我们天天对着镜子做口部体操，练习发音。我舌头不灵活，发不出舌尖中滚音 [r]，成天"嘚儿嘚儿"地练，直到有一天居然发出来了，丁先生拍着我的肩膀说"会了会了"。

　　学期的后半段开始方言调查实习。要求每个小组记录一种方言，在本组学员中选择发音人。我被指定为本组浙江嵊县长乐话的发音人。过程是发音人和指导老师在课余时间先记音，然后再发给全组同学来记。指导我的老师姓任，是语言所的研究人员，和蔼可亲。每天晚上我和任老师记音的时候，丁声树先生一定会来指导。我的母语嵊县长乐话 30 个声母、54 个韵母、8 个单字调的音值，都是丁先生定的音。后来我将记录的《方言调查字表》整理成"同音字表"和"嵊县方言探索"两份作业，丁先生看得很仔细，提出了许多意见，例如声母表的例字要"表现尖团"等，使我受益终身。因为《方言调查字表》是按切韵音系设置的，做完这些，我对丁、李两先生课堂上所讲的音韵学内容有了切实了解。第二期研究班毕业，我留在班里继续学习。丁先生让我参加语音班第三期的教学工作，成为一个组的语音学、音韵学和方言调查的辅导老师。我再次聆听了周、丁、李三位先生的讲课，调查实习时记录了云南保山音，发音人是范斐章。这次记音除了有疑难处请教老师以外，基本上是独立操作的。

1957 年下半年回到山东大学，开始对山东省的方言进行普查。调查表是丁声树、李荣两先生合编的《汉语方言调查简表》（中国科学院语言研究所出版，1956 年 8 月），共 2136 个单字、172 个词或词组、37 个例句。因为当时的方言普查是为推广普通话服务的，为便于整理同音字表并与普通话对应，还有一盒整理卡片与简表配套，2136 张卡片都印有地点、单字、普通话读音等。记完单字，就要将字音都录到卡片上，将卡片分韵母，再分声母、声调排开，就可以顺利做同音字表了。做了同音字表，再按方言的韵母、声母、声调分别与普通话对照，探求出方言与普通话的语音对应规律，进一步编写某某地区学习普通话手册。我们编写的《胶东人怎样学习普通话》1960 年在山东人民出版社出版，我还写过单点的《无棣人怎样学习普通话》（未出版），后来主编的《山东人学习普通话指南》1988 年在山东大学出版社出版。

我实地方言调查的起点是胶东。首次调查到莱阳，与青岛二中的王彩芹老师同行，我们记录了胶东地区 10 个点的方言。后来在这 10 个点的基础上，用 17 个点的材料写成我生平的第一篇论文《胶东方音概况》，由蒋维崧先生推荐刊登在《山东大学学报》（中国语言文学版）1959 年第 4 期上。之后奔走山东各地进行方言调查。1958 年，由山东大学、山东师范学院（今山东师范大学）和曲阜师范学院（今曲阜师范大学）三校的我和高文达、张志静组成山东方言普查整理小组，集中在山东教育学院（今齐鲁师范学院），我任组长，对山东省 110 个点的方言普查材料进行总结，编写了《山东方言语音概况》（油印本）。原计划修改出版，因"文革"开始而中止。

1982 年、1994 年分别开始招收方言学方向的硕士、博士研究生。配合课堂讲授，每届都有方言调查实习，大多数是实地调查。其中 1984 年的一次调查则是受命于李荣先生。为《汉语方言地图集》的绘制，李先生命我沿山东西境往西调查河北方言。我和罗福腾、曹志耘一行三人，第一站到沧州。我们事先设计了统一的调查表格，这种表横排 23 列、竖排 15 行。竖列地名，可记 14 个点，很便于各地字音比较；横行每行 22 字，按古音系顺序排列，1200 个常用字，405 个入声字和一些有可能读音特殊的字排列在后，共 56 页，装订成册。见下：

地点	舵歌	罗	左	歌	可	河	破戈一	婆	妥	骡	坐	→22字
献县	tuo°	₌ouₗ	°tsuo	₌kɔ	°kʰɔ	₌xə	pʰɔ°	₌pʰɔ	°tʰuo	₌ouₗ	tsuo°	→22字音

　　我们三人人手一册分别记音，每记完一处音，都要总结这个地方的声韵调系统。历时两周，总共调查了 39 个点，回校后写成《河北省东南部三十九县市方音概况》，其中声调部分着重探讨了中古入声调在邯郸一带消失的途径及其特点。此文于 1985 年提交全国汉语方言学会第三届年会，受到李荣先生的赞扬，1987 年发表于《方言》第 3 期。

（原载李宇明、王莉宁主编《辀轩使者：语言学家的田野故事》，

商务印书馆，2020 年 5 月）

汉语三个单字调方言的类型及其分布
（附：只有两个单字调的方言）

　　声调具有区别性意义是汉语语音的重要特点。在历史发展中，汉语声调走着"去繁就简"的道路。从汉语南北方言的对比中可以看出，在汉语声调的简化过程中，分布于广大西北地区的官话方言比东南地区的吴、粤、闽、客等方言简化的步子更快一些。南北方言一个极为明显的差异是东南方言古代入声调大多保留，而西北方言则大多失落而归入舒声调。就单字调类的数量而言，大致是东南多而西北少：东南方言的声调一般在 5 到 8 类之间，其中粤方言的代表点广州话有 9 个调类；西北方言的单字调大多数是阴平、阳平、上声、去声 4 类，据《汉语官话方言研究》，官话 8 区 42 片 94 个代表点中，4 个单字调的点 64 个，占 94 个点的 68%。

　　三调方言是 20 世纪 50 年代方言普查时开始逐渐被发现而引起注意的。随着方言调查的深入、调查区域的不断扩充，三调方言的调查点也不断增多。有的点几十年前调查是四调，而近期调查是三调；有的点有新老派的不同，一般是老派为四调而新派为三调。到目前为止，我们见到的所有三个单字调的方言，绝大多数都分布在西北部的官话地区。

一　汉语三个单字调方言的类型

　　将三调方言的单字调跟中古音系的四声和普通话的四声相比，主要有下表八种类型：

		一	二	三	四	五	六	七	八
		阴平阳平不分	阳平上声混合	阳平去声混合	去声分归阴阳平	阴平上声混合	上声归去声、阴平	去声归阳平、上声	阴平归去声
古平声	清	平声332	阴平44	阴平42	阴平213	阴平上55	阴平上35	阴平21	阴平去31
	次浊	平声332	阳平上51	阳平去53	阳平42	阳平42	阳平13	阳平去13	阳平325
	全浊	平声332	阳平上51	阳平去53	阳平42	阳平42	阳平13	阳平去13	阳平325
古上声	清	上声213	阳平上51	上声213	上声55	阴平上55	去声上53	上声去41	上声44
	次浊	上声213	阳平上51	上声213	上声55	阴平上55	去声上53	上声去41	上声44
	全浊	去声452	去声213	阳平去53	阴平213、阳平42	去声312	阴平上35	上声去41	阴平去31
古去声	清	去声452	去声213	阳平去53	阴平213、阳平42	去声312	去声上53	阳平去13	阴平去31
	次浊	去声452	去声213	阳平去53	阴平213、阳平42	去声312	阴平上35	上声去41	阴平去31
	全浊	去声452	去声213	阳平去53	阴平213、阳平42	去声312	阴平上35	上声去41	阴平去31
古入声	清	平声、上声、去声	去声、阴平	上声	上声	阴平上	阴平上	阴平	阴平
	次浊	去声	去声	上声、阳平去	阴平、阳平	阴平上	阳平多、阴平上少	阴平	阴平
	全浊	平声	阳平上	阳平去	阳平	阳平	阳平	阳平去	阳平
代表点		滦县（河北）	吉木萨尔（新疆）	长海（辽宁）	莱州（山东）	渑池（河南）	宁冈（江西）	古县（山西）	古城（山西垣曲）

说明：

1. 表的上端八种类型分别对照普通话的四声，如第一类"阴平阳平不分"，是说这种类型普通话的阴平和阳平在方言中同调。

2. 表的左边一栏为古四声，每类各以声母为条件分"清、次浊、全浊"三项，说明古四声在这种类型中各按声母条件分别归入现代的三个调类，如第一类"阴平阳平不分"，对照古调类，则是古代平声字今不分清浊同为一个调类。底下一行列出这种类型的代表点，括号中标出该点所属省市。

3. 各种类型今调类名称由古音来源和与普通话的调类对比而来，如第三类"阳平去声混合"，三个声调的名称为"阴平、阳平去、上声"。其中"阳平去"，说明普通话的阳平和去声在方言中混合，是这种类型的调类特点之所在。

4. 因表格空间有限，古入声的归类只标所归调类，调值略去，各调类的调值见上面舒声部分。

5. 因为各种类型所分布的不同的点存在调值和入声归类的不同，表中所列的各类调值及入声归类是这种类型代表点的情况，如第一类的代表点滦县"阴平阳平不分"的平声调值 332 及"清入归平上去"等，都是属于这种类型的滦县点的情况，跟同类型的其他点可能相同也可能不同（详见下文"三 几个问题的讨论"）。

二　三调方言的地域分布

只有三个单字调的方言主要分布于官话方言区，地域跨度很大。另外赣语区有两个点。

下表表头横栏是三调类型，左栏是所分布各点的所属省市。地名后的小字注明这种类型在该地的分布范围或新旧派别等。为便于统计，地名前的数字表示该类型在该省市的分布点数。

	一 阴平阳平不分	二 阳平上声混合	三 阳平去声混合	四 去声分归阴阳平
山东		10：博山 淄川 莱芜 张店东片 博兴 章丘新派 邹平长山镇 高青 庆云 无棣	9：威海 烟台 福山 栖霞 招远 乳山 海阳 莱西 莱阳	5：莱州 平度 即墨 青岛 城阳
辽宁			4：长海 庄河 东港 普兰店	
黑龙江			1：虎林	
河北	4：滦县 滦南 丰南 井陉	9：黄骅 沧州市 沧县 盐山 孟村 青县 海兴 成安 定州		
宁夏	2：西吉 隆德	13：银川市 永宁 贺兰 石嘴山 平罗 陶乐 灵武 青铜峡 吴忠市 中宁 中卫 同心 盐池西路声	1：盐池县城新派	
内蒙古		1：阿拉善		
甘肃	22：天水市 天水县 清水 秦安 张家川 庄浪 静宁 通渭 会宁 定西 渭源 临洮 康乐 广河 和政 临夏市 临夏县 永靖 永登 皋兰 西固马家山村老派 敦煌河东话	15：张掖 临泽 民乐 武威 山丹 高台 肃南 嘉峪关市 酒泉 玉门 金塔 安西 金昌 永昌 敦煌（肃州乡）河西话		

续表

	一 阴平阳平不分	二 阳平上声混合	三 阳平去声混合	四 去声分归阴阳平
青海	5：民和 乐都 同仁 循化 大通桥头镇			
新疆	44：鄯善 吐鲁番 托克逊 和硕 和静 焉耆 库尔勒市 尉犁 若羌 且末 民丰 于田 策勒 洛浦 和田市 和田县 墨玉 皮山 叶城 泽普 莎车 英吉沙 阿克陶 疏勒 伽师 喀什市 疏附 阿图什 巴楚 乌什 温宿 阿克苏 轮台 库车 沙雅 新和 拜城 特克斯 昭苏 巩留 察布查尔 伊宁市 伊宁县 霍城	30：伊吾 巴里坤 哈密 阿勒泰市 青河 富蕴 福海 吉木乃 布尔津 哈巴河 木垒 奇台 吉木萨尔 阜康 米泉 五家渠市 乌鲁木齐市 乌鲁木齐县 昌吉市 呼图壁 玛纳斯 沙湾 石河子市 奎屯市 乌苏市 精河 博乐市 温泉 额敏 克拉玛依市		

	五 阴平上声混合	六 上声归去声、阴平	七 去声归阳平、上声	八 阴平归去声
河南	3：渑池 洛宁 义马市			
江西		2：井冈山 宁冈		
山西			1：古县	1：古城
内蒙古	1：八里罕宁城县			
甘肃	2：古浪 天祝			
云南	1：施甸			

说明：

1. 上表只收录笔者所见现代汉语方言中三调方言的点，共 186 个。目前在多种论著中对三字调方言的方言点数量记录多有不同，原因是学者所掌握的材料不同。造成这些不同的原因多种多样，有的是调查时间不同，有的是同一县市调查的地点不同，有的是调查人不同认识所处理的结果不同，等等。例如：陕西延长话有阴平、阳平、上声、入声四个单字调，但是入声字独立为一个调类的字总共只有 33 个，仅占 576 个入声字的 5.7%，其他都已转入舒声，有的人就将入声忽略不计，于是就有三调或四调的不同处理结果，本文按四调处理。

2. 本文对三调方言的确认力求有确凿的资料依据，无调类调值记录的、无法查对的存疑的点不计在内。例如：《云南省志·汉语方言志》："施甸以及昌宁、云县的某些农村地区的方言，只有三个调类，即阴平、阳平、去声，没有上声。"（113 页）查《云南省志·汉语方言志》，只对施甸一点的三个调类作了交代，分别为阴平 44、阳平 31、去声 213，而且说明古上声的清声母和次浊声母字归入阴平，而对"昌宁、云县的某些农村地区的方言"，既没有说究竟是哪些农村，也没有具体的调类调值描写。又据《云南方言调查报告》，昌宁、云县皆阴平、阳平、上声、去声四个调类。本文只将施甸一点列入"阴平上声混合"类，昌宁、云县因为情况不明，暂不列入三调方言表内。再如张成材 1984 年《青海省汉语方言的分区》对"循化片"的说明，"循化片：包括循化、同仁、贵德（指王屯、刘屯、周屯等地的'土话'）、尖扎及黄河沿线靠近循化的一些地方"。"共同特点是：单字调有平声、上声、去声三个。"但是该文没有说明贵德土话、尖扎等地方言的具体调类调值，本文也不将贵德土话和尖扎等点计在三调方言之内。由此可知：汉语中三调方言实际存在的点比本文所统计的点要多，只不过由于不知详细情况本文没有计算在内而已。

3. 有的调查点前后记录不同，本文主要根据后来的记录处理。例如：1961 年《河北方言概况》"河北方言图" 24，阴阳平不分的三调方言只有滦县、井陉两县，2005 年《河北省志·方言志》"126 点声调对照表"这种类型的方言点除滦县、井陉两县以外，还有滦南、丰南两点。又如：宁夏海原方言，张盛裕、张成材 1986 年的报告是属于阴平阳平不分型的三个调类，而据当地人曹强 2006 年的调查是四个调类，曹强的记录与 1986 年李树俨、李倩的记录相同；甘肃民勤方言，张燕来 2003 年记录是三个调类（阳平上声混合），但又说"民勤话的单字调总体上很不稳定"，周磊 2005 年又有"民勤有阴平、阳平、上声、去声四个单字调"：本文暂不将海原和民勤列为三调方言区。

4. 有的县市境内方言有内部差异，不仅存在四调和三调的不同，也存在三调方言所属的类型不同。例如甘肃敦煌，据张盛裕 1985 年和曹志耘 1996 年的调查，敦煌以党河为界，方言分河东话和河西话两种口音，两人说法相同。张盛裕《敦煌音系记略》：河西话以肃州乡为代表，是三个调类，属于"阳平上声混合"型；而据曹志耘《敦煌音系》，河东话（调查点沙洲镇、杨家桥）是三个调类，属于"阴平阳平不分"的类型。我们将敦煌分别列入三字调的两种类型。又如，宁夏盐池，据 1986 年张盛裕、张成材《陕甘宁青四省区汉语方言的分区（稿）》，盐池方言是四个调类。1992 年张安生《宁夏盐池方言的语音及归属》，盐池话内部除南部以县城老派为代表的有四个调类以外，其西部和中北部是三个调类。其中西部的三类属于"阳平上声混合"型，这和盐池相邻的银川、吴忠等兰银官话的特点一致；中北部则属于"阳平去声混合"型，这跟张燕来2003年《兰银官话语音研究》"盐池县中部"阳平去声合并的记录也完全相同。本文将盐池列入三字调的两种类型。

三　几个问题的讨论

1. 各种类型的分布地域的范围有很大不同。其中分布区域最大的是一、二两类，都从东到西横跨五至六个省市。"阴平阳平不分"类大多位于中原官话区，而"阳平上声混合"类则多属于冀鲁官话区和兰银官话区，如果出现在同一省市，那么除河北省以外，都是"阴平阳平不分"类在南而"阳平上声混合"类在北。两种类型都是汉语方言三个调类结构的典型，都具有所属方言区的共同特点。第三、四类除盐池一点以外，全部分布在胶辽官话地区，分布地点比较集中，分别有显著特点。第六类"上声归去声、阴平"是唯一分布在官话以外赣语区两个点的类型，和第五、七、八三类的分布都相对分散，不能代表三个调类发展的总趋势。

2. 上文说过，同一类型的点有的在调值和古今对应上存在一些差别，古今对应的差别大多是古入声字归类的不同，只有少数是舒声归类不同。下面以分布区域最广的第一、二两类所分布的五省和六省各举一点为例，说明同一类的不同点在调值与古入声归类两方面的不同。

第一类：阴平阳平不分		丰南河北	西吉宁夏	天水甘肃	民和青海	吐鲁番新疆
古平声	清	平声22	平声13	平声13	平声13	平声213
	次浊 全浊					
古上声	清 次浊	上声214	上声53	上声53	上声53	上声52
	全浊					
古去声	清 次浊 全浊	去声51	去声44	去声24	去声33	去声44
古入声	清	平上去	平声13	平声13	平声13	平声213
	次浊	去声51				
	全浊	平声22				
本点所属的方言区片		冀鲁官话赵深片	中原官话陇中片	中原官话陇中片	中原官话陇中片	中原官话南疆片

第二类：阳平上声混合		博山山东	沧州河北	银川宁夏	阿拉善内蒙古	酒泉甘肃	吉木萨尔新疆
古平声	清	阴平 214	阴平 213	阴平 44	阴平 44	阴平 44	阴平 44
	次浊 全浊	阳平上 55	阳平上 55	阳平上 53	阳平上 51	阳平上 52	阳平上 51
古上声	清 次浊						
	全浊	去声 31	去声 42	去声 13	去声 213	去声 13	去声 213
古去声	清 次浊 全浊						
古入声	清	阴平 214	阴平 213	去声 13 多 阳平上 53 少	去声 213 多 阳平上 51 少	去声 13	去声 阴平
	次浊	去声 31	去声 42				去声
	全浊	阳平上 55	阳平上 55			阳平上 52	阳平上 51
本点所属的 方言区片		冀鲁官话 石济片	冀鲁官话 沧惠片	兰银官话 银吴片	兰银官话 银吴片	兰银官话 河西片	兰银官话 北疆片

3. 有些不是三个单字调的方言，其声调特点有跟三调方言相同的地方，但因为还有其他情况，不能单凭这个特点与三调方言相同而认定为三调方言。以下酌举三例：①《河北省志·方言志》，河北方言"阴平阳平不分"的点还有元氏等 13 个点，具有三调方言"阴平阳平不分"的特点，但是这些点都还保留入声，是四个调类；② 山东章丘老派"阳平上声混合"，但是清声母入声字独立，是四调方言；③ 山西侯马、曲沃虽然也有"阴平阳平不分"的特点，但是这两个点去声分阴去和阳去两类，仍是四个单字调。

以上①②"阴平阳平不分""阳平上声混合"，都是舒声调类的分合，而入声调类仍然存在，这说明虽然入声调类在官话方言中较早与舒声调类合并，但在汉语声调演变中，舒声的归并也并不一定都是在入声消失后才开始的。这种情况还有如上文提到的陕西延长，延长方言舒声古清上和次浊上与去声合并，如"小＝笑""马＝骂"，但是入声并未全部消失而是一个独立的调类。

4. 汉语方言声调"去繁就简"的一个显著特点是调类的归并，其中古全浊上归入去声是最为普遍的规律。官话方言中由四调归并为三调，阴平阳平不分和阳平上声混合也是比较普遍的现象，目前正处于历时演变的过程之中，各地归并的内容不同，演变的进程有别。下面以山东章丘为例：章丘"阳平上声混合"，章丘方言新老派的不同主要是古清声母入声字是否独立为一个调类（次浊和全浊入声已分别归为去声和阳平上），清入字的消失经历了几十年的过程。据 1982 年胡延森的调查，章丘 300 个清入字老中青读入声的比率分别为老（60—70 岁）85%、中（30—50 岁）

75%—80%、青少年65%；到了2011年高晓虹《章丘方言志》对11位不同年龄的人所做的272个清入字的调查，结果是40岁以上的人读入声的比率在48%至76.7%之间，接近40岁的人，读入声字的比率不一，而33岁以下则是100%不读入声。章丘新派清入字大多归入阳平上。下面是《章丘方言志》新老派的调值比较（"白煮鼓移骑"为阳平上，"百竹骨一七"为古清入）：

老派：白^{55}≠百^{44} 煮^{55}≠竹^{44} 鼓^{55}≠骨^{44} 移^{55}≠一^{44} 骑^{55}≠七^{44}

新派：白^{55}＝百^{55} 煮^{55}＝竹^{55} 鼓^{55}＝骨^{55} 移^{55}＝一^{55} 骑^{55}＝七^{55}

调类的合并常常是由于调值相近，但也并不绝对。调值相近合并的，例如宁夏盐池县城，张安生1987年调查70岁以上的老人是四个调类，而1992年调查的新派是阳平和去声合并的三个调类。老派的阳平跟去声调值相近，比较如下：

老派：阴平44　　阳平13　　　上声53　　　去声35

新派：阴平44　　阳平去13　　上声53　　　阳平去13

汉语方言的单字调存在进一步归并简化的明显趋势。就山东方言来说，20世纪50年代山东省普查到21世纪方言调查，单字调由四类转化为三类（阳平去声合并）的方言点在东莱区有4点，不同时期的调类调值比较如下（表中21世纪调查合并的两调用粗体字）：

乳山		海阳		招远		青岛市区	
普查时查	21世纪查	普查时查	21世纪查	普查时查	21世纪查	普查时查	21世纪查
阴平31	阴平53	阴平53	阴平53	阴平214	阴平214	阴平213	阴平213
阳平53	**阳平44**	阳平323	**阳平43**	阳平53	**阳平42**	阳平42	**阳平42**
上声214	上声214	上声214	上声213	上声55	上声55	上声55	上声55
去声324	**去声44**	去声31	**去声43**	去声314	**去声42**	去声31	**去声42**

5. 随着汉语多音节词的增多、语流音变研究的开展，变调和轻声的研究还揭示：像北京上上相连前上变阳平，轻声音节的音值决定于前字调类，说明不同声调在一定的语境中被中和，单字调的区别性作用逐渐削弱。可以说，这是汉语声调简化的另一途径，本文不再详细讨论。（参见拙文《从汉语方言看汉语声调的发展》，《语言教学与研究》2000年第2期）

附：只有两个单字调的方言

就笔者所知，只有两个单字调的方言 4 个点全部分布在官话方言兰银官话区。见下表：

		平			上			去			入		
		清	次浊	全浊	清	次浊	全浊	清	次浊	全浊	清	次浊	全浊
1	红古村	13 知人才			55 古女			13 近、盖用树、说六白					
2	西固新派	53 知人才			13 古女、近、盖用树、说六								53 白
3	三甲集镇	132 知人才			553 手女、近、盖共						132 发读		
4	武威	35 知人才、古女						31 近、盖用树、说六					35 白

地点说明：红古村，甘肃省兰州市红古区红古村；西固，甘肃省兰州市西固区；三甲集镇，甘肃省广河县；武威，甘肃省武威县。

以上 4 点两调方言，从调值来看，像红古村的低升（13）和高平（55）、西固的高降（53）和低升（13）、三甲集镇的低升降（132）和高平降（553），以及武威的高升（35）和低降（31），两个声调的调值差异都很明显。

两个声调是在三个声调的基础上简化而来的。下表是甘肃西固马家山和武威两点新老派声调的比较：

		平			上			去			入		
		清	次浊	全浊	清	次浊	全浊	清	次浊	全浊	清	次浊	全浊
西固马家山	老派	平声 53			上声 44			去声 13					53
	新派	平声 53			上去声 13								53
武威	老派	阴平 44			阳平上 53			去声 31					53
	新派	阴阳平上 35						去声 41					35

主要参考文献

[1] 中国社会科学院、澳大利亚人文科学院编《中国语言地图集》，香港朗文出版有限公司，1987 年。

[2] 陈章太、李行健主编《普通话基础方言基本词汇集》，语文出版社，1996 年 10 月。

[3] 钱曾怡主编《汉语官话方言研究》，齐鲁书社，2010 年 11 月。

[4] 杨时逢整理《云南方言调查报告》,（台湾）《历史语言研究所专刊》之五十六，1969 年。

[5] 云南省地方志编纂委员会总纂，云南省语言学会编撰《云南省志·汉语方言志》，云南人民出版社，1989 年。

[6] 侯精一、温端政主编《山西方言调查研究报告》，山西高校联合出版社，1993 年 7 月。

[7] 钱曾怡主编《山东方言研究》，齐鲁书社，2001 年 9 月。

[8] 河北省地方志编纂委员会编《河北省志·方言志》，方志出版社，2005 年 12 月。

[9] 青岛市史志办公室编《青岛市志·方言志》，新华出版社，1997 年 8 月。

[10] 周磊、王燕：《吉木萨尔方言志》，新疆人民出版社，1991 年 6 月。

[11] 高晓虹：《章丘方言志》，齐鲁书社，2011 年 1 月。

[12] 艾红娟：《山东长山方言研究》，语文出版社，2012 年 3 月。

[13] 宋学：《辽宁语音说略》，《中国语文》1963 年第 2 期。

[14] 张成材：《青海省汉语方言的分区》，《方言》1984 第 3 期。

[15] 张盛裕：《敦煌音系记略》，《方言》1985 第 2 期。

[16] 颜森：《江西方言的分区（稿）》，《方言》1986 第 1 期。

[17] 张盛裕、张成材：《陕甘宁青四省区汉语方言的分区（稿）》，《方言》1986 第 2 期。

[18] 郭正彦：《黑龙江方言分区略说》，《方言》1986 第 3 期。

[19] 刘俐李、周磊：《新疆汉语方言的分区（稿）》，《方言》1986 第 3 期。

[20] 张安生：《宁夏盐池方言的语音及归属》，《方言》1992 年第 3 期。

[21] 张盛裕：《河西走廊的汉语方言》，《方言》1993 第 4 期。

[22] 钱曾怡：《从汉语方言看汉语声调的发展》，《语言教学与研究》2000 年第 2 期。

[23] 张世方：《汉语方言三调现象初探》，《语言研究》2000 年第 4 期。

[24] 刘育林：《关于陕北延安、延长、甘泉话的归属问题》，《语文研究》1995 年第 3 期。

[25] 张万有：《八里罕方言岛音系略说》，载《赤峰汉语方言概论》（附录 2），内蒙古科学技术出版社，2010 年。

[26] 邢向东、孟万春：《陕北甘泉、延长方言入声字读音研究》，《中国语文》2006 年第 5 期。

[27] 罗福腾：《胶辽官话研究》，山东大学博士学位论文，1998 年 5 月。

[28] 张燕来：《兰银官话语音研究》，北京语言大学博士学位论文，2003 年 5 月。

[29] 雒鹏：《一种只有两个声调的汉语方言——兰州红古话的声韵调》，《西北师大学报》（社会科学版）1999 年第 6 期。

[30] 周磊：《兰银官话的分区（稿）》，《方言》2005 年第 3 期。

[31] 邢向东、郭沈青：《晋陕宁三省区中原官话的内外差异与分区》，《方言》2005 年第 4 期。

[32] 曹强：《海原方言音韵研究》，陕西师范大学硕士学位论文，2006 年 4 月。

[33] 周磊：《新疆维吾尔自治区的中原官话（稿）》，《方言》2007 年第 2 期。

[34] 柯西钢：《阿拉善方言的两字组连读变调和轻声》，《内蒙古大学学报》（人文·社会科学版）2007 年第 5 期。

[35] 莫超、朱富林：《二声调红古话音系研究》，《中国语言学》第三辑，北京大学出版社，2009 年 12 月。

[36] 莫超、朱富林：《二声调汉语方言：甘肃红古话与三甲集话比较》，《中国语文研究》2012 年第 2 期。

[37] 张文轩、邓文靖：《二声调方言红古话的语音特点》，《语言研究》2010 年第 4 期。

[38] 莫超：《甘肃兰州、临洮、红古方言的音节结构及音节数量》，《南大语言学》第四编，商务印书馆，2012 年。

（原载《澳门文献信息学刊》2013 年第 9 期）

汉语只有两个或三个单字调的方言资料长编

（修补至 2014 年 12 月）

提要： 从 20 世纪 80 年代后期开始，本人开始注意汉语三调方言的情况，陆续收集有关材料，曾于 1998 年 10 月写过《汉语三个单字调的方言及其单字调类型》，并有手绘的地图一张，还在这年北京语言大学的一次学术会上发言。以后断断续续收集这方面的资料，补充修改、整理至今。在这个过程中，也注意到两个单字调的方言，一并收集整理。

说明：

1. 本文书用表格显示两声调和三声调方言的类型及各类型的分布地、调类调值、与中古声调的对应关系及材料来源。

2. 因同一类型的点不同来源常有重复，内容大体一致，表中对重复的点有两种处理方式：一是用①②③等符号表示这是重复的点，数字表示重复次数，这些点都会标出各调类的调值、例字；二是为节省篇幅，重复太多的点，只在本类型某省的最后在"又，"后写出该类型在该省还有哪些点，只说明来源，其古今声调对应关系、调类调值等从略。

3. 各家所记内容多有不同，记三调类的点有的记为四调类，可能是同一地区所选的地点不同，也可能是新老派的不同，本文一律按三调类计，并对不同记录略加说明。

4. 为便于查找，材料来源尽可能写出页码，包括专著和杂志。

5. 个别点存在叙述前后矛盾之类的误差，确认后加以纠正和说明。

两个单字调的方言

两个单字调方言四种类型表

一			二			三			四		
红古	第一调 13	第二调 55	三甲集	第一调 132	第二调 553	西固（新派）	第一调 53	第二调 13	武威	第一调 35	第二调 31
	平、去、入、全浊上	清上、次浊上		平、入	上、去		平、全浊入	上、去、清入、次浊入		平、清上、次浊上	全浊上、去、入

两调方言四类型的分布地、各调类调值及其与古四声的对应关系、例字、所在方言区、材料来源表

类型	分布地		平			上			去			入			所在方言区
	省	地点	清	次浊	全浊	清	次浊	全浊	清	次浊	全浊	清	次浊	全浊	
一 红古	甘肃	兰州红古（海石湾镇、河嘴乡、花庄镇、平安乡）	一调 13 知人才			二调 55 古女			一调 13 近盖用树说六白						兰银官话金城片
		雒鹏《一种只有两个声调的汉语方言——兰州红古话的声韵调》："1999 年 9 月，笔者……发现红古境内享堂峡南口以东的海石湾镇、红古乡、河嘴乡、花庄镇、平安乡的方言都是两个声调，尤以红古乡红古村（原红古城旧址）口音最典型。故笔者对红古村话进行了描写。描写以老派口音为主。"														
		①红古	平去声 13 高 麻穷			上声 53（变体 553、55）古五			平去声 13 近盖岸地急月局						
		张文轩、邓文靖《二声调方言红古话的语音特点》："古平声字、古全浊上声字和古入声字构成了一个调类，我们称之为'平去声'；古清音上声字和古次浊上声字保持着上声调，类我们称之为'上声'。"														
		②红古	第一声 13 高			第二声 55 古女			第一声 13 近共急						
		莫超、朱富林《二声调红古话音系研究》第 207 页："中古平声、全浊声母上声、去声、入声红古话读第一声；清声母上声及次浊声母上声红古话读第二声。"														
		③红古	阴平、阳平 13 刚穷文			上声 554 五手			去声 13 近盖阵铁读						
		莫超《甘肃兰州、临洮、红古方言的音节结构及音节数量》第 106 页："阴平阳平去声合成了一个调值，上声单独为一个调值。"														

续表

类型	分布地		平			上			去			入			所在方言区
	省	地点	清	次浊	全浊	清	次浊	全浊	清	次浊	全浊	清	次浊	全浊	
一 红古	甘肃	④红古	第一调 13 刚			第二调 554 手女			第一调 13 近盖对发						兰银官话金城片
		莫超、朱富林《二声调汉语方言：甘肃红古话与三甲集话比较》第 37 页："与中古音比较，平声字、全浊声母上声字、去声字、入声字今为第一调，清声母及次浊声母上声字今为第二调。"													
		⑤红古	一声（低升）			二声（高平）			一声（低升）						
		张燕来《兰银官话语音研究》第 125 页："红古区红古村：一声（阴平、阳平和去声合并），二声（上声独立为一个调类）。"第 138 页："入声都归去声。"（调值描写见该书第 136 页，无例字）													
二 三甲集	甘肃	广河县三甲集镇	第一调 132 刚文才			第二调 553 手有近盖阵						第一调 132 发读			中原官话河州片
		莫超、朱富林《二声调汉语方言：甘肃红古话与三甲集话比较》第 39 页：与中古音比较，"平声字、入声字今为第一调，全浊声母上声字、去声字、清声母及次浊声母上声字今为第二调"。（无次浊去、次浊入例字）													
		又，莫超、朱富林《洮河流域汉语方言的语音特点》第 246 页，两个声调调整为，"平声 142 刚人时桌六、去声 53 古五近靠阵"。													
三 西固	甘肃	西固区[马家山(新派)]	一声（高降）			二声（低升）						一声（高降）			兰银官话金城片
		张燕来《兰银官话语音研究》第 125 页："西固马家山（新派）：一声（阴平和阳平合并），二声（上声和去声合并）。"第 138 页："全浊入归平声（也可以看作归阳平），清入和次浊入归去声。"（调值描写见该书第 136 页，无例字）													
四 武威	甘肃	武威(新派)	一声（中升）			二声（高降）						一声（中升） 二声（高降）			兰银官话河西片
		张燕来《兰银官话语音研究》第 125 页："武威：一声（阴平、阳平和上声合并），二声（去声独立为一个调类）。"第 138 页表：清入、次浊入归二声，全浊入归一声或二声。（调值描写见该书第 136 页，无例字）													

三个单字调的方言

据笔者所见有限的资料统计，汉语中只有三个单字调的方言有 206 点之多，并有多点正处于由四调类向三调类转化之中，例如陕西延长点。把三调类方言的调类跟古四声对照，大体可以分为十种情况：一至五为五种类型；六至十只有个别的、很少的点，不成类。

三个单字调方言十种类型表

类型			平			上			去			入			所在方言区
			清	次浊	全浊	清	次浊	全浊	清	次浊	全浊	清	次浊	全浊	
一	阴平阳平不分	滦县型	阴平阳平	阴平阳平	阴平阳平	上	上	上	去	去	去	平上去	去	平	冀鲁中原兰银
二	阳平上声合并	沧州型	阴平	阳平上	阳平上	阳平上	阳平上	阳平上	去	去	去	阴平	去	阳平上	冀鲁兰银中原
三	阳平去声合并	烟台型	阴平	阳平去	阳平去	上	上	上	阳平去	阳平去	阳平去	上	阳平去	阳平去	胶辽中原
四	去声分归阴平阳平	莱州型	阴平	阳平	阳平	上声	上声	上声	阴平或阳平	阴平或阳平	阴平或阳平	上	阴平或阳平	阳平	胶辽
五	阴平上声合并	渑池型	阴平上	阳平	阳平	阴平上	阴平上	阴平上	去	去	去	阴平上	阴平上	阳平	中原兰银西南
六	上去合一	延长型	阴平	阳平	阳平	上去	上去	上去	上去	上去	上去	阴平	阴平	阳平	中原
七	清平归去声	垣曲(古城)型	去声	阳平	阳平	上声	上声	上声	去声	去声	去声	去声	去声	阳平	中原
八	去声归阳平上	古县型	阴平	阳平去	阳平去	上声	上声	上声	阳平	上声	上声	阴平	阴平	阳平	中原
九	清上次浊上与去声合一 / 全浊上归阴平	井冈山型	阴平	阳平	阳平	去声	去声	阴平	去声	去声	去声	阴平	去声	去声	赣语
十	无规律演化	民勤型	一声	一声	一声	二声	二声	二声	三声	三声	三声	三声	三声	三声	兰银

三调方言十类型的分布地、各调类调值及其与古四声的对应关系、例字、所在方言区、材料来源表

类型	分布地		平			上			去			入			所在方言区
	省	地点	清	次浊	全浊	清	次浊	全浊	清	次浊	全浊	清	次浊	全浊	
一阴平阳平不分	河北5	滦县	平 11 天年			上声 215 好老			去声 55 近菜树			无说明及例字			冀鲁官话保唐片
		贺巍《官话方言研究》第256页。													
		①滦县	平 332 天人平			上 213 古老			去 452 是对帽大			平上去	452 麦	332 白	
		滦南	平 31 天人平			上 213 古老			去 42 是对帽大			平上去	42 麦	平 31 白	
		丰南	平 22 天人平			上 214 古老			去 51 是对帽大			平上去	51 麦	平 22 白	
		井陉	平 31 天人平			上 45 古老			去 211 是对帽大			多归入上声			
		以上4点据《河北省志·方言志》：滦县、滦南、丰南（第215页），井陉（第217页）。													
		行唐	平 55			上 24			去 51			平 55	去 51	平 55	
		张世方《汉语方言三调现象初探》第50页表。 又，河北行唐及②滦县、①滦南、①丰南、①井陉共5点，张世方《汉语方言三调现象初探》第50页表（无例字）。													
	山西2	侯马 曲沃	平 213			上 44			去 51			平 213			中原官话汾河片
		以上2点见张世方《汉语方言三调现象初探》第50页表。 侯精一、温端政主编《山西方言调查研究报告》第349页图：侯马不分阴阳平。但同书第634—635页："侯马平声不分阴阳，去声分阴阳，仍是四个单字调。"侯马四调为平声213、上声44、阴去21、阳去51，与张世方材料不符。													
	宁夏3	西吉 隆德	平声初锄			上声			去声			平声			中原官话陇中片
		张盛裕、张成材《陕甘宁青四省区汉语方言的分区（稿）》第96页表，第97页说明："陇中片的特点是平声不分阴阳，所以所有入声字都读平声。"（未标音值、只有阴平、阳平例字）													
		①西吉 ①隆德	平 35 方妈房			上 53 纺马			去 44 放骂			平 35 出月读			
		李树俨、李倩《宁夏方言研究论集·宁夏方言的分区及其归属》第5—6页。													
		②西吉 ②隆德 海原	平 13			上 53			去 44			平 13			
		张世方《汉语方言三调现象初探》第50页表，备注"西吉、隆德同海原"。但据李树俨、李倩《宁夏方言研究论集·宁夏方言的分区及其归属》，海原是213、53、35、44四调。又，曹强《海原方言音韵研究》，也是213、53、35、44四调。													

续表

类型	省	地点	平 清	次浊	全浊	上 清	次浊	全浊	去 清	次浊	全浊	入 清	次浊	全浊	所在方言区
一阴平阳平不分	甘肃 25	天水市 天水 清水 秦安 张家川 定西 会宁 通渭 临夏市 临夏 康乐 永靖 广河 和政 渭源 临洮 静宁 庄浪	平声（低升）			上声（高降、中降）			去声（高平、半高平、高降）			平声（低升）			中原官话陇中片
		甘肃陇中片 18 县市，据张盛裕、张成材《陕甘宁青四省区汉语方言的分区（稿）》第 96 页表（未标音值、无例字）。													
		① 天水市	平 13 天房			上 53 古五			去 24 厚试近			平 13 福绿学			
		陈章太、李行健主编《普通话基础方言基本词汇集》第 1167 页（张成材调查）。													
		① 临洮	平声 213 刚穷			上声 53 古女			去声 44 近盖柱			平声 213 拍服			
		莫超《甘肃兰州、临洮、红古方言的音节结构及音节数量》第 104 页"阴平、阳平合成了一个调类，中古入声归平声"。又，莫超、朱富林《洮河流域汉语方言的语音特点》第 244 页三声调的方言点有四——① 渭源县会川镇、① 康乐县城关（附城镇）、① 临洮县城关（洮阳镇）、辛店镇康家崖村，所记调值与 ① 临洮相同。													
		敦煌	平声 13 衣移			上声 53 椅土米碗			去声 44 坐意地兔			平声 13 一石月			中原官话秦陇片
		陈章太、李行健主编《普通话基础方言基本词汇集》第 1207 页（曹志耘调查）。													
		① 敦煌（河东）	平 13			上 53			去 44			平 13			
		临夏 东乡 积石山	平 22			上 44			去 41			平 22			
		以上 4 点据张世方《汉语方言三调现象初探》第 50 页表（无例字）。													
		永登 皋兰	平 53			上 44			去 214			平 53			兰银官话金城片
		张世方《汉语方言三调现象初探》第 50 页表。													
		① 永登、① 皋兰两点单字调不分阴平阳平													
		周磊《兰银官话的分区（稿）》（《方言》2005 年第 3 期）第 275 页："永登、皋兰两点虽然是三个单字调，但声调的演变规律是平声不分阴平阳平。"（没有说明具体的调类调值）又，《中国语言地图集》第 2 版《汉语方言卷》第 73 页（周磊文），内容相同。													

续表

类型	分布地		平			上			去			入			所在方言区
	省	地点	清	次浊	全浊	清	次浊	全浊	清	次浊	全浊	清	次浊	全浊	
一阴平阳平不分	甘肃25	②永登 ②皋兰 西固（马家山村老派）	平53			上44			去13			去13		平53	兰银官话金城片
		张燕来《兰银官话语音研究》第124页。													
	青海7	民和	平13梯题			上53体			去33替			平13百麦白			中原官话陇中片
		乐都	平13梯题			上53体			去35替			平13百麦白			
		同仁 循化	平13梯题			上53体			去55替			平13百麦白			
		大通（桥头镇）	平13梯题			上53体			去213替			平13百麦白			
		5点见张成材《青海省汉语方言的分区》第189页说明及第191页表。													
		①民和 ①乐都 ①循化 同仁 大通	平声（低升）			上声（高降、中降）			去声（高平、半高平、高降）			（低升）			
		张盛裕、张成材《陕甘宁青四省区汉语方言的分区（稿）》第96页表（未标音值、无例字）。													
		②乐都	平声13天			上声53古老			去声45厚世饭			平声13得铁			
		②循化	平声13开穷			上声42古老			去声55近帽			平声13职食			
		2点又见张成材编著《中古音与青海方音字汇》第12、13页（循化点上声比《方言》所记略低）。													
		贵德（土话）尖扎	平声书如全			上声			去声			平声吃灭白			
		2点见张成材《青海省汉语方言的分区》第196页末段："循化片：包括循化、同仁、贵德（指王屯、刘屯、周屯等地讲的'土话'）、尖扎及黄河沿岸靠近循化的一些地方。循化派的共同特点是：单字调有平声、上声、去声三个。"（只可找到古平、入二声的例字而找不到古上、去二声的例字，也没有调值及古音来源的说明。）													
	新疆42	昭苏 特克斯	平24刚麻时			上41死老			去55是四帽事			平24结六杂			中原官话南疆片
		巩留	平13刚麻时			上53死老			去44是四帽事			平13结六杂			
		伊宁 霍城察布查尔	平34刚麻时			上51死老			去44是四帽事			平34结六杂			

续表

类型	省	地点	平 清	平 次浊	平 全浊	上 清	上 次浊	上 全浊	去 清	去 次浊	去 全浊	入 清	入 次浊	入 全浊	所在方言区
一阴阳平平不分	新疆42	吐鲁番	平213 刚麻时			上52 死老			去44 是四帽事			平213 结六杂			中原官话南疆片
		鄯善 托克逊焉耆 和静	平24 刚麻时			上51 死老			去44 是四帽事			平24 结六杂			
		若羌	平213 刚麻时			上52 死老			去33 是四帽事			平213 结六杂			
		乌什 拜城阿克苏 疏附阿克陶	平213 刚麻时			上53 死老			去44 是四帽事			平213 结六杂			
		伽师 阿图什	平313 刚麻时			上52 死老			去44 是四帽事			平313 结六杂			
		库车 温宿	平212 刚麻时			上53 死老			去33 是四帽事			平212 结六杂			
		疏勒(喀什市)	平213 刚麻时			上52 死老			去44 是四帽事			平213 结六杂			
		巴楚	平213 刚麻时			上51 死老			去44 是四帽事			平213 结六杂			
		莎车 英吉沙泽普 叶城和田市 和田县(且末 民丰 于田 策勒 洛浦墨玉 皮山)	平213 刚麻时			上53 死老			去33 是四帽事			平213 结六杂			
		库尔勒 和硕	平24 刚麻时			上51 死老			去44 是四帽事			平24 结	去44六	平24杂	
		轮台 尉犁	平242 刚麻时			上51 死老			去44 是四帽事			平242结	去44六	平242杂	
		新和	平213 刚麻时			上51 死老			去33 是四帽事			平213结	去33六	平213杂	
		沙雅	平24 刚麻时			上51 死老			去44 是四帽事			平24结	上51六	平24杂	

刘俐李、周磊《新疆汉语方言的分区（稿）》第 168 页表列 34 点。又，刘、周文第 167 页：“喀什市和疏勒县、伊宁市和伊宁县分别相邻，方言一致，表六里这四个县市只列疏勒和伊宁。‘且末’至‘民丰’的九个县市地理上连成一片，汉族人口总计四万五千，方言基本相同，就以和田为例，所以表六里只列 34 处。”钱按：据刘、周文及地图（第 164 页），本表补喀什市及且末、民丰、于田、策勒、洛浦、墨玉、皮山 8 点。

续表

类型	分布地		平			上			去			入			所在方言区
	省	地点	清	次浊	全浊	清	次浊	全浊	清	次浊	全浊	清	次浊	全浊	
一 阴平阳平不分	新疆 42	又,《中国语言地图集》第2版《汉语方言卷》第68页(周磊文)"中原官话南疆片的内部一致性很强,声调的分类也很整齐,都是三个声调"。 又,新疆37点:昭苏、特克斯、巩留、霍城、伊宁市、伊宁县、察布查尔、吐鲁番、鄯善、托克逊、焉耆、和静、若羌、乌什、拜城、阿克苏、疏附、阿克陶、伽师、阿图什、库车、温宿、疏勒、巴楚、喀什、莎车、英吉沙、泽普、叶城、和田市、和田县、和硕、库尔勒、轮台、尉犁、新和、沙雅(张世方《汉语方言三调现象初探》第50—51页表)(无例字)。													中原官话南疆片
二 阳平上声合并	山东 10	博山（淄川）	阴平214家	阳平上55来蛇袄马					去31近怕夜大			214八	31辣	55白	冀鲁官话石济片
		博兴	阴平213公	阳平上54南同水满					去31淡对骂树			31百律		54滑	冀鲁官话沧惠片
		莱芜（无棣）	阴平213公	阳平上55南同水满					去31淡对骂树			213百	31律	55滑	冀鲁官话聊泰片、沧惠片
		齐东（今高青）	阴平213公	阳平上55南同水满					去42淡对骂树			213百	42律滑		冀鲁官话章利片
		章丘（新派）	阴213波	阳平上55陈银伞五					去21是靠旺邨			上55百	去21六	55白	
		① 章丘（新派）	阴213	阳平上55					去21			阴213	去21	阳平上55	
		邹平（新派）	阴213	阳平上45					去41			阴213	去41	阳平上45	
		邹平（长山镇）	平声214诗	上声55时移使免					去声31试岸饭			平声214匹上声55识	去声31月	上声55石	
		庆云	阴平213知	阳平上55床娘古五					去31近盖用树			213急	31六	55局	

续表

类型	分布地		平			上			去			入			所在方言区
	省	地点	清	次浊	全浊	清	次浊	全浊	清	次浊	全浊	清	次浊	全浊	
二阳平上声合并	山东10	以上各点：博山，钱曾怡《博山方言研究》第25页，孟庆泰、罗福腾《淄川方言志》第9页；博兴、莱芜、无棣、齐东4点，山东方言调查总结工作组《山东方言语音概况》第25页；章丘，高晓虹《章丘方言志》第4页"章丘方言存在新派和老派的区别，主要……老派大多数古清入字形成独立的入声调类，新派古清入字改归上声"，第58页"新派语音三个单字调，阴平213、上声55、去声21"；章丘、邹平两点，张世方《汉语方言三调现象初探》第50页表（无例字）；邹平长山镇，艾红娟《山东长山方言研究》第12页；庆云，师静《庆云方言的几个时体成分的研究》第7页。 　　又，山东4点：博山、无棣、庆云、莱芜（张世方《汉语方言三调现象初探》第49页表）（无例字）。													冀鲁官话章利片
		黄骅 沧州市 沧县 盐山 孟村 青县 海兴 成安	阴平213工	阳平上55 男同水满			去42 淡对骂树			213接	42麦	55石		冀鲁官话沧惠片
		8点见钱曾怡、曹志赟、罗福腾《河北省东南部三十九县市方音概况》第176—177页。													
	河北9	定州	33诗	35人平			51是对帽大			平上去	51麦	55白		冀鲁官话沧惠片
		①青县 ①海兴 ①孟村 ①盐山	213诗	35人平			31是对帽大			多归平声	31麦	55白		
		①沧县	213诗	35人平			41是对帽大			多归平声	41麦	55白		
		以上6点见《河北省志·方言志》第216页，无黄骅，但该书图十标明黄骅为三调。 　　又，河北9点，沧州、沧县、青县、黄骅、盐山、孟村、泊头、成安，张世方《汉语方言三调现象初探》第49页表（无例字），其中泊头一点，据《河北省志·方言志》为四个声调。													
	宁夏12	银川市 永宁 贺兰 石嘴山市 平罗 吴忠市 青铜峡市 同心 灵武 中宁 中卫	平声44	阳平上53			去声13			去声13			阳平上53		兰银官话银吴片
		11点见周磊《兰银官话的分区（稿）》（《方言》2005年第3期）第273页表（无例字）。又，《中国语言地图集》第2版《汉语方言卷》第73页（周磊文），内容相同。													
		①银川	阴平44知	阳平上53年陈走母			去13近镜命定			13托历别					

续表

类型	分布地 省	地点	平 清	次浊	全浊	上 清	次浊	全浊	去 清	次浊	全浊	入 清	次浊	全浊	所在方言区
二阳平上声合并	宁夏 12	高葆泰、林涛《银川方言志》第 10 页。 又，《普通话基础方言基本词汇集》第 1145 页（高葆泰调查）。													兰银官话银吴片
		① 中卫	阴平 44 高	阳平上 53 才林古五			去声 13 近盖岸共			去声 13 桌月					
		林涛主编《中卫方言志》第 7 页。													
		盐池（西路声）	阴平 44	阳平上 53			去 13			去 13					
		张安生《宁夏盐池方言的语音及归属》第 214 页：盐池"境内方言据声调差异可分为东、西两种……西部方言……本地俗称'西路声'，有三个单字调：阴平 44、阳平上 53、去声 13。古入声字大多派入去声，与银吴片声调完全相同"。（无例字）													
		①平罗 ②银川 ①吴忠 ①中宁 ②中卫 ①同心	阴平 44 方	阳平上 53 麻房马纺			去声 13 放骂			去声 13 出月白					
		② 中宁	阴平 44 高	阳平上 51 人才古			去 113 唱帽大			去 113 湿白					
		平罗等 6 点，见李树俨、李倩《宁夏方言的分区及其归属》第 5—6 页。中宁点又据李树俨、李倩《中宁方言两字组的两种连调模式》第 62 页。 又，宁夏 13 点：银川、永宁、贺兰、石嘴山市、平罗、陶乐、吴忠市、青铜峡、同心、惠农、灵武、中宁、中卫（张世方《汉语方言三调现象初探》第 50 页表）（无例字）。 又，"银吴片 11 点：阴 55、阳平上 53、去 13"（入声归去）（张燕来《兰银官话语音研究》第 124 页）（未列出具体点，无例字）。													
	内蒙古 1	阿拉善	阴平 44 开	阳平上 51 门平火马			去声 213 象战面汗			多归去声 213 刷月					
		柯西钢《阿拉善方言的两字组连读变调和轻声》，《内蒙古大学学报》（人文·社会科学版）2007 年第 5 期。													
	甘肃 15	张掖 临泽 武威	阴平 44	阳平上 53 棋起图土			去声 31			去声 31			阳平上		兰银官话河西片
		民乐 山丹	阴平 24	阳平上 53 棋起图土			去声 31			去声 31			阳平上		
		高台 肃南	阴平 44	阳平上 53 棋起图土			去声 213			去声 213			阳平上		
		嘉峪关市 酒泉 玉门市 金塔 安西	阴平 44	阳平上 52 棋起图土			去声 13			去声 13			阳平上		
		金昌 永昌	阴平 33	阳平上 55 棋起图土			去声 31			去声 31			阳平上		

续表

类型	省	地点	平 清	平 次浊	平 全浊	上 清	上 次浊	上 全浊	去 清	去 次浊	去 全浊	入 清	入 次浊	入 全浊	所在方言区
二阳平上声合并	甘肃15	（以上14点见张盛裕《河西走廊的汉语方言》第264页表，同页说明："武威、张掖……十四处的特点是，单字调阳平与上声不分，合并为阳平上。例如：棋＝起……"（没有其他各类例字） 又，甘肃15点：张掖、临泽、武威、民乐、山丹、高台、肃南、酒泉、嘉峪关、玉门市、金塔、安西、金昌、永昌、敦煌（张世方《汉语方言三调现象初探》）（无例字）。 又，甘肃15点：嘉峪关市、玉门市、金塔、临泽、肃南、武威市、山丹、民乐、张掖、高台、酒泉市、敦煌市（河西）、安西、金昌市、永昌［周磊《兰银官话的分区（稿）》第273页表］（无例字）。又，《中国语言地图集》第2版《汉语方言卷》第72页表，内容相同（周磊制）。 又，甘肃9点，"民乐、临泽、肃南、高台、酒泉、嘉峪关、金塔、玉门、安西，阴55、阴平上53、去13"，张燕来《兰银官话语音研究》第124页（无例字）。												兰银官话河西片
		敦煌（河西肃州乡）	阴平33	阳平上53					去声213			阴平33		阳平上	中原官话秦陇片
		张盛裕《敦煌音系记略》第134页："敦煌县的汉语方言大致以党河为界，分为两种口音，在党河以东地区本地人称为'河东话'，可以县人民政府所在地的城关话为代表，在党河以西地区本地人称为'河西话'，可以肃州乡话为代表……"													
	新疆34	乌鲁木齐市 乌鲁木齐县 哈密市 巴里坤 伊吾	阴平44	阳平上51					去213			去		阳平上	兰银官话北疆片
		吉木萨尔	阴平44	阳平上52					去214						
		昌吉市 米泉 五家渠市 阜康 呼图壁 玛纳斯 克拉玛依市 石河子市 奎屯市	阴平44	阳平上53					去213						
		奇台 青河 乌苏市	阴平44	阳平上52					去212						
		木垒	阴平44	阳平上52					去24						
		温泉 博乐市 精河	阴平44	阳平上51					去24						
		沙湾	阴平44	阳平上51					去325						
		阿勒泰市 富蕴 布尔津 福海 哈巴河 吉木乃	阴平44	阳平上51					去23						

续表

类型	省	地点	平清	平次浊	平全浊	上清	上次浊	上全浊	去清	去次浊	去全浊	入清	入次浊	入全浊	所在方言区
二阳平上声合并	新疆34	额敏	阴平44	阳平上51					去34			去		阳平上	兰银官话北疆片
		塔城市 裕民 托里 布克塞尔	（未列调类调值）												
		周磊《兰银官话的分区（稿）》《方言》2005 年第 3 期）第 273 页："北疆片三十四个市县的内部一致性很强，声调的分类也很整齐，都是三个声调。""古全浊入声今读和阳平同调，古入声清声母字和次浊声母字今读与去声同调，只有少数字例外。"周文在第 272—273 页中具体列出 34 点，但在"兰银官话三个声调方言的调类和调值"表中却缺少塔城市、裕民、托里、布克塞尔 4 点。又，《中国语言地图集》第 2 版《汉语方言卷》第 73 页（周磊文），内容与上表及说明相同。又，周磊、王燕《吉木萨尔方言志》第 9 页，三调调值记为阴平 44、阳平上 51、去声 213。 又，新疆 22 点：乌鲁木齐、昌吉、米泉、阜康、呼图壁、玛纳斯、吉木萨尔、木垒、奇台、青河、乌苏、阿瓦提、博乐、巴里坤、精河、哈密、伊吾、沙湾、阿勒泰、额敏、塔城市、裕民（张世方《汉语方言三调现象初探》第 50 页表）（无例字）。 又，"北疆片 19 点：阴 44、阳平上 51、去 213"，张燕来《兰银官话语音研究》第 124 页（未列出具体点，无例字）。													
三阳平去声合并	山东9	威海	阴平53 诗	55 毛 33 罗	阳平去33 台	上声312 彩女			阳平去33 市怕位事			312 八	312 麦33 月	33 白	胶辽官话登连片
		烟台	阴平31 班	31 南55 男	阳平去55 穷	上声214 版满			阳平去55 旱汉岸汗			214 笔	214 木55 目	55 读	
		福山	阴平31 公	31 南53 男	阳平去53 同	上声214 水满			阳平去53 淡对骂树			214 百	53 律滑		
		栖霞	阴平52 公	52 南44 男	阳平去44	上声314 水满			阳平去44 淡对骂树			314 百	44 律滑		
		招远	阴平214	阳平去42		上声55			阳平去42			（无例字）（未说明入声归向）			
		乳山	阴平53	阳平去44		上声214			阳平去44						
		海阳	阴平53 刚	阳平去43		上声213			阳平去43						
		莱西	阴平214 诗	214 人42 阳	阳平去42 题	上声44 并以			阳平去42 替样定			44 割	（无例字）		

续表

类型	省	地点	平			上			去			入			所在方言区
			清	次浊	全浊	清	次浊	全浊	清	次浊	全浊	清	次浊	全浊	
三阳平去声合并	山东9	莱阳	阴平213诗	213羊42洋	阳平去42平	上声55古老			阳平去42近盖路阵			55福	55麦42六	42读	胶辽官话登连片
		徐明轩、朴炯春《威海方言志》第27页；钱曾怡等《烟台方言报告》第15页；福山、栖霞，山东方言调查总结工作组《山东方言语音概况》第25页；招远、乳山、海阳，钱曾怡主编《山东方言研究》第91页；莱西，青岛市史志办公室编《青岛市志·方言志》第44页；莱阳，罗福腾《胶辽官话研究》（山东大学博士学位论文）第123页。 又，山东8点：烟台、威海、福山、栖霞、海阳、莱阳、莱西、青岛（张世方《汉语方言三调现象初探》第50页表）(无例字)。 钱按：青岛属于去声分归阴平、阳平型。													
	辽宁6	新金	平声312刚	去声53才		上声213古五			去声53近盖用树			上声213急	去声53六局		
		宋学《辽宁（九个地区）与北京声调对应关系》。													
		①新金 安东 庄河	阴平312刚	312鹅53麻	阳平去53陈	上声213走五			阳平去53近盖帽阵			213福	53六白		
		宋学《辽宁语音说略》第113页"辽宁声调表"，表中列新金一点，表下注："庄河、安东的调类、调值同新金。"													
		长海	阴平42书	阳平去53人同		上声213古女			阳平去53近盖用共			213八	213麦53六	53敌	
		普兰店	阴平42丁	42人53文	阳平去53床	上声213古女			阳平去53近盖用饭			213七	213月53灭	53读	
		①庄河	阴平42丁	42牙53男	阳平去53陈	上声213走五			阳平去53厚菜用害			213福	53六读		
		罗福腾《胶辽官话研究》（山东大学博士学位论文），长海第129页、普兰店第130页、庄河第131页。													
		①长海 ②新金 ②庄河 东港	阴42	阳平去53		上213			阳平去53			上213	阳平去53		
		张世方《汉语方言三调现象初探》49页表（无例字）。													

续表

类型	分布地		平			上			去			入			所在方言区
	省	地点	清	次浊	全浊	清	次浊	全浊	清	次浊	全浊	清	次浊	全浊	
三阳平去声合并	黑龙江1	虎林	阴平22	阳平去53 麻台		上声213 洗以	阳平去53 太骂					上213惜	上213（无例）	（无例）	胶辽官话登连片
		郭正彦《黑龙江方言分区略说》第185页说明："古平声浊音声母字和古去声字同调……古入声清音声母字一般和古上声清音声母、次浊声母字同调……演变的情况和长海、新金方言大致相同。"													
		①虎林	阴22	阳平去53		上213	阳平去53					上213	阳平去53		
		张世方《汉语方言三调现象初探》第49页表（无例字）。													
	宁夏1	盐池（西北小片）	阴平44	阳平去13 人文才		上声53	阳平去13 任问菜					阳平去13 七			中原官话秦陇片
		张安生《宁夏盐池方言的语音及归属》（《方言》1992年第3期）第218页："西北部的苏步井、柳杨堡、王乐井乡以及青山、城郊乡局部地区（以下称盐池话西北小片），去声降至低升，在当地人的感知和发音中普遍混同于阴平，两调实际已经合并。"													
		盐池（东路）	阴44	阳平去13		上53	阳平去13					阳平去13			
		张世方《汉语方言三调现象初探》（《语言研究》2000年第4期）第49页表（无例字）。													
		盐池县（中部）	阴44	阳平去13		上53	阳平去13					阳平去13			
		张燕来《兰银官话语音研究》第124页（无例字）。													
四去声分归阴平阳平	山东5	莱州（原掖县）	阴平312刚	阳平42 麻群		上声55古五	阴平213弟怕利害 阳平42是刺帽饭					上声55八	213日42袜	阳平42拔	胶辽官话青莱片
		平度	阴平214波	阳平53 梅皮		上声55喜雨	阴平214似拜利大 阳平53市闭妹画					上声55法	214灭53洛	阳平53学	
		即墨	阴平213春	阳平42 年才		上声55手有	阴平213似战乱治 阳平42父战妹电					上声55法	213玉42木	阳平42学	
		青岛市区	阴平213诗	阳平42 人陈		上声55古五	阴平213太谢（少） 阳平42近盖岸共（多）					上声55客	阳平42 六合		

续表

类型	分布地		平			上			去			入			所在方言区
	省	地点	清	次浊	全浊	清	次浊	全浊	清	次浊	全浊	清	次浊	全浊	
四去声分归阴平阳平	山东5	城阳（原崂山）	阴平213波	阳平42梅盘		上声55彩马			阴平213四亮大	阳平42妹		上声55脚	阳平42叶学		胶辽官话青莱片
		钱曾怡、太田斋、陈洪昕、杨秋泽《莱州方言志》第8页；于克仁《平度方言志》第21页；赵日新、沈明、扈长举等编《即墨方言志》第10页；青岛市区、城阳，青岛市史志办公室编《青岛市志·方言志》第20、28页。 又，山东4点：莱州、平度、即墨、城阳（张世方《汉语方言三调现象初探》第50页表）（无例字）。													
五阴平上声合并	内蒙古1	八里罕方言岛	阴平35诗	阳平44人时		阴平35古女			去声31近盖岸共			阴平35竹	去声31月	阳平44白	？
		张万有《八里罕方言岛音系略说》。													
	河南3	洛宁 渑池 义马	阴平上55开	阳平42文才		阴平上55走老			去声312近正用树			阴平上55笔麦		阳平42读	中原官话洛徐片
		张启焕、陈天福、程仪《河南方言研究》"河南129县市调类表"第52页："洛宁、渑池、义马只有三个调类——阴平、阳平、去声。"													
		①渑池	阴平上55	阳31		阴平上55			去412			阴平上55		阳31	
		①洛宁	阴平上55	阳42		阴平上55			去212			阴平上55		阳42	
		张世方《汉语方言三调现象初探》第51页表（无例字）。													
	甘肃3	古浪 天祝	阴平上44居	阳平52		阴平上44举			去31			去31		阳平上53	兰银官话河西片
		张盛裕《河西走廊的汉语方言》第264页说明："古浪、天祝两处的特点是，单字调阴平与上声不分，合并为阴平上。"（只有阴平上对举的例字）													
		①古浪 ①天祝	阴平上44	阳52		阴平上44			去31			阴平上44		52	
		张世方《汉语方言三调现象初探》第51页表（无例字）。													
		②古浪 榆中（新派）	阴平上44	阳53		阴平上44			去13			去13			兰银官话金城片
		2点见张燕来《兰银官话语音研究》第124页（无例字）。													

续表

类型	省	地点	平 清	平 次浊	平 全浊	上 清	上 次浊	上 全浊	去 清	去 次浊	去 全浊	入 清	入 次浊	入 全浊	所在方言区
五阴平上声合并	云南2	施甸	阴平 天	阳平		阴平 好老			去声			阳平			西南官话滇西片
			吴积才、颜晓云《云南方音与普通话语音》（载《云南语言研究》）第36页："保山地区的施甸方言，仅有三个调类，分别是阴平、阳平、去声。普通话中的上声调类字都被归入阴平，'好老女'等字与'天高刚专'的声调一致。"（未说明调值）												
		丽江	阴平 31	阳平 53		阴平 31			去声 313			阳平 53			
		① 施甸	阴平 55	阳平 42		阴平 55			去声 212			阳平 42			
			吴积才、颜晓云《云南方音概况》第3页："云南丽江县城、施甸县城以及昌宁、云县的某些乡村的方言只有三个调类，即阴平、阳平、去声。丽江、施甸的变化规律是：古平声分阴平、阳平，古上声清声母字和次浊声母字归入阴平，古上声全浊声母字归入去声，古入声字归入阳平。"丽江调值见第3页、施甸调值见第15页，文中昌宁、云县某些农村情况不详，没有说明。（无例字）												
六上去合一	陕西1	延长	阴平（低降升）	阳平（高升）		上去声（高降）小马笑骂						阴平		阳平	中原官话秦陇片
			张盛裕、张成材《陕甘宁青四省区汉语方言的分区（稿）》第96页表，第97页说明："延长片只有延长一处，特点是上声去声同调，合并为上去声。例如：改=盖[kai°]｜小=笑[ɕiau°]｜狗=够[kou°]｜鬼=柜[kuei°]｜古=雇[ku°]｜懂=冻[tuəŋ°]｜马=骂[ma°]。"												
		① 延长	阴平 213 刚	阳平 35 陈人		上去 52 古五近唱帽饭						入声 5 骨食			
			刘育林《陕西省志·方言志·陕北部分》第44页："延长话上声与去声同调……古入声在认字时，读舒声，在口语中也只有少数字保留入声。"又，刘育林《关于陕北延安、延长、甘泉话的归属问题》第64页：陕北延安、延长、甘泉处在有入声向无入声过渡、晋语跟官话的交界地带，按方言调查字表读音，古入声字已全部变为舒声，延安、延长、甘泉当归官话。												
		② 延长	阴平 213	阳平 24		上去 53						阴 213		阳 24	
			邢向东、孟万春《陕北甘泉、延长方言入声字读音研究》第448页表中延长四调为：阴平213、阳平24、上去53、入声5。延长话576个入声字今读各调数字及比率：（古入声字共576）今阴平292字50.7%；今阳平161字28%；今上去90字15.6%；今入声33字5.7%。												
		③ 延长	阴平 213	阳平 35		上去 52						阴平 213		阳平 35	
			张世方《汉语方言三调现象初探》第51页表（未说明入声归向，无例字）。												

续表

类型	省	地点	平 清	平 次浊	平 全浊	上 清	上 次浊	上 全浊	去 清	去 次浊	去 全浊	入 清	入 次浊	入 全浊	所在方言区
七 清平归去声	山西 3	垣曲（古城）	"垣曲的古城清平归去声，是三个单字调"													中原官话汾河片
			侯精一、温端政主编《山西方言调查研究报告》第634页（未说明调类调值）。													
		新绛 ①垣曲	阴平去42	阳平325		上声44	阴平去42				阳平325			
		绛县	阴平去42	阳平13		上声44	阴平去42				阳平13			
			新绛、垣曲、绛县三点，张世方《汉语方言三调现象初探》第51页表，备注"垣曲同新绛"。但侯精一、温端政主编《山西方言调查研究报告》第634页："垣曲、稷山、新绛都是四个单字调：阴平（古清平）、阳平（古浊平、全浊入）、上声（古清上、次浊上）、去声（古去、全浊上、清入、次浊入）。""例如新绛：阴平53丁、阳平325陈人白、上声44古女、去声31近唱用共曲辣。"													
八 去声归阳平上	山西 1	古县	阴平21刚	阳平13龙才		上声41古近			阳平13菜	上声41愿大		阴平21出		阳平13学	
			侯精一、温端政主编《山西方言调查研究报告》第634页："古县为三个单字调，阴平（古清平、清入、次浊入）、阳平（古浊平、清去、全浊入）、上声（古上声、浊去）。"（无次浊上声和次浊入声例字） 钱按：从例字看，清去归阳平，浊去归上声。													
九 清上次浊上与去声合一，全浊上归阴平	江西 2	宁冈	阴平35鸡	阳平13农棋		上声53董米			阴平35柱	上声53寄义洞		阴平35百		阳平13六白	赣语吉茶片
			颜森《江西方言的分区（稿）》第22页："宁冈和井冈山的赣语只有三个声调，是全省声调最少的地方。"钱按：表中入声浊声母字"白六"13调标为去声，而前文却说："宁冈古入声清声母字归阴平，浊声母字归阳平。"此处将颜表浊入的"去声"改为"阳平"。													
		①宁冈	阴35	阳13		上53			阴35	上53		阴35		阳13	
			张世方《汉语方言三调现象初探》51页表（无例字）。													
		井冈山	阴平24鸡	阳平13农棋		去声55董米			阴平24柱	去声55寄义洞		阴平24百		去声55六白	
			颜森《江西方言的分区（稿）》（《方言》1986年第1期）第22页。													
		①井冈山	阴24	阳13		上去55			阴24	上去55		分读阴平阳平		上去55	
			张世方《汉语方言三调现象初探》（无例字）。													
		②井冈山	阴平35	阳平53		阴上13		阳上35	阴去53	阳去35		阳入35		阳入35	
			中国社会科学院语言研究所等编《中国语言地图集》第2版《汉语方言卷》（商务印书馆，2012年）第144页（无例字）。该稿与颜森1986年所记音值有较大差异，归类也有不同。本表所记调类名称悉依原稿。													

续表

类型	分布地		平			上			去			入			所在方言区
	省	地点	清	次浊	全浊	清	次浊	全浊	清	次浊	全浊	清	次浊	全浊	
十　无规律演化	甘肃3	民勤　永昌　山丹	一声 55			二声 213			三声 53						兰银官话河西片
		张燕来《兰银官话语音研究》第124页声调表。又，131页说明："3. 无规律演化。大多数方言调类简化中都有一定的归并规律，但有一部分方言的调类归并缺乏明显的规律，这类方言主要集中在河西片的民勤、永昌和山丹。""以河西片的民勤话为例，民勤话有三个单字调，但是几乎每一个单字调里都有不同历史来源的单字，一个单字同时存在两种甚至两种以上的调值也是常见的。所以，民勤话的古今调类对应关系很复杂，根本找不出某一条规律可以概括它的调类合并方式。" 但在《中国语言地图集》第2版《汉语方言卷》，兰银官话河西片说明："民勤有阴平、阳平、上声、去声四个单字调。"（第73页）（周磊文）。又，吴升华《甘肃民勤方言音系》第41页，民勤方言声调四个：阴平 44（古清平），阳平 53（古浊平、全浊入），上声 212（古清上、次浊上、清入、次浊入）、去声 31（古全浊上、古去声）。														

引用文献（按材料引用的先后顺序排列）

雒鹏：《一种只有两个声调的汉语方言——兰州红古话的声韵调》，《西北师大学报》（社会科学版）1999 年第 6 期。

张文轩、邓文靖：《二声调方言红古话的语音特点》，《语言研究》2010 年第 4 期。

莫超、朱富林：《二声调红古话音系研究》，《中国语言学》第三辑，北京大学出版社，2009 年 12 月。

莫超：《甘肃兰州、临洮、红古方言的音节结构及音节数量》，《南大语言学》第四编，商务印书馆，2012 年 11 月。

莫超、朱富林：《二声调汉语方言：甘肃红古话与三甲集话比较》，《中国语文研究》2012 年第 2 期。

张燕来：《兰银官话语音研究》，北京语言大学出版社，2014 年 3 月。

莫超、朱富林：《洮河流域汉语方言的语音特点》，《方言》2009 年第 3 期。

贺巍：《官话方言研究》，方志出版社，2002 年 8 月。

河北省地方志编纂委员会编《河北省志·方言志》，方志出版社，2005 年 12 月。

张世方：《汉语方言三调现象初探》，《语言研究》2000 年第 4 期。

侯精一、温端政主编《山西方言调查研究报告》，山西高校联合出版社，1993 年 7 月。

张盛裕、张成材：《陕甘宁青四省区汉语方言的分区（稿）》，《方言》1986 年第 2 期。

李树俨、李倩：《宁夏方言的分区及其归属》《中宁方言两字组的两种连调模式》，载《宁夏方言研究论集》，当代中国出版社，2001 年 11 月。

曹强：《海原方言音韵研究》，陕西师范大学硕士学位论文，2006 年 5 月。

陈章太、李行健主编《普通话基础方言基本词汇集》，语文出版社，1996 年 10 月。

周磊：《兰银官话的分区（稿）》，《方言》2005 年第 3 期。

中国社会科学院语言研究所等编《中国语言地图集》第 2 版《汉语方言卷》，商务印书馆，2012 年。

张成材：《青海省汉语方言的分区》，《方言》1984 年第 3 期。

张成材编著《中古音与青海方音字汇》，青海人民出版社，2006 年 5 月。

刘俐李、周磊：《新疆汉语方言的分区（稿）》，《方言》1986 年第 3 期。

钱曾怡：《博山方言研究》，社会科学文献出版社，1993 年 6 月。

孟庆泰、罗福腾：《淄川方言志》，语文出版社，1994 年 6 月。

山东方言调查总结工作组：《山东方言语音概况》，1962 年。

高晓虹：《章丘方言志》，齐鲁书社，2011 年 1 月。

艾红娟：《山东长山方言研究》，语文出版社，2012 年 3 月。

师静：《庆云方言几个时体成分的研究》，山东大学硕士学位论文，1998 年 4 月。

钱曾怡、曹志赟、罗福腾：《河北省东南部三十九县市方音概况》，《方言》1987 年第 3 期。

高葆泰、林涛：《银川方言志》，语文出版社，1993 年 5 月。

林涛主编《中卫方言志》，宁夏人民出版社，1995 年 9 月。

张安生：《宁夏盐池方言的语音及归属》，《方言》1992 年第 3 期。

柯西钢：《阿拉善方言的两字组连读变调和轻声》，《内蒙古大学学报》（人文·社会科学版）2007 年第 5 期。

张盛裕：《河西走廊的汉语方言》，《方言》1993 第 4 期。

张盛裕：《敦煌音系记略》，《方言》1985 年第 2 期。

周磊、王燕：《吉木萨尔方言志》，新疆人民出版社，1991 年 6 月。

徐明轩、朴炯春：《威海方言志》，韩国学古房，1997 年 9 月。

钱曾怡等：《烟台方言报告》，齐鲁书社，1982 年 11 月。

钱曾怡主编《山东方言研究》，齐鲁书社，2001 年 9 月。

青岛市史志办公室编《青岛市志·方言志》，新华出版社，1997 年 8 月。

罗福腾：《胶辽官话研究》，山东大学博士学位论文，1998 年 5 月。

宋学：《辽宁（九个地区）与北京声调对应关系》，载《方言与普通话集刊》第七本，文字改革出版社，1959 年 12 月。

宋学：《辽宁语音说略》，《中国语文》1963 年第 2 期。

郭正彦：《黑龙江方言分区略说》，《方言》1986 第 3 期。

钱曾怡、太田斋、陈洪昕、杨秋泽：《莱州方言志》，齐鲁书社，2005 年 6 月。

于克仁：《平度方言志》，语文出版社，1992 年 9 月。

赵日新、沈明、扈长举等编《即墨方言志》，语文出版社，1991 年 3 月。

张万有：《八里罕方言岛音系略说》，《内蒙古语言学会语言学论文集》，内蒙古教育出版社，2000 年 3 月。

张启焕、陈天福、程仪：《河南方言研究》，河南大学出版社，1993 年 1 月。

吴积才、颜晓云：《云南方音与普通话语音》，载《云南语言研究》（第一集），云南师大语言研究所，1988 年 2 月。

吴积才、颜晓云：《云南方音概况》，载《云南方言概录》，云南师范大学科研处（内部交流，未说明出版时间）。

刘育林：《陕西省志·方言志·陕北部分》，陕西人民出版社，1990 年 12 月。

刘育林：《关于陕北延安、延长、甘泉话的归属问题》，《语文研究》1995 年第 3 期。

邢向东、孟万春：《陕北甘泉、延长方言入声字读音研究》，《中国语文》2006 年第 5 期。

颜森：《江西方言的分区（稿）》，《方言》1986 年第 1 期。

吴开华：《甘肃民勤方言音系》，《方言》2009 年第 1 期。

（原载《语言与文化论丛》第二辑，中国社会科学出版社，2020 年 10 月）

"首届官话方言国际学术讨论会"
开幕词

各位领导、各位来宾、各位来自国内外的同行专家，同志们：

首届官话方言国际学术讨论会经过多年的反复酝酿磋商和一年多的筹备，今天终于开幕了。

世界上有十亿多人口说汉语，其中说官话方言的就有七亿！官话方言是汉民族共同语的基础方言，跟东南各大方言相比，官话方言同样有极为丰富的特色，蕴藏着取之不尽的语言资源，有许许多多值得研究的课题。加强官话方言的研究，召开一次官话方言的国际学术讨论会，是我们全体筹备组成员的心愿，也是所有官话方言研究者共同的希望。

长期以来，在官话方言研究工作之间，已经形成了相互支持、共同合作的良好风气，相信这次的会议不仅能使我们在学术上得到交流，也能使这种团结奋进的风气得到进一步的发扬。

我们的这次会议也是一次宣传，一方面能使我们自身加深对官话方言研究意义的认识，坚定为这个事业作出奉献的信念；另一方面使我们专业以外的同志能对我们的事业有所了解、理解和支持。我们这次会议能够得到国家教委、山东省、青岛市以及各发起单位领导从财力到精神上的支持，我们表示由衷的感谢！相信通过这次会议，他们会更加热情、更加切切实实地支持我们。

今天的会议是为了推动今后的事业。今后，我们希望能继续互通信息、交流经验成果、加强协作，使我们官话方言研究的事业更加辉煌！祝同志们工作顺利，不断取得好成果！

谢谢！

（原载《首届官话方言国际学术讨论会文集》，青岛出版社，2000年3月）

官话方言调查研究
对汉语史研究的意义

　　1981 年 11 月，在厦门召开的全国汉语方言学会成立暨首届年会上，笔者即兴向大会提出加强官话方言（当时称北方方言）调查研究的动议，得到会议阶段性主持人及与会代表特别是官话区方言工作者的热情肯定。当时除感到官话方言区的研究阵营和研究成果相对薄弱以外，还认为官话方言分布地域宽广、使用人口众多，最能代表汉语发展的方向。

　　时至今日，十六年过去了，官话方言的研究队伍已空前壮大，官话方言研究取得了令人瞩目的成绩。亲身调查及不断接触到的许许多多官话方言的新鲜材料，使我们对官话方言调查研究的意义有了进一步的认识。这意义是多方面的，除了官话方言中同样蕴藏着无限丰富的资源必须及时"抢救"以外，还有作为基础方言对汉语规范化的意义，以及作为分布地区最广的方言在汉语方言分区等各项研究中的理论意义和实践意义，等等。本文仅就笔者所看到的有助于了解某些汉语历史发展的一些官话方言资料，从两个方面谈谈官话方言调查研究对汉语史研究的意义。

一　入声消失的过程

　　不少学者总结汉语语音发展的大致趋势是"古音繁，今音简"。声调简化的一项重要内容是入声的消失。入声消失包括塞音尾的失落和入声调类的转化两个方面。目前官话方言以外的南方各大方言区都还保留着独立的入声调和塞音尾。从南方及保留古塞音尾的一些官话方言的比较中，我们可以看到古塞音尾存在着由合并到消失的过程，见下面的比较：

	广州	厦门	南昌	苏州	扬州	太原	张家口
鸽 咸开—合见	-p	-p	-t	-ʔ	-ʔ	-ʔ	-ʔ
割 山开—曷见	-t	-t -ʔ	-t	-ʔ	-ʔ	-ʔ	-ʔ
搁 宕开—铎见	-k	-k -ʔ	-k	-ʔ	-ʔ	-ʔ	-ʔ

　　南方各大方言都还保留入声，这些方言凡有入声就都有塞音尾，因此我们难以在入声存在的情况下总结入声消失的过程，也难以在塞音尾存在的情况下了解塞音尾失落后是否还有入声的存在。

　　官话方言中恰好存在有入声和无入声的地域差异，也存在入声有塞音尾和无塞音尾的差异，这正是我们研究入声发展的必要条件。官话方言中有许多有独立的入声调而无塞音尾的方言。例如：属于西南官话区的四川省有近三分之一的地区有入声，主要分布于南部及岷江流域一带的南溪、西昌、犍为、峨眉、灌县、松潘等地，山东省目前发现有入声的方言有利津、章丘、邹平、桓台四点，这两省的入声全都是没有塞音尾的；河北省有入声的方言分布于西北和南部跟内蒙古、山西的晋语相交接的近 40 个县市，其中中部的灵寿、平山、元氏、赞皇四点也没有塞音尾。见下面的比较：

	广州	苏州	犍为	桓台	获鹿
鸽	kap（下阴入）	kɤʔ（阴入）	kæ（入）	（不详）	kɤ（入）<u>k</u>ʌ（入）
割	kɔt（下阴入）	kɤʔ（阴入）	kæ（入）	kə（入）<u>k</u>a（入）	kɤ（入）<u>k</u>ʌ（入）
革	kɔk（下阴入）	kɤʔ（阴入）	kæ（入）	kei（上）	kɤ（入）

　　但是方言中不存在有塞音尾而没有入声的，足见古入声的消失是以塞音尾的失落为前提的。塞音尾失落，入声韵变为阴声韵，调值也由促调变为舒调，就有了跟非入声调归并的可能。

　　我们知道，在汉语声调的古今发展中，声母的清浊具有极为重要的作用，其中全浊声母是最为活跃的因素，这在入声的变化中也不例外。在河北东南部 39 县市的语音调查中，邯郸地区的邯郸、临漳、鸡泽、曲周、肥乡、广平、魏县共七个点有入声调，收喉塞尾ʔ。所调查的 405 个入声字，七个点中没有一个点是全部读入声的。通过地域及入声字声母清浊的比较，我们发现：这个地区的入声存在自西向东先全浊、再次浊、最后清声母逐渐转化为舒声调的趋势（详情见钱曾怡、曹志赟、罗福腾《河北省东南部三十九县市方音概况》，《方言》1987 年第 3 期；钱曾怡《汉语方言学方法论初探》，《中国语文》1987 年第 4 期。这里不赘述）。这个情况跟刘淑学 1996 年的调查结果相同。又据刘淑学调查，河北北部入声的转化则是次浊声母稍快于全浊声母，但不论怎样，清声母的转化都在最后。山东四个有入声的方言点，其入声调也全部都只包括清声母入声字。山东的入声目前正处于向其他调类转化之中，例如章丘，入声只存在于老派的口语，据 1982 年胡延森同志调查，章丘老派读入声的约占古清入字的 85%，到 1996 年高晓虹同志的调查，章丘老派读入声的已只占古清入字的 65% 了。

在山东有入声的四个方言点中，章丘、桓台、邹平跟利津在调类上并不相同：章丘等三点连入声在内总共是四个声调，而利津有五个。比较如下：

	阴平	阳平	上声	去声	入声
章丘	213	55	21		33（据高晓虹调查）
邹平	213	45	41		33（据王中修调查）
桓台	213	24	31		33（据于中调查）
利津	213	53　55	21		44（据杨秋泽调查）

以上章丘、邹平、桓台的阳平和上声单字调相同，联系跟这些地区相接的淄博地区的淄川、博山等地已没有入声而只有阴平、上声、去声三调的情况，可以说明这些地区阴入调的消失比阳平、上声合并要晚。

二　词缀在汉语发展中的作用

汉语的词缀在东南各大方言与官话方言之间存在较为明显的差异。南方粤、闽、客家等方言的名词词缀很有特点，如粤方言的前缀"阿"，后缀"仔、佬、婆、女、妹、公、乸"等。其中名词前缀"阿"，三国有个刘阿斗，北魏民歌《木兰诗》有"阿爷无大儿，木兰无长兄。……阿姊闻妹来"，说明"阿"作为前缀已有悠久的历史，在东南方言中被广泛地保存下来，而且构成的名词很多。北方方言与之相比，前缀"阿"用得较少，例如济南，基本上不用"阿"，只有一个"阿姨"，实际上是后起的新词，老济南人叫"大姨"。济南人对人的称呼表尊敬时常用"大"，如"大爷、大叔、大妹子、大兄弟、大侄子"等，同样也很有地方特点。

词缀大多由词根虚化而来。看一个词素是不是词缀，一看词义的虚化程度，二看构词能力。例如各方言共有的前缀"第、初"、后缀"家、坛"，原先的词汇意义都还保留，但是构词能力强，一般认为是词缀。"雪白"是雪一般的白，"蜜甜"是蜜一般的甜，构词能力稍差，有人认为是偏正式合成词。构词能力是不断发展的。"飞快"表示快得跟飞一般，同音的"飞"也就可以表示刀子快，东西切得"飞薄"。不同的词缀在不同方言中虚化的程度不相同。"飞"在济南方言中，还可以组成"飞细、飞脆、飞碎"。"黢黑"的"黢"是黑的意思，加在黑的前面，表示很黑，在佳木斯方言中，"黢"还可以构成"黢青、黢紫、黢白"，其中"黢白"的"黢"就完全没有了"黑"的意义。

官话方言的后缀是很丰富的。名词后缀如早期白话小说常见的"厮"，指男性仆人或对人的轻视的称呼，如"小厮""李逵这厮"。"厮"作为人称名词的后缀，在山东中部的一些方言中还较常见，例如，临朐方言的"小厮_{小男孩儿}、嫂厮_{嫂子}"，博山、桓台等方言的"瞎厮_{瞎子}、秃厮_{秃子}"。作为人称名词的后缀在博山方言中除了"厮"、"汉"（聋汉）、"头"（老实头、孙头_{懦弱的人}、家旮旯头_{不敢出头露面的人}）等以外，还有用神鬼仙或动物名称的，多指品行不良或被认为是不吉祥的人，如"神"（丧门神、殃神、磨神_{好磨蹭的人}）、"仙"（脏仙、窝囊仙）、"鬼"（破家舞鬼_{败坏家庭财产的人}、调皮鬼）、"精"（山精_{精明的山里的人}）、"虎"（赖皮虎、把家虎_{贬称善理家的人}、老狼虎_{脾气不好的人}）、"熊"（懒熊、死熊_{无能的人}、馋熊、狼熊_{忘恩负义的人}）等。

名词后缀"子"在官话方言中的构词能力很强，以下的例子是普通话不用"子"而方言用"子"的名词：

新疆焉耆	奶子_{乳汁}	下巴子	手腕子
	房檐子	麻雀子	花生仁子
	羊羔子	蜜蜂子	茶叶子
	手套子	顶针子	萝卜干子
宁夏银川	小米子	扁豆子	山尖子
	东头子	教员子	脑袋瓜子
	羊羔子	草鸡子	墨盒子
	粉锭子_{粉笔}	毛角子_{辫子}	月亮牙子
山东诸城	侄妞子	孙女子	手掌子
	树枝子	花心子	狗食盆子
	牙刷子	电棒子	抹布子
	鸡屋子	风门子	猪食槽子

官话方言以"巴"为后缀的不少名词已被共同语所吸收，如"嘴巴、

尾巴、哑巴”等，名词后缀“巴”在官话方言中分布很广，以下举例：

黑龙江佳木斯	齁巴	嗑巴	瘫巴	
	哑巴	结巴		
江苏徐州	泥巴	锅巴		
	瘫巴	瘸巴瘸子	结巴	赖巴
湖北大冶	泥巴	锅巴	土巴	哈巴傻子
山东邹平	聋巴	嘲巴傻子	馋巴馋嘴的人	
	瘸巴	结拉巴		

实际上“巴”在官话方言中还可作形容词后缀，而更多的是作动词后缀，下面以山东新泰为例：

形容词后缀	窄巴	秕巴	瘦巴儿	俊巴儿
	老巴儿	干巴儿	紧巴儿	
动词后缀	撕巴	捏巴	砸巴	切巴
	缝巴	擦巴	叠巴	刮巴
	摞巴	压巴	捆巴	讲巴
	念巴	长巴	学巴	弄巴

官话方言的动词后缀已经引起了一些学者的注意。周一民《北京方言动词的常用后缀》(《方言》1991年第4期)，列举了北京口语中的“巴、达、拉、喽、哧、咕、道、腾、哥”等九个常用后缀，合称为“巴”类后缀，并从书写形式、读音情况、附加意义(表情表势的作用)、历史源流等多方面进行了仔细的讨论。该文对推动官话方言动词后缀的研究有促进作用。动词后缀在山东方言中也很丰富，不少方言志都有描写。这里仅以济南为例。济南方言的动词后缀可按构词能力的强弱分为两类：一类是构词能力强的，相当于上述北京的“巴”类后缀；另一类构词能力虽然差些，但这些后缀较多，集中起来看也很成气候，形成了当地方言的一大特色。举例如下：

第一类	巴	撕巴	眨巴	揉巴	洗巴	打巴	砸巴
		捏巴	剁巴	扫巴	捆巴	脱巴	撸巴
		薅巴	摘巴	扎巴	择巴		
	拉	扑拉	划拉	扒拉	拨拉	谝拉	耷拉

		糊拉	白拉白眼看			
悠	搓悠	抟悠	蜷悠	逛悠	晃悠	转悠
么	捞么	揣么	舔么	抠么	寻么	踅么
打	摔打	踮打	呲打	撺打	踢打	磕打
和	凑和	虚和	对和	搋和		
乎	揽乎	嫌乎	占乎			
棱	扑棱	支棱	立棱			
溜	提溜	嘻溜				
鲁	秃鲁	顾鲁				
弄	糊弄	摆弄				
第二类	摸拾	闯势	骨揸	捣古	溜达	
	扑撒	爬查	怄作	掂对	眍娄	
	晃当	晃登	当郎	折腾	支生	

济南方言的动词后缀一般也可作形容词后缀，济南的形容词后缀也分两类：

第一类	巴	紧巴	窄巴	挤巴	瘦巴	
	拉	粗拉	侉拉	斜拉	柫拉	
	乎	邪乎	黏乎	烂乎	稠乎	热乎
	和	忙和	软和			
	实	皮实	硬实	壮实	结实	瓷实
	古	蹩古	拐古			
	溜	稀溜	酸溜			
	悠	光悠	焉悠			
	么	迂么				
	棱	斜棱				
	生	轻生	脆生			
	发	细发	大发			
第二类	做势	挺脱	齐截	腻外	宽快	活泛

平分　　凉森　　紧帮　　　　正当　　慢腾

　　济南方言带后缀构成的动词和形容词有特定的语义作用，多表示随意轻松的语气，如"这纸叫我给撕巴了"，有的后缀表示厌恶的感情，如"你到处捞么啥？"动词后缀常常重叠使用为"ABAB"式，如"洗巴洗巴""拨拉拨拉""转悠转悠""磕打磕打""凑和凑和"等，表示动作在短期内连续反复；如果重叠后再加"的"，就会失去动词词性而为形容词，如"这鸡在那里扑棱扑棱的不知怎么了"。动词和形容词的后缀词可以构成重叠式"AABB的"，如：动词后缀"扑扑棱棱的""摔摔打打的""凑凑和和的"，都转而为形容词；形容词后缀如"紧紧巴巴的""粗粗拉拉的""热热乎乎的""忙忙和和的""做做势势的""宽宽快快的"。

　　济南方言这种动词和形容词后缀在山东方言中相当普遍。在明清时代的山东作家作品中已很常见，如蒲松龄《聊斋俚曲集》中的"插和""踢弄""爬查""踢登"等，这里不细叙。

　　附加式构词是汉语由单音词向多音词发展的重要方式之一，不仅在语义上带有喜爱、厌恶、轻松、随意等不同的感情色彩和语气，其连用式和重叠式还是比较固定的语法结构。词缀的发展在语音方面也有特殊的作用。拿官话方言的后缀来说，后缀一般读轻声，重叠使用时往往含有两个以上的轻声。轻声的音高决定于前一音节，在语流音变中其本调已经失去了制约作用，是汉语单字调向语调转化的一种过渡形式。轻声跟非轻声的音节交叉组合，使汉语固有的抑扬顿挫的节律性特点同样能得到充分的发挥。

　　以上从两种方言现象介绍了汉语的发展。入声的消失是汉语语音简化的主要内容之一，官话方言的入声最先消失，最后完全转为其他声调该是不成问题的。我们从官话方言的其他现象来看，汉语的单字调这种非音质音位还有逐渐弱化的可能（笔者将另作专文讨论）。语音简化必然要从语言要素的其他方面得到补偿，否则难以适应客观事物日益丰富、人类思想不断复杂的表达需要，官话方言词缀的丰富正是语音简化的补偿的一个方面。当然，这并不是说，入声消失和词缀发展是一对一、此消彼长的补偿关系。因为语言毕竟是无限复杂的，各种关系千丝万缕。

　　本文仅仅是很不成熟的一孔之见，希望得到同行师友的批评。

（原载《首届官话方言国际学术研讨会论文集》，青岛出版社，2000年3月）

官话方言古知庄章声母的读音类型

提要：本文讨论古知庄章三组声母在今官话方言中的读音类型。从音值类型来看，官话方言知庄章声母有一组型、二组型和三组型三种；从古音类分合类型来看，可以归为合一型和二分型两种。合一型从音值来看，既有一组型，又有二组型；二分型则既有二组型，又有三组型。文章还讨论了止开三和宕开三知庄章三组声母的分合情况。最后指出，除了知组没有保留 t、tʻ 的读音以外，官话方言知庄章的读音类型几乎可以涵盖全部的汉语方言。

关键词：官话方言　古知庄章声母　音值类型　古音类类型

1 引言

古知庄章三组 12 个古声母的变化是汉语语音史上的一个重要演变，在汉语方言研究中受到普遍关注，也是体现汉语方言声母特点的一个重要方面。从中古到现代，这三组声母的总体发展趋势是合并，但不同方言演变的速度和方向并不一致，有些方言合并之中又有分化，形成了多种读音类型。其中，官话方言古知庄章声母的今读类型相较于非官话方言更为复杂多样，是研究汉语古知庄章声母古今演变的必要基础。

一般在单点方言的描写中，都会说明这三组声母的今读。专门讨论某一方言或某区域方言知庄章声母读音的文章也有不少，如熊正辉（1990）、蒋希文（1992）、朴炯春（2001）、王临惠（2001）、孙宜志（2002）、钱曾怡（2004）、桑宇红（2004，2008）、岳立静（2005）、王洪君（2007）等。这些研究大多是关于官话区方言的。其中熊正辉（1990）和桑宇红（2004）讨论的方言范围最广，都把官话方言涵盖在内。熊正辉（1990）讨论的是"官话区方言分 ts、tʂ 的类型"，虽然除了知庄章声母，还涉及精组声母，但因为精组洪音一般都读 ts 组声母，所以"知庄章三组字就成为划分基本类型的标准"（熊正辉，1990：5）。熊文把官话方言分 ts、tʂ 的类型归为三类——济南型、昌徐型、南京型，这一分类影响很大。桑宇红（2004）则把南北汉语方言知庄章读音的类型分为四大类——三分型、二分型、准合一型、合一型，其中后三种类型均有官话方言。但熊文主要讨论区分 ts、tʂ 的官话方言，对于不区分 ts、tʂ 和古知庄章声母字读其他声母的官话方言讨论较少。桑宇红（2004）是近期的成果，所用材料丰富，但她是以整个汉语方言的古知庄章声母为研究对象的，把南北方言合在一起，很难看出官话方言的类型特点，而且其分类层次不是很清楚。

对古知庄章声母的归类，主要有两个角度：一是从今音值出发，根据今音的类别归纳类型，如熊正辉（1990）；二是从古音类在今天的分合出发，根据古知庄章三组声母的分合归纳类型，如王洪君（2007）。实际上在分类时，这两种角度都要用到，只是有的先按读音归类，再看每类下的古音类分合情况；有的则是先按古音类分合归类，再看具体读音。但显然是有层次的。桑宇红（2004）的分类没有把音值类型与古音类分合类型区分开来。从她的大类来看，似乎根据的是古音类的分合，她的"三分型"中只有保持知庄章三分的南方方言，而不包括有三种读音的官话方言，也说明了这一点。但她不把兰州话这样的开合对立型归为合一型，而是归为二分型，似乎又是根据音值来归类的。她把单县话这样的方言归为"准合一型"，但却没有给乌鲁木齐话这样的方言单立"准二分型"。分类标准的不一致，导致不同类型之间的关系不够清晰。

鉴于此，本文基于《汉语官话方言研究》（钱曾怡主编，2010）的相关论述，重新讨论官话方言里知庄章声母的读音分合类型。需要说明的是，本文的"官话"范围，依据《汉语官话方言研究》把晋语包括在内，并把北京官话与东北官话合并，其他与《中国语言地图集·汉语方言卷》中的范围大致相同，小片则有所不同。下文分类依据 76 个方言点的材料，官话 8 区分为 43 片 70 小片，基本上每个小片一个点。

2　官话方言古知庄章声母的音值类型

《汉语官话方言研究》从今音值的角度把官话方言知庄章声母的读音归为一组型、二组型和三组型三大类，每大类下又各分若干小类。见表 1。

表 1　官话方言知庄章今读类型

类型			开口					合口			分布地举例
			知二	庄二	庄三	章止	知三、章止外	庄二	庄三	知	章	
一组型	1	①	tʂ ≠ 精组									北京　济南　荆门
	1	②	tʂ = 精组 ts tʂ（少数梗二）									晋城　秦皇岛
	2	③	ts = 精组									沈阳　贵阳　太原
	3	④	ts ～ tʂ									吉林
二组型	1.甲乙类	(1)[1] ①	甲 ts				乙 tʂ	甲 ts		ts tʂ		大连　沧州　咸阳
		②	甲 ts				乙 tʃ	甲 ts		tʂ tʃ		荣成　诸城　莒南
		③	甲 ts				乙 tɕ	甲 ts		ts tɕ		烟台　东明
		④	甲 ts				乙 tʃ	甲 ts		ts tʃ		长岛
		(2)	甲 ts				乙 tʂ					洛阳　获嘉　神木
		(3)	甲 ts				乙 tʂ	tʂ		ts tʂ	tʂ	英山
		(4)	tʂ ts（梗）	乙 ts		甲 tʂ		tʂ	ts tʂ		tʂ	南京　昆明　中卫[2]
		(5)	ts tʂ（梗少）	甲 ts		乙 tʂ		ts		ts tʂ		左权[3]
	2.甲丙类	①	甲 tʂ ≠ 精组					丙 pf				永济　永登
		②	甲 tʂ ≠ 精组					丙 tʂ tʂʻ f				临汾
		③	甲 tʂ ≠ 精组					丙 k kʻ f				张掖
		④	甲 ts					丙 pf				闻喜　静乐
		⑤	甲 ts					丙 ts tsʻ s/f				单县　太谷
		⑥	甲 ts					丙 ts tɕ（遇臻）				武汉
三组型	甲乙丙类	①	甲 ts				乙 tʂ	丙 pf				西安　娄烦
		②	甲 ts				乙 tʂ	丙 tʂf tʂʻf ʂ/f				霍城
		③	甲 ts				乙 tʂ	丙 tʂ tʂʻ f				西宁　乌鲁木齐

注：表中"知二、庄二、庄三、章止"为甲类，"知三、章止外"为乙类，合口如自成一类者为丙类。类型栏中的数码"1、2"等表示分类的不同，"①、②"等表示同类中音值不同。

说明：

1. 宕摄开口三等庄组字和江摄知庄组字，北京读为合口呼。据我们对官话各区片 76 点的调查，除了信阳（中原）、英山（江淮）、左权（晋）3 点，其余全部（吉林、桓仁、集安、霍城材料不全，排除在外）与北京一样随同丙类变化。上表将这些开口字按合口处理，一般不单独说明。

2. 按照多数官话方言的情况，章组止摄字和其他摄归向不同，本表分列。

3. 少数甲乙类二分型的方言点并不按"知二、庄二、庄三、章止"："知三、章止外"的条件分化，本表基本上以开口二等为甲类，其余为乙类，如南京等。

2.1 一组型

这种类型较简单，知庄章三组声母合并为一组。桑宇红（2004）的合一型分为三小类：知庄章合一与精组对立；精、知庄章四组声母合一；自由变读。熊正辉（1990）的济南型也是这种类型，相当于桑宇红的第一小类。本文的一组型也分为三小类，与桑文基本一致，但她的第一小类有四种情况（详见附注⑧），官话方言只有第一种。举例如下。

2.1.1 读 tʂ 组

又分为两小类。第一类与精组不同，如北京、赤峰、兴城、巴彦（北京），济南、利津、平谷、天津（冀鲁），郑州（中原），古浪（兰银），荆门、仁寿、西昌、保山（西南），邯郸、鹿泉（晋）。第二类与精组相同，如晋城、秦皇岛。

2.1.2 读 ts 组

一般与精组字合并。如沈阳（北京），桓仁、通化、集安（胶辽），衡水（冀鲁），信阳（中原），成都、贵阳、遵义、汉源、桂林、都匀（西南），南通、扬州（江淮），太原、长治（晋）。

2.1.3 ts、tʂ 变读

如吉林，主要分布在吉林、黑龙江省。

综上，一组型的方言一般读 ts 组或 tʂ 组。我们所用材料没有读舌叶音 tʃ 组的。这虽然不排除有记音习惯的问题，但也表明官话方言知庄章声母读 tʃ 组的比较少。

一组型读 tʂ 组的方言，有些是大部分字读 tʂ 组，而有少数字读 ts 组。读 ts 组的多为庄组字，还有澄母的"择泽"两字。如：北京庄组 30 余字、澄母"择泽"读 ts 组；天津庄章两组的多数止摄字、庄组其他字 10 余个及澄母"择泽"读 ts 组；济南 8 个庄组字和澄母"锃"字读 ts 组。此外，仁寿、保山、西昌（西南）都有 20 个左右的庄组字及少数知组（梗摄开口二等）字读 ts 组。古浪（兰银）、鹿泉（晋）也有少数庄组字和个别知组字读 ts 组，等等。为什么这些方言中会有少数字读 ts 组？北京话有些是文白异读造成的，有些是文字偏旁的类推，如"侧测侧厕""搜馊艘"，有些原因不明（高晓虹，2002）。其他方言有可能是受北京话的影响，但也可能是自身演变的结果。

从一组型的情况来看，知庄章声母读 ts 组时，往往跟精组合并，实际上二组型、三组型中读 ts 组的一类也多与精组合并；而读 tʂ 组时，一般跟精组不同，只有个别方言与精组合并。这似乎说明，tʂ 倾向于向 ts 变化，而反向变化较为少见。也许正是由于汉语方言存在由 tʂ 组向 ts 组变化的趋势，一组型读 tʂ 组的方言才会出现读 ts 组的例外。

2.2 二组型

二组型是最复杂的。熊正辉（1990）的南京型和昌徐型都是二组型。桑宇红（2004）的二分型分为四类：①知、庄章对立型；②知₂庄、知₃章对立型；③开合对立型；④庄组内转、外转对立型。除了知、庄章对立型官话方言没有之外，其他三类与本文的二组型大体一致。此外，她的准合一型中的官话方言，是指中古知庄章三组声母的塞擦音无论开合还是二、三等都合为一套声母，而合口擦音存在两类异读的方言，本文也放在二组型中。

根据官话方言的情况，本文把知庄章组字分为甲乙丙三类，其中甲类为开口的知₂、庄₂、庄₃、章ₜₜ，乙类为开口的知₃、章ₜₜ外，合口字为丙类。二组型官话方言这三类字的读音类型可归为两大类。①甲乙类：即甲乙两类字声母不同，丙类字或与甲类同，或与乙类同。这大致包括桑宇红二分型的第二类和第四类。②甲丙类：开口字即甲乙类字声母相同，丙类字自成一类。这与桑宇红二分型的第三类以及准合一型对应。

2.2.1. 甲乙类

这类方言根据具体的读音及归并情况，又可分为五小类。

（1）合口字即丙类字多同甲类字。有四种读音类型。

① 甲类、丙类为 ts 组，乙类为 tʂ 组。如大连、莱州（胶辽），沧州、昌黎（冀鲁），咸阳、汉中、天水（中原），平遥（晋）。

② 甲类、丙类为 tʂ 组，乙类为 tʃ 组。如荣成、诸城、莒南、平度、潍坊（胶辽）。

③ 甲类、丙类为 ts 组，乙类为 tɕ 组。如烟台（胶辽）、东明（中原）。

④ 甲类、丙类为 ts 组，乙类为 tʃ 组。如长岛（胶辽）。

丙类即合口字读同甲类的字不同方言不完全一样，大致有两种情况：一是遇摄知₃章读乙类，其他合口均读甲类，如荣成、烟台、长岛、大连（昌黎遇摄知庄章组字及少数臻通摄知章组入声字读乙类，其他读同甲类④）；二是遇山臻摄知₃章读乙类，其他合口字读甲类，如平度、诸城、莱州、莒南、沧州、潍坊。

这类以胶辽官话最为常见，钱曾怡（2004）对山东方言中的知庄章读音类型以及与精见组的分合情况有详细分析，这里不再重复。

（2）甲类为 ts 组，乙、丙类为 tʂ 组。如洛阳（中原），获嘉、延安、神木、大同（晋），安西（兰银）。

（3）甲类为 ts 组，乙、丙类为 tʂ 组，止开三章组归乙类。如英山。就开口字来说，此类知₂庄和知₃章的分类相当整齐，只有极少庄₃字（如"爪抓双"）混入乙类，即使是知₂庄₂梗摄、章组止摄，也不像许多方言一样有所分化。英山的另一特点是，丙类字凡读 tʂ 组声母的，其单韵母或介音为 ʮ。例如：猪 tʂʮ、出 tʂʰʮ、书 ʂʮ、帅 ʂʮai、追 tʂʮəi、专 tʂʮan、穿 tʂʰʮan、准 tʂʮən、顺 ʂʮən 等。

（4）甲类为 tʂ 组，乙类为 ts 组。与（3）类一样，章组开口三等止摄字没有与章组其他摄的字分开。如南京。南京的乙类字限于：开口三等的庄组（宕摄读合口呼，归甲类，另有部分臻摄字也读甲类，除外）、知庄组开口二等的梗摄、庄组合口三等遇通两摄。

这种类型主要分布在江淮官话和西南官话，兰银官话的银吴片有些方言也是这种类型（李树俨，1993）。桑宇红（2004）认为这种类型的分布与明代官话的影响有关。

（5）甲类为 ts 组，乙类为 tʂ 组，少数梗摄归乙类。古合口字庄组多读 ts 组，但是遇摄分化，"初助锄楚础"等读 tʂ 组、"梳疏蔬数所"读 s；知章组按摄的不同分归甲（蟹止通遇少臻少）、乙（山遇多臻多）两类。如左权。

甲乙类五小类的差异主要有：①梗摄开口二等字的归类；②章组止开三的归属；③合口字的归属；④宕江摄开口知庄组归合口。

表 2　甲乙类五小类的比较

	梗摄开口二等归乙类	章组止开三归甲类	合口字主要归乙类	宕江摄开口知庄组归合口	
（1）	-	+	- +	+	诸城
（2）	-	+	+	+	洛阳
（3）	-	-	+ -	-	英山
（4）	+	+	- +	+	南京
（5）	- +	+	- +		左权

2.2.2. 甲丙类

相比之下，这类比前一类要简单些，以开合为条件分为两类。但读音类型也不少。

（1）甲乙类为 tʂ 组，丙类为 pf 组。如永济、永登。

（2）甲乙类为 tʂ 组，丙类为 tʂ tʂʻ f。如临汾。

（3）甲乙类为 tʂ 组，丙类为 k kʻ f 组。如张掖。

（4）甲乙类为 ts 组，丙类为 pf 组。如闻喜、静乐。

（5）甲乙类为 ts 组，丙类为 ts tsʻ s/f。如单县、太谷。

（6）甲乙类为 ts 组，丙类多为 ts，遇臻摄为 tɕ。如武汉。

桑宇红（2004）把（2）（5）类归为准合一型，主要是由于这两小类的丙类只有擦音与甲乙类不同，塞音、塞擦音则与甲乙类相同，她称为"擦音游离"现象。"准"的意思是"表示程度上虽不完全够，但可以作为某类事物看待"（《现代汉语词典》，2005：1797），由此"准合一型"应是指 f 最后并入甲乙类的情况。但就这两小类的情况来看，并非如此。第（2）小类应是甲乙丙合一之后，f 又分化出来，而不是 f 最后并入甲乙类。所以是从一组型向二组型的过渡，称作"准二组型"更为合适。第（5）小类太谷方言知庄章擦音合口字读 f 的字多为白读，读 s 的为文读。而且，虽然知庄章合口塞擦音字与精组合并，但精组擦音合口字并没有读 f 的。这说明，知庄章合口擦音字读 f 声母在知庄章合口字读同精组之前就已存在，而不是从 s 发展来的。

2.2.3. 小结

甲乙类和甲丙类的最大区别在于，甲乙类的知庄章三组声母字虽然有所合并，但还保持一定的区别，主要是庄组与章组不同，知组则分化为二，二等同庄组，三等同章组；甲丙类方言的知庄章三组声母已经合并，后来由于韵母的介音不同，又分化为二。所以从读音看都是二组型，但从古音类的分合看，两类的性质很不相同，甲乙类是知庄章三组声母合一之前的阶段，而甲丙类是三者合一之后再分化的阶段。

2.3 三组型

三组型并不是古知庄章三组声母保持分立，而是前述甲乙丙三类字的声母不同。这应是官话方言最有特点的一类。桑宇红（2004）把这类方言放在二分型中。从读音来看，还可以分为三小类。

（1）甲类为 ts 组，乙类为 tʂ 组，丙类为 pf 组。如西安、娄烦。

（2）甲类为 ts 组，乙类为 tʂ 组，丙类为 tʂf tʂfʻ ʂ/f。如霍城。

（3）甲类为 ts 组，乙类为 tʂ 组，丙类为 tʂ tʂʻ f。如西宁、乌鲁木齐。

　　这三小类的甲类都是 ts 组，乙类都是 tʂ 组，只是丙类略有不同。第
（1）小类的丙类都为 pf 组声母，第（2）（3）小类的丙类擦音均已变为 f，只
是塞擦音第（2）小类带有齿唇色彩，第（3）小类则同乙类。由这三小类可
以推测，丙类本来与乙类声母相同，但受介音 u 的影响，声母发生分化，
其中擦音变化最快；第（2）小类表明塞擦音也已经开始变化；第（1）小类
变化已经完成。因此，这三小类正好体现了丙类同乙类分化的连续过程。

　　单从今音类来看，三组型方言是二组型两种情况的交叠。甲乙类的
第（1）类，甲类与丙类相同；甲乙类的第（2）类，乙类与丙类相同；丙类
都可以以介音 u 为条件分化出来。但从三组型方言来看，丙类与乙类基
本是一致的，因此应是甲乙类第（2）类的发展。从分布上来看，三组型
方言以中原官话为主，与甲乙类第（2）类的分布也正好一致。

3　官话方言知庄章声母的古音类分合类型

　　王洪君（2007）从古音类分合的角度，把山西方言古知庄章声母分为
合一型和二分型两大类，详细而充分地论证了山西方言二分型是较早的，
合一型是后来的发展，并对各种类型之间的演变关系进行了深入的讨论。
其中合一型又根据知庄章同精组的关系分为两类，二分型的知₂庄都与精
组相同，所以没再分类。下面把她归纳的主要类型列为表 3。

表 3　王洪君（2007）的山西方言知庄章分合类型（序号依照原文）

类型			开口					合口		分布地举例
			知二	庄二	庄三	章止	知三、章止外	知庄章		
二分型	I	0	ts				tʂ	ts	tʂ	1 点。左权
		①	ts				tʂ/tʃ/tɕ		tʂ	29 点。大同 蒲县 洪洞
		②	ts				tʂ/tɕ		ts	16 点。忻州 平遥 平定
		③	ts				tʂ		pf	10 点。运城 万荣 新绛
		④	tʂ＝精组				tʃ		tʂ	1 点。壶关
合一型	II 与精组对立	⑤	tʂ ≠ 精组							1 点。阳城
			tʂ ≠ 精组					tʂ tʂʻ f		1 点。临汾⑤
		⑥	tʂ ≠ 精组					pf		4 点。夏县 绛县 翼城
	III 与精组合一	⑦	ts ＝ 精组					pf		4 点。闻喜 侯马 稷山
		⑧	ts ＝ 精组							30 点。太原 长治 怀仁
		⑨	tʂ ＝ 精组（或部分知三章并入 tɕ 组，与知二庄对立）							4 点。晋城 高平 陵川

　　显然，古音类分合是其分类的主要标准。先根据知庄章的分合，然后根据知庄章跟精组的分合进行归类。音值是为了体现音类分合关系的，如果音类分合关系一致，即使音值不同，也归为一类；如果音类分合关系不一致，即使音值相同，也分为两类。这种分类对于考察不同类型之间的演变关系十分方便。

　　根据古音类分合关系，官话方言知庄章声母同山西方言一样，可分为合一型和二分型。我们综合本文所考察的方言以及王洪君（2007）的类型，列为表4。

表4　官话方言知庄章分合类型

音类类型	音值类型	小类		开口					合口	分布地举例	对应山西
				知二	庄二	庄三	章止	知三、章止外	知庄章		
合一型	Ⅰ一组型	1	①	tʂ ≠ 精组						北京 济南 郑州 荆门	⑤
			②	tʂ = 精组						晋城 秦皇岛	⑨
		2	③	ts = 精组						沈阳 通化 贵阳 太原	⑧
		3	④	ts ～ tʂ						吉林	×
合一型	Ⅱ二组型甲丙类		①	tʂ ≠ 精组					pf	永济	⑥
			②	tʂ ≠ 精组					tʂ tʂʻ f	临汾	⑤
			③	ts					pf	闻喜 静乐	⑦
			④	ts					ts tsʻ s/f	单县 太谷⑥	②
			⑤	tʂ ≠ 精组					k kʻ f	张掖	×
			⑥	ts					ts tɕ	武汉	×
二分型	Ⅲ二组型甲乙类	1	①	ts			tʂ/tʃ/tɕ		ts	大连 莱州 沧州 咸阳 烟台 东明 离石 长岛	②
			②	tʂ = 精组			tʃ		tʂ	壶关	④
			③	tʂ ≠ 精组			tʃ		tʂ	荣成 诸城 莒南	×
		2	④	ts			tʂ			洛阳	①
		3	⑤	ts		tʂ				英山	×
		4	⑥	ts tʂ	ts		tʂ		tʂ tʂ	南京 昆明 中卫	×
		5	⑦	ts tʂ	ts		tʂ		tʂ ts	左权	0

续表

音类类型	音值类型	小类	开口					合口	分布地举例	对应山西
			知二	庄二	庄三	章止	知三、章止外	知庄章		
二分型	Ⅳ 三组型甲乙丙类	①	ts				tʂ	pf	西安 娄烦	③
		②	ts				tʂ	tʂ tʂʻ f	西宁 乌鲁木齐	×
		③	ts				tʂ	tʂ tʂʻ ʂ/f	霍城	×

其中壶关这一小类是据王文增加的。壶关不在本文考察的 76 点官话方言之内，但也属官话范围。"对应山西"一栏列出王文的类型，"×"表示王文无此类型。总体来看，官话方言与山西方言的主要类型是一致的。所以王洪君（2007）对山西方言知庄章类型之间演变关系的讨论，应该适合大多数官话方言的情况。这里不再重述。

从分布上来看，Ⅱ、Ⅲ④、Ⅳ型主要分布于中原官话、晋语、兰银官话，关系也较为密切，是比较突出的一点。而Ⅲ型⑤⑥主要分布在江淮官话和西南官话，属于南部官话；Ⅲ⑦型只有左权一点，Ⅲ①型主要在胶辽官话和晋语，冀鲁官话也有。Ⅰ型则各官话区都有，其中北京官话（包括东北官话）基本都是这一类型。

由于所处地理位置的关系，山西方言长期以来处于比较独立的发展状态。这样的方言区，适合运用历史比较法确定古方言的音系，进而考察各方言由古到今的演变。因此，对于山西方言来说，王文的分类讨论是很有效的。

而本文讨论的官话方言分布范围很广，不同区域的官话方言形成的时间不同，形成的过程也不同。尽管我们可以采用同样的分类方式给官话方言进行分类，但不能把这些类型的官话方言都看成由同一种古官话发展来的。音类分合类型本质上是以切韵音系为起点的现存的演变类型，通过这一分类，可以用切韵音系作为参照把各方言联系在一起，从而确定方言间的亲疏关系。

4 官话方言止开三、宕开三知庄章的分合类型

在知庄章三组声母演化的过程中，有些摄比较特殊。例如张光宇（2008）所讨论的止开三及宕开三。这里我们结合张光宇（2008）的研究来做一点讨论。

4.1 止开三知庄章的分合类型

张光宇（2008）根据精组与知庄章组的分合，把汉语方言止开三知系字的读音归纳为七种类型。如下表。

表5　张光宇（2008）止开三精知庄章分合类型

	精	庄	章	知
南京型	ts		tʂ	
昌黎型	ts			tʂ
厦门型	ts			t
武汉型	ts			
即墨型	ts[⑦]	tʂ		tʃ
北京型	ts	tʂ		
晋城型	tʂ			

他认为，从汉语方言中止开三知系字的读音来看，庄组最先卷舌化，然后是章组，最后是知组。而以上七种类型基本可以组成一个较为完整的演变链条，只是缺了一环："现代方言止摄字中并没有一个方言显示唯独庄组卷舌，章知两组不卷舌。"（张光宇，2008：357）

桑宇红（2007）曾注意到止开三知庄章组字在近代汉语中有三种类型：①知庄章合一，如《等韵图经》《音韵集成》；②庄章≠知，如《中原音韵》《韵略易通》《韵略汇通》《交泰韵》；③庄≠章知，如《古今韵会举要》、八思巴文字、《蒙古字韵》、《西儒耳目资》。她还考察了现代汉语方言里的情况，也是有这样三种类型。

如果从字类分合的角度来看，并且不考虑精组字，张光宇（2008）的七种类型实际上就是桑宇红（2007）的三种类型。从本文所考察的官话方言来看，也只有这样三种情况：知庄章合一型的方言情况很单纯，止开三三组声母字必然是合并的；而二分型方言，大部分止开三章组与知₂庄归为一类，只有中卫、南京、昆明等方言止开三章组字与庄组字不同。可见，从字类分合的角度来看，汉语方言止开三知庄章组字只有三种分合类型。张光宇（2008）的七种类型，一是把精组考虑在内，二是他还考虑了音值的情况，比如武汉型和晋城型实际上都是合一的，但一读ts，一读 tʂ；昌黎型和厦门型只是知组的读音不同。不过如果考虑音值的情况，这七种类型显然无法涵盖汉语方言的所有情况。

为什么知二庄、知三章二分型方言中，止开三章组会与庄组合并，而与其他三等章组字不同？张光宇（2008）并没有明确讨论这一问题，但显然将之看作章组卷舌化次于庄组卷舌化的结果。结合现代汉语方言中存在的 i>ʅ 现象，我们认为，二分型方言止开三章组变同庄组是早期汉语中发生的 i>ʅ 变化造成的。

据赵日新（2005），i>ʅ 这一音变在现代汉语方言中分布很广，而且有扩展趋势。在不同方言中这一音变涉及的主要是蟹摄开口三、四等以及止摄开口三等北京话中为 i 韵母的字，涉及的声母既有舌面前、舌叶音，也有舌尖中、双唇音，但一般是舌面前音先发生，然后是舌尖中音，最后是双唇音。由此可见，舌面前、舌叶等塞擦音后的 i 更易于发生这一变化。至于为什么没有舌尖前、舌尖后塞擦音发生此类变化，主要原因应是现代汉语方言中这两组声母一般不与 i 相拼，或者说是这两类声母后的 i 韵母在此之前就已发生了这一变化。

从中古切韵音系到《中原音韵》，古蟹摄和止摄合并为支思和齐微两个韵部。支思韵主要来源于止开三支、脂、之三韵的精庄章日组字，还有"瑟涩塞"等三个入声字。齐微韵则包括止开三其他声母的字，以及蟹摄字和深臻曾梗开口三等知章日组入声字。我们推测，在《中原音韵》之前，止开三支、脂、之三韵合并为 i 韵母，之后便发生了 i>ʅ 的变化。变化前的音系中，与 i 韵母相拼的声母有帮组、泥组、精组、知组、庄组、章组、日组、见系，其中精组、庄组、章组为塞擦音，其他组均为塞音，知组当时应为塞音声母。所以，精、庄、章三组声母字的韵母最先由 i 变为 ʅ。由于庄章两组声母原本较为接近，随韵母的变化声母也发生合并，后来又一起卷舌化。从今汉语方言的情况来看，i 变为舌尖元音的方言没有变为舌尖后元音 ʅ 的，由此推测，历史上止开三庄章组字一开始也是变为 ʅ，后来才发生卷舌化。因此把古庄组拟测为 tʃ、古章组拟测为 tɕ 比把古庄组拟测为 tʂ、古章组为 tʃ 可能更好一些。

4.2 宕开三知庄章的分合类型

张光宇（2008）通过止开三知系字的读音假设汉语卷舌化经过三个阶段，其中第一阶段是只有庄组卷舌，而章知两组不卷舌。但汉语方言的止开三知系字没有此类例证，他转而用宕开三庄组字不同于章知组字作为证据。他说，"这些方言宕开三虽然也未见庄组卷舌而章知组不然的现象，但是很明显地，庄组字总与章知组有所区别"，而"这些区别似乎只有假设庄组率先卷舌化才便于解释"（张光宇，2008：359）。

据高晓虹（2009：154），有少数官话方言的宕开三庄组字读卷舌声母而章知组为非卷舌，如沂南、丹徒庄组为 tʂ，章知组为 ts；平度、青岛、临朐、日照、荣成、乳山、潍坊、诸城等庄组为 tʂ，章知组为 tʃ。这恰可以为张光宇（2008）卷舌化的第一阶段提供实际的例证。不过据该文所用《汉语方言地图集》的材料，丹徒的知系声母拼合口呼时基本都读 tʂ 组，拼开口呼读 ts，而宕开三庄组字为合口呼韵母，因此这很可能是后起的变化。沂南以及平度等方言都是知庄章二分型，宕开三庄组字读 tʂ 的性质与丹徒不同，应该是庄组先卷舌化的最好例证。

不过，不管知庄章声母是合一型还是二分型，大多数官话方言的宕开三庄组字都不同于章知组字，其中大部分只是韵母不同，少数是声母和韵母都不同，只有个别方言韵母相同而声母不同（参见高晓虹，2009：156）。显然，宕开三庄组字不同于知章组字，主要是韵母的差异造成的。尽管宕开三庄组字韵母由开口变为合口与声母肯定有一定的共变关系，但是不是庄组字卷舌化引起宕开三庄组字韵母变为合口，还不十分确定。

4.3 小结

尽管止开三的情况确实比较整齐地反映了知庄章三组声母卷舌化的进程，但张光宇（2008）由此来推论整个汉语的卷舌化进程是庄组最先卷舌化，其次章组，最后知组，恐怕失之偏颇。

最关键的一个问题是，止开三以及作为辅证的宕开三都是三等字，而知庄两组声母不仅拼三等字，还拼二等字。从所见材料来看，庄组二等字与三等字均未分化，其三等字的情况还能够涵盖二等字。但知组二等字和三等字在二分型方言里往往分化，知组二等变同庄组，知组三等与章组合并。所以，笼统地说庄组最先卷舌化、知组最后卷舌化，不够准确，即使知组二等后于庄组才卷舌化，也应早于章组。

即使只就三等字来说，知₂庄、知₃章二分型方言除了止摄字之外，其他摄的三等开口庄组字都与章知组不同，即庄组率先卷舌化，而不独宕开三是这样。

所以，尽管张光宇（2008）把止开三和宕开三知庄章的各种情况联系在一起，推论看起来十分完美，但汉语方言声母的卷舌化并不只发生于止开三和宕开三，必须从所有摄的知庄章三组声母的读音类型来考察，才能得到符合实际的推论。相比之下，王洪君（2007）对于知庄章声母从《切韵》到《中原音韵》再到山西方言的演变的推测更为合理，即庄组三等失去介音与二等合流并卷舌化，然后知组二等卷舌化并入庄组，同时知组三等并入章组，再发生卷舌化。

5　结语

前面我们从今音值和古音类分合两个方面归纳了官话方言知庄章声母的读音类型。尽管不是穷尽式的考察，但本文所归纳的大类型应该足以涵盖官话方言的情况。而官话方言知庄章的类型也足以代表汉语方言的情况。通过与桑宇红（2004）所考察的汉语方言知庄章类型比较可以看出这一点。见表6。

表6　桑宇红（2004）官话方言知庄章声母读音类型（表中分类条件与原文不完全一致，序号则依照原文）

类型				开口						合口			分布地举例
				知二	庄二	庄三	章止	知三	章止外	知三	庄	章	
三分型				t ts少k	ts tʃ少	tʃ ts	t tʃ少k	tʃ ts少	t tʃ少	ts tʃ少	tʃ ts少t		永安（闽）
二分型	一			t			ts	t	ts	t	ts		厦门（闽）
	二	（一）		ts				tʃ		tʃ	ts	tʃ	井冈山（客）
		（二）	1	ts				tʂ		pf/tsf/tʂf/tʂʅ/tʃ			西安　焉耆　西宁
			2	ts				tʂ		tʂ tʂʻf			乌鲁木齐
			3	ts				tʂ					洛阳
		（三）		ts				tʂ ts宕		ts			张家口　临县　平遥
		（四）		tʂ				tʃ		tʂ tʃ	tʂ	tʂ tʃ	赣榆　荣成
	三	（一）		ts				tʃ		tɕ			嘉鱼（赣）
		（二）	1	tʂ / ts /tʃ						pf			兰州　静乐　新泰
			2	ts						tʂ			垣曲　襄汾
			3	ts						tɕ			信阳　商城
			4	ts						tʃ			大冶（赣）
			5	tʂ						k kʻ f			张掖　高台
	四			tʂ ts梗	ts tʂ宕		tʂ			tʂ ts庄组遇通蟹			安庆　南京

续表

类型		开口						合口			分布地举例
		知二	庄二	庄三	章止	知三	章止外	知三	庄	章	
准合一型	擦音游离	塞擦音 tɕ/tʂ ；擦音 s/ɕ									乐清（吴）/祁门（徽）
		tʂ / ts						tʂ tʂʻ ʂ ～ f / ts tsʻ s ～ f			阳谷　单县
合一型	一		tʂ ≠ 精组（一）（二）（三）（四）⑧								济南　北京
	二　1		ts ＝精组								聊城　太原
	2		tʂ ＝精组								秦皇岛 晋城
	三		tʂ ～ ts								佳木斯

表 6 中黑体字代表的是官话方言所没有的类型。说明如下：

1. 知组保留 t、tʻ 的读音，是闽语的特点。从桑宇红（2004）所列的永安知庄章三组的读音看，不能说永安是知庄章三分的，除了知组基本独立以外，庄章组应是有条件的分合。厦门则是知组和庄章组两分。

2. 井冈山和嘉鱼两点跟其同类的其他各小类的区别都主要是止摄章组字没有同其他摄的章组字分化。这一点跟南京、英山等相同，但是具体分类有所不同。主要不同有：井冈山开、合口都分化为知三章和知二庄两组；嘉鱼开口分为知三章和知二庄两组，但合口归为一类；南京开口知二庄二（梗以外）及知章组和庄三分化，而合口知章组和庄三合并，庄三则有所分化；英山知二庄组合并，知三章与合口合并。详见表 7。

表 7　井冈山、嘉鱼、南京、英山四点知庄章声母比较

	开口						合口			
	知二	庄二	庄三	章止	知三	章止外	庄二	庄三	知三	章
井冈山	ts			tʃ			ts		tʃ	
嘉鱼	ts			tʃ			tɕ			
南京	tʂ ts梗	ts tʂ容⑨	tʂ				tʂ	tʂ ts	tʂ	
英山	ts						tʂ			

3. 大冶跟其他小类在类别上是相同的，仅仅是具体音值不同。

4. 所谓"擦音游离"，官话方言跟南部方言的不同是"游离"的擦音限于合口，而南部方言也包括开口。

由此来看，除了知组没有保留 t、tʻ 的读音以外，官话方言知庄章的读音类型几乎可以涵盖全部的汉语方言。

附注

① 据《山东方言研究》（钱曾怡主编，2001：45），山东东区方言该类分为六种读音类型，其中莱州型、荣成型、牟平型、威海型对应于本文该类的①②③④小类，而沂水型（知二庄 tʂ tʂʻ ʂ：知三章 z tsʻ s）与潍坊型（知二庄 tʂ tʂʻ ʂ：知三章 tʂ₂ tʂʻ₂ ʂ₂）因其代表方言不在本文考察的 76 点之内，故未列在表中。

② 昆明与南京类似，中卫稍有不同。主要是中卫庄开三读 tʂ 组的字比昆明、南京多，例如止摄的"师狮士仕柿"、深摄的"渗"、臻摄的"臻榛衬虱"等字，中卫读 tʂ 组，而除"虱"字南京读 ʂʅ 以外，其他字昆明、南京都读 ts 组。

③ 合口二等只有庄组，读 ts 组。合口三等蟹止通三摄知庄章都读 ts 组，遇山摄知庄章组读 tʂ 组（庄组遇摄"梳疏蔬所"读 s 例外），臻摄知组"椿"字读 tʂ，庄组"率"字读 s，章组"准顺舜出术述" 6 字读 ts 组，"春蠢唇纯醇质" 6 字读 tʂ 组。

④ 昌黎甲类读 ts 组、乙类读 tʂ 组，但是昌黎的合口呼单韵母 u 不拼 ts 组声母，凡 u 韵母字都读为 tʂ 组，归乙类，如遇摄"猪"、臻摄"出"、通摄"竹"等。

⑤ 王文把临汾与阳城归为一类。这里把它分出，便于比较。

⑥ 王文归入②，但是据杨述祖（1983：25），太谷没有开口知二庄和知三章的区分，太谷合口擦音文读为 s、白读为 f。其文白读的常用字有：要双爽梳数书舒疏蔬殊输鼠暑署薯黍墅庶竖树谁水睡税闩拴疝舜刷说叔淑属蜀术述束赎熟。

⑦ 据《即墨方言志》（赵日新等编，1991），即墨方言精组今洪音读 tθ 组，细音读 ts 组。

⑧（一）精组 ts tsʻ s，知系 tʂ tʂʻ ʂ，如北京、郑州；（二）精组 ts tsʻ s，知系 tʃ tʃʻ ʃ，如藤县、南宁老派；（三）精组 ts tsʻ s，知系 tɕ tɕʻ ɕ，如平南、博白；（四）精组 t tʻ ɬ，知系 ts tsʻ s，如开平、郁南。

⑨ 庄三读 tʂ 的字，除宕摄以外，还有臻摄的"臻虱"等字。按：《方言调查字表》臻摄庄组共 5 字，除"臻虱"以外，"衬"读 tsʻ，"榛瑟"未详。

参考文献

高晓虹（2002）《北京话庄组字分化现象试析》，《中国语文》第 3 期，北京，234—238 页。

高晓虹（2009）《官话方言宕江摄阳声韵知系字读音分合类型及其演变关系》，《中国语文》第 2 期，北京，153—165 页。

蒋希文（1992）《湘赣语里中古知庄章三组声母的读音》，《语言研究》第 1 期，武汉，69—74 页。

李树俨（1993）《中古知庄章三组声纽在隆德方言中的演变——兼论宁夏境内方言分 ts、tʂ 的类型》，《宁夏大学学报》（社会科学版）第 1 期，银川，39—45 页。

朴炯春（2001）《中古知庄章三组声母在今山东方言中的读音研究》，山东大学博士学位论文，未刊。

钱曾怡（2004）《古知庄章声母在山东方言中的分化及其跟精见组的关系》，《中国语文》第 6 期，北京，536—544 页。

钱曾怡主编（2001）《山东方言研究》，齐鲁书社，济南。

钱曾怡主编（2010）《汉语官话方言研究》，齐鲁书社，济南。

桑宇红（2004）《中古知庄章三组声母在近代汉语的演变》，南京大学博士学位论文，未刊。

桑宇红（2007）《止开三知庄章组字在近代汉语的两种演变类型》，《语文研究》第 1 期，太原，20—23 页。

桑宇红（2008）《知庄章组声母在现代南方方言的读音类型》，《河北师范大学学报》（哲学社会科学版）第 3 期，石家庄，109—116 页。

孙宜志（2002）《江西赣方言中古精庄知章组声母的今读研究》，《语言研究》第 2 期，武汉，20—29 页。

王洪君（2007）《〈中原音韵〉知庄章声母的分合及其在山西方言中的演变》，《语文研究》第 1 期，太原，1—10 页。

王临惠（2001）《晋南方言知庄章组声母研究》，《语文研究》第 1 期，太原，53—56 页。

熊正辉（1990）《官话区方言分 ts、tʂ 的类型》，《方言》第 1 期，北京，1—10 页。

杨述祖（1983）《太谷方言志》，《语文研究》增刊（3），太原，1—61 页。

岳立静（2005）《日照方言知庄章和精见端的读音类型》，《方言》第 3 期，北京，219—226 页。

张光宇（2008）《汉语方言的鲁奇规律：古代篇》，《中国语文》第 4 期，北京，349—361 页。

赵日新（2005）《汉语方言中的 [i]>[ɿ]》，《中国语文》第 1 期，北京，

46—54 页。

赵日新等编（1991）《即墨方言志》，语文出版社，北京。

朱建颂（1992）《武汉方言研究》，武汉出版社，武汉。

《现代汉语词典》（第 5 版）（2005）商务印书馆，北京。

（原载《语言学论丛》第 46 辑，与高晓虹合作，本人为第二作者）

从现代山东方言的共时语音现象
看其历时演变的轨迹

提要： 方言语音同一时期存在的新老或文白异读、某一字在不同语词中的不同读音，以及不同地区方言之间的读音差异，常常蕴含着语音系统历时变化的层次。本文试图通过山东方言中所存在的上述种种现象的对比分析，寻求语音演变的某些历史轨迹。通过研究得知，方言中的地名和人名读音、常用的生活用语较多保留早期读音，新词语、读书音则多用新起音。从地域比较中还可以明显看出，山东方言的古今演变的地域走势大多是东西向的，即东部较多保留旧读而往西逐渐转变为向共同语靠拢。方言语音演变的事实很难直接考查出历史年代，本文的探讨也只能限于某些过程而难以说明其具体时间。全文分为声母、韵母、声调三部分共八个问题。

关键词： 山东方言　历时演变　音变动因　声母清浊　开合口

一　声母

1. 全浊声母

並、定、群、从、澄、崇、船等中古全浊声母的字，今官话方言读为清声母，塞音和塞擦音大多按平声送气、仄声不送气分为两类。山东胶东半岛东端的荣成、文登等地基本也是这种情况，但有5—60字口语平声读为不送气音（参见钱曾怡，1981）。5—60字有新老、文白异读或两可的现象。主要是白读、旧词语读不送气，文读、新词语读送气，如"台"字，"锅台""戏台"的"台"不送气，"讲台""舞台"的"台"送气。就使用的人来说，老人和小孩及不识字的人多用白读，但是小孩一旦上了学，就会逐渐改变。

王淑霞（1995）"同音字表"，其中中古全浊平声字存在平声不送气一读的字有60个，这些字全部另有文读音是送气的，见表一（声调全部阳平，调号一律省略）：

表　一

	爬並	搽澄	茬崇	婆並	駄定	砣定	陀定	蹄定	齊從	騎群	蒲並
11字 白读	pa ~查	tʂa	tʂa 麦~子	po 称祖母	to 驴~着	to	to	ti	tsi	ci	pu ~草
文读	pʻa	tʂʻa	tʂʻa	pʻo	tʻo	tʻo	tʻo	tʻi	tsʻi	cʻi	pʻu
11字 白读	cy 水~子	cy	pie 方~	cie ~子	cye	pai 打~	tai 锅~	tai	tai ~蒜	tsai ~衣裳	pei
（渠群 瞿群 便定 茄群 癞群 牌並 合定 抬定 荠定 裁从 赔並） 文读	cʻy	cʻy	pʻian	cʻie	cʻye	pʻai	tʻai ~讲	tʻai	tʻai	tsʻai ~缝	pʻei
10字 白读		pau	tau ~源	tsau ~	tʂau	piau	tiau ~帚	tiau 柳~儿	ciau ~麦	tou	
（糖澄 创並 桃定 槽从 潮澄 瓢並 笤定 条定 荞群 头定） 文读		pʻau	tʻau	tsʻau	tʂʻau	pʻiau	tʻiau	tʻiau ~件	cʻiau	tʻou	
10字 白读	pan ~锺	tan ~琉璃	tan ~手	tʂan	tian	tian	tsian	tsian ~日	cyan	pen	
（盘並 弹定 园定 钟澄 甜定 填定 钱从 前从 拳群 盆並） 文读	pʻan	tʻan	tʻan	tʂʻan	tʻian	tʻian	tsʻian	tsʻian	cʻyan	pʻen	
9字 白读	tsən	tʂən	tʂən ~粮	pin	cin ~快	cyn 一~羊	cyn ~子	tan ~瓜	tan ~块板		
（存从 沉澄 陈澄 频並 勤群 群群 裙群 糖定 塘定） 文读	tsʻən	tʂʻən	tʂʻən	pʻin	cʻin	cʻyn	cʻyn	tʻan	tʻan		
9字 白读	tʂaŋ ~短	tʂaŋ 打~	tʂaŋ	tsiaŋ	piŋ	tsiŋ 天~了	tsoŋ 一~草	tʂoŋ	cioŋ		
（长澄 场澄 肠澄 墙从 瓶並 晴从 从从 虫澄 穷群） 文读	tʂʻaŋ	tʂʻaŋ	tʂʻaŋ	tsʻiaŋ	pʻiŋ	tsʻiŋ	tsʻoŋ	tʂʻoŋ	cʻioŋ		

当地有顺口溜描写方言的这种情况：

墙 ₌tsiaŋ 角有个盆 ₌pən，盆 ₌pən 里有瓢 ₌piao，瓢 ₌piao 里有钱 ₌tsian，拿钱 ₌tsian 去买糖 ₌taŋ，糖 ₌taŋ 甜 ₌tian 不甜 ₌tian，不甜 ₌tian 不要钱 ₌tsian。

从以上的情况推断：文登、荣成等地的古全浊声母字，早先转变为清音是不论平仄都读不送气音的，后来受共同语或周围方言的影响，平声字逐渐读为送气音。只是一些老人或日常生活用词，还保留不送气的读法。1965 年笔者在荣成参加"四清"，老百姓称笔者"老钱"，"钱"是不送气的，从而引发了笔者对当地古全浊声母字今读送气不送气问题的注意。

2. 尖团音

分不分尖团音，是观察汉语方言特点的一项重要内容。

古精组和见晓组声母各自按韵母洪细分化，分化后两者的细音合并。这种现象，音韵学称为不分尖团，是汉语声母历时演变的总体趋势，许多方言都符合这一走向，例如北京话。北京话的精组和见晓组字分别在逢细音韵母时跟读洪音韵母的字分开，两者又合并为相同的声母。如表二：

表　二

		古音		今音		今音		古音		
见晓组	洪音	k、kʻ、x	→	k、kʻ、x	≠	ts、tsʻ、s	←	ts、tsʻ、s	洪音	精组
	细音	k、kʻ、x	→	tɕ、tɕʻ、ɕ	=	tɕ、tɕʻ、ɕ	←	ts、tsʻ、s	细音	

分尖团的方言，则是精组或见晓组的细音虽然也与洪音字分开了，但是并没有像北京话那样两相合并，而是各自独立为不同的声母，实质上是精组和见晓组按韵母洪细分化后，又细音逐渐归并的过渡情况。由于两组细音声母的演变进程在不同地域有所不同，因此就有不同方言尖团读音的多种差异。在分尖团音的方言中，凡是来自古精组的字音叫尖音，来自古见晓组的字音叫团音。

山东境内分尖团的方言分布在山东东区（山东方言的分区参见钱曾怡2001，第三章）的绝大多数地方，以及西区西鲁片的菏泽、郓城、曹县等地和西齐片的滨州、利津。按地域分布可分为两大类型。

西区分尖团的情况比较单纯，如菏泽、滨州，一般是团音读 tɕ、tɕʻ、ɕ，细音读 ts、tsʻ、s，是汉语方言分尖团方言的最为普遍的读音类型。这种类型的特征是，见晓组字的读音在细音前演变为 tɕ、tɕʻ、ɕ，跟北京相同，而精组字仍然保持 ts、tsʻ、s 的读音，与洪音声母相同。

东区的尖团读音有多种音值，体现了一定的历时演变过程。下面主要讨论东区的尖团读音问题，先看表三（表中地点从半岛的东端向西、向南排列）：

表　三

	东北→西南							
	荣成	烟台	龙口	青岛	沂源	诸城	日照黄墩	日照巨峰
团音	c cʻ ç	c cʻ ç	c cʻ ç	tɕ tɕʻ ç	tɕ tɕʻ ç	tʃ tʃʻ ʃ	tʃ tʃʻ ʃ	ts tsʻ s
尖音	ts tsʻ s	tɕ tɕʻ ç	tʃ tʃʻ ʃ	ts tsʻ s	tθ tθʻ θ	ȶ ȶʻ ɕ	tθ tθʻ θ	tθ tθʻ θ

见晓组和精组由舌根音或舌尖前音发生音变的动因是细音韵母，是由于舌面前高元音（古开口三、四等和见晓组二等字）跟太靠后（舌根）或太靠前（舌尖前）的辅音拼合不便，是韵母牵动了声母发音部位的变化。在山东分尖团的方言中，半岛东端的荣成等地，是最原始的一种尖团读音，表现为精组不变，见晓组由舌根稍稍向舌面过渡，处于分尖团的起始状态。随之向西、向南发展，见晓组进一步读为舌面前音，精组字也开始向舌面变化。表三由东北向西南的大体演变，见晓组线条比较清晰，精组各地有不同情况，大致是：

见晓组（团音）k、kʻ、x → c、cʻ、ç → tɕ、tɕʻ、ɕ → tʃ、tʃʻ、ʃ（或 ts、tsʻ、s）

精　组（细音）ts、tsʻ、s →① tɕ、tɕʻ、ɕ（或 ȶ、ȶʻ、ɕ）→ tʃ、tʃʻ、ʃ
　　　　　　　　　　　　② tθ、tθʻ、θ

以上尖团音都有从 tɕ、tɕʻ、ɕ 向 tʃ、tʃʻ、ʃ 变化的现象，这种情况值得注意。王力（1985）"庄初床山俟"的拟音，从先秦到五代是 tʃ、tʃʻ、ʃ，宋代就演变成了 tɕ、tɕʻ、ɕ（493 页）；笔者 2004 年 3 月应邀访问香港中文大学，发现香港一些人说的普通话，常常把见组的细音字声母发成声母 tʃ、tʃʻ、ʃ，如"建 tʃan""机 tʃ ʅ""香 ʃaŋ""雄 ʃoŋ"。可见 tʃ、tɕ 两组音值相近，容易产生互变。

不论是尖音还是团音，声母变化到舌面前 tɕ、tɕʻ、ɕ（包括诸城的 ȶ、ȶʻ、ɕ），韵母一概读细音，而 tʃ、tʃʻ、ʃ，韵母的洪细各地就有不同的情况。见表四的比较：

表　四

	例字	长岛	蓬莱	龙口	昌乐	诸城	日照
尖音	精	₌tʃəŋ =蒸	₌tʃəŋ =蒸	₌tʃiŋ =蒸	₌tsiŋ	₌tiŋ	₌tθiŋ
	青	₌tʃʻəŋ =称	₌tʃʻəŋ =称	₌tʃʻiŋ =称	₌tsʻiŋ	₌tʻiŋ	₌tθʻiŋ
	星	₌ʃəŋ =声	₌ʃəŋ =声	₌ʃiŋ =声	₌siŋ	₌ɕiŋ	₌θiŋ
团音	京	₌ɕiŋ	₌ɕiŋ	₌ɕiŋ	₌tʃəŋ =蒸	₌tʃəŋ =蒸	₌tʃəŋ =蒸
	轻	₌ɕʻiŋ	₌ɕʻiŋ	₌ɕʻiŋ	₌tʃʻəŋ =称	₌tʃʻəŋ =称	₌tʃʻəŋ =称
	兴	₌çiŋ	₌çiŋ	₌çiŋ	₌ʃəŋ =声	₌ʃəŋ =声	₌ʃəŋ =声

表四说明：尖音或团音，都有跟照三类声母"蒸称声"等字合并的现象：北部是尖音跟照三类合并（又如牟平、烟台尖音和照三都读为 tɕ、tɕʻ、ɕ）；南部则是团音跟照三类合并。但是东端及两地中间的大片地点是三类分立的，例如荣成（东端）和青岛两地之间：

荣成　精 ₌tsiŋ ≠ 京 ₌ciŋ ≠ 蒸 tʃəŋ꜄　青 ₌tsʻiŋ ≠ 轻 ₌cʻiŋ ≠ 称 tʃʻəŋ꜄　星 ₌siŋ ≠ 兴 ₌çiŋ ≠ 声 ʃəŋ꜄

青岛　精 ₌tsiŋ ≠ 京 ₌tɕiŋ ≠ 蒸 tʃəŋ꜄　青 ₌tsʻiŋ ≠ 轻 ₌tɕʻiŋ ≠ 称 tʃʻəŋ꜄　星 ₌siŋ ≠ 兴 ₌çiŋ ≠ 声 ʃəŋ꜄

尖团音跟照三组合并的动因也是韵母为细音。徐明轩、朴炯春（1997）所记的照三组读音为"蒸" ₌tʃiŋ、"称" ₌tʃʻiŋ、"声" ʃiŋ；王淑霞（1995：8）虽然记为"蒸" ₌tʃəŋ、"称" ₌tʃʻəŋ、"声" ʃəŋ，但是"韵母"部分明确说明"韵母逢 tʃ tʃʻ ʃ 普遍有细音色彩"。舌叶音声母后的韵母从细音发展为洪音，除了受到共同语和外方言知庄章读舌尖后拼洪音的影响以外，还因为受到当地某些韵母的牵引而发生类化音变。例如，诸城的 iə̃ 韵母限于零声母字，古深臻摄开口三等字，除零声母以外，其他声母的字都读开口呼。见表五：

表　五

p pʻ m	f v	n l	tθ tθʻ θ	tʃ tʃʻ ʃ	tʂ tʂʻ ʂ	k kʻ ŋ x	∅
彬=镔 ₌pə̃	分 ₌fə̃	恁 ꞏnə̃	进 tθə̃꜄	今真 ₌tʃə̃	臻 tʂə̃꜄	根 ₌kə̃	音 ₌iə̃
贫=盆 ₌pʻə̃	文 ₌və̃	林 ₌lə̃	亲 ₌tθʻə̃	琴沉 ₌tʃʻə̃	衬 tʂʻə̃꜄	肯 ꞏkʻə̃	银=人 ₌iə̃
民=门 ₌mə̃			心 θə̃	欣深 ₌ʃə̃	渗 ʂə̃꜄	恩 ₌ə̃	引=忍 iə̃꜄
						很 ꞏxə̃	印=认 iə̃꜄

在诸城方言中，首先是深臻摄开口三等字拼 tθ、tʃ 两组声母时读成了开口呼，进而在声母相同的条件下，牵引了其他韵母也类化成了开口呼。

分不分尖团，通常的定义是"古精组和见晓组声母在今细音前同音不同音，不同音为分尖团，同音为不分尖团"，而今长岛、诸城等地尖团音为 tθ、tθʻ、θ 或 tʃ、tʃʻ、ʃ 声母拼洪音韵母的情况，对通常尖团音的定义提出了进一步思考的要求。语言不断发展，当长岛等地的精组声母由 ts、tsʻ、s 或 tɕ、tɕʻ、ɕ 发展为 tθ、tθʻ、θ 或 tʃ、tʃʻ、ʃ 时，是声母牵动了韵母细音向洪音的转变；而诸城的尖音 tθ、tθʻ、θ 和团音 tʃ、tʃʻ、ʃ 读开口呼，则可视为是声母牵动韵母和韵母类化双重影响的结果。从汉语方言的绝大多数分尖团的方言来看，通常分尖团的定义还是适用的，山东长岛、诸城等地可以视为一种特例。这也提醒我们，面对汉语方言不断发展演变的种种复杂情况，必须具体情况具体分析，不能被固有的定义束缚了手脚。

要说明的一点是：方言特点地域流动虽然有大体的方向，但并不绝对是直线而是循环往复的。像胶东东部地区的团音读 c、cʻ、ç，南部的莒县也读 c、cʻ、ç，中间相隔了诸城等读 tʃ、tʃʻ、ʃ 的；莱州、青岛尖团音分别为 ts、tsʻ、s 和 tɕ、tɕʻ、ɕ，西部地区也是这样，中间间隔了几种不同的尖团音，还有不分尖团的地区。

3. 古知庄章三组声母的读音

古知庄章声母分化为两类是山东东区方言的重要特点，其分化条件跟中原官话一致（参见钱曾怡，2004），甲、乙两类的音值按甲类的读音可以分为两种，一、二两种又按乙类的读音各分为三，如表六（本文的讨论不涉及西区知庄章分两类的方言）：

表　六

		甲类	乙类	分布地
第一种	1	tʂ tʂʻ ʂ	tʃ tʃʻ ʃ	① 东莱片黄海沿岸的荣成、文登、海阳、乳山 ② 东潍片黄海沿岸的即墨、青岛、胶州、胶南、日照 ③ 平度、高密、昌邑、昌乐、青州、临朐、沂源、诸城、五莲、莒县、沂南、莒南
	2	tʂ₁ tʂʻ₁ ʂ₁	tʂ₂ tʂʻ₂ ʂ₂	东潍片潍坊等
	3	tʂ tʂʻ ʂ	tʂ tʂʻ ʂ	东潍片安丘、蒙阴、沂水（沂水乙类读 z tsʻ s）
第二种	1	ts tsʻ s	tʃ tʃʻ ʃ	东莱片威海、长岛、蓬莱、龙口、招远、莱西
	2	ts tsʻ s	tɕ tɕʻ ç	东莱片牟平、烟台、福山、栖霞、莱阳
	3	ts tsʻ s	tʂ tʂʻ ʂ	东潍片莱州

　　第一种 2，东潍片潍坊等地，老派甲类 $tʂ_1$、$tʂʻ_1$、$ʂ_1$，乙类 $tʂ_2$、$tʂʻ_2$、$ʂ_2$。现在甲乙两类已经合并为 tʂ、tʂʻ、ʂ，由此可以认为，老派的乙类读音 $tʂ_2$、$tʂʻ_2$、$ʂ_2$，应该是由 tʃ、tʃʻ、ʃ 到 tʂ、tʂʻ、ʂ 的一种过渡音。下文不再单独论述。

　　在地理位置上处于"天尽头"的荣成、文登等地，知庄章三组的读音是胶东半岛知庄章两组读音的代表（参看钱曾怡，2004），其特色跟尖团音一样是由东向西、由北向南逐渐变化的。甲乙两组的大致演化情况是：

　　　知庄章甲类 tʂ、tʂʻ、ʂ → ts、tsʻ、s

　　　知庄章乙类 tʃ、tʃʻ、ʃ（或 ts、tsʻ、s）→ tɕ、tɕʻ、ɕ

表　七

	东莱片（东→西）				东潍片			
	荣成	威海	烟台	龙口	青岛	诸城	沂水	莱州
知庄章甲	tʂ tʂʻ ʂ	ts tsʻ s	ts tsʻ s	ts tsʻ s	tʂ tʂʻ ʂ	tʂ tʂʻ ʂ	tʂ tʂʻ ʂ	ts tsʻ s
知庄章乙	tʃ tʃʻ ʃ	tʃ tʃʻ ʃ	tɕ tɕʻ ɕ	tʃ tʃʻ ʃ	tʃ tʃʻ ʃ	tʃ tʃʻ ʃ	z ts s	tʂ tʂʻ ʂ

　　甲类比较简单，东莱片除沿黄海北岸四点以外，其余都是 ts、tsʻ、s，由环黄海南岸直到莱州市，以及内陆地区。东莱片由东端的 tʂ、tʂʻ、ʂ 演化为 ts、tsʻ、s，脉络比较清楚，烟台等地走了 ts、tʂ 两组声母合并的道路，也可能是受到东北方言 ts、tʂ 不分的影响。东潍片主要是 tʂ、tʂʻ、ʂ，保持甲类原来的主流读音不变。

　　乙类主要是 tʃ、tʃʻ、ʃ。这套音在东莱片韵母基本是细音，跟烟台的 tɕ tɕʻ ɕ 读音相近；东潍片则为洪音。沂水等地读 ts（或 z）、tsʻ、s，应是 tʃ、tʃʻ、ʃ 的发展。

　　莱州一点，甲乙两类的读音跟其他点都不相同，正好跟沂水等地相反，是山东东区知庄章分类读音最特殊的一种，但是跟山东西区鲁西北的无棣、宁津，鲁西南的曹县、成武相同，也跟江苏的徐州等地相同。这种读音的地域分布还是挺宽的。那么，为什么孤立存在于东莱片的莱州？从地图来看，莱州市处于莱州湾的东岸，隔莱州湾，东岸是东营、沾化，再往西就是无棣、阳信等知庄章甲读 ts、tsʻ、s、乙读 tʂ tʂʻ ʂ 的了。这样，我们可以设想：在莱州湾沿岸，知庄章的读音原先都是甲 ts、tsʻ、s、乙 tʂ tʂʻ ʂ 的，后来利津、沾化等地两类合并（如潍坊、寿光等），而莱州、无棣则还保留两类的原来读音。

二　韵母

1. 古蟹、止、山、臻四摄合口端系字的韵母

古蟹、止、山、臻四摄合口端系字，文登、烟台、蓬莱等地今读开口呼。请看表八：

表　八

一	ei				an				ən			
	对端	推透	内泥	雷来	短端	团定	暖泥	乱来	蹲从	吞透	嫩泥	论来
荣成	tei⁼	₌t'ei	nei⁼	₌lei	⁼tan	₌t'an	⁼nan	lan⁼	₌tən	⁼t'ən	lən⁼	lən⁼
牟平	tei⁼	₌t'ei	nei⁼	₌lei	⁼tan	₌t'an	⁼nan	lan⁼	₌tən	⁼t'ən	lən⁼	lən⁼
龙口	tei⁼	₌t'ei	nei⁼	₌lei	⁼tan	₌t'an	⁼nan	lan⁼	₌tən	⁼t'ən	lən⁼	lən⁼
长岛	tei⁼	₌t'ei	nei⁼	₌lei	⁼tɑn	₌t'ɑn	⁼nɑn	lɑn⁼	₌tən	⁼t'ən	lən⁼	lən⁼

二	ei			an			ən		
	最精	崔清	岁心	钻精	蹿清	酸心	尊精	村清	孙心
荣成	tsei⁼	₌ts'ei	sei⁼	₌tsan	₌ts'an	₌san	₌tsən	₌ts'ən	₌sən
牟平	₌tsei	₌ts'ei	sei⁼	₌tsan	₌ts'an	₌san	₌tsən	₌ts'ən	₌sən
龙口	tsei⁼	₌ts'ei	sei⁼	₌tsan	₌ts'an	₌san	₌tsən	₌ts'ən	₌sən
长岛	tsei⁼	₌ts'ei	sei⁼	₌tsɑn	₌ts'ɑn	₌sɑn	₌tsən	₌ts'ən	₌sən

三	uei			uan			uən		
	赘章	吹昌	睡禅	专章	川昌	闩生	准章	春昌	顺船
荣成	tʂuei⁼	₌tʂ'uei	ʂuei⁼	₌tʂuan	₌tʂ'uan	₌ʂuan	⁼tʂuən	₌tʂ'uən	ʂuən⁼
牟平	tsuei⁼	₌ts'uei	suei⁼	₌tsuan	₌ts'uan	₌suan	⁼tsuən	₌ts'uən	suən⁼
龙口	tsuei⁼	₌ts'uei	suei⁼	₌tsuan	₌ts'uan	₌suan	⁼tsuən	₌ts'uən	suən⁼
长岛	tsuei⁼	₌ts'uei	suei⁼	₌tsuɑn	₌ts'uɑn	₌suɑn	⁼tsuən	₌ts'uən	suən⁼

一是端组 t、t'、n、l 拼 ei、an、ən 的，四处读音除 an 的读音有前 a 和后 ɑ 的不同以外，其余完全相同，就连"嫩"读边音都一样。

二是精组 ts、ts'、s 拼 ei、an、ən 的，四处读音也很一致。

三是知庄章拼古蟹、止、山、臻四摄合口端系字的读音，韵母都是合口呼。

表八涉及两个历时音变问题：第一，知庄章声母分为两类是山东东部方言的重要特点，其中的甲类字在牟平、龙口、长岛（还包括烟台、福山）等地跟精组洪音合为 ts、ts'、s 声母，而在荣成、文登等地仍读 tʂ、tʂ'、ʂ 声母；第二，古蟹、止、山、臻合口前拼端系声母时读为开口呼。那么，

知庄章甲类字在牟平等地与精组洪音字的声母合并，与蟹、止、山、臻四摄合口端系字读为开口呼，这两种演变孰先孰后？看下面牟平的比较：

赘 tsuei³ ≠ 最 tsei³　　　吹 ₌ts'uei ≠ 崔 ₌ts'ei　　　睡 suei³ ≠ 岁 sei³

专 ₌tsuan ≠ 钻 tsan　　　穿 ₌ts'uan ≠ 蹿 ₌ts'an　　　拴 ₌suan ≠ 酸 ₌san

准 ⌐tsuən ≠ 尊 ₌tsən　　　春 ₌ts'uən ≠ 村 ts'ən　　　顺 suən³ ≠ 孙 ₌sən

知庄章组字还有 u 介音。可见，牟平等地合口端系读为开口呼的历史要早于知庄章甲类读为 ts、ts'、s 而跟精组洪音合并的历史。因为，如果知庄章甲类字先于蟹、止、山、臻合口字读开口呼跟精组洪音合并，那就会出现"#赘＝最 tsuei³""#专＝钻 ₌tsuan""#春＝村 ₌ts'uən"等同音现象，然而并不如此。在以上声母相同的条件下，u 介音的丢失就不可能再因古精组或知庄章甲类的不同而分化为精组丢失而知庄章甲类仍然保留。

2. 古咸山摄开口一等见晓组入声字的韵母

古咸山摄一等开口字，只跟端、见两系声母拼合。今北京舒声字不论端系还是见系，都读 an 韵母，而入声则按声母分为两类：端系读 -a，见系读 -ɤ。山东全省内部舒声字跟北京相同，也是没有分化；入声则不一致，见表九的比较：

表 九

		端系					见系				
		答咸	杂咸	达山	辣山	擦山	鸽咸	磕咸	喝咸	割山	渴山
东	荣成	ˉta	₌tsa	ˉta	ˉla	₌ts'a	₌ka	ˉk'a	₌xɔ	ˉka	ˉk'a 白
	青岛	₌ta	₌tsa	₌ta	₌la	₌ts'a	₌ka	ˉk'a	₌xa	ˉka	ˉk'a
中	莱州	₌tɑ	₌tsɑ	₌tɑ	₌lɑ	₌ts'ɑ	₌kɑ 布~ / ˉkə 文	ˉk'ɑ 白	₌xɑ 白 / ₌xə 文	ˉkɑ 白 / ₌kə 文	ˉk'ɑ 白 / ˉk'ə 文
	诸城	₌tɑ	₌tθɑ	₌tɑ	lɑ³	₌tθ'ɑ	ˉkɑ / ₌k'ə 新	ˉk'ɑ 老 / ˉxə 又	ˉxɑ~ɑ 酒	ˉkɑ	ˉk'ɑ
	淄川	ˉta	ˉtsa	ˉta	lɑ³	₌ts'ɑ	₌kuo 白 / ₌kə 文	ˉk'ɑ 白 / ₌k'ə 文	₌xɑ 白 / ₌xə 文	₌kɑ 白 / ₌kə 文	ˉk'ɑ 白 / ₌k'ə 文
	济南	₌ta	₌tsa	₌ta	lɑ³	₌ts'a	ˉk'a 白 / ₌kə	ˉk'ə 文	₌xə	ˉka 白 / ₌kə 文	ˉk'ə
西	德州	₌ta	₌tsa	₌ta	lɑ³	₌ts'a	₌kə	ˉk'ə	₌xə	ˉkə	ˉk'ə
	临清	₌ta	₌tsa	₌ta	lɑ³	₌ts'a	₌kə	ˉk'ə	₌xə	ˉkə	ˉk'ə
北京		₌ta	₌tsa	₌ta	lɑ³	₌ts'a	₌kɤ	ˉk'ɤ	₌xɤ	ˉkɤ	ˉk'ɤ

表九地名大体由东向西排列，表中可见：咸山开口一等入声，端系字山东各地也都跟北京相同，见系则东部荣成、青岛等读 -a，西部德州、临清等读 -ɤ，中间莱州直到济南都存在白读 -a、文读 -ɤ 的情况。这种现象说明：咸山摄一等入声跟阳声韵一样，原先并没有按声系的不同而不同，入声虽然失去了塞音尾，但韵母的主要元音仍跟阳声韵母同为低元音 a，后来西部受北京话的影响，见系字入声读成了 -ɤ，东部方言则不论端系还是见系都保持统一读为 -a 的原始状态，中间地区存在文白两读的过渡现象，可以明显地看出权威方言由西向东的渗透。见表十：

表　十

		舒声				入声			
		端系		见系		端系		见系	
		咸：耽兰	山：丹伞	咸：含敢	山：肝汉	咸：答塔	山：辣擦	咸：喝磕	山：割渴
东↑西	荣成	-an	-an	-an	-an	-a	-a	-a	-a
	淄川	-ã	-ã	-ã	-ã	-ɑ	-ɑ	白 -ɑ；文 -ə	白 -ɑ；文 -ə
	德州	-ã	-ã	-ã	-ã	-a	-a	-ə	-ə
北京		-an	-an	-an	-an	-a	-a	-ɤ	-ɤ

3. 古曾开一、曾开三庄组、梗开二入声字的韵母

汉语古入声韵丢失塞音尾以后，分别与阴声韵合并。北京古曾梗摄一、二等入声字今读 o、ei、ɤ、ai 四韵跟与阴声韵合并的情况见表十一（其中 o 只拼唇音声母，ɤ 拼其他声母，两韵互补）：

表十一

		o（限于唇音声母）	ei	ɤ（唇音以外声母）	ai
曾开一	德韵	墨默	北勒贼黑	德得特肋则刻克	塞仅一字
曾开三庄	职韵			仄侧测恻色啬	色又
梗开二	陌韵	柏伯迫魄帛陌		泽择格客额赫嚇又	百拍白拆宅窄
	麦韵			责册策革隔核轭扼厄	掰麦脉摘
古阴声韵		果合一	遇合一	蟹开一唇音、合一三	止开合 果开一 假开三 蟹开一、二
		波坡磨	模摩	贝杯配妹废	悲美飞　歌科河　遮车社　带来在该摆牌买

例外字：忒 tʻuei、吓（嚇）ɕia 又音、栅 tʂa。

据我们对山东 55 个方言点的调查，山东各地的读音大致有以下五种类型，见表十二：

表十二

一（方言点8）	二（方言点2）	三（方言点10）	四（方言点25）	五（方言点10）
ε（或 ə）	o 唇音	ei（或 e）	白：ei（或 e、əi）	白：ei；ε
	ɤ（或 ə）其他声母		文：ə（或 ɤ）	文：ə（或 ɤ）

五种类型各举代表点的读音见表十三：

表十三

		曾开一德韵			曾开三职韵		梗开二职韵				梗开二麦韵		
		墨	德	刻克	测	色	迫	白	择	客	麦	册策	隔革
一	文登	˵me	˵te	˵kʻɛ	˵tʂʻɛ	˵ʂɛ	˵pʻɛ	˵əɛ	˵tsɛ	˵kʻɛ	˵me	˵tʂʻɛ	˵kɛ
	龙口	˵mə	˵tə	˵kʻə	˵tsʻə	˵sə	˵pʻə	˵pə	˵tsə	˵kʻə	˵mə	tsʻə˧	˵kə
二	烟台	˵mo	˵ɤ	˵kʻɤ	˵tsʻɤ	˵ʂɤ	˵pʻo	po˧	˵tsʻɤ˧	˵kʻɤ	˵mo	˵tsʻɤ	˵kɤ
三	寿光	mei˧	˵tei	˵kʻei	˵tʂʻei	˵ʂei	˵pʻei	˵pei	˵tʂei	˵kʻei	mei˧	˵tsʻei	˵kei
	枣庄	˵me	˵te	˵kʻe	˵tsʻe	˵se	˵pʻe	˵pe	˵tse	˵kʻe	˵me	˵tsʻe	˵ke
	定陶	˵mei	˵tei	˵kʻei	˵tʂʻei	˵ʂei	˵pʻei	˵pei	˵tʂei	˵kʻei	˵mei	˵tsʻei	˵kei
四	莱州	˵mei	˵tei	˵kʻei	˵tʂʻei	˵ʂei	˵pʻei	˵pei	˵tsei	˵kʻei	˵mei	˵tsʻei	˵kei 隔
			˵tə	˵kʻə	˵tsʻə	˵sə	˵pʻə			˵kʻə		˵tsʻə	˵kə 革
	郯城	˵me	˵te	˵kʻe	˵tʂʻe	˵ʂe	˵pʻe	˵pe	˵tʂe	˵kʻe	˵me	˵tsʻe	˵ke
		˵mə		˵kʻə	˵tsʻə	˵sə						˵tsʻə	˵kə
	济南	mei˧	˵tei	˵kʻei	˵tʂʻei	˵ʂei	˵pʻei	˵pei	˵tʂei	˵kʻei	mei˧	˵tsʻei	˵kei 隔
			˵tə	kʻə˧	˵tsʻə	˵sə				kʻə˧		˵tsʻə	˵kə 革隔
五	聊城	mei˧	˵tei							˵kʻei			
				˵kʻə						kʻə˧			˵kə 革
					˵tsʻɛ	˵sɛ	˵pʻɛ	˵pɛ	˵tsɛ		˵mɛ	˵tsʻɛ	˵kɛ 隔
	临清	mei˧	˵tei	˵kʻei									
			˵tə	˵kʻə						kʻə˧			˵kə
					˵tsɛ	˵sɛ	˵pʻɛ	˵pɛ	˵tsɛ		˵mɛ	˵tsʻɛ	˵kɛ
	宁津	mei˧	˵tei	˵kʻei 刻	˵tʂʻei	˵sei					mei˧ 老		˵kei 隔
		˵mə	˵tə	kʻə˧ 克刻	tsʻə˧	˵sə				kʻə˧		˵tsʻə	˵kə 革隔
							˵pʻɛ	˵pɛ	˵tsɛ		˵mɛ	˵tsʻɛ	
	北京	mo˧	˵ɤ		kʻɤ˧		pʻo˧	˵pai	˵tsɤ	kʻɤ˧	mai˧		˵kɤ

说明：① 表十三中 ɛ 在不同地域中所属音类不同：第一类在荣成等地是独立的入声韵，第五类鲁西北等地则是相当于北京的 ai 韵母（来自蟹摄等，此类字文登读 ai、iai、uai）。② 聊城、临清、宁津三点"隔""客"等字另有白读音 ₌tɕiə、₌tɕʻiə，属于古开口二等见系今读齐齿呼问题，河北、天津一带都有这种情况，本表不列其中。

表十三中的五种类型的分布地按"东北→中部、西南→西北"排列，下面从地域分布说明古曾梗摄一、二等入声字的演变。

第一、二两类全部在东区的东莱片。第一类文登等地保持较早时期的读音，随着曾梗摄舒声韵母的合并，入声也合并为同一韵母，但各地音值稍有不同。这个地区虽然古入声的塞音尾已经失落，却还保留着独立的入声韵母。例如文登，文登以 ɛ 为主要元音的 ɛ、iɛ、uɛ、yɛ 四个韵母，ɛ、uɛ 两韵绝大多数字来源于古入声，曾梗摄开口一、二等入声几乎无例外地读为 ɛ 韵母。连疆《文登话》同音字表 ɛ 韵母收入 97 个字，除去 6 个"□"、3 个象声字，1 个流摄字，以及"哆~嗦、㞑、唎胡~~、扢~弄、痂~渣、虼~~荡（蝌蚪）、虼~子、疙~瘩"8 个字以外，其余 79 个字全部来自古入声，而来自曾梗摄开口一、二和曾开三庄组的入声字就有 67 个。如表十四：

表十四

20	41	6	1	5	2	1	2	1
曾开一	梗开二	曾开三庄组	咸开一	山合一	山开三	深开三	宕开一	江开二

第二类烟台、牟平两点除在唇音声母后读为圆唇的 o 以外，其余统一读为 ɤ（牟平为 ə）韵母。唇音是有条件的分化，与 ɤ（或 ə）是同一音位，这些字大多也是来源于曾梗摄。

第三和第四两类分布于山东中部及西南的广大地区，是山东方言曾梗摄开口一、二等和曾开三庄组入声的主流读音，统一读为 ei（有的点记为 əi 或 e）。这个韵母到了这些地区已和古阴声韵蟹止摄的部分字合并，不是独立的入声韵了。跟第三类不同的是第四类的部分字有文读（或称新派，本文一律称为文读）音 ə（或 ɤ），大多是"德客革"等新词语的字。

第五类位于鲁西北跟河北省相邻地带，跟第三、四类不同的是梗开二的许多字读为 ɛ 韵母，进一步与蟹摄字合并，跟其西部河北东南的盐山、沧州、故城等地一致。这个韵母再往北，到了保定及其以北地区，就多读成与北京相同的复合元音 ai 了。

山东的五类读音跟北京比较，可以明显看出古曾梗摄开口一、二等和曾开三庄组入声字由东莱片的独立入声韵逐渐与古阴声韵蟹、止、果、假等摄合并的轨迹，也可看出权威方言自西向东的渗透。见表十五：

表十五

	类别	代表点	曾开一德韵	曾开三职韵庄	梗开二陌韵	梗开二麦韵
东部胶东地区	一	荣成	ε（独立入声韵）			
	二	烟台	ɣ（o）（独立入声韵）			
中部及西南大多数地域	三	莱州	ei（与蟹止摄合并）			
	四	济南	ei；ɣ（与蟹止摄合并，并有与果、假等摄合并的文读音 ɣ）			
西北与河北接壤地区	五	宁津	ei；ɣ；ai（有了 ai 韵母进一步与蟹止摄合并，有文读音 ɣ）			
北　京			ei；ɣ（o）；ai			

三　声调

汉语方言声调的演变，声母清浊是一个很重要的条件。次浊声母字在方言声调的古今演变中，是随全浊声母走，还是随清声母走，或是独立发展？各地方言的情况很不相同。在山东方言中，比较一致的是上声和去声：古上声字次浊声母与清声母同归上声，全浊上声归去声；去声没有分化仍为去声，不存在次浊声母随哪类声母走的问题。古平声和古入声的情况是：东区东莱片以外地区古平声随全浊声母都读阳平；古入声除西区西鲁片（属于中原官话）随清声母归阴平以外，其余中部及鲁西北多数地区归去声，既不同于清声母，也不同于全浊声母。值得注意的是东莱片方言古平声和古入声次浊声母的归类问题。下面分别讨论。

1. 古次浊平声字的今读调类

东莱片荣成、文登、威海、牟平、乳山、海阳、烟台、福山、招远、栖霞、莱阳、莱西共 12 个点，中古次浊平声字无条件分化为两类，据笔者 1980 年 5 月文登方言 289 个次浊平声字的调查（《方言调查字表》中减去当地不用的和"熊铅"等特字），其中读四声的字数和百分比见表十六：

表十六

阴平	阳平	上声	去声	总数
145	105	16	23	289
50.17%	36.33%	5.54%	7.96%	100%

次浊平声分化为阴平和阳平是无条件的。仍以文登为例，音韵地位

完全相同的字在文登读为阴平、阳平两类的字见表十七：

表十七

	果开一 歌韵来母	果合一 戈韵明母	假开二 麻韵明母	假开二 麻韵疑母	蟹合一 灰韵明母	效开一 豪韵来母	效开二 肴韵明母	效开三 宵韵明母	流开一 侯韵来母	流开三 尤韵以母
阴平	罗锣	磨~刀	麻	牙芽	媒	捞牢唠	茅	苗	搂	油犹悠
阳平	箩	魔	麻	衙	煤梅玫枚	劳	猫	描	楼	由游

	咸开一 覃韵泥母	咸开一 谈韵来母	咸开三 盐韵来母	深开三 侵韵来母	山开一 寒韵来母	山开三 仙韵来母	山合三 仙韵以母	山合三 元韵云母	臻开三 真韵来母	臻开三 真韵日母
阴平	南	蓝	镰	淋	栏	燃	沿	园	鳞	人
阳平	男	篮	廉帘	林临	兰	然	缘	袁	邻	仁

	臻合三 文韵微母	宕开一 唐韵明母	宕开一 唐韵来母	宕开三 阳韵来母	宕开三 阳韵以母	曾开三 蒸韵来母	梗开四 青韵来母	通合一 东韵来母	通合一 冬韵泥母	通合三 东韵日母
阴平	蚊纹闻	忙芒	狼	凉量梁	羊杨扬	菱	灵铃零	聋	脓	戎
阳平	文	茫	郎廊	良粮粱	洋阳	陵凌	伶	笼	农	绒

在烟台等只有三个调类的方言中，中古次浊平声分归阴平和去声，酌举数例，见表十八：

表十八

	蟹合一 灰韵明母	效开一 豪韵来母	流开三 尤韵以母	咸开一 覃韵泥母	咸开三 盐韵来母	深开三 侵韵来母	臻开三 真韵日母	宕开一 唐韵来母	宕开三 阳韵以母	梗开四 青韵来母
平声	媒	捞	油悠	南	镰	淋	人	狼	羊扬	零
去声	煤梅玫	劳牢	犹由游	男	廉帘	林临	仁	郎廊	洋阳杨	灵铃伶

目前已知古今语音演变无条件分化的情况已经不少，希望能够找到分化的原因。王淑霞《荣成方言志》语音部分的"附录二"，对山东东莱方言中古次浊平声无条件分化为阴平和阳平的原因做了专题讨论，经淑霞了解，荣成、文登次浊平声的分化基本一致（但也存在人与人之间的一些不同，这里略去）。荣成据 247 个常用次浊平声字的统计：读阴平的 137 个，读阳平的 75 个，读上声和去声的 35 个。

在 137 个单字调读阴平的常用字中，有 9 个字在某些词中有阳平一读，见表十九：

表十九

阴平：单字	芽	来	毛	南	延	门	雷	名	爷
阳平：词或短语	豆~儿	合不~ 划不~	~重 ~病	~方 西~上	~安	没~儿 专~儿	地~ 水~	出~儿 有~儿	老~子

在 75 个单字调读阳平的字中，有 19 个字在口语中又有阴平一读。以下选择 11 例，见表二十：

表二十

	麻	由	围	连	林
阴平	脚~了	~不得人	~脖儿围巾	衣裳破了，把它~一~	姓~、~家流地名
阳平	~绳	理~、自~	包~、突~、~成一圈儿	~队、~结	森~、~场、~业
	轮	杨	洋	鸣	萱	龙
阴平	~着来	~树、后~家地名	船在~里	鸡打~	文登~地名	~山前地名
阳平	~流	老~	海~、西~	鸡~狗盗、~笛	国~、~房	~子~孙、黑~江

还有阴平、阳平两读的情况，如"杨子荣"的"杨"、"魔鬼"的"魔"、"由着性儿"的"由"等。以上两读的现象，一般是旧词语、地名、人名读阴平，新词语、书面语、通行地域较广的词语读阳平。王淑霞通过对荣成方言古次浊平声今阴平、阳平两读的情况分析，做出的结论是："我们推测中古平声字按声母清浊分化为阴平和阳平时，荣成一带的次浊平声是同清声母一起读阴平的，后来这一部分字又向阳平转化。目前不规则分化是一种过渡状态，说明这种转化尚未完成。从同一个字在不同的词语中存在不同的读音来看，可以看出这一带方言一些次浊平声从阴平向阳平转化是由这些字组成的一个个具体的词语开始的，由词语的一步步扩散，完成整个字音的演变；而同一个字在不同的词语中转化又首先是从它们作为书面语或通行区域较广的语素开始的。这也可以说明共同语和周围方言的影响是促使这一带方言次浊平声由阴平向阳平转化的一个重要原因。"

据笔者所知，位于荣成西部的烟台，虽然也存在古次浊平声分化为平声和去声两类，但是读去声的字多于平声，这跟荣成等地读阴平的字多于阳平的情况不同，说明烟台在从古次浊平声原读阴平而向阳平的转化上，比文登、荣成走得更快。

上文提到烟台（东莱片还有威海、福山、栖霞等地）只有三个调类，跟四个调类的文登等地相比，是文登等地的阳平字在烟台等地与去声合并。这样，就有两种历史演变情况需要搞清：一个是古次浊平声由阴平向阳平转化，另一个是阳平和去声的合并。据现有的材料，我们无法考证这两种现象在烟台等地是发生在什么时代，但是可以推测，阳平跟去声的合并要早于次浊平声由阴平向阳平转化。因为，如果次浊平声由阴平向阳平的转化在前，那么，就会造成原次浊平声字跟次浊去声字的同音，如："犹由游＝又""郎廊＝浪""洋阳杨＝样"等，而目前还找不到上述例字分化的条件。表二十一表示两项音变的顺序，（1）（2）（3）表示时间先后：

表二十一

古声调	清浊	例字	（1）	（2）	（3）	说　明
平	清	央	阴平	平	平	（1）清平、次浊平同为阴平
	次浊	羊扬				
		洋阳杨				（3）次浊平声分化为平声、去声
	全浊	墙强	阳平		去	
去	次浊	样	去	去		（2）全浊平声与去声合并
	清	向				
	全浊	匠巷				

说明：烟台等点，阳平（古全浊平声）归去以后，古平声字就只有阴平一类，习惯上就称平声，烟台的三个调类为平声、上声、去声。

2. 古次浊入声字的今读调类

在东莱片方言古今调类分合演变的研究中，还有一个次浊入声字的归类问题尚未引起注意，一般论著都说该地区次浊入声归去声，其实这些地区次浊入声的分化很不一致。笔者从对 12 个方言点 96—162 个数量不等的常用次浊入声字的今读归类统计中，窥测当地次浊入声演变的迹象。先看表二十二（表中"总数"指所统计的次浊入声字数）：

表二十二

	东→西							寿光
	荣成	威海	文登	牟平	福山	龙口	蓬莱	
总数	113	143	145	101	131	123	125	149
阴平	8 7%	19 13%	9 6%	4 4%	16 12%	6 5%	4 3%	19 13%
阳平	22 19%		28 19%	6 6%		23 19%	9 7%	20 13%
上声	52 46%	57 40%	58 40%	54 53%	57 44%	42 34%	42 34%	8 5%
去声	31 27%	67 47%	50 34%	37 37%	58 44%	52 42%	70 56%	102 68%

说明：威海、福山两点只有三个调类（古全浊平和全浊入与去声合并）。

从表二十二中可以看出：在东莱片方言中，次浊入声字从东到西，是由归上声较多而逐渐向归去声较多转化的。次浊入声今归去声，是山东方言中部及鲁西北广大地区的情况。表中列出东区东潍片的寿光以资比较，可以看出，寿光的次浊入声归去声已占 68%，跟普通话大体一致。

从以上山东东莱片方言次浊平声和次浊入声的情况，我们推测：东莱片方言的古次浊声母字，可能曾经是全部随清声母走的。后来平声由阴平转为阳平；上声随清声母仍是上声；去声没有分化；入声随清入归上声，后来受权威方言影响转为去声。见表二十三：

表二十三

	平（1）	平（2）	上	去	入（1）	入（2）
清	阴平	阴平	上声	去声	上声	上声
次浊		阴平、阳平				上声、去声
全浊	阳平	阳平	去声		阳平	阳平

说明：表中的（1）（2）表示发展阶段，（2）是现阶段。

参考文献

洪小熙　2005《蓬莱方言语音研究》，山东大学硕士学位论文。

连　疆　2006《文登话》，香港：国际炎黄文化出版社。

罗福腾　1992《牟平方言志》，北京：语文出版社。

钱曾怡　1981《文登、荣成方言中古全浊平声字的读音》，《中国语文》第 4 期。

钱曾怡　2000《从汉语方言看汉语声调的发展》，《语言教学与研究》第 2 期。

钱曾怡　2001《山东方言研究》，济南：齐鲁书社。

钱曾怡　2004《古知庄章声母在山东方言中的分化及其跟精见组的关系》，《中国语文》第 6 期。

钱曾怡　2008《钱曾怡汉语方言研究文选·长岛方言音系》，济南：山东大学出版社。

钱曾怡、曹志耘、罗福腾　2002《诸城方言志》，长春：吉林人民出版社。

钱曾怡、太田斋、陈洪昕、杨秋泽　2005《莱州方言志》，济南：齐鲁书社。

王村树　2002《福山同音字表》（未刊稿）。

王　力　1985《汉语语音史》，北京：中国社会科学出版社。

王淑霞　1995《荣成方言志》，北京：语文出版社。

徐明轩、朴炯春　1997《威海方言志》，韩国学古房。

一杉刚弘　1999《龙口方言研究报告》，山东大学硕士学位论文。

张树铮　1995《寿光方言志》，北京：语文出版社。

张廷兴　1999《沂水方言志》，北京：语文出版社。

（原载《汉语学报》2012 年第 2 期）

从山东方言几个特殊词想到的方言词语的产生和演化问题*

一 待诏

"山东方言志丛书"第 14 种《诸城方言志》在词汇的第四部分"人品称谓"中收有"代诏"这个词,简单地释义为"理发员"(98 页)。在调查到这个词时,发音人逢汉亭特别解释了它的来源:"诏是皇帝诏书,代诏指代替皇帝执行诏令。清代强制剃发,代诏就是执行皇帝诏令给人剪发,因此代诏就是理发员。"2001 年 9 月,《山东方言研究》出版,词汇部分执笔人是傅根清,在 19 个代表点 1000 词语对照表前面,"山东方言特殊词语的分析研究"有"保留的古语词"一节,其中详细介绍了"待诏",说"待诏"这个词"颇有来历",引发了笔者的好奇心,于是就有兴趣去了解它的来历和词义演变情况。经查考知道,原来"待诏"有三个意思。

1. 听命于官廷的有文才的人士

诏,皇帝诏书。"待诏"就是等待诏命,是将一些有文才的人集中起来以备顾问,没有具体官职。

《汉书》卷四十三《叔孙通传》:"叔孙通,薛人也。秦时以文学征,待诏博士。"颜师古注:"于博士中待诏。"(2124 页)可见早在秦代就有"待诏"之名。

《汉书》卷五十八《公孙弘传》:"……策奏,天子擢弘对为第一。召入见,容貌甚丽,拜为博士,待诏金马门。"(2617 页)

《汉书》卷八十七《扬雄传》:"孝成帝时,客有荐雄文似相如者,上方郊祀甘泉泰畤,汾阴后土,以求继嗣,召雄待诏承明之庭。"颜师古注:

---

* 本文为"第八届官话方言学术研讨会"暨"汉语方言资深专家高端论坛"(2016 年 6 月 16 日,锦州)发言稿,之后有多处补正。

"承明殿在未央宫。"（3522 页）

　　同样的记载见《文选》卷七扬子云《甘泉赋》："孝成帝时，客有荐雄文似相如者，上方郊祀甘泉泰畤，汾阴后土以求继嗣。召雄待诏承明之庭。"李善注："善曰，诸以材术见知，直于承明，待诏即见，故曰待诏焉。"（111 页）

　　唐时，不仅文学经籍之士，更有医卜、技艺等人才，也使之供值内廷，以待诏命，因此就有"医待诏""画待诏"等名称。

2. 官名

　　《史记·卫将军骠骑列传》："将军韩说……元鼎六年，以待诏为横海将军……。"（2944 页）

　　《辽史·百官志三》："翰林院·翰林画院"下："翰林画待诏，圣宗开泰七年见翰林画待诏陈升。"（二十五史百衲本 7，64 页）

　　《明史·职官志二》："翰林院"下有"待诏六人"，下注"从九品，不常设"。（二十五史百衲本 8，186 页）

　　《清史稿·职官志二》："翰林院"下，先有"待诏厅待诏（下注'从九品'）满、汉各二人"。后有"置待诏六人"，下注"满员四人，汉员二人"。（二十五史百衲本 9，448 页）级别是"从九品"，地位低微，而且"不常设"，可有可无。

3. 称呼各种工匠、技艺人

　　《水浒全传》第 4 回："智深走到铁匠铺门前看时，见三个人打铁。智深便道：'兀那待诏，有好钢铁么？'……那待诏住了手道：'师父请坐，要打甚么生活？'……"（56 页）此处总共用了 9 个"待诏"，第一个是称呼人，其余 8 个都是指铁匠铺的匠人。

　　《西游记》第 46 回："国王道：'这和尚是有鬼神辅佐！怎么道士入柜，就变做和尚？纵有待诏跟进去，也只剃得头便了，如何衣服也能趁体，口里又会念佛？'"（597 页）

　　《醒世恒言》第十五卷《赫大卿遗恨鸳鸯绦》："这匠人叫作蒯三，泥水木作，件件精熟，有名的三料匠。"（185 页）"……香公道：'院主，蒯待诏在此。'"第二十二卷《吕洞宾飞剑斩黄龙》："洞宾叫声'稽首'。看那娘子，正与浇蜡烛待诏说话。"（295 页）

　　《京本通俗小说·碾玉观音》，"待诏"称两个人：一是"璩家装裱古今书画"铺里的"老儿""璩待诏"（7页）；二是雕刻玉器的崔宁"崔待诏"（8页）。

以上铁匠、理发师、泥水木作匠、装裱匠以及浇蜡烛、雕刻玉器的人等等，都可称为"待诏"。"待诏"作为手工艺人的统称，以后使用范围逐渐缩小，只是清代作为清政府推行"剃发易服"的执行者，"待诏"作为理发师的称谓得以保存。

从文献来看：秦汉时期的"待诏"多是有文才的人士，如叔孙通、公孙弘、扬雄等，虽然没有具体职位，但服务于宫廷，地位较高；唐以后除文学之士以外，凡有一定技艺的人也都召集起来待诏于翰林院，范围扩大；以后有了具体的职位，但是品级低下，在官阶中地位低微；宋元时期将手艺人称为"待诏"则是尊称，因为手艺人比之有官衔的，即使从九品，也是拔高了他的地位，犹如现在我们尊称有技艺的人为"师傅"，如"木匠师傅""厨师傅"等。

二　温锅

去年重新整理《济南方言词典》的词语，逐条核对落实。其中"温锅"一词，释义为：

"旧时丧葬仪式。棺材进入墓穴之前，孝子到坟里烧纸，另外的人将咸水罐子和照明灯放到里面。‖参见"咸水罐子""照明灯"（253页）。

"参见"条的释义：

"咸水罐子"："旧俗丧葬时放到坟里的瓷罐子，里面装咸水和倒头饭。"‖参见"倒头饭"（240页）。

"倒头饭"："人死后亲人在他脚头上放的一碗饭，饭上直插一双筷子。"（170页）

"照明灯"："旧俗丧葬时点起来放到坟里的灯。"（179页）

想到前几年，韩国学生洪小熙搬了新家，我们带了一些吃食前去祝贺，这也叫"温锅"。可是《济南方言词典》记的是到坟地去给死人"温锅"，而现在则是去为亲友祝贺新居。

词典的释义肯定是不全面的，需要核实之后加以补充，于是找了好些济南人询问"温锅"的词义，答案一致，都只有给活人"温锅"的意思。董文斌《济南方言俗语》收有"温锅儿"，释义为："搬新家后，亲朋好友带上礼物到新家里聚一聚，吃顿饭；搬完家都到他家里～去。‖也作'稳锅儿'。"（329页）"中国语言资源有声数据库"济南点的老男发音人赵致平将现今的"温锅"解释得更为具体，说是亲友去温锅，要带半斤豆腐、半斤豆芽，豆腐表示"发发发"，豆芽表示"落地生根"。

　　记不清问了多少老老少少男男女女的济南人，全都不知道还有为死人"温锅"的意思。是我当时解释错了？可是济南话的发音人朱广祁不仅是地道的济南老城区人士，而且学问好、知识渊博，他提供的语料和解释怎么可能出错？再说我这个外地人编也编不出来这样具体的内容啊！那些日子真的是十分纠结。

　　无奈求助于文献，翻遍了家里所有有关济南的材料，最后终于找到了一条：《济南市志资料》第六辑原春溪文《济南的丧葬习俗》，在"建国前后济南地区的丧葬习俗"这个标题下有"温锅"一词，释义为："埋葬前一天的夜半，儿孙等要带着锅、柴、油、糕面到死者坟前煎糕，煎好后拿回家，全家下食，以示给死者温锅。解放后已废止。"（84—85 页）

　　这足以说明旧时给死人温锅的习俗是存在的，当然，原春溪文中"温锅"的具体内容，如拿到坟地的食物等，跟朱广祁所介绍的并不完全相同，这就像我们现在去亲友家温锅，拿的礼物可以是豆腐、豆芽，也可以是其他食物，反正拿吃食去的内容是一致的。

　　朱广祁只给我解释了"给死人温锅"的一个义项，他能不知道还有当今通用的这个意思吗？为什么当时没有一并提供？我拿这个问题请教文学院的滕咸惠老师，他也是地道的济南人。他推测说，可能朱老师觉得现在的温锅不算是什么特殊的词，不必记了。他的解释有道理。

　　查了几种汉语方言词典，在《洛阳方言词典》有"食瓶罐儿"，释义为："给死者装食品的陶罐，埋葬时放在墓穴内。"（8 页）可见埋葬时在坟墓内放食品的风俗在洛阳也是有的，可惜不知这种习俗在洛阳叫什么。但是送食品到坟墓是一致的。坟墓是死人的居所，进去前亲人也要为他"温锅"。

　　给死人或是给活人"温锅"，哪个在前？哪个在后？我猜测是给死人温锅的义项在前，但还待进一步核实。

三　识字班

　　在山东潍坊、临沂的一些地方，称姑娘为"识字班"。例如：

　　《诸城方言志》94 页：识字班，通常指十四五岁至十八九岁的女孩，也可戏称小女孩。

　　《沂水方言志》77 页：识字班，青年妇女。

　　《费县方言志》208 页：识字班，特指年轻女性。1949 年后，扫盲运动的识字班中多由未婚的女性组成，因而用识字班代指年轻的未婚女性：

这个庄的～都来了。

《苍山方言志》113 页：识字班，未婚女青年。（此条列为"姐妹团"的同义词）

"识字班"原是一个班级的组织名称，之所以演化为专指女青年的专用名词，源于新中国成立初期各地为扫盲开办的识字班。原来当初各地的"识字班"轰轰烈烈，在诸城，本是按男女老少分别开办的，有老人班、青年男子班等，后来只有青年女子班坚持下来了，大家就戏称青年女子为"识字班"。记得当初在记录这个词时，我笑问发音人逄汉亭："可不可以说'她夜里生了个识字班'？"逄大爷是认可的。

四　三本

拙著《博山方言研究》130 页："三本，汉奸：～队｜ XX 干过～队。（本条因"日本"音同"二本"而得名）"

"三本"与"二本"，两者都是数量词，有相同的词性，都跟称人的名词"汉奸"不相干，风马牛不相及。致使博山方言数量词"三本"转化为人称名词"汉奸"的重要因素，是这个方言的特殊字音：原来博山话"二""日"同音（《博山方言研究》41 页同音字表：lə^{31} 日二而）。"日本"音同"二本"，汉奸为日本人办事，所以称汉奸为"三本"。

五　关于词义产生、演变的几点思考

第一，词语的产生、发展与历史文化密切相关。早期的"待诏"指有文才之士待命于朝廷，后来泛指技艺人，再后来渐次消失，但是因为清政府强制剪发，因而留存了称理发师为"待诏"这个词的说法；虽然判断不了济南的"温锅"产生于什么时代，但是随着科学的普及、丧葬习俗的演变，可以断定给死人"温锅"的消失是必然的；称未婚青年女性为"识字班"源于新中国成立初期的扫盲运动，说明了女青年对于提高文化的迫切要求；称汉奸为"三本"，则是抗日战争特殊时期的产物。

第二，词义从甲到乙或扩大或缩小的演变，其决定性的因素是词义相通。"待诏"由听命于宫廷应不时之需而无官职的人士，到以后的低级官吏，到手艺人的通称，再缩小词义专称理发师，其中连贯相通的意思都是有某一方面的才艺，用自己的特长服务于人；"温锅"这个词无论给死人还是给活人都是为去新居送食品。

第三，词语产生的语音因素。"三本"由"二本"衍生而来，缘于博山

方言 "日" 音同 "二" $\mathfrak{l}\mathfrak{d}^{31}$，"日本" 等于 "二本" $\mathfrak{l}\mathfrak{d}^{31}p\mathfrak{d}^{55}$，因而憎称投靠侵华日军的汉奸为 "三本" $s\tilde{a}^{213}p\mathfrak{d}^{55}$。

　　第四，语言是广大人民共同使用的工具，是约定俗成的，所以词义的演化不是三天两天短时间的事情，往往要经历一定的时期，几千年几百年，少则几十年。"待诏" 的曲折演变经历了几千年；而 "三本" 的汉奸义则产生于抗日战争时期，现在虽然还存在，但是有的人已经不知道了，也许等干过汉奸的人都不在了，这个词义在人们的口语中也就会消失了；"识字班" 的词义产生在新中国成立以后，现在在山东潍坊、临沂的一些地方还继续通行。

　　也有 "短命" 的词语，跟特定历史时期密切相关，例如 "走资派" "红后代" "黑后代" "剃阴阳头" 等等，是随着 "文革" 而产生又随 "文革" 的结束而消亡的。而这，就不在本题的讨论范围之内了。

参考文献（按正文引用的先后顺序排列）

　　钱曾怡、曹志耘、罗福腾 《诸城方言志》，吉林人民出版社，2002年12月。

　　钱曾怡主编，张树铮、罗福腾副主编 《山东方言研究》，齐鲁书社，2001年9月。

　　班固撰，颜师古注 《汉书》，中华书局，1962年6月。

　　司马迁撰 《史记·卫将军骠骑列传》，中华书局，1959年9月。

　　萧统编，李善注 《文选》，中华书局，1977年11月。

　　《二十五史》（百衲本），浙江古籍出版社，1998年5月。

　　施耐庵、罗贯中 《水浒全传》，上海人民出版社，1975年9月。

　　吴承恩 《西游记》，人民文学出版社，1980年5月。

　　冯梦龙编著，胡山微点校 《醒世恒言》，济南出版社，1993年12月。

　　佚名辑 《中国古代通俗短篇小说集成·京本通俗小说·碾玉观音》，华夏出版社，2012年1月。

　　钱曾怡编纂 《济南方言词典》，江苏教育出版社，1997年12月。

　　董文斌编著 《济南方言俗语》，济南出版社，2013年9月。

　　原春溪 《济南的丧葬习俗》，载《济南市志资料》第六辑，1986年12月印发。

　　贺巍编纂 《洛阳方言词典》，江苏教育出版社，1996年12月。

　　张廷兴 《沂水方言志》，语文出版社，1999年4月。

邵艳梅、张桂霞、张涛、王全宝著 《费县方言志》，商务印书馆，2019 年 9 月。

王晓军、田家成、马春时 《苍山方言志》，齐鲁书社，2012 年 12 月。

钱曾怡 《博山方言研究》，社会科学文献出版社，1993 年 6 月。

朱德熙先生和我关于反复问句的
来往信件

　　前些时清理旧日书信，发现 1989 年朱德熙先生和我的来往信件。信是朱先生从美国西雅图寄给殷焕先师请殷师转交的，内容是询问两种反复问句 "V 不 VO" 和 "VO 不 V" 在山东方言中的分布。我于 8 月 21 日回信，先写草稿，修改后誊清寄出，还附了一张我所了解的反复问句在山东的分布图（各种类型的分布地是分别用彩色笔标记的）。朱先生来信和殷先生便笺以及我给朱先生回复的草稿和地图草稿被我保存在一个较大的信封里。

　　除了山东方言以外，想到我的母语嵊县长乐话的反复问句也很有特点，还简单介绍了长乐话反复问句的一些情况以供朱先生参考。

　　后来朱先生在 1991 年《中国语文》第 5 期发表了《"V-neg-VO" 与 "VO-neg-V" 两种反复问句在汉语方言里的分布——为季羡林先生八十寿辰作》一文，文中除引用了《烟台方言报告》和我回信中山东方言的部分语料外，还引用了我提供的我的母语嵊县方言的四个例句：

　　晚稻种（勿）种来？晚稻种不种？　　　　呷（勿）呷老酒来？喝不喝黄酒？
　　伊城里头去（勿）去来？他城里去不去？　　买（勿）买西瓜来？买不买西瓜？

　　但是朱先生在所引用的例句前说："下边嵊县话的例子是傅国通同志提供的。"朱先生之所以将我提供的例句误以为是傅老师提供的，大概是因为傅老师在杭州大学工作而我则在山东，也可能是朱先生将我提供的例句又请国通老师进行了核实，那就不得而知了。

　　下面是殷先生便笺、朱先生来信。因为我回信的草稿是经过修改后才誊写了寄给朱先生的，有几处涂改，以致草稿的扫描件不很清晰，为便于读者参看，先将草稿件誊写于下（我回信草稿和地图草稿因扫描件图像不清，删去）：

朱先生：

"V 不 VO"句式，据我手边材料，在山东除烟台以外，青岛、沂水、日照、利津、德州、济南、枣庄等地也都有，例如：开不开会、打不打球（有没有人），非动宾式的双音词如：学不学习、知不知道、喜不喜欢、凉不凉快、难不难受。

以上说明"V 不 VO"式在山东的分布并不限于胶东半岛，但是这种反复问句的内容在山东还分别有另外几种说法存在，主要如：

"是不 VO"式，通行于烟台（老派）、文登、荣成、牟平等地，例如文登：是不看电影、是不逮（吃）饭、是不愿意、他哥是没将（娶）媳妇。

"VO 啊吧"式，通行于潍县、诸城、寿光、无棣等地，例如临朐：吃饭啊吧、开会啊吧、学习啊吧、愿意啊吧。"吧"在各地分别有"不""啵""吗"等不同记录。

"VO 不"式，通行于临沂、新泰、曲阜、聊城、东明等地，主要是鲁西南，例如枣庄：开会不、学习文化不、喜欢打球不、可以坐不、干净不。"不"在各地分别有"拜""啵"等不同记录。

应该说，在口语中，这三种句式是更常见的。另外要说明的是，上述各种句式，并不全都排除"VO 不 VO"式的存在，例如德州有"VO 吧"（"吃饭啊吧"宾语末了一个音节拖长，疑是"啊"弱化的结果）、"V 不 VO"（"吃不吃饭"）、"VO 不 VO"（"吃饭不吃饭"）三种说法，说得最多的也就是最土的是第一种，其次是第二种，但也有第三种说法的存在。

"VO 不 V"式比较少见，在现有的材料中只能举出掖县，其情况如下：

甲："V 不 VO"	乙："VO 不（V）"	双音节词
开不开会	开会不（开）	学不学习
打不打球	打球不（打）	难不难受
有没有人	有人没有	年不年轻
到没到过北京	到过北京没有	凉不凉快
能不能来	能来不（能）　能来不（能来）	
愿不愿意去	愿意来不（愿意）	

以上"VO 不（V）"，打括号的"V"表示可以有也可以没有，如果有，那就是"VO 不 V"式了，可惜我暂时不敢说明其通行程度。

"VO 不 VO"的句子在我的家乡浙江嵊县长乐镇是"OV（勿）V 来"式，例如：饭食（勿）食来、晚稻种（勿）种来。如果前面有主语，则宾语紧接在主语之后，如：伊(他)城里头(城里)去(勿)去来、尔(你)台球(乒乓球)打(勿)打来。括号中的"勿"可有可无，以无为常。"勿"音 vəʔ₂，否定的回答"弗"，音 fəʔ₂。

"OV(勿)V 来"也可用"V(勿)VO 来"式代替，如：呷喝(勿)呷老酒来、买(勿)买(勿)西瓜来、去(勿)去看电影来，但不如"老酒呷(勿)呷来、西瓜买(勿)买来、电影去(勿)去看来"顺口。长乐话绝对排除"VO 勿 VO""VO 勿 V"式，不说"食饭勿食饭来""食饭勿食来"。

以上仅供参考。因济南点的材料要找人核实，所以回信拖了几天，请谅。此祝

安好

　　　　　　　　　　　　　　　　　　　　钱曾怡 1989.8.21

山东省书法教育研究会

自怡同志：

朱佩熙先生现在美国西雅图

华盛顿大学，

UNIVERSITY OF WASHINGTON

SEATTLE, WASHINGTON 98195

Department of Asian Languages and Literature, Du-21

朱先生大概在母校诊方面论文
要用，谨请您抓紧为盼。

时好！

焕 八六·七·十二.

曾怡同志：

　　我想了解一下带宾语的反复问句的种类型"V不VO"和"VO不V"在方言中的分布。根据尊著《烟台方言报告》，烟台话属于"V不VO"型。我想就此请教以下两个问题：

　　一、除烟台外，山东还有哪些地方说"VO不V""V不VO"的式是否只见于山东半岛？

　　二、山东有哪些地方说"VO不V"？如果有，希望能提供一些例句。（它是不是动宾式以双音词尾为主？例如：喜欢不喜欢、知道不知道这类？）

　　我正在起草一篇关于反复问句的文章。如蒙赐教，当在文中引用尊说。

　　冒昧打扰，请勿见怪。

　　敬礼

　　　　　　　　　朱德熙
　　　　　　　　　七月廿一日

山东沂山地区方言简志[*]

提要： 沂山地区在山东省中部，覆盖潍坊、淄博、日照三地市的临朐等九个县市。该地区方言属于胶辽官话青莱片。沂山地区方言的显著特点是塞擦音和擦音分类细，以及与古音的对应关系复杂等，这在汉语方言中极为少见。本文在着重说明塞擦音和擦音主要特点的基础上，较全面地介绍全区方言的一致性特点、罗列分布区内各县市的音系，以及所存在的内部差异。

关键词： 胶辽官话　沂山方言　塞擦音、擦音　一致性　内部差异

壹　概况

1.1 沂山方言区属

沂山山脉在山东中部，覆盖潍坊、淄博、日照三地市的临朐、昌乐、安丘、诸城、五莲、莒县、沂水、沂源、青州九县市。根据《中国语言地图集》第 2 版《汉语方言卷》(中国社会科学院语言研究所等，2012)，其方言主要属于胶辽官话青莱片。

1.2 沂山方言的总体特征

著名语言学家李荣先生曾经说过："学韵母到广东，学声母到山东。"是说山东方言中声母发音部位分类之细是汉语方言中很少见的。山东方言声母发音部位分类之细，主要是塞擦音和擦音的分类，其分布区就在沂山山脉一带和胶东地区，而沂山分布区的有些地区的声母即使是胶东地区也是没有的。下面从三方面着重介绍本地区塞擦音和擦音的情况。

(一) 沂山风景区、昌乐、安丘等地，声母塞擦音和擦音的发音部位最多的有五组，达 29 个之多。其五组塞擦音和擦音声母的特点主要有二：

---

* 本文在调查和写作过程中得到临朐县史志办工作人员的支持和帮助，谨此致谢！

一是分尖团；二是知庄章字分"照三""照二"两类。①从与中古音系的对照来说，以昌乐为例，五组读音的来源分别是：① 古精组洪音读齿间音 tθ、tθ'、θ（资次思）；② 古精组细音读舌尖前音 ts、ts'、s（精清星）；③ 古"照三"读舌叶音 tʃ、tʃ'、ʃ（章昌商）；④ 古"照二"读舌尖后音 tʂ、tʂ'、ʂ（支翅诗）；⑤ 古见晓组细音读舌面前音 tɕ、tɕ'、ɕ（经轻兴）。

　　㈡ 塞擦音和擦音除去发音部位分类细以外，其与古音交叉复杂的对应关系也是本地区的一大特点。本地区塞擦音和擦音的发音部位最多五组，最少的在边缘地区，是三组。全区共有五种情况：① 临朐沂山风景区、昌乐、安丘等地为五类；② 自莒县阎庄镇往北的碁山、安丘的郚山、临朐的柳山到昌乐的鄌郚、营丘一线，照三组与尖音同声母（韵母有洪细的区别）；③ 诸城、五莲等地照三组与团音（见组细音）合并；④ 沂山边沿临朐县城、冶源及沂源的悦庄等地尖团不分；⑤ 沂源县城及西里尖团不分、照二照三不分。见下表（表中只列一个例字，注音标出该组全套读音）。[见"沂山方言地图（一）"]

		增精组洪音	精精组细音	蒸照三	争照二	经见晓组细音	备注
①	昌乐	tθ\ð tθ' θ	ts\z ts' s	tʃ ʒ tʃ' ʃ	tʂ tʂ' ʂ	tɕ tɕ' ɕ	五组
②	阎庄镇莒县	tθ\ð tθ' θ	ts\z ts' s	z ts' s	tʂ tʂ' ʂ	tɕ tɕ' ɕ	四组
③	相州诸城	tθ tθ' θ	ȶ ȶ'	tʃ tʃ' ʃ	tʂ tʂ' ʂ	tʃ tʃ' ʃ	四组
④	临朐城关	tθ tθ' θ	tɕ tɕ' ɕ	tʃ tʃ' ʃ	tʂ tʂ' ʂ	tɕ tɕ' ɕ	四组
⑤	沂源县城	tθ tθ' θ	tɕ tɕ' ɕ	tʃ tʃ' ʃ	tʃ tʃ' ʃ	tɕ tɕ' ɕ	三组

　　此外，东部边沿，诸城、五莲等地，古精组字按韵母洪细分别与端组字合并。例如相州诸城：接 = 跌 ȶiə | 切 = 铁 ȶ'iə | 贱 = 店 ȶiã˥ | 钱 = 田 ȶiã。古精组字按韵母洪细分别与端组字合音，应是诸城、五莲交界地区方言的特点，如诸城积沟：走 = 抖 ˅tou | 葱 = 通 tʻəŋ | 精 = 丁 ȶiŋ | 清 = 听 ȶ'iŋ。这个特点到沂山山脉就基本消失，波及诸城相州，也只有细音的合并了。

　　㈢ 古精组和照三组的"精、知、张、章"等字的声母，北京读不送气音清声母，沂山方言读为浊擦音。如沂山风景区：增 ðəŋ | 精 ziŋ | 贞蒸 ʒəŋ。三个浊擦音与送气的清塞擦音、擦音配套。如沂山风景区：粗 tθ' |

---

① 知组开口三等、合口遇摄和章组开口（止摄以外）、合口遇摄为"照三"；其余包括全部庄组和知组开口二等、合口（遇摄以外）及章组开口止摄、章组合口（遇摄以外）为"照二"。

清 ts'丨超 tʃ'丨苏 θ丨星 s丨烧 ʃ丨租 ð丨精 z丨招 ʒ。

受普通话的影响，这些声母正在向不送气清塞擦音转化，在不同地区存在新老两读、自由变读，或同类字有的读不送气清塞擦音，有的读浊擦音的现象。〔见"沂山方言地图（二）"〕

塞擦音和擦音分类之细、其与古音的复杂关系、不送气清塞擦音读为浊擦音，这三种情况在其他汉语方言中是不多见的。

上文说到本地区内部一致性较强，以下分语音和词汇语法两部分简述沂山地区方言的共同特点。

1.3 语音特点

共同点主要有 8 项（为方便说明，加与北京语音对比例，括号内是例字）。

㊀ 北京开口呼零声母字读 ŋ 声母（爱袄欧）。

㊁ 古精组洪音，北京的舌尖前音 ts、ts'、s 读齿间音 tθ、tθ'、θ（资次思）。齿间音在全国汉语方言中不多见，在山东则是很常见的，而其分布地区除东部的青岛、即墨、平度、高密、胶南几县市以外，主要就集中在沂山地区，而且在本地区没有例外。

㊂ 北京的 ər 音节读 ʅə（儿耳二）。这个音发音时 ʅ 的本音拖长，收尾带出轻微的央元音 ə。

㊃ 北京 ai、uai，ao、iao 两组复元音韵母读 ɛ（哀）、uɛ（歪），ɔ（袄）、iɔ（腰）。此外，全区还有一个与 ɛ、uɛ 两个韵母配套的 iɛ 韵母，这个韵母北京读 ai（矮）、ie（街介）、ia（涯）。

㊄ 北京的两套 n 韵尾八个韵母 an、ian、uan、yan 和 ən、in、uən、yn，本地区读为鼻化元音韵母 ã（安）、iã（烟）、uã（弯）、yã（冤）和 ə̃（恩）、iə̃（音）、uə̃（温）、yə̃（晕）。

㊅ 古咸、山两摄开口一等见晓组入声字，北京读 ɤ 韵母，沂山地区除"鸽"字在各地有读 uə、a、ə 三种不同韵母（其中 uə 是旧读、ə 是新读）以外，其余的常用字十分一致，都读 a 韵母。例如：

	鸽咸开一	蛤咸开一	磕咸开一	喝咸开一	割山开一	葛山开一	渴山开一
沂山风景区	ˍkuə/ˍkə	ˍka	ꜛk'a	ꜛxa	ꜛka	ꜛka	ꜛk'a
相州诸城	ˍka	ˍka	ꜛk'a	ꜛxa	ꜛka	ꜛka	ꜛk'a
沂水	ˍka	ˍka	ꜛk'a	ꜛxa	ꜛka	ꜛka	ꜛk'a

㊐ 古曾摄开口一等、梗摄开口二等入声字，北京分读为 ei、o、ɤ、ai 四个韵母，沂山地区古今演变规律比较整齐，除"特"字有读 ə、uo 韵母的以外，其余各地一概读为 ei 韵母。例如：北 pei｜墨 mei｜德 tei｜刻 k'ei｜色 ṣei｜百白 pei｜摘 tṣei｜册 tṣ'ei｜隔 kei。受推广普通话的影响，有些字音存在新老的不同，如"革"字就存在 kei、kə 两读的现象。

㊀ 声调。除与淄博地区接壤的沂源边境为三个调类以外，其余全部与北京一样是阴平、阳平、上声、去声四个调类。古今演变规律，除清声母入声字的归类与北京不同且存在地域差异以外，其余也跟北京相同，是古平声字按声母清浊分阴平、阳平，全浊上声归去声，古入声全浊归阳平、次浊归去声。调型全区一致为：阴平低降升 [˨˩˧]213（或 [˨˩˦]214）、阳平高降 [˦˨]42（或 [˥˧]53）、上声高平 [˥˥]55（或 [˦˦]44）、去声低降 [˨˩]21（或 [˧˩]31）。

1.4 词汇语法特点

与共同语大体相同，内部也比较一致，多数词语全区说法相同，如：身体疾病方面的"身子""额音 ie 来（或拉）盖""鼻孔眼子""槌拳头""脊梁""腔""痨病""发脾寒疟疾""扎裹（或古、刮）病治病"，人称方面的"娘""姥爷""姥娘""大爷""大娘""婶子""外甥统称外孙和外甥""小厮小男孩""闺女"等，此处不一一列举。本地区词汇语法的特点主要存在于一些特有的词语、短语及句式，以下分 8 项说明。因为存在地域差异，下述特点通用于大多数地区，但并非覆盖全区。

㈠ 该方言区词汇的丰富表现在很多方面，以下只从多样的同义词、词语的生动形象两方面举例说明

① 多样的同义词，如：说"地方"有"地处""埝儿""地场"等，称"玉米"有"棒子""棒槌子""玉豆"等，称"花生"有"果子""长果""长生果""长虫果儿"等，称"连襟"除"连襟"外还有"割不断""连乔儿""连梗""一担挑儿"等，说"留级"除"留级"外有"降级""蹲班"等，"写别字"说"写白字儿""写叔伯字儿"等。

② 带有修辞色彩或比喻义、相当生动形象的词语，如"壮地肥沃地""薄地贫瘠地""玩藏掖的魔术师""扒窑子的盗墓人""舔腚拍马屁"等。以下再举气象和动物名称的例子："扫帚星彗星""勺星北斗星""雾露雨蒙蒙雨""烧云霞"等；动物名称"扁嘴鸭子""夜猫子猫头鹰""长尾巴郎喜鹊""长虫蛇""刀螂螳螂""团鱼甲鱼""屈伸虫儿尺蠖""白渣苍蝇卵"等。

㈡ 本地一些日常口语，听起来比较土、比较俗，却是古语词的保留，

显示了古雅的特点，酌举 10 例如下

① 冻，此字方言两音：一为平声，音同东 tuŋ，～～，冰；二为去声，音同栋，上～。《广韵》平声东韵："德红切，冻凌，又都贡切。"又去声送韵："都贡切，冰冻，又音东。"多数方言"冻"字只读去声，而本区保留《广韵》两个音。

② 垺 pu²，～土，灰尘。《广韵·没韵》："蒲没切，尘起。"

③ 夜来 iə² lai˙，昨天。唐孟浩然《春晓》："春眠不觉晓，处处闻啼鸟，夜来风雨声，花落知多少。"

④ 妗 tɕiẽ²，～子，舅母。《集韵·沁韵》："妗，巨禁切。俗谓舅母曰妗。"

⑤ 箸 tʃu²，～笼，筷笼。《广韵·御韵》："迟倨切，匙箸。"《玉篇》："徐庶切，筴也，饭具也。"

⑥ 褯 tɕiə²，～子，尿布。《广韵·禡韵》："慈夜切，小儿褯。"

⑦ 鉎鏉 ₌ʂəŋʂu，铁锈。鉎，《广韵·庚韵》："所庚切，铁鉎。"鏉，《广韵·宥韵》："所佑切，铁生鏉。"

⑧ 姓 fa²，禽鸟下蛋。《说文》："生子。"

⑨ 菢 pɔ²，禽鸟孵蛋，～窝。《广韵·号韵》："薄报切，鸟伏卵。"

⑩ 綦 ₌tɕ'i，甚，极，～好。《荀子·王霸篇》："权谋日行，而国不免危削，綦之而亡。"

（三）特有的日常用词

① 能愿动词"待"tɛ²，义为"想要""打算"：你～干什么？我～困觉。《广韵·海韵》："待，徒亥切，拟也，俟也。"《玉篇》："徒改切，拟也，俟也。"

② 量词，方言中用得最多的是"个"，如"帽子""椅子""猪""鸡"，普通话的量词分别用"顶""把""头""只"，而本地方言皆可用"个"，此处不细举。以下是方言中的几个较为特殊的量词：块一～戏｜一～电影｜一～收音机｜一～电池｜一～秫秸、一～甘蔗、一～馍馍、一～砖（非整砖）。‖ 根条：一～鱼｜一～道｜一～黄瓜 ‖ 盼儿（或盼子）动量词，一会儿，一阵子：耍了一～｜坐了一～。

③ 语序。外门汉门外汉｜貌相相貌｜慢待怠慢｜胀饱饱胀｜共总总共｜才刚音降，刚才｜怪手冷手很冷｜知不道不知道。

④ 方言的某些词，语义较宽。如：外甥外孙、外甥｜鼻子鼻子、鼻涕｜窄巴地方狭窄、度日艰难｜瘦胖瘦、肥瘦、衣服不宽松｜挣了挣钱了、饺子煮破了｜瞎了丢了、浪费了、小孩死了。

⑤ 识字班，女孩儿。新中国成立后帮助人们文化翻身，组织不同性别、年龄的识字班，后来只有青年女子坚持下来，因称青年女子为"识字

班"。这个词是本地区特定的历史文化的记录。

㈣ 词缀

其中名词后缀"子"用得普遍，有许多是普通话不用或用"儿"缀的，如临朐的"雨点子雨点儿|饭巴拉子雪珠|河流子鹅卵石|老汉子老汉儿|学宝子学生|布脐眼子肚脐眼|指甲盖子|干腿子小腿|豁唇子唇裂的人|锅腰子驼背|门关子门栓|扎腰带子|蝎虎子壁虎|黄鼠狼子|木落鱼子木鱼|(闯)门子门儿|舍林子义葬地"等。

动词后缀有"巴捏~|拉扒~|么估~|悠转~|乎贴~|棱扑~|查抠~|弄拨~|索摸~|达蹦~|登倒~"等。

还有几个特殊的名词后缀"厮""巴""汉"，多用于称人，以称身体有缺陷的人居多。如："厮：小~男孩(临朐、昌乐、安丘、诸城、莒县、沂水)|嫂~(临朐、昌乐、安丘、诸城、莒县、沂水)|秃~(临朐、沂水)|瞎~(临朐)"；"巴：哑~(临朐、昌乐、安丘、诸城、莒县、沂水)|嘲~傻子(临朐、昌乐、安丘、诸城、莒县、沂水)|瘸~(临朐、昌乐、安丘、诸城、莒县、沂水)|野~疯子(昌乐、安丘、诸城)|瘫~(莒县、沂水)|痴~(莒县)"。

㈤ 对称式形容词"大AA"、"精BB"（或"精B儿B儿"）式

单音节形容词A和B是表示度量衡的两个反义词，如"长"和"短"、"高"和"低"。这两个形容词重叠后，分别在前面加"大""精（或溜）"，表示程度深。全地区通用：

大：~长长|~宽宽|~厚厚|~粗粗|~高高|~深深|~远远|~胖胖~肥肥

精：~短短|~窄窄|~薄薄|~细细|~矮矮|~浅浅|~近便|~瘦瘦

以上表示负面的形容词"BB"重叠时还多为儿化，如"精短儿短儿""精窄儿窄儿"，含有轻微的意思。其中表示远近的"近"多不重叠，一般说"精近便"（"便"音 piã̄，因受前字"近"的鼻音韵母影响，有的人读为 miã̄，音同"面"，有人写作"精近面"）。

㈥ 可能补语

普通话用"得"连接补语表示可能的形式，如"走得动""走不动"等，本地区的说法否定式与普通话相同，肯定式多用"动补结构＋了"和"能＋动补结构"表示，前者居多。例如：看见（或着）了|上去了|用（或使）着了|这活一天干完了 ‖ 能看见（或着）|能上去|能用（或使）着|这活一天能干完。

㈦ 比较句

普通话用介词"比"连相比的事物，后接比较词，如"他学习比我好"。本地区的比较句的介词用"起"，而且语序与普通话不同。例如沂

山：日子一天强起一天_{日子一天比一天好}｜这本书好看起那本_{这本书比那本好看}｜他不高起我_{他不比我高}。沂山地区比较句的这种用法通行于山东除鲁西北以外的许多地方，从东部的荣成、青岛，到中部的淄博、济南，直到西部的德州都很通用。

㈧反复问句

普通话的反复问句用肯定与否定并列的方式表达，如"去不去"（问意向）、"去没去"（问结果）。方言一般也可以这样说，但口语一般多用"主题词＋啊吧""主题词＋了＋没（音·mu）"表示。所谓主题词是指问的内容，多为动词或形容词。例如沂山：走啊吧／不走不走｜好啊吧／不好不好｜清楚啊吧／不_{清楚不清楚}｜走了没_{走没走}。

贰　十县市方言音系

为便于读者了解沂山分布区方言的大体面貌，以下分别罗列沂山主峰所在地沂山风景区及沂山分布区各县市政府所在地音系。其中诸城、五莲、青州三县市的政府所在地虽不在本区分布范围之内，但因地域临近，与本区边界存在共同特点，为便于比较，也将三处音系记录在内。

本节所列沂山地区方言十县市音系参考了《潍坊方言志》（潍坊市地方史志办公室等，1992）、《沂水方言志》（张廷兴，1999）、《诸城方言志》（钱曾怡等，2002）等著述。2014年1月，钱曾怡带领岳立静、张燕芬、刘娟对沂山地区方言进行专项调查，补充调查了沂山风景区（于连成发音）、莒县阎庄镇（史宗义发音）、沂源县城（杨秀芹发音）三个点，核实了其他七个方言的音系，本节所绘方言地图中描写的地域差异项共调查了44个乡镇。

2.1 临朐沂山风景区

㈠声母29个

p	布别	p'	怕盘	m	门				f	飞		
t	到道	t'	太同	n	南女	l	路连					
		tθ'	粗曹						θ	丝苏	ð	增祖
		ts'	秋醋						s	修	z	精
		tʃ	昌潮						ʃ	声书	ʒ	蒸
tʂ	争	tʂ'	初锄			ɭ	而		ʂ	生		
tɕ	经	tɕ'	丘桥						ɕ	修虚		

k　贵跪　　k'　开葵　　ŋ　岸　　　　　　　　x　灰话
ø　言完远日软

说明：①n 拼齐撮两呼时，实际音值是 ȵ；②tɕ 声母有时捎带浊音色彩；③ɭ 发音较长，收尾时带出轻微的 ə。

（二）韵母 36 个

ɿ	资知	i	衣	u	故	y	雨
ʅ	支						
ɑ	爬渴	iɑ	架	uɑ	花		
ə	舌耳	iə	接	uo	过	yo	月
ɛ	盖	iɛ	介	uɛ	怪		
ɔ	保	iɔ	条				
ei	妹白墨刻			uei	桂雷		
ou	收	iou	流				
ã	三	iã	减	uã	关	yã	权
ẽ	根民林	iẽ	心	uẽ	温	yẽ	群
ɑŋ	桑	iɑŋ	良	uɑŋ	光		
əŋ	庚	iŋ	星	uŋ	东翁	yŋ	胸

说明：①ɿ 在 tθ 组声母后的实际音值是齿间元音，在 tʃ 组声母后的实际音值是舌叶元音；②u 在 tʃ 组声母后的实际音值是舌叶圆唇元音；③ɑŋ、iɑŋ、uɑŋ 的 ɑ 带鼻化，韵尾 ŋ 不到位；④uŋ 为零声母时，实际音值是 uəŋ。

（三）声调 4 个

阴平 [˨˩˧] 213　诗衣猪虚　磕铁脱菊　　阳平 [˦˨] 42　时移文云 白极服局
上声 [˥˥] 55　使椅五女 喝　　　　　　去声 [˨˩] 21　是意对用 麦六袜月

2.2 临朐城关

（一）声母 27 个

p	布	p'	怕	m	门			f	飞
t	到	t'	太	n	南女	l	蓝热如		

tθ	增	tθ'	粗			θ	苏		
tʃ	蒸	tʃ'	除			ʃ	声		
tʂ	争	tʂ'	锄	ʅ	二日	ʂ	生	ʐ	人
tɕ	精经	tɕ'	秋丘			ɕ	修休		
k	贵	k'	开	ŋ	岸		x	海	
∅	言完原								

说明：①n 拼齐撮两呼时，实际音值是ȵ；②tʃ组声母舌位稍前，近 ts组；③tɕ组声母舌位稍后，但不到舌面中；④ʐ声母只拼ẽ韵母；⑤ʅ发音较长，收尾时带出轻微的ə。

㈡韵母 37 个

ɿ	资知	i	衣	u	故猪	y	雨
ʅ	支						
ɑ	爬	iɑ	加	uɑ	花		
ə	车耳	iə	姐	uo	过	yo	月
ɛ	盖	iɛ	街	uɛ	怪		
ɔ	保	iɔ	条				
ei	妹	iei	谁	uei	桂		
ou	收	iou	流				
ã	山	iã	减	uã	关	yã	元
ẽ	根门林	iẽ	心音	uẽ	温	yẽ	群
ɑŋ	桑	iɑŋ	良	uɑŋ	光		
əŋ	登	iŋ	丁	uŋ	东翁	yŋ	用

说明：①ɿ在tθ组声母后的实际音值是齿间元音，在tʃ组声母后的实际音值是舌叶元音；②u在tʃ组声母后的实际音值是舌叶圆唇元音；③ie 的 e舌位靠后略低；④ɔ的舌位略高；⑤uŋ为零声母时，实际音值是uəŋ。

㈢声调 4 个

阴平 [˨˩˧] 213　诗衣乌于 伯一速郁　　阳平 [˦˨] 42　时移无鱼 白极毒局
上声 [˥˥] 55　使椅五雨 百乙屋足　　去声 [˨˩] 21　是意务预 墨历物玉

2.3 昌乐县城

（一）声母 29 个

p	布	pʻ	怕	m	门			f	飞
t	到	tʻ	太	n	南女	l	蓝		
tθ	增	tθʻ	粗					θ	思
ts	精	tsʻ	清					s	星
tʃ	蒸	tʃʻ	昌					ʃ	声
tʂ	争	tʂʻ	锄			ɻ	耳	ʂ	生
tɕ	经	tɕʻ	轻					ɕ	兴
k	贵	kʻ	开	ŋ	岸			x	胡
ø	延午元日软								

说明：①n 拼齐撮两呼时，实际音值是 ȵ；②tʃ 组声母舌位稍前；③tɕ 组声母舌位稍后，不到舌面中；④合口呼零声母时，介音 u 的实际音值是 v；⑤ɻ 发音较长，收尾时带出轻微的 ə。

（二）韵母 36 个

ɿ	资知	i	地日	u	故	y	吕如
ʅ	支						
ɑ	爬蛇	iɑ	架	uɑ	花		
ə	车耳	iə	野惹	uo	过各	yo	月若
ɛ	盖	iɛ	矮	uɛ	帅		
ɔ	保	iɔ	条扰				
ei	妹刻白墨			uei	水		
ou	斗	iou	流肉				
ã	三	iã	减然	uã	官	yã	远软
ẽ	根	iẽ	心人	uẽ	温	yẽ	运润
ɑŋ	方	iɑŋ	向让	uɑŋ	床		

əŋ 朋　　　　　iŋ 命　　　　　uŋ 东翁　　　　yŋ 用荣

说明：①ʅ 在 tθ 组声母后的实际音值是齿间元音，在 tʃ 组声母后的实际音值是舌叶元音；②u 在 tʃ 组声母后的实际音值是舌叶圆唇元音；③ iə 的 ə 舌位靠后略低；④ ɔ 的舌位略高；⑤ uŋ 为零声母时，实际音值是 vəŋ。

三）声调 4 个

阴平 [˩]213　　诗衣关居 尺一出削　　阳平 [˥˩]42　　　时娘文徐 白席合局

上声 [˥]55　　　使椅五许 各　　　　去声 [˩]21　　　是意树用 辣六物入

2.4 安丘县城

一）声母 29 个

p	布	p'	怕	m	门			f	飞
t	到	t'	太	n	南女	l	蓝		
tθ	增	tθ'	粗					θ	思
ts	精	ts'	全					s	修
tʃ	蒸	tʃ'	潮					ʃ	声　（ʒ）蒸
tʂ	争	tʂ'	巢			ɭ	耳	ʂ	生
tɕ	经	tɕ'	拳					ɕ	休
k	贵	k'	开	ŋ	岸			x	海
ø	延午碗元日软								

说明：①n 拼齐撮两呼时，实际音值是 ȵ；②tθ 组声母发音时舌尖不外露；③tʃ 声母有时读为同部位的浊擦音 ʒ（这个声母不计在声母数字之中）；④ɭ 发音较长，收尾时带出轻微的 ə。

二）韵母 36 个

ʅ	资知	i	地日	u	故	y	居如
ʮ	支						
ɑ	爬蛇	iɑ	架	uɑ	花		
o	婆			uo	过	yo	月若

ə	车耳	iɵ	茄惹				
ɜ	盖	iɜ	介	uɜ	怪		
ɔ	保	ɔi	条扰				
ei	妹刻白墨			uei	桂		
ou	斗	iou	流肉				
ã	三	iã	减然	uã	官	yã	远软
ẽ	根	iẽ	林人	uẽ	温	yẽ	云润
ɑŋ	帮	iɑŋ	良让	uɑŋ	床		
əŋ	庚通	iŋ	灵胸绒	uəŋ	翁		

说明：①ㄣ在 tθ 组声母后的实际音值是齿间元音，在 tʃ 组声母后的实际音值是舌叶元音；②u 在 tʃ 组声母后是舌叶圆唇元音；③iə 的 ə 舌位靠后略低，实际音值是 ʌ。

㈢声调 4 个

阴平 [˨˩˧] 213 诗边初居 割铁刮确   阳平 [˦˨] 42 时平文云 舌席合俗
上声 [˥] 55   使比古女 各   去声 [˨˩] 21 是用坐去 麦六木药

2.5 诸城城关

㈠声母 26 个

p	布	pʻ	怕	m	门			f	飞
t	端	tʻ	汤	n	能女	l	蓝		
tθ	早	tθʻ	粗					θ	三
ȶ	店贱	ȶʻ	甜钱					ç	星雪
tʃ	战见	tʃʻ	缠钳					ʃ	声兴
tʂ	站	tʂʻ	馋			ɻ	耳	ʂ	生
k	刚	kʻ	开	ŋ	岸			x	海
ø	啊烟无远日软								

说明：① 本声母记的是城关音，跟城里略有不同，主要是城关 ȶ、ȶʻ、ç 三个声母城里分读为 t、tʻ（店甜）和 tθ、tθʻ、θ（贱钱星雪），城关音在诸城有

代表性；② n 拼齐撮两呼时，实际音值是 n̠；③ 合口呼零声母时，介音 u 的实际音值是 v；④ ɻ 发音较长，收尾时带出轻微的 ə。

（二）韵母 35 个

ɻ	资知鸡	i	衣日	u	乌猪居	y	鱼如
ɻ	支						
ɑ	妈蛇架	iɑ	牙	uɑ	瓜		
ə	波协车耳	iə	夜热	uə	多河确	yə	月弱
ɛ	盖街	iɛ	矮	uɛ	怪		
ɔ	包交	iɔ	标扰				
ei	悲择白墨			uei	对雷		
ou	斗九	iou	丢柔				
ã	班兼	iã	边染	uã	端拳	yã	远软
ẽ	根金民	iẽ	音人	uẽ	顺军	yẽ	云闰
ɑŋ	帮讲	iɑŋ	良让	uɑŋ	庄		
əŋ	登东形雄	iŋ	勇荣	uəŋ	翁		

说明：① ɻ 在 tθ 组声母后的实际音值是齿间元音，在 tʃ 组声母后的实际音值是舌叶元音；② u 在 tʃ 组声母后是舌叶圆唇元音；③ əŋ、iŋ 的实际音值不稳定，是 əŋ 和 ʊŋ、iŋ 和 iʊŋ 的自由变读（ʊ 是介于 u 和 o 之间的元音）。

（三）声调 4 个

阴平 [˨˩˦] 214	诗衣乌冤	阳平 [˥˧] 53	时移无元 杂敌学极
上声 [˥] 55	史椅五远 八接刮雪	去声 [˧˩] 31	是意务院 辣日落月

2.6 五莲县城

（一）声母 25 个

p	布	p'	怕	m	门			f	飞
t	到	t'	太	n	南女	l	蓝		
tθ	早	tθ'	粗					θ	苏线徐
ȶ	丁精	ȶ'	听清						
tʃ	蒸经	tʃ'	称轻					ʃ	声兄

tʂ	争	tʂʻ	充			ɭ	耳	ʂ	生
k	贵	kʻ	开	ŋ	岸			x	海
ø	啊延午元日软								

说明：①合口呼零声母时，介音 u 的实际音值是 v；② n 拼齐撮两呼时，实际音值是 ȵ；③ ʈ、ʈʻ 有时读 tɕ、tɕʻ；④ θ 在撮口呼前有时读 ɕ；⑤ ɭ 发音较长，收尾时带出轻微的 ə。

（二）韵母 35 个

ɿ	资知鸡	i	衣日	u	乌猪居	y	鱼如
ʅ	支						
ɑ	妈割架	iɑ	牙	uɑ	瓜		
ə	波车协耳	iə	夜热	uə	多河确	yə	月弱
ɛ	盖街	iɛ	矮	uɛ	怪		
ɔ	包交	iɔ	标扰				
ei	悲刻白墨			uei	对		
ou	斗救	iou	丢柔				
ã	班兼	iã	边然	uã	端拳	yã	远软
ẽ	根金林	iẽ	音人	uẽ	顺军	yẽ	云闰
ɑŋ	帮讲	iɑŋ	良让	uɑŋ	庄		
əŋ	登东影雄	iŋ	丁用	uəŋ	翁		

说明：① ɿ 在 tθ 组声母后的实际音值是齿间元音，在 tʃ 组声母后的实际音值是舌叶元音；② u 在 tʃ 组声母后是舌叶圆唇元音；③ ɑŋ 的 ɑ 稍带鼻化，韵尾 ŋ 不到位。

（三）声调 4 个

阴平 [˨˩˦] 214 诗衣乌愚 北一	阳平 [˥˧] 53 时移无鱼 贼截学绝
上声 [˥] 55 史椅五雨 德铁托雪	去声 [˧˩] 31 事意务遇 墨业物弱

2.7 莒县阎庄镇

（一）声母 26 个

p	布步	pʻ	怕盘	m	门			f	飞

t	到道	t'	太同	n	南女	l	连吕

tθ　增　　tθ'　曹　　　　　　　　θ　散苏　（ð）（增）

ts　精蒸　ts'　秋昌　　　　　　　s　西书　（z）（精）

tʂ　争　　tʂ'　初巢　　　ɭ　而　　ʂ　师

tɕ　经　　tɕ'　旗　　　　　　　　ɕ　希

k　贵跪　k'　开葵　ŋ　岸　　　　x　花话

ø　言闻远日软

说明：①ð、z 两个浊擦音是同部位不送气清塞擦音 tθ、ts 的自由变读（这两个声母不计在声母数字之中）；②n 拼齐撮两呼时，实际音值是 ȵ；③合口呼介音 u 近似 v；④ɭ 发音较长，收尾时带出轻微的 ə。

㈡韵母 36 个

ɿ　资直　　　i　地　　　u　故　　　y　雨

ʅ　支

ɑ　爬　　　　iɑ　架　　uɑ　花

ə　河蛇　　　iə　姐　　uə　过落　　yə　靴月

ɛ　盖　　　　iɛ　介　　uɛ　怪

ɔ　桃　　　　iɔ　条

ei　妹德白隔　　　　　　uei　贵

ou　收　　　iou　流

ã　胆　　　　iã　间　　uã　关　　　yã　权

ẽ　根　　　　iẽ　心　　uẽ　温　　　yẽ　云

ɑŋ　桑　　　iɑŋ　良　　uɑŋ　床

əŋ　庚　　　iŋ　星　　uŋ　东翁　　yŋ　胸穷

说明：①ɿ 在 tθ 组声母后的实际音值是齿间元音；②uə、yə 的圆唇，近似 o；③uŋ 为零声母时，实际音值是 uəŋ。

㈢声调 4 个

阴平 [˨˩˧] 213 高天姑苏 割铁福缺　　　阳平 [˥˧] 53 穷才人龙 白合服局

上声 [˥˥] 55　比五永 百挖　　　　　　去声 [˧˩] 31 近盖用大 麦六袜入

2.8 沂水县城

㈠声母 26 个

p	布别	p'	怕盘	m	米毛			f	飞凤
t	到敌	t'	太提	n	怒内	l	辣吕		
		tθ'	醋曹					θ	四随	ð	子凿
		ts'	秋船					s	修十	z	酒直
tʂ	支骤	tʂ'	齿锄			ɻ	二耳	ʂ	晒梳
tɕ	鸡杰	tɕ'	牵棋					ɕ	休闲
k	贵跪	k'	开葵	ŋ	爱昂			x	黑胡
∅	延午雨热软荣								

说明：① 浊擦音 ð、z 有时读成浊塞擦音 dð、dz 或不送气清塞擦音 tθ、ts；② ts'、s、z 拼细音（齐齿呼、撮口呼）时带舌面色彩；③ ɻ 发音较长，收尾时带出轻微的 ə。

㈡韵母 37 个

ɿ	资知	i	移日	u	故五	y	雨褥
ʅ	支翅			ʮ	猪出书		
ɑ	爬割	iɑ	家压	uɑ	抓花		
ə	波车儿	iə	姐热	uo	果河	yo	月弱
ɜ	盖爱	iɜ	解矮	uɛ	怪外		
ɔ	包袄	iɔ	条绕				
ei	妹白墨客			uei	桂会		
ou	走厚	iou	流肉				
ã	肝胆	iã	间染	uã	短弯	yã	权软
ẽ	门林秦	iẽ	紧人	uẽ	滚温	yẽ	云润
ɑŋ	桑张	iɑŋ	讲让	uɑŋ	床汪		
əŋ	登坑	iŋ	星英				
oŋ	东公翁	ioŋ	穷松荣				

说明：ɑŋ、uɑŋ 中的 ɑ 较圆，带鼻化色彩。

（三）声调 4 个

阴平 [˩] 213　高知多居 察执一匹　　阳平 [˥] 53　爬皮文云 白习族学
上声 [˦] 44　走腿老米 八笔国屈　　去声 [˩] 21　盖大用六 热业物月

说明：上声调值收尾略微上扬。

2.9 沂源县城

（一）声母 23 个

p	布步	p'	怕盘	m	门			f	飞冯
t	到道	t'	太同	n	南女	l	路吕		
tθ	增	tθ'	仓曹					θ	散苏
tʃ	争蒸	tʃ'	锄除			ɻ	而	ʃ	生声
tɕ	精经	tɕ'	全权					ɕ	修休
k	贵跪	k'	开葵	ŋ	岸			x	红
ø	言危远日软								

说明：①n 拼齐撮两呼时，实际音值是 ȵ；②ɻ 发音较长，收尾时带出轻微的 ə。

（二）韵母 35 个

ɿ	资支知	i	地	u	故	y	雨
ɑ	爬割	iɑ	架	uɑ	花		
ə	蛇耳	iə	姐铁	uə	过河	yə	靴月
ɛ	盖	iɛ	介	uɛ	怪		
ɔ	保	iɔ	条				
ei	妹百墨摘			uei	桂		
ou	收	iou	流				
ã	胆	iã	连	uã	短	yã	圆
ẽ	根	iẽ	心林	uẽ	温	yẽ	云
ɑŋ	桑	iɑŋ	良	uɑŋ	光		
əŋ	庚	iŋ	星	uŋ	红翁	yŋ	胸

说明：①ɿ 在 tθ 组声母后的实际音值是齿间元音，在 tʃ 组声母后的实际

音值是舌叶元音；② iə 的 ə 舌位稍低略后，近似 ʌ，uə、yə 的 ə 圆唇近似 o 而略低；③ uŋ 为零声母时，实际音值是 uəŋ。

（三）声调 3 个

阴平 [˨˩˧] 213 高天婚安 黑铁托缺　阳平上 [˥] 55 穷陈人文 合舌杂服 古口五女
去声 [˦˩] 41　厚盖共岸 麦六袜药

2.10 青州城区

（一）声母 26 个

p	布	pʻ	怕	m	门			f	飞		
t	到	tʻ	太	n	南女	l	蓝认软				
ts	资精	tsʻ	仓秋					s	苏修		
tʃ	蒸	tʃʻ	潮					ʃ	声		
tʂ	争	tʂʻ	巢					ʂ	生	ʐ	惹热
tɕ	经	tɕʻ	丘					ɕ	休		
k	贵	kʻ	开	ŋ	岸			x	海		
∅	啊言温元日										

说明：① ts 组在洪音（开口呼、合口呼）前有时近齿间音；② 城里有分尖团和不分尖团两种，住在同一条街上也是有分或不分两种，而在所调查的五位发音人中，三人分尖团；③ n 拼齐撮两呼时，实际音值是 ȵ。

（二）韵母 38 个

ɿ	资知	i	地	u	故书	y	居
ʅ	支						
ər	二						
ɑ	爬蛇	iɑ	架	uɑ	花		
o	婆			ou	过河	yo	月
ə	舌热	iə	茄				
ɛ	盖	iɛ	介	uɛ	怪		
ɔ	保	iɔ	条				

ei	妹百刻墨			uei	桂		
ou	收	iou	流				
ã	胆	iã	减	uã	官	yã	权
ẽ	根	iẽ	心	uẽ	温	yẽ	云
ɑŋ	帮	iɑŋ	羊	uɑŋ	床		
əŋ	朋	iŋ	灵	uŋ	通翁	yŋ	胸

说明：①ŋ在tʃ组声母后是舌叶元音；②u在tʃ组声母后是舌叶圆唇元音；③iə的ə舌位靠后略低，实际是ʌ；④ɔ的舌位略高；⑤uŋ为零声母时，实际音值是uəŋ。

〇 声调4个

阴平 [˩˧] 213 妈欺乌居　　　　阳平 [˥˩] 42 麻皮胡驴 直席合俗
上声 [˥] 55　马比五许 北铁出缺　去声 [˩] 21 骂地故句 日灭鹿月

叁 地域差异及方言地图

本地区的地域差异，主要存在于语音方面，而词法和句法基本一致，但是在某些词的使用方面还是存在一些不同的。以下从语音和用词两方面说明其地域差异。

3.1 语音差异

〇 尖团分混。一般来说，分不分尖团是指古精组和见晓组在细音韵母前读音是否相同。北京不分尖团。本地区除去西部与山东西区接壤的临朐县的县城、冶源、沂源县的县城、悦庄、东里五点尖团不分以外，其余各点全部分尖团。[见"沂山方言地图（一）（二）"]

〇 "照二""照三"分混。古知庄章三组声母字，北京基本读tʂ、tʂʻ、ʂ声母。沂山地区方言绝大多数分为"照二""照三"两类，只有沂源县城、悦庄和东里不分。分两类的地区，"照二"一律读为舌尖后音 tʂ、tʂʻ、ʂ，"照三"读舌叶音或舌尖前音，两者还有不送气清塞擦音或浊擦音的不同。[见"沂山方言地图（一）（二）"]

〇 深臻摄开口三等帮组、来母的韵母，例如"宾贫民林进亲心今芹欣音"等字韵母，北京读齐齿呼 in 韵母。沂山地区的方言除零声母也读齐齿呼以外，其他声母的字在不同地域存在不同程度地读为开口呼的情况。主要分布于东部、中部和南部，除边沿的安丘、昌乐、沂源三地政府所在地以外，其余各地都有分布。下面举十点为例列表说明（安丘、昌乐、沂源三地政府所在地皆为齐齿呼，表中不列入）。

	沇山 风景区	冶源 临朐	营丘 昌乐	石堆 安丘	辉渠 安丘	相州 诸城	贾悦 诸城	莒县 县城	马站 沂水	沂水 县城
宾贫	iẽ	ẽ	iẽ	ẽ	ẽ	ẽ	ẽ	iẽ	ẽ	ẽ
民	ẽ	ẽ	iẽ	ẽ	ẽ	ẽ	ẽ	iẽ	ẽ	ẽ
林	ẽ	ẽ	ẽ	ẽ	ẽ	ẽ	ẽ	ẽ	ẽ	ẽ
进亲心	iẽ	iẽ	iẽ	ẽ	ẽ	ẽ	ẽ	iẽ	ẽ	ẽ
今芹欣	iẽ	iẽ	iẽ	iẽ	ẽ	ẽ	ẽ	iẽ	iẽ	iẽ
音	iẽ	iẽ	iẽ	iẽ	iẽ	iẽ	iẽ	iẽ	iẽ	iẽ

⑭ 曾梗摄开口与梗通摄合口字分混，例如"登东""影永"，北京"登 ₍tẽ₎"与"东 ₍tuŋ₎"、"影 ₍˓iŋ₎"和"永 ₍˓yŋ₎"不同音，沇山地区的方言多数地区也不同音，只有东部安丘、诸城一带读音相同，与潍坊、青岛等地一致。［见"沇山方言地图（三）"］

⑮ 清声母入声字归类。古清声母入声字，北京分归阴阳上去四声，在山东则是东区多归上声，西区多归阴平。沇山地区处于山东方言的交界地带，清声母入声字的归类存在多归上声、多归阴平，或上声与阴平两可，或部分字为上声、部分字为阴平的现象。［见"沇山方言地图（四）"］

3.2 用词差异

本区域范围内的用词差异大体是东（或东南）、西（或西北）地区的不同。东部地区是山东东区东潍片的特点，而西部地区则是山东西区方言的特点。请看普通话"明天""祖母""水饺""娶""很"五个词在本地区的不同说法及其分布。

㊀ 明天。东南地区说"明日"；西北地区说"早晨"。［见"沇山方言地图（五）"］

㊁ 祖母。东部、北部及西部多数地区称"嬷嬷（音 ₍˓ma₎）"，只有南部一带称"奶奶"。［见"沇山方言地图（六）"］

㈢ 水饺。东部地区叫"馉馇（音 ⌐ku·tʂa）"，西部地区称包子。[见"沂山方言地图（七）"]

㈣ 娶。东部主要说"将"，西部说"娶"。[见"沂山方言地图（八）"]

㈤ 程度副词"很"。东部地区主要说"綦"，其余地区说"刚（音 ⌐kaŋ）"或"很"等。[见"沂山方言地图（九）"]

参考文献：

钱曾怡主编　2001《山东方言研究》，（济南）齐鲁书社。

钱曾怡、曹志耘、罗福腾　2002《诸城方言志》，（长春）吉林人民出版社。

钱曾怡、蔡凤书　2002《山东地区的龙山文化与山东方言分区》，《中国语文》第 2 期。

钱曾怡　2004《古知庄章声母在山东方言中的分化及其跟精见组的关系》，《中国语文》第 6 期。

钱曾怡　2008《临朐方言简记》，收入《钱曾怡汉语方言研究文选》，（济南）山东大学出版社。

钱曾怡　2012《从现代山东方言的共时语音现象看其历时演变的轨迹》，《汉语学报》第 2 期。

石明远　1995《莒县方言志》，（北京）语文出版社。

潍坊市地方史志办公室、钱曾怡、罗福腾　1992《潍坊方言志》，（潍坊）潍坊市新闻出版局。

岳立静　2005《日照方言知庄章和精见端的读音类型》，《方言》第 3 期。

张廷兴　1999《沂水方言志》，（北京）语文出版社。

中国社会科学院语言研究所等编　2012《中国语言地图集》（第 2 版），（北京）商务印书馆。

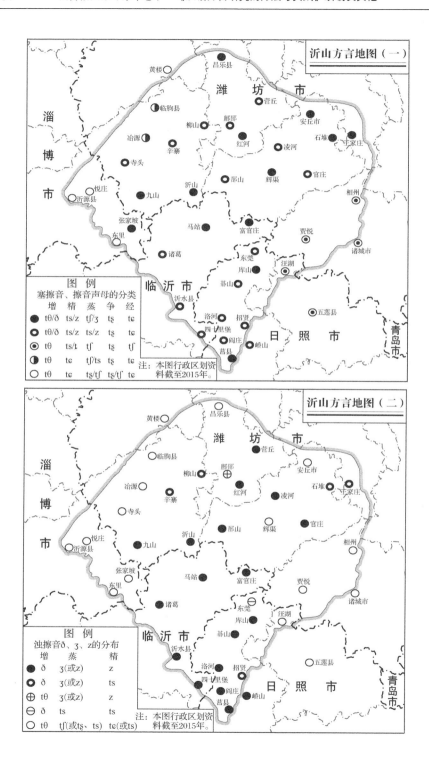

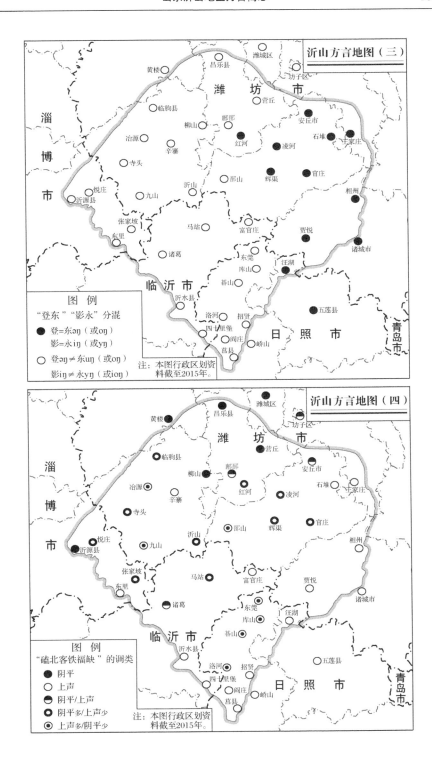

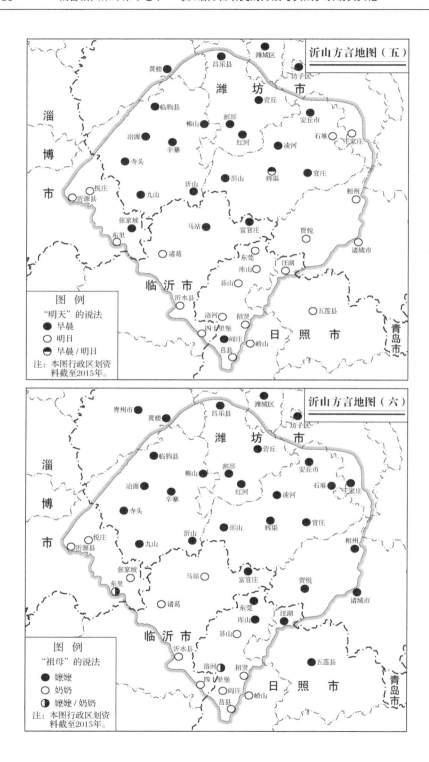

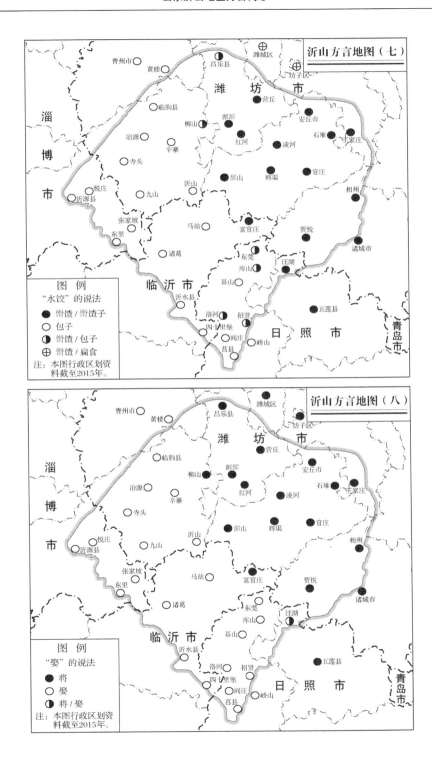

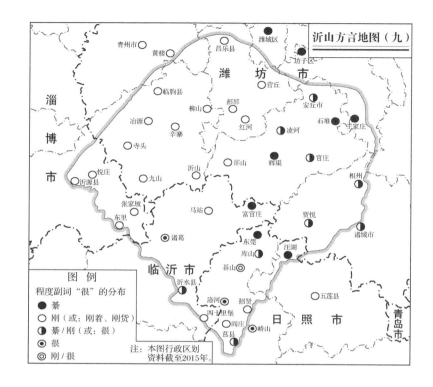

（原载《方言》2015年第2期，
与岳立静、刘娟、张燕芬合作，本人为第一作者）

长乐镇志·方言

一　概　说

（一）区属及特点

长乐镇地处汉语吴方言区的中心略偏东南，长乐话属于吴方言太湖片的临绍小片。长乐方言一个最重要的特征也就是判断是否属于吴方言的基本特征即"帮滂并、端透定、见溪群"三分，以"帮滂并"三母为例，"搬"（帮母）、"潘"（滂母）、"盘"（并母）分别读 p、pʻ、b 声母。长乐方言其他语音特征有以下内容。声母方面，没有北京的卷舌音声母，北京的 ts、tʂ 两组声母，长乐不分，如"资 = 知"₌tsɿ、"此 = 齿"ᶜtsʻɿ、"思 = 诗"₌sɿ；少量奉母字读 b 声母，如"吠" biˀ、"肥~皂、~桶"₌bi、"防"₌baŋ、"缚" boʔ₌。韵母方面，前响的复合元音韵母较少，北京的 ai、ei、ɑu、ou 四个韵母，如"牌、梅、包、头"，长乐读 ₌ba、₌mE、₌pɒ、₌døy，只有"头"是动程很小的复合音，其他都是单元音；北京 ən、əŋ 和 in、iŋ 两对鼻韵母，长乐不分，如"真 = 蒸"₌tsən、"音 = 英"ᶜʔin。声调方面，古四声按声母清浊各分两类，有八个调类；入声促调，有喉塞尾 ʔ。音节方面，长乐的唇齿音和舌尖前音声母可以拼齐齿呼韵母，如"飞"₌fi、"焦"₌tsiɒ、"俏" tsʻiɒ ᶜ、"笑" siɒ ᶜ；有自成音节的鼻辅音，如"亩" m̩ ˀ、"五" ŋ̍；有合音字音"绘" fE ᶜ、"覅" foŋ、"䘘" fiɒ ᶜ、"罨" tsiɒ ᶜ、"赗" tsøy ᶜ、"糟 ="₌tsɒ。长乐方言的词汇语法特点主要如：词的前后缀有"阿、老、什"和"头、老、胚"等，句首量词的指代作用，丰富的形容词生动形式，几个特殊的代词，一些特殊的语序，几种特殊的句式，等等。

（二）内部差异

1. 新派和老派的不同

① 老派分尖团，新派不分。例如：

	尖		肩	千		牵	钱		钳	仙		锹
老派	ˍtsiɛ̃	≠	ˍtɕiɛ̃	ˍtsʻiɛ̃	≠	ˍtɕʻiɛ̃	ˍdziɛ̃	≠	ˍdʑiɛ̃	ˍsiɛ̃	≠	ˍɕiɛ̃
新派	ˍtɕiɛ̃	=	ˍtɕiɛ̃	ˍtɕʻiɛ̃	=	ˍtɕʻiɛ̃	ˍdʑiɛ̃	=	ˍdʑiɛ̃	ˍɕiɛ̃	=	ˍɕiɛ̃

　　分不分尖团，指古精、见两组字在今韵母细音前同音不同音，同音为不分尖团，不同音为分尖团。以上"尖、千、钱、仙"为古精组字，"肩、牵、钳、锹"为古见组字。

　　② 流摄开口三等精组和知、章组字，以及其他摄的少量知、章、日三组字，老派声母读舌尖前音，韵母洪音，新派声母读舌面前音，韵母细音。例如：

	酒	秋	修	抽	手	婶	商	食实
老派	ˊtsøy	ˍtsʻøy	ˍsøy	ˍtʂʻøy	ˊsøy	ˊsən	ˍsaŋ	zəʔ˲
新派	ˊtɕiøy	ˍtɕʻiøy	ˍɕiøy	ˍtɕʻiøy	ˊɕiøy	ˊɕiən	ˍɕiaŋ	ziəʔ˲

2. 文读和白读的不同

　　① 古微、日二母，白读为鼻音声母，文读为口音。例如：

（微母）	无	微	尾	晚	蚊	问	忘望
白读	ˍm̩	ˍmi	ˊmi	ˊmɛ̃	ˍmən	mən˲	maŋ˲
文读	ˍu	ˍvi	ˊvi	ˊvɛ̃	ˍvən	vən˲	vaŋ˲

（日母）	儿	尔	耳	饶	认	人	肉
白读	ˍȵi 新 ˍŋ 老	ˊŋ	ˊȵi 新 ˊŋ 老	ˍȵio	ȵin˲	ˍnaŋ	ȵioʔ˲
文读	ˍər	ˊər	ˊər	ˍzɒ	zən˲	ˍzən	zoʔ˲

　　以上"儿、耳"白读又有新、老的不同，老派"儿子"的"儿"，音同"鱼"ˍŋ，"耳朵"读ˊŋ toʔ。"尔"是第二人称代词，是老派白读。又："人"只有文、白两读，白读音ˍnaŋ 按音应写作"囊"，口语称人，相当于闽语的"农"。

　　② 古见系开口二等的部分字，白读为舌根声母拼开口呼，文读腭化为舌面前的声母拼齐齿呼。例如：

	家加	假	戒界	教	间	讲	学
白读	ˍkɔ	kɔ˲	ka˲	kɔ˲	ˍkɛ̃	ˊkaŋ	ɦɔʔ˲
文读	ˍtɕiɔ	tɕiɔ˲	tɕia˲	tɕiɔ˲	ˍtɕiɛ̃	ˊtɕiaŋ	ioʔ˲

③ 梗摄开口二等部分舒声字，白读韵母为 aŋ，文读 ən、in。例如：

	冷	生	省	羹庚耕	行	争	樱莺
白读	⁼laŋ	⊂saŋ	⁼saŋ	⊂kaŋ	⊆ɦaŋ	⊂tsaŋ	⊂ʔaŋ
文读	⁼lən	⊂sən	⁼sən	⊂kən	⊆in	⊂tsən	⊂ʔin

④ 止摄合口部分常用见系字，白读韵母 y，文读 uɛ，声母除"围"字外白读 tɕ 组，文读 k 组。例如：

	亏	跪	龟	柜	鬼	贵	围
白读	⊂tɕʻy ~得	⁼dʑy	⊂tɕy 乌~	dʑy⁼	⊂tɕy	tɕy⁼	⊆y ~巾、~裙
文读	⊂kʻuɛ	⁼guɛ	⊂kuɛ	guɛ⁼	⊂kuɛ	kuɛ⁼	⊆uɛ 包~

本志记音以老派为准，必要时随文说明新派或文读。

（三）音标符号

本志记音用国际音标，所用音标及其他符号如下。

1. 辅音表

发音方法 \ 发音部位			双唇	齿唇	舌尖前	舌尖中	舌尖后	舌面前	舌根	喉
塞	清	不送气	p			t			k	ʔ
		送气	pʻ			tʻ			kʻ	
	浊	不送气	b			d			g	
塞擦	清	不送气			ts		tʂ	tɕ		
		送气			tsʻ		tʂʻ	tɕʻ		
	浊	不送气			dz			dʑ		
鼻	浊		m			n		ȵ	ŋ	
边	浊					l				
擦	清			f	s		ʂ	ɕ		h
	浊			v	z		ʐ	ʑ		ɦ
半元音	浊		w ɥ					j		

2. 元音图

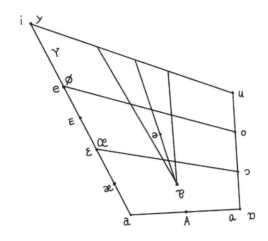

3. 声调符号

调类用传统的四声发圈法，即在音标的左右上下用"ᵒ"或"₍"分别表示平上去入四声，"ᵒ"表示阴调类，"₍"表示阳调类。例如："低"ₒti（阴平）、"啼"₍di（阳平）、"底"ᵒti（阴上）、"弟"₍di（阳上）、"帝"tiᵒ（阴去）、"地"di₍（阳去）、"滴"tiʔᵒ（阴入）、"敌"diʔ₍（阳入）。

调值用五度标记法，数字 54321 分别表示声调高低的五个等分，例如"低"ti⁴¹³，表示这个调值是从 4 降到 1 再升到 3（见右图）。"滴"tiʔ⁵，表示这个调值是短促的 5 度，基本没有高低变化。为排版方便，本志调值记音省去所有调值符号，只在音标右上角标出音标数值，如"啼"di³¹²。

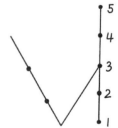

4. 其他符号

∅   零声母符号

-、=，标在音标下分别表示口语音（白）、读书音（文）。

=、≠，标在两音之间分别表示同音、不同音。

～，标在元音之上表示这是鼻化元音，标在两音之间表示读音两可。

ʼ，标在鼻辅音之上或之下，表示这个辅音自成音节，如"亩"m̩ᵒ "鱼"₍ŋ̍。

二　语　音

（一）单字音系

1. 声母 30 个

p	布拜剥	p'	怕派泼	b	盘抱别	m	门买木	f	飞方弗	v	冯乏佛
t	到带德	t'	太拖脱	d	同道夺	n	南奴农			l	吕路力
ts	资知际	ts'	刺齿取	dz	迟治全			s	思师小	z	祠寺斜
tɕ	京见脚	tɕ'	轻牵恰	dʑ	钳近极	ȵ	牛女捏	ɕ	希虚晓	ʑ	食（又音）
k	规该各	k'	靠开矿	g	葵厚	ŋ	岸熬岳				
ʔ	安祆挖							h	海化黑	ɦ	鞋汗合
ø	儿言胡云										

说明：① h 声母在拼合口呼韵母时，舌位靠前接近舌根，如"虎" ʿhu。

② 零声母开口呼限于文读韵 ər。齐、合、撮三呼的 i、u、y 实际上是半元音 j、w、ɥ，如"言" ₌iæ、"回" ₌uɛ、"云" ₌yn。

2. 韵母 54 个

ər	耳						
ɿ	资知	i	比飞姐	u	姑都补	y	居区于
a	妈带街	ia	爹借	ua	怪筷淮		
ɛ	台海最	iɛ	且皆	uɛ	规灰威		
ɒ	包老咬	iɒ	标小要				
ɔ	马车价	iɔ	家雅霞	uɔ	瓜化华		
o	波哥河						
øy	丢柳手	iøy	九牛有				
æ̃	班三眼	iæ̃	边年烟	uæ̃	关惯弯		
œ̃	穿南算	iœ̃	捐圈元	uœ̃	官罐完		

ən	本灯文	in	林晴形	uən	棍荤温	yn	均裙云
aŋ	打张硬	iaŋ	枪娘羊	uaŋ	歪横		
ɑŋ	挡庄昂	iɑŋ	隆进	uɑŋ	光狂汪		
oŋ	风虫红	ioŋ	穷兄荣				
		iʔ	笔节叶	uʔ	窟	yʔ	橘血越
aʔ	百石吓	iaʔ	略脚药	uaʔ	刮划		
æʔ	八闸瞎			uæʔ	滑挖		
əʔ	北得舌	iɛʔ	食(又音)十(又音)	uəʔ	骨阔活		
ɔʔ	乐各恶	iɔʔ	觉学乐音乐				
oʔ	绿国屋	ioʔ	肉曲疫				
m̩	亩无	ŋ̍	鱼午五				

说明：① m̩、ŋ̍ 两韵限于口语音；ər、iɛ、iɑŋ、iɔʔ 四韵限于读书音；iɛʔ 韵只有个别又读音。

② a、ia、ua 的 a 舌位居央，实际音值是 A。

③ ɒ、ɔ、o 的实际音值都比国际音标的 ɒ、ɔ、o 稍高。

④ øy 的动程很小，韵尾不到 y，实际音值是 ʏ，快读时为单元音。

⑤ aŋ、iaŋ、uaŋ 和 ɑŋ、iɑŋ、uɑŋ 的 a 和 ɑ 是鼻化元音 ã 和 ɑ̃。

⑥ 鼻韵尾 n、ŋ 不到位，即发音时舌头有向上颚靠的动程而没有形成阻碍。韵尾 n 的舌位靠后，接近舌面中。

3. 声调 8 个

阴平 [˩˧]413 衣东　阴上 [˥˧]53 椅懂　阴去 [˦]44 意冻　阴入 [˥]5 一督

阳平 [˨˩˧]213 移同　阳上 [˨]22 以桶　阳去 [˧˥]35 异洞　阳入 [˨]2 叶独

说明：① 阳上 22、阴去 44，收尾时略有上升，实际音值为 223、445。

② 声母和调类的基本关系是清声母归阴调类、浊声母归阳调类，但也有 m、n、n、l 四个次浊声母的少量字读阴调类，这时的声母发音时前面有一个轻微的喉塞音 ʔ。例如："妈" ʔma、"你" ʔni、"娘" ʔniaŋ、"拉" ʔla。

4. 声韵配合关系表（见文末附页）

（二）长乐音系跟北京音系的比较

1. 声母比较

长乐	北京	例字	长乐	北京	例字	长乐	北京	例字
p	p	帮包	dz	tɕ‘	秦情	ɳ	n	年娘
p‘	p‘	胖抛	dz	ɕ	习详	ɕ	ɕ	掀香
b	p	棒抱	dz	tʂ	宅丈	ɕ	ʂ	手又
b	p‘	旁袍	dz	tʂ‘	惭常	z	ʂ	寿又食又
m	m	忙毛	dz	ʂ	舌蛇	z	tɕ‘	墙又
m	ø	问忘	dz	ʐ	乳仍	k	k	该光
f	f	方飞	s	s	三私	k	tɕ	家教
v	f	房凡	s	ɕ	仙箱	k‘	k‘	开筐
v	ø	问忘	s	ʂ	山诗	k‘	tɕ‘	敲
t	t	当刀	z	ts	字坐	g	k	共跪
t‘	t‘	汤讨	z	ts‘	词裁	g	k‘	葵狂
d	t	荡道	z	s	随	g	x	厚
d	t‘	唐逃	z	tɕ	贱嚼	ŋ	ø	鹅岸
n	n	囊脑	z	tɕ‘	前晴	ʔ	ø	衣安
l	l	狼老	z	ɕ	序斜	h	x	好欢
ts	ts	增糟	z	tʂ‘	晨床	h	ɕ	蟹虾
ts	tɕ	精焦	z	ʂ	时顺	ɦ	x	豪红
ts	tʂ	蒸招	z	ʐ	如忍	ɦ	ɕ	鞋杏
ts‘	ts‘	操葱	tɕ	tɕ	京交	ø	ø	油文
ts‘	tɕ‘	千青	tɕ	k	贵龟	ø	ɕ	校行熊
ts‘	tʂ‘	超冲	tɕ‘	tɕ‘	牵轻	ø	x	后胡
dz	ts	族罪	tɕ‘	k‘	亏	ø	ʐ	荣融
dz	ts‘	才从	dʑ	tɕ	旧件			
dz	s	诵俗	dʑ	tɕ‘	求钳			
dz	tɕ	疾渐	dʑ	k	跪柜			

2. 韵母比较

长乐	北京	例字	长乐	北京	例字	长乐	北京	例字
ər	ər	儿而	ɒ	ɑu	逃告	əŋ	əŋ	争绳
ɿ	ɿ	子字		iɑu	绞咬		uəŋ	尊唇
	ʅ	纸事	iɒ	iɑu	标妖	in	in	音民
	u	猪书		ɑu	饶绕		iŋ	英明
	y	取需	ɔ	a	爬茶		yn	俊寻
i	i	比基		ia	丫哑	uən	uən	昏温
	y	吕去		ɤ	车蛇	yn	yn	军云
	ei	飞肺		uo	朵锁	aŋ	aŋ	张上
	uei	尾未	iɔ	ia	亚霞		əŋ	彭生
	ər	耳二	uɔ	ua	瓜话		iŋ	樱杏
u	u	土古	o	o	波婆	iaŋ	iaŋ	娘羊
	y	驴须		uo	多我		uaŋ	歪横
	ou	都喉		ɤ	歌河	ɑŋ	aŋ	忙汤
y	y	居余		u	某母		iɑŋ	江项
	uei	鬼贵	øy	ou	柔厚		uɑŋ	庄双
a	a	爸妈		iou	丢就	iɑŋ	iaŋ	进隆
	ai	派排	iøy	iou	九优	uɑŋ	uaŋ	汪黄
	ɤ	扯奢		ou	偶后	oŋ	əŋ	捧凤
	ie	街解	æ	an	单山		uŋ	忠空
ia	ie	爹茄		ian	眼奸		uəŋ	翁
ua	uai	拐槐	iæ	ian	边烟	ioŋ	yŋ	穷永
E	ei	悲梅		yan	全选		uŋ	绒荣
	uei	对追	uæ	uan	关环	m̩	u	亩无
	ɤ	者社	œ	an	南战	ŋ̍	y	鱼
	ai	财海		uan	端船		u	五午
iE	ie	且也	iœ	yan	捐怨		ər	尔耳
uE	uei	规会	uœ	uan	管完	iʔ	i	笔一
	uai	乖块	ən	ən	真神		y	律剧

续表

长乐	北京	例字	长乐	北京	例字	长乐	北京	例字
iʔ	ie	别歇	æʔ	ua	袜	uəʔ	uo	阔活
	ye	绝雪		ɤ	盒隔	ɔʔ	ɤ	乐各
uʔ	u	窟		ie	猎		uo	托扩
yʔ	y	菊屈	uæʔ	ua	挖滑		ye	确岳学
	ye	缺阌		uo	括又		u	秃
aʔ	ai	百摘		ɤ	得割		ɑu	凿
	ɤ	拆格		ʅ	职尺		iɑu	角
	ʅ	石		o	墨佛	oʔ	u	木屋
	o	伯	əʔ	uo	夺说		o	驳莫
	uo	若着		u	出入		uo	桌浊
	au	着		i	鼻粒		y	绿域
	ia	吓		ai	塞		ou	粥熟
iaʔ	ye	略鹊		uai	率		iou	六
	iɑu	嚼脚		a	纳杂		ɑu	雹
	ia	恰		ua	刷	ioʔ	y	曲玉
	ie	怯捏		ei	黑贼		ou	肉轴又
uaʔ	ua	划刮		ie	些		uo	镯又
	uo	括	iəʔ	ʅ	食又十又			
æʔ	a	法阿		u	术又			
	ia	夹鸭	uəʔ	u	骨忽			

3. 声调比较

古调类	平			上			去			入					
声母条件	清	次浊	全浊	清	次浊	全浊	清	次浊	全浊	清				次浊	全浊
例字	诗东	移龙	时同	史董	以拢	市动	试冻	异弄	事洞	失屋	识竹	尺谷	室速	入肉	全服
长乐	阴平	阳平		阴上	阳上		阴去	阳去		阴入				阳入	
北京	阴平	阳平		上声			去声			阴平	阳平	上声	去声	去声	阳平

三　词　汇

　　本章收入长乐方言常用或较有特点的词语 860 余条。大体按意义分为十类。每条的内容一般包括词目、注音、释义，必要时加例句。写不出字的词目字用同音字代替，没有合适同音字的用"□"表示。音下加"＿＿"表示此音特殊。多义项的词语分别用①②③标出几种意义。同义词排在一起，说得多的顶格排在前，其余缩一格排在后，意义不说自明者不另作解释。例句中的"～"代表本条目，两个例子中间用"｜"号隔开。括号"（ ）"内的字和音表示此字和音可有可无。

（一）天时　地理　方位

天公 t'iɐ̃$^{413}_{41}$ koŋ$^{413}_{22}$ ① 天空 ② 天气：落雨～｜～要落雪

热头 n̠iʔ² døy$^{213}_{53}$ 太阳：晒～｜到～下

月亮 n̠yʔ² liaŋ^{35} ～婆婆

天狗食月 t'iɐ̃$^{413}_{41}$ køy^{53} zøʔ² n̠yʔ² 日蚀

星 sin^{413}

云 yn^{213}

早红霞 tsɔ$^{53}_{35}$ fioŋ$^{213}_{53}$ ŋɔ$^{213}_{35}$ 朝霞

夜红霞 ia$^{53}_{22}$ fioŋ$^{213}_{35}$ ŋɔ$^{213}_{35}$ 晚霞

鲎 høy^{44} 虹

雷公 lᴇ$^{213}_{35}$ koŋ^{22} 雷

幅闪 foʔ⁵ sɐ̃^{44} 闪电

落雨 lɔʔ² y^{22} 下雨

毛花雨 mɔ$^{213}_{21}$ huɔ$^{413}_{44}$ y$^{22}_{21}$ 牛毛雨

结冰 tɕiʔ⁵ pin^{413}

冻冰 toŋ$^{44}_{22}$ pin$^{413}_{22}$ ① 冰 ② 冻疮：脚溜生～

亭亭荡 din$^{213}_{35}$ din$^{213}_{35}$ daŋ^{35} 冰锥

落雪 lɔʔ² siʔ⁵

雪石子 siʔ⁵ zaʔ² tsɿ^{53} 霰，雪珠

烊雪 iɐ̃^{213} siʔ⁵ 化雪

龙雹 loŋ$^{213}_{21}$ boŋ$^{213}_{53}$ 雹子

霜 saŋ^{413}

露水 lu$^{35}_{22}$ sɿ$^{53}_{22}$

雾露 fiu$^{35}_{22}$ lu^{35} 雾

起风 tɕ'i^{53} foŋ^{413}

发大水 fæ^5 do$^{35}_{35}$ sɿ$^{53}_{22}$

日子 nəʔ² tsɿ^{53}

时辰 zŋ$^{213}_{21}$ zən^{53}

今日 tɕin$^{413}_{41}$ nəʔ² 今天

明朝（介）min$^{213}_{21}$ tsɔ$^{413}_{22}$（ka$^{44}_{53}$）明天

昨日 zaŋ$^{213}_{21}$ nəʔ²

今年 tɕin$^{413}_{41}$ n̠iɐ̃$^{213}_{53}$

下年 fiɔ^{35} n̠iɐ̃$^{213}_{53}$ 明年

旧年 diøy^{35} n̠iɐ̃$^{213}_{53}$ 去年

空心 k'oŋ$^{413}_{41}$ sin$^{413}_{53}$ 清晨

早上 tsɔ$^{53}_{35}$ zaŋ$^{22}_{53}$ 上午

当晏昼头 taŋ$^{413}_{41}$ ʔæ$^{44}_{53}$ tsøy$^{413}_{41}$ døy$^{213}_{53}$ 正午

午牌 ŋ$^{22}_{35}$ ba$^{213}_{53}$ 下午

夜（发）脚跟 ia^{44}（fæʔ⁵）tɕiaʔ⁵ kən$^{413}_{22}$ 傍晚

日场溜 nəʔ² dzaŋ$^{213}_{53}$ løy⁵³ 白天

夜溜 ia$^{44}_{35}$ løy⁵³

晚上 mæ$^{22}_{35}$ zaŋ$^{22}_{53}$

半夜生介 pœ̃$^{44}_{22}$ ia⁴⁴ saŋ$^{413}_{35}$ ka$^{44}_{53}$ 半夜里

年三十 ȵiæ$^{213}_{35}$ sæ̃$^{413}_{35}$ zəʔ² 除夕

正月初一 tsən$^{413}_{41}$ ȵyʔ² ts'u$^{413}_{35}$ ʔiʔ⁵

冬五 toŋ$^{413}_{41}$ ŋ$^{22}_{53}$ 端午

地方 di$^{35}_{22}$ faŋ$^{413}_{22}$

地下 di$^{35}_{22}$ fiɔ³⁵ 地面上

地 di³⁵ 旱地，无水

田 diæ²¹³ 水田

田塍 diæ$^{213}_{21}$ zən⁵³ 阡陌，田间小径

畈 fæ⁴⁴ 泛称田地，田野：田～｜东～｜西～

坑 k'aŋ⁴¹³ 田间流水沟

塘 daŋ²¹³ 田间水池

溪滩 tɕ'i$^{412}_{41}$ t'æ$^{412}_{22}$ 溪边沙滩

河□ fiɔ$^{213}_{21}$ tsæ⁴⁴ 小河，特指长乐镇内由西而东穿镇而过的小河：伊来蒙～溜洗衣裳

埠头 bu$^{35}_{22}$ døy$^{213}_{22}$ 建在水边的石阶、石板等，供人上下、洗衣等：塘～｜排～

山 sæ̃⁴¹³

岭 lin²² 有路可通行的山，也指上山的路，多用山石砌成

树林瓶 zɿ$^{35}_{22}$ lin$^{213}_{22}$ baŋ³⁵ 树林

刺窝瓶 ts'ɿ$^{44}_{22}$ k'o$^{413}_{22}$ baŋ³⁵ 荆棘丛

坟瓶 van$^{213}_{21}$ baŋ$^{35}_{53}$ 有树遮盖的坟茔

城里头 dzən$^{213}_{21}$ li$^{22}_{35}$ døy$^{53}_{53}$ 城里，专指嵊州城里

山里头 sæ̃$^{413}_{41}$ li$^{22}_{35}$ døy$^{53}_{53}$ 山区

凉亭 liaŋ$^{213}_{21}$ diŋ²¹³

路廊 lu$^{35}_{35}$ laŋ$^{22}_{35}$ 旧时供行人歇脚的长廊

庙 miɔ³⁵ 庙宇：曹娥～｜晏公～

庵堂 ʔæ$^{413}_{21}$ daŋ²¹³

寺 zɿ³⁵ 寺庙：千佛～

祠堂 zɿ$^{213}_{21}$ daŋ²¹³ 安放祖先牌位并进行祭祀的房屋：大～

角落头 kɔʔ⁵ lɔʔ² døy$^{213}_{53}$ 角落

吊侧角落头 tiɔ$^{44}_{22}$ tsəʔ² kɔʔ⁵ lɔʔ² døy$^{213}_{53}$ 偏在一边的地方

边□头 piæ$^{413}_{41}$ ʔiæ$^{413}_{22}$ døy$^{213}_{53}$ 旁边

石头 zaʔ² døy²¹³

烂泥 næ$^{35}_{35}$ ȵi$^{213}_{22}$ 湿泥

黄沙 uaŋ$^{213}_{22}$ sɔ$^{413}_{22}$ 沙子

墦埲 ʔoŋ$^{53}_{35}$ boŋ$^{22}_{22}$ 灰尘

上等 zaŋ²² təŋ⁵³ 上面

下底 fiɔ$^{35}_{22}$ ti⁵³ 下面

里头 li$^{22}_{22}$ døy²¹³ 里面

外头 ŋa$^{35}_{22}$ døy$^{213}_{22}$ 外面

前头 ziæ$^{213}_{21}$ døy$^{53}_{53}$ 前面

后头 iøy$^{35}_{22}$ døy$^{213}_{22}$ 后面

顺手 zən$^{22}_{35}$ søy$^{53}_{22}$ ①右手 ②右边

借手 tsia$^{44}_{22}$ søy$^{53}_{22}$ ①左手 ②左边

当中 taŋ$^{413}_{21}$ tson$^{413}_{22}$ 中间

（二）亲属　称谓　代词

爷爷 ia$^{213}_{21}$ ia$^{213}_{53}$ ①祖父 ②公公

娘娘 ȵiaŋ$^{213}_{21}$ ȵiaŋ$^{213}_{53}$ ①祖母 ②婆婆

外公 ŋa$^{35}_{22}$ koŋ$^{413}_{53}$ 外祖父

外婆 ŋa$^{35}_{22}$ bo$^{213}_{53}$ 外祖母

爹爹 tia$^{413}_{41}$ tia$^{413}_{53}$ 父亲

阿妈 ʔaʔ⁵ ʔma⁵³ 母亲

大伯伯 do³⁵ paʔ⁵ paʔ⁵ 大伯父

大妈 do^{35} $ʔma^{53}$ 大伯母

阿叔 $ʔæʔ^{5}$ $soʔ^{5}$ 叔叔

阿姉 $ʔæʔ^{5}$ $sən^{53}$ 姉姉

阿娘 $ʔæʔ^{5}$ $ȵiaŋ^{53}$ 姑姑

姑夫 ku^{413}_{41} fu^{413}_{22} 姑父

娘舅 $ȵiaŋ^{213}_{21}$ $dʑiøy^{22}_{35}$ 舅舅

舅姆 $dʑiøy^{22}_{35}$ $m̩^{22}_{53}$ 舅母

姨娘 i^{213}_{21} $ȵiaŋ^{53}$ 姨

姨夫 i^{213}_{21} fu^{413}_{22} 姨父

老公 $lɔ^{22}_{35}$ $koŋ^{53}$ 丈夫

老马 $lɔ^{22}_{35}$ $mɔ^{22}_{53}$ 妻子

哥哥 ko^{413}_{41} ko^{413}_{53}

阿嫂 $ʔæʔ^{5}$ $sʊ^{53}$ 嫂嫂

阿姐 $ʔæʔ^{5}$ tsi^{53} 姐姐

姐夫 tsi^{53}_{35} fu^{413}_{53}

妹妹 $mɛ^{35}$ $mɛ^{35}_{53}$

妹夫 $mɛ^{35}_{22}$ fu^{413}

儿子 $ȵi^{213}_{21}$ $tsʅ^{53}_{44}$

儿 $ŋ^{213}$

□ $ʔnɛ^{53}$ 女儿

新妇 sin^{413}_{41} vu^{22}_{53} ①新娘子 ②儿媳妇

郎官 $lɑŋ^{213}_{21}$ $kuõ^{413}_{22}$ 女婿

老婆舅 $lɔ^{22}_{35}$ bo^{213} $dʑiøy^{22}_{21}$ 妻舅

叔拜姆 $soʔ^{5}$ pa^{44}_{35} $m̩^{22}_{21}$ 妯娌

亲眷家 $ts'in^{413}_{41}$ $tɕiõ^{44}_{53}$ $kɔ^{413}_{21}$ 亲戚

邻舍家 lin^{213}_{21} $sɔ^{55}_{35}$ $kɔ^{413}_{21}$ 邻居

伙队家 ho^{55}_{35} $dɛ^{35}_{53}$ $kɔ^{413}_{41}$ 朋友

男人家 $nõ^{213}_{21}$ $ȵin^{213}_{22}$ $kɔ^{213}_{53}$ 男人

女人家 $ȵy^{22}_{35}$ $ȵin^{213}_{53}$ $kɔ^{213}_{21}$ 女人

两公婆 $liaŋ^{22}_{35}$ $koŋ^{413}_{53}$ bo^{213}

老太公 $lɑ^{22}_{35}$（又音 $lʊ^{22}$）$t'a^{44}_{53}$ $koŋ^{213}_{41}$ 老头儿

老太婆 $lɑ^{22}_{35}$（又音 $lʊ^{22}_{35}$）$t'a^{44}_{53}$ bo^{213}_{21} 老

太太

小囊 $siɒ^{53}$ $nɑ^{213}_{21}$ 小孩儿

小官人 $siɒ^{53}$ $kuõ^{413}$ $ȵin^{213}_{21}$ 尊称男孩

豆刁 $døy^{35}_{22}$ $tiɒ^{413}_{22}$ 卑称男孩

□蒲头 $ʔnɛ^{53}$ bu^{213} $døy^{213}$ 女孩儿

大姑娘 do^{35}_{22} ku^{413}_{22} $ȵiaŋ^{213}_{53}$

内眷 $nɛ^{35}_{22}$ $tɕiõ^{44}_{53}$ 泛称已婚中年妇女

寡妇 $kuɔ^{44}_{35}$ vu^{22}_{53}

独天地佬 $doʔ^{2}$ $t'iæ^{413}_{35}$ di^{35}_{53} $lɔ^{22}_{21}$ 单身男子，鳏夫

拖油瓶 $t'o^{413}_{41}$ $iøy^{213}_{35}$ bin^{213}_{53} 蔑称妇女再嫁时所带的前夫的儿女

养亲爿 $iaŋ^{22}$ $ts'in^{413}_{44}$ $bæ^{213}_{53}$ 童养媳

晚娘 $mæ^{22}_{35}$ $ȵiaŋ^{213}$ 继母

先生 $siæ^{413}_{41}$ $saŋ^{413}_{22}$ 尊称有文化的人：张～｜教书～｜账房～｜算命～

师父 $sʅ^{413}_{41}$ vu^{22}_{53} 尊称有手艺的人：厨头～｜木匠～｜篾～｜剃头～

佬 $lɒ^{21}$ 蔑称某种人：杀猪～｜讨饭～｜外国～

骨头 $kuə^{5ʔ}$ $døy^{213}_{53}$ 骂人话：贼～｜贱～｜轻～

（什）我（$zəʔ^{2}$）$ŋo^{22}$ 我

（什）尔（$zəʔ^{2}$）$ŋ^{22}$ 你

（什）伊（$zəʔ^{2}$）i^{22} 他

（什）□（$zəʔ^{2}$）ua^{22} 我们

（什）□（$zəʔ^{2}$）$ŋa^{22}$ 你们

（什）□（$zəʔ^{2}$）ia^{22} 他们

大家 do^{35}_{22} $kɔ^{413}_{22}$

自 zi^{35} 自己：～烧～食

别囊（家）$bəʔ^{2}$ $nɑŋ^{213}_{35}$（$kɔ^{413}_{22}$）别人

（介）块（ka^{44}）$k'uɛ^{53}$ 这儿

蓬（介）块 $boŋ^{213}$（ka^{44}）$k'uɛ^{53}$ 那儿

哪侬 na_{21}^{213} $noŋ_{35}^{22}$ 谁

豪葛 $fiɒ_{21}^{213}$ $kəʔ^5$ 什么：～东西

糟（"作豪"合音）葛 $tsɒ_{41}^{413}$ $kəʔ^5$ 做什么（也说"糟来 $tsɒ_{41}^{413}$ $lɛ_{22}^{213}$"）

哪伊 na_{22}^{213} i^{22} 为什么，怎么啦：叫（哭）来

（三）身体　疾病　医疗

己身 $tɕi_{35}^{53}$ $sən_{53}^{413}$ 人体：揩～｜～骨头痛

头皮 $døy_{21}^{213}$ bi_{53}^{213} ① 人或动物的头 ② 头上的皮

刺孔 $tsʻŋ_{22}^{44}$ $kʻoŋ_{22}^{53}$ 囟门

面孔 $miæ^{35}$ $kʻoŋ^{53}$ 脸（也说"脸孔 $liæ_{35}^{22}$ $kʻoŋ^{53}$"）

耳朵 $ȵi_{35}^{22}$（老派读 $ŋ_{35}^{22}$）$toʔ^5$

耳朵洞 $ȵi_{35}^{22}$ $toʔ^5$ $doŋ_{53}^{35}$ 耳孔

额角头 $ŋa^{2?}$ $kɔʔ^5$ $døy_{53}^{213}$ 前额

眼睛乌珠 $ŋæ_{35}^{53}$ $tsin_{53}^{413}$ $ʔu_{41}^{413}$ $tsʻŋ_{22}^{413}$ 黑眼珠

眼白 $ŋæ_{35}^{53}$ $baʔ^2$ 白眼珠

眉毛 $\underline{mi}_{21}^{213}$ $mɒ_{53}^{213}$

鼻头 $bəʔ^2$ $døy_{53}^{213}$ ① 鼻子 ② 鼻涕

鼻头洞 $bəʔ^2$ $døy_{22}^{213}$ $doŋ^{35}$ 鼻孔

嘴部 $tsʻŋ_{35}^{53}$ bu_{53}^{22} 嘴

嘴唇皮 $tsʻŋ^{53}$ $zən_{44}^{213}$ bi_{53}^{213} 嘴唇

馋射水 $zæ_{21}^{213}$ $zɒ_{44}^{35}$ $sʻŋ^{53}$ 口水

钟底 $tsoŋ_{41}^{412}$ ti^{53} 小舌

喉咙 u_{21}^{213} $loŋ_{53}^{213}$

头颈 $døy_{22}^{213}$ $tɕin_{22}^{53}$ 脖子

夹遮下 $kæʔ^5$ $tsɒ_{44}^{413}$ $fiɒ_{53}^{35}$ 腋下

肋棚骨 $ləʔ^2$ $baŋ_{35}^{213}$ $kuəʔ^5$ 肋骨

奶奶 na_{35}^{22} na_{53}^{22} ① 乳房 ② 乳汁

手骨 $søy_{35}^{53}$ $kuəʔ^5$ 手臂

手底板 $søy_{35}^{53}$ ti_{44}^{53} $pæ^{53}$ 手心

手背 $søy_{35}^{53}$ $pɛ^{44}$

背脊 $pɛ_{44}^{44}$ $tsiʔ^5$ 背

肚脐眼 du_{35}^{22} dzi_{44}^{213} $ŋæ_{53}^{22}$

屁股 $pʻi_{22}^{44}$ ku_{22}^{53}

屁眼洞 $pʻi_{22}^{44}$ $ŋæ_{22}^{22}$ $doŋ^{35}$ 肛门

卵子 $lɒ_{35}^{22}$ $tsʻŋ^{53}$ 男阴

卵袋 $lɒ_{35}^{22}$ $dɛ^{53}$ 阴囊

卵核 $lɒ_{35}^{22}$ $uəʔ^2$ 睾丸

丫屄 $ʔɒ_{41}^{413}$ pi_{22}^{413} 女阴

脚髁头 $tɕia^{?5}$ $kʻɒ_{35}^{413}$ $døy_{53}^{53}$ 膝盖

脚然肚 $tɕia^{?5}$ $zæ_{35}^{213}$ du_{53}^{22} 腿肚子

脚骨 $tɕia^{?5}$ $kuəʔ^5$ 腿

脚底板 $tɕia^{?5}$ ti_{22}^{53} $pæ^{53}$ 脚掌

脚背 $tɕia^{?5}$ $pɛ^{44}$

生毛病 $saŋ_{22}^{413}$ $mɒ_{21}^{213}$ bin^{35} 生病

弗省快 $fɒʔ^5$ $saŋ_{35}^{53}$ $kʻua^{44}$ 不舒服

着力猛 $dzaʔ^2$ $liʔ^2$ $maŋ_{53}^{22}$ 疲劳有病

伤风 $saŋ_{41}^{413}$ $foŋ_{22}^{413}$

嗽 $søy^{44}$ 咳嗽

肚□ du^{22} dza^{35} 拉肚子

□ $mɒ^{22}$ 呕吐

发痧 $fæʔ^5$ $sɒ^{413}$ 中暑

痉夏 $tsʻŋ_{22}^{44}$ $fiɒ^{35}$ 苦夏

冻冰 $toŋ_{22}^{44}$ pin_{22}^{413} 冻疮

刮破 $kuaʔ^5$ $tsʻaʔ^5$ 皮肤皴裂

废 $ʔiæ^{53}$ 痂

魇 $ʔiæ^{53}$ 梦魇

痨病 $lɒ_{21}^{213}$ bin^{35} 肺结核

寒热 $fiæ_{21}^{213}$ $ȵiʔ^2$ 疟疾：发～

羊眼癫 $iaŋ_{21}^{213}$ $ŋæ_{22}^{22}$ $tiæ_{22}^{413}$ 癫痫

张毛病 $tsaŋ_{41}^{413}$ $mɒ_{21}^{213}$ bin^{35} 看病

煎药 $tsiæ^{413}_{41}$ $iaʔ^2$ 熬药

好去啊 $hɔ^{44}_{35}$ $tɕ'i^{44}_{53}$ fiaˑ 病好了

死了啊 $sɿ^{53}_{35}$ $liɒ^{22}_{53}$ fiaˑ 死了

无没有（合音）啊 $m̩^{213}_{21}$ $møy^{53}_{35}$ fiaˑ 讳称人死

跷脚 $tɕ'in^{413}_{41}$ $tɕiaʔ^5$ 瘸子：～佬

折手 $zəʔ^2$ $søy^{53}$ 折了胳臂的人

环背 $guæ^{213}_{21}$ pE^{22} 驼子

呆虫 $ŋE^{213}_{21}$ $zoŋ^{213}_{53}$ 傻子

癫子 $tiæ^{413}$ $tsɿ^{53}_{44}$ 疯子

瞎子 $hæʔ^5$ $tsɿ^{53}_{44}$（男性）

瞎婆 $hæʔ^5$ bo^{213}_{53}（女性）

聋瓶 $loŋ^{213}_{21}$ $baŋ^{35}$ 聋子

缺嘴 $tɕ'yʔ^5$ $tsɿ^{53}$ 兔唇

割舌 $kəʔ^5$ $dzəʔ^2$ 口吃：～佬

麻皮 $mɔ^{213}_{21}$ bi^{213}_{53} 麻子

乌青 $ʔu^{413}_{41}$ $tɕ'in^{413}_{22}$ 皮下出血：～介

生囊气 $saŋ^{412}_{41}$ $naŋ^{213}_{22}$ $tɕ'i^{44}$ 狐臭

（四）日常生活　人体动作　红白事

蛙来起 $ʔuɔ^{413}$ lE^{213}_{22} $tɕ'i^{53}$ 起床

洗面 si^{53} $miæ^{35}$ 洗脸

擦牙齿 $ts'æʔ^5$ $ŋɔ^{213}_{21}$ $ts'ɿ^{53}$ 刷牙

肚饥 du^{22} $tɕi^{413}_{22}$ 饿

口燥 $k'øy^{53}$ $sɔ^{55}$ 渴

烧饭 $sɔ^{413}$ $væ^{35}$ 做饭

做生活 tso^{44} $saŋ^{412}_{41}$ $uəʔ^2$ 干活

□瞌睏 $zaʔ^2$ $k'əʔ^5$ $ts'oŋ^{44}$ 打瞌睡

困去 $k'uən^{22}_{22}$ $tɕ'i^{44}$ 睡着

□屙 dza^{35}_{22} $ʔo^{44}$ 解大便

□尿 dza^{22}_{22} $sɿ^{413}$ 解小便

洗浴 si^{53} $ioʔ^2$ 洗澡

蹓囊家 $ts'iaŋ^{53}$ $naŋ^{213}_{21}$ $kɔ^{413}_{21}$ 串门儿

讲宿话 $kaŋ^{53}$ $soʔ^5$ $uɔ^{35}$ 说话，交谈

讲破话 $kaŋ^{53}$ $p'a^{44}$ $uɔ^{35}$ 背后说人坏话

讲造话 $kaŋ^{53}$ $zɒ^{35}_{25}$ $uɔ^{35}$ 撒谎

吹牛屁 $ts'ɿ^{413}_{41}$ $n̠iøy^{213}_{21}$ pi^{413}_{22} 吹牛

瞎□ $hæʔ^5$ tE^{53} 瞎说，胡扯

讨相骂 $t'ɒ^{53}$ $siaŋ^{413}_{41}$ $mɔ^{35}$ 吵嘴

朝惹 $dzɒ^{21}_{213}$ $n̠ia^{22}_{22}$ 理睬

欺待 $tɕ'i^{413}_{41}$ dE^{22}_{53} 欺侮

调排 $diɒ^{213}_{21}$ ba^{213} 作弄

支摸 $tsɿ^{413}_{41}$ $moʔ^2$ 折磨

帮衬 $paŋ^{213}_{21}$ $ts'ən^{44}$ 帮助

溻麻油 $t'æʔ^5$ $mɔ^{213}_{21}$ $iøy^{213}_{53}$ 拍马屁

坍台 $t'æ^{413}_{41}$ dE^{213}_{53} 丢人

叹眼 $t'æ^{44}_{22}$ $ŋæ^{22}$ 害羞

体面 $t'i^{53}_{35}$ $miæ^{35}_{53}$（菜肴）丰盛

倒灶 $tɔ^{44}_{22}$ $tsɔ^{44}$ 倒霉

犯关 $væ^{22}_{22}$ $kuæ^{413}$ 要命，遭遇急难

落泊 $lɔʔ^2$ $boʔ^2$ 落难，陷入困境

到外头 $tɔ^{44}$ $ŋa^{22}$ $døy^{22}$ 外出

盘缠 $bæ^{213}_{21}$ $zɒ̃^{213}_{53}$

搞 $kɒ^{53}$ 玩儿

搞本 $kɒ^{53}_{35}$ $pən^{53}$ 玩具

嬉 $ɕi^{413}$ 游览（风景、名胜等）

食 $zəʔ^2$（又音 $ziəʔ^2$）吃：～饭

呷 $hæʔ^5$ 喝：～茶|～老酒

□ $kɒʔ^5$ 吸：～奶奶|～香烟

嗽 $soʔ^2$ 吸物使出：～螺蛳

含 $fiən^{213}$ 用嘴含物

衔 $gæ^{213}$ 叼：狗～骨头

呕 $ʔøy^{413}$ 叫，喊：尔去～声伊

凹 $ʔɔ^{413}$

叫 $tɕiɒ^{44}$ 哭：粳～|～马绷（称好哭

的孩子）

张 tsaŋ⁴¹³ 看：～记看（看一看）|
　～毛病

驮 do²¹³ 拿：～来起|～出来|～溜

㧓 k'ɔ⁵³ ① 用手抓住：～伊牢 ② 捉
　拿：～鱼|～贼骨头

安 ʔɒɛ̃⁴¹³ 安放：～溜桌等溜

园 k'aŋ⁴⁴ 藏：～溜推斗溜|～来起

掇 təʔ⁵ 端：把凳～过来

护 lu²¹³ 用手抚摸

□ to⁵³ 用手抚摸痛处：～～伊

掐 k'æʔ⁵ 用双手拤：～杀

掼 guæ³⁵ ① 扔：～伊了 ② 跌：～倒

潊 fu⁴⁴（又音 hu⁴⁴）洗：～衣裳|
　～浴|～面

汏 da³⁵ 到池塘或溪河中去清洗衣物

搣 miʔ² 用手指搓捻：～线椰柱

脈 p'aʔ⁵ 双手分物：～开来

斫 tsɔʔ⁵ 用刀砍削：～树|～柴佬

扸 løy²² 搅拌：～谷筢|～头大

搿 gæʔ² 用胳膊夹在腋下：把小囊
　给我～过来|～把稻草来

擎 dʑin²¹³ 往上托，举

揪 tɕ'in⁴⁴ 往下按：～落去

扯 ts'a⁵³ 撕裂：书册～破啊

竤 gᴇ²² 站立：～来起

□ guən²¹³ 蹲

跪 dʑy²² ～倒来拜

踤 lᴇ³⁵ 跌倒：～倒|ㄍ～去

頦 ʔuəʔ⁵ 落入水中

逃 dɒ²¹³ ① 跑：慢慢介走，ㄍ～！
　② 逃跑：～难

做媒 tso⁴⁴ mᴇ²¹³

讨老马 t'ɒ⁵³ lɒ³⁵²² mɔ²²⁵³ 娶妻

做新妇 tso⁴⁴ sin⁴¹³ vu²²⁵³ 出嫁

新郎官 sin⁴¹³ laŋ²² kuœ̃²² 新郎

新妇 sin⁴¹³ vu²²⁵³ ① 新娘 ② 儿媳

拜堂 pa⁴⁴ daŋ²¹³

入赘 zəʔ² tsᴇ⁴⁴

花轿 huɔ⁴¹³ dʑin³⁵

嫁资 kɔ²²⁴⁴ tsɿ⁴¹³²² 嫁妆

被笼 bi²²³⁵ lɔŋ²¹³⁵³ 一种抬嫁妆或人的
　长方形抬筐

有了 iøy²² lia⁵³ 怀孕了
　有己身 iøy²² tɕi³⁵⁵³ sən⁴¹²

做婼姆 tso⁴⁴ sɔ⁵³³⁵ m̩⁵³ 坐月子

双生 saŋ⁴¹³ saŋ⁴¹³⁵³ 双胞胎

做寿 tso²²⁴⁴ zøy³⁵

寻死 zin²¹³²¹ sɿ⁵³ 自杀

棺材 kuœ̃⁴¹³ zᴇ²¹³

发丧 fæʔ⁵ saŋ⁴¹³

坟 vən²¹³

神主 zən²¹³²¹ tsɿ⁵³ 木制牌位

祭 tsi⁴⁴ ① 祭祀：～祖 ② 咒语言吃

（五）房屋　用品

屋 ʔoʔ⁵ 房子（整所的）

房间 vaŋ²¹³²¹ kæ̃⁴¹³²² 屋子：一间～

堂前 daŋ²¹³²¹ ziæ̃²¹³⁵³ 旧式房子正房居
　中的一间

道地 dɒ³⁵²² di³⁵⁵³ 天井

墙壁 ziaŋ²¹³ piʔ⁵ 墙

楼等 løy²¹³²¹ tən⁵³ 楼上

扶推 u²¹³²¹ t'ᴇ⁴¹³²² 楼梯

屋檐 ʔoʔ⁵ iæ̃²¹³⁵³ 房檐：～水

水笕 sɿ⁵³³⁵ tɕiæ̃⁵³ 安在檐下的水管

屋柱 $ʔoʔ^5\,dzŋ^{22}$　房柱

礅柱 $saŋ^{413}\,dzŋ^{53}$　柱下石

楼窗 $løy^{22}_{21}\,tsʻaŋ^{413}$　窗户

门槛 $mən^{213}_{21}\,kʻæ^{53}$

踏倒步 $dæʔ^2\,tɒ^{53}_{35}\,bu^{35}_{53}$　台阶

灶间 $tsɔ^{44}_{35}\,kæ^{413}_{53}$　厨房

灶头 $tsɔ^{44}_{22}\,døy^{213}_{22}$　生火做饭的灶

镬□头 $ɦoʔ^2\,kʻoʔ^5\,døy^{213}_{35}$　灶头后面烧火的地方

烟囱 $iæ^{413}_{41}\,tsʻoŋ^{413}_{22}$

料缸头 $liɒ^{35}_{22}\,kaŋ^{413}_{35}\,døy^{213}_{53}$　厕所

东司 $toŋ^{413}_{41}\,sŋ^{413}_{22}$

坐马 $zo^{22}_{35}\,mɒ^{22}_{53}$　厕所里供人方便的木制坐具

东西 $toŋ^{413}_{41}\,si^{413}_{22}$　① 泛称各种物品 ② 贬称人

家生 $kɔ^{413}_{41}\,saŋ^{413}_{22}$　① 日用器具 ② 手工业者使用的工具

桌等 $tsoʔ^5\,tən^{53}$　桌子

椅子 $i^{22}_{35}\,tsŋ^{53}$

凳 $tən^{44}$　凳子：团～ | 长～ | 方～

石鼓 $zaʔ^2\,ku^{53}$　一种石制坐具

眠床 $miæ^{213}_{21}\,zaŋ^{213}_{53}$　床

床帐 $zaŋ^{213}_{21}\,tsaŋ^{44}$　蚊帐

竹（眠）床 $tsoʔ^5\,(miæ^{213}_{35})\,zaŋ^{213}_{53}$

棕绷 $tsoŋ^{413}_{41}\,paŋ^{413}_{22}$

铺板 $pʻu^{44}_{22}\,pæ^{53}_{22}$

簟席 $miʔ^2\,ziʔ^2$　竹篾编成的凉席

草席 $tsʻɒ^{53}_{35}\,ziʔ^2$

被柜 $bi^{22}_{35}\,dzy^{35}_{53}$

大橱 $do^{35}_{22}\,dzŋ^{213}_{22}$

疥橱 $ka^{44}\,dzŋ^{213}_{22}$　碗橱

镬 $ɦoʔ^2$　安在灶头上的锅

镬梗 $ɦoʔ^2\,kən^{53}$　木制锅盖

镬炝 $ɦoʔ^2\,tsʻiaŋ^{53}$　锅铲子

火筒 $ho^{35}\,doŋ^{53}$　用于吹火的竹筒

火钳 $ho^{35}_{53}\,dziæ^{213}_{53}$　火剪

火锹 $ho^{35}_{53}\,ɕiæ^{413}$　铲柴火的铁锹

砧板 $tsən^{413}_{41}\,pæ^{53}$

薄刀 $boʔ^2\,tɒ^{413}$　切菜刀

瓢羹 $biŋ^{213}_{21}\,kaŋ^{413}_{22}$　匙子

碗 $ʔuæ^{53}$

筷 $kʻua^{44}$

箸笼 $dzŋ^{35}\,loŋ^{213}$　筷筒

老酒壶瓶 $lɒ^{35}_{35}\,tsøy^{53}\,u^{213}_{21}\,biŋ^{213}_{53}$　酒壶，多锡制

钵头 $pəʔ^5\,døy^{53}$　一种陶制器皿；泔水～

饭篮 $væ^{35}_{22}\,læ^{213}_{22}$　一种盛米饭的竹篮

淘箩 $dɒ^{213}_{21}\,lo^{213}_{53}$　淘米用的竹篮

泔水 $kɒ^{413}_{41}\,sŋ^{53}$

水缸 $sŋ^{53}_{35}\,kaŋ^{413}_{53}$

茶杯 $dɒ^{213}_{21}\,pE^{413}$　喝水的杯子

茶壶 $dɒ^{213}_{21}\,u^{213}_{53}$　烧开水的壶

热水壶 $ȵiʔ^2\,sŋ^{35}_{35}\,u^{213}_{53}$　热水瓶

面桶 $miæ^{35}_{22}\,doŋ^{22}$　洗脸盆

面布 $miæ^{35}_{22}\,pu^{44}$　洗脸的毛巾

牙杯 $ŋɒ^{213}_{21}\,pE^{413}$　刷牙用的杯子

肥皂 $bi^{213}_{21}\,zɒ^{22}$

梳 $sŋ^{413}$　梳子

边箕 $piæ^{413}_{41}\,tɕi^{413}_{22}$　簸子

篮头 $læ^{213}_{21}\,døy^{213}_{53}$　篮子

盒则 $ɦæʔ^2\,tsəʔ^5$　盒子

水桶 $sŋ^{53}_{35}\,doŋ^{22}_{53}$

扁担 $piæ^{53}_{35}\,tæ^{44}_{53}$

楤 $tsʻoŋ^{44}$　尖头担

朵柱 tɔ^{53} dʐŋ$^{22}_{53}$　挑担时用于支撑扁担以减轻肩上重力的竹竿或木杆

扫帚 sɔ^{44} tsøy$^{53}_{22}$

畚斗 pən$^{53}_{22}$ tøy$^{53}_{22}$　簸箕

掸帚 tæ̃$^{53}_{35}$ tsøy^{53}　掸子：鸡毛～

檬柱 moŋ$^{213}_{21}$ dʐŋ$^{22}_{55}$　棒槌

衣裳刨 i$^{413}_{41}$ zɑŋ$^{213}_{53}$ bɒ^{35}　洗衣板

眼杆 lɑŋ$^{35}_{22}$ kœ$^{22}_{53}$　晾晒衣物的竹竿

雨伞 y$^{22}_{35}$ sæ̃^{53}

凉伞 liɑŋ$^{213}_{21}$ sæ̃^{53}　阳伞

拐□ kua$^{53}_{35}$ tsa^{53}　拐杖

自鸣钟 z$^{35}_{22}$ min^{22} tsoŋ$^{413}_{22}$　钟

脚踏车 tɕia^{25} dæʔ^2 tsʻɔ$^{413}_{22}$　自行车

电筒 diæ̃$^{35}_{22}$ doŋ^{22}　手电

锁匙 sɔ$^{53}_{35}$ z$^{213}_{53}$　钥匙

锁 sɔ^{53}

引线 n̠i$^{22}_{35}$ siæ̃$^{44}_{53}$　针

鞋篮迗 fia$^{213}_{21}$ læ̃$^{213}_{35}$ piæ̃^{53}　针线筐

线板 siæ̃$^{44}_{22}$ pæ̃$^{53}_{22}$　用于缠线的木板

搣线椰柱 miʔ^2 siæ̃^{44} lɑŋ$^{213}_{22}$ dʐŋ^{22}　一种手工捻棉纱线的工具

糊抑 fiu$^{213}_{22}$ løy^{22}　糨子

坐桶 zɔ$^{22}_{35}$ doŋ$^{53}_{22}$　一种可以让小儿坐或站在里面的木桶

坐车 zɔ$^{22}_{35}$ tsʻɔ$^{413}_{53}$　小儿坐具，车形

铜踏 doŋ$^{213}_{21}$ dæʔ^2　可以将脚踏在上面的铜制取暖用具，里面装炭火

手炉 søy$^{53}_{35}$ lu$^{213}_{53}$　铜制取暖用具，比铜踏小

竹夫人 tsoʔ^2 fu$^{413}_{35}$ n̠in^{213}　热天睡觉时抱着取凉的用具，用竹篾编成

扇 sœ̃^{44}　扇子：芭蕉～｜蒲～

美孚灯 mE$^{22}_{35}$ fu$^{413}_{53}$ tən$^{413}_{41}$　一种煤油灯

电灯 diæ̃^{35} tən$^{413}_{22}$

□来火 bi$^{35}_{22}$ lE$^{213}_{22}$ ho^{53}　火柴

夜壶 ia$^{35}_{22}$ u^{213}　尿壶

马桶 mɔ$^{22}_{35}$ doŋ^{53}

草纸 tsʻɔ$^{53}_{35}$ tsŋ^{53}

（六）服饰　饮食

衣裳 ʔi$^{413}_{41}$ zɑŋ$^{213}_{53}$

长衫 dzɑŋ$^{213}_{21}$ sæ̃$^{413}_{22}$　男式大褂

旗袍 dʑi$^{213}_{21}$ bɒ$^{213}_{53}$　女式大褂

棉袄 miæ̃$^{213}_{21}$ ʔɒ^{53}

夹袄 kæʔ^5 ʔɒ^{53}

小布衫 siɒ$^{53}_{35}$ pu$^{44}_{53}$ sæ̃$^{413}_{41}$　单上衣

体里衣裳 tʻi$^{53}_{35}$ li$^{22}_{53}$ ʔi$^{213}_{21}$ zɑŋ$^{213}_{22}$　穿在最里面的衣服

罩衫 tsɒ$^{44}_{22}$ sæ̃$^{413}_{22}$　套在最外面的单衣

线衫 siæ̃$^{44}_{22}$ sæ̃$^{413}_{22}$　毛线衣

棉毛衫 miæ̃$^{213}_{21}$ mɒ$^{213}_{22}$ sæ̃$^{413}_{22}$　棉织上衣

夹里 kæʔ^5 li^{53}　棉衣或夹衣的里层

里子 li$^{22}_{35}$ tsŋ^{53}

大襟 dɔ$^{35}_{22}$ tɕin$^{413}_{22}$　纽扣在右侧的中式服装的前面部分

小襟 siɒ$^{53}_{35}$ tɕin$^{413}_{53}$　大襟衣服右侧在大襟下面的部分

对襟 tE$^{44}_{22}$ tɕin$^{413}_{22}$　纽扣在中间的中式服装

手袖 søy$^{53}_{35}$ zøy$^{35}_{53}$　袖子

纽子 n̠iøy$^{22}_{35}$ tsŋ^{53}　纽扣

纳扣 næʔ^2 kʻøy^{44}　摁扣儿

一口钟 ʔiʔ^{25} kʻøy$^{53}_{35}$ tsoŋ^{53}　幼儿斗篷

裙 dʑyn^{213}

连衣裙 liæ̃$^{213}_{53}$ ʔi$^{413}_{35}$ dʑyn$^{213}_{53}$

裤 kʻu^{44}　裤子：开裆～｜～脚

围裙 y_{21}^{213} $dʑyn_{53}^{213}$ 婴幼儿用的围裙

蓑衣 $sɔ_{41}^{413}$ $ʔi_{22}^{413}$

鞋 fia^{213} 鞋子：凉～|拖～|草～

套鞋 $t'ɒ_{22}^{44}$ fia_{22}^{213} 胶鞋

木屐 $moʔ^2$ $dʑiʔ^2$ 一种自制雨鞋，将木条钉在布鞋底下以防水

木拖 $moʔ^2$ $t'o_{22}^{413}$ 木板拖鞋

跑鞋 $bɒ_{21}^{213}$ fia_{53}^{213} 球鞋

袜 $mæʔ^2$ 袜子

袜头 $mæʔ^2$ $døy_{53}^{213}$ 短袜

帽 $mɒ^{35}$ 帽子：鸭舌～|凉～

铜盆帽 $doŋ_{21}^{213}$ $bən_{22}^{213}$ $mɔ^{35}$ 一种呢制礼帽

手巾 $søy_{35}^{53}$ $tɕin_{53}^{413}$ 手绢

围巾 y_{21}^{213}（又音 uei_{21}^{213}）$tɕin_{22}^{413}$

尿布 $sŋ_{21}^{413}$ pu^{44}

肚搭 du_{35}^{22} $tæʔ^5$ 兜肚

围胸片 y_{21}^{213} $ɕyn_{35}^{413}$ $bæ_{53}^{213}$ 围裙

露馋袋 lu_{22}^{35} $zæ_{22}^{213}$ dE^{35} 围嘴儿

饭 $væ^{35}$ ① 大米干饭 ② 每天定时吃的食物：早～|晏～|夜～|食～

点心 $tiæ_{35}^{53}$ sin_{53}^{413} 正餐之外所吃的面条、米粉之类的食品，夏季在午饭和晚饭之间的时间吃：烧～

茶食 $dzɔ_{21}^{213}$ $zɿʔ^2$ 糕点

酥糖 su_{41}^{413} $daŋ_{53}^{213}$ 一种用红绿纸包起来的面粉加油、糖等制成的食品：长乐～

糯米果 $noʔ_{22}^{35}$ mi_{35}^{22} ko^{53} 一种用糯米面制成的里面包有芝麻豆沙馅儿的食品

粟米糖 $soʔ^5$ mi_{35}^{22} $daŋ_{53}^{213}$ 一种用小米粒制成的糖，酥脆

米海 mi_{35}^{22} hE^{53} 爆米花儿

麻糍 $mɔ_{21}^{213}$ $zɿ^{53}$ 年糕

榨面 $tsɔ_{22}^{44}$ $miã^{35}$ 米粉

米 mi^{22} 大米

麦粉 $maʔ^2$ $fən^{53}$ 面粉

馒头 $mæ_{21}^{213}$ $døy_{53}^{213}$ ① 包子：肉～|豆腐～ ② 馒头：淡～

麦面 $maʔ^2$ $miæ^{35}$ 面条

汤包 $t'ɑŋ_{21}^{413}$ $pɒ_{22}^{413}$ 馄饨

油炸棍 $iøy_{21}^{213}$ $zæʔ^2$ $kuən^{53}$ 油条

油灯鼓 $iøy_{21}^{213}$ $təŋ_{35}^{413}$ ku^{53} 一种面粉调水里面包萝卜丝等的油炸食品

油猫猫 $iøy_{21}^{213}$ $mɒ_{35}^{35}$ $mɒ_{53}^{213}$ 油饼

马蹄酥 $mɔ_{35}^{22}$ di_{53}^{35} su_{41}^{413} 一种烧饼

六谷糊 $loʔ^2$ $koʔ^5$ u_{35}^{213} 玉米面黏粥

麦鸡娘 $maʔ^2$ $tɕi_{35}^{413}$ $n.iaŋ_{53}^{213}$ 面疙瘩

菜 $ts'E^{44}$ ① 蔬菜：油～|黄芽～ ② 经烹调的蔬菜、肉、蛋等食品

豆腐 dE_{22}^{35} u_{35}^{22}

豆腐干 dE_{22}^{35} u^{22} $kɔ̃_{22}^{413}$

豆腐皮 dE_{22}^{35} u^{22} bi_{22}^{213}

油豆腐 $iøy_{21}^{213}$ dE_{22}^{35} u_{35}^{22} 炸豆腐

霉豆腐 mE_{21}^{213} dE_{22}^{35} u_{35}^{22} 豆腐乳

千张 $ts'iæ_{41}^{413}$ $tsaŋ_{22}^{413}$ 薄的豆腐干片

山粉 $sæ_{41}^{413}$ $fən^{53}$ 一种淀粉

咸菜 $fiæ_{21}^{213}$ $ts'E^{44}$

菜干 $ts'E_{22}^{44}$ $kɔ̃_{22}^{413}$ 干菜：～肉|笋煮～肉 $n.ioʔ^2$

胖子 $p'ɑŋ_{53}^{44}$ $tsɿ^{53}$ 肘子

肚下拖 du_{35}^{22} $fiɔ_{53}^{22}$ $t'a_{41}^{413}$ 囊膪

白切肉 $baʔ^2$ $ts'iʔ^5$ $n.ioʔ^2$

粉蒸肉 $fən_{35}^{53}$ $tsən_{53}^{413}$ $n.ioʔ^2$ 米粉肉

饼子 pin^{53} tsɿ^{53} 肉丸儿：糟～
白斩鸡 baʔ^{2} tsæ$^{413}_{22}$ tɕi$^{413}_{22}$
鸡胘 tɕi^{413} tsən^{413}
鸡子酱 tɕi$^{413}_{41}$ tsɿ$^{53}_{35}$ tsiaŋ$^{44}_{53}$ 鸡蛋羹
茶 dzɔ^{213} 开水：呷～|茶叶～
茶叶 dzɔ$^{213}_{21}$ iʔ^{2} 茶：摘～
老酒 lɒ$^{22}_{35}$ tsøy^{53} 黄酒
烧酒 sɔ$^{413}_{41}$ tsøy^{53} 白酒
酒酱板 tsøy$^{53}_{35}$ tsiaŋ^{44} pæ^{53} 酒酿
酱油 tsiaŋ$^{44}_{22}$ iøyʔ^{213}
酸醋 sœ$^{413}_{41}$ tsʻu^{44} 醋
香烟 ɕiaŋ$^{413}_{41}$ iæ$^{22}_{22}$
乌烟 ʔu$^{413}_{41}$ iæ$^{413}_{22}$ 鸦片

（七）农工商学各业

做生活 tso^{44} saŋ$^{413}_{41}$ uəʔ^{2} 干活
种田 tsoŋ^{44} diæ^{213}
耕田 kaŋ$^{413}_{41}$ diæ^{213}
秧田 ʔiaŋ$^{413}_{41}$ diæ$^{213}_{53}$ 培育稻秧的田
削草 sia^{5} tsʻɔ^{53} 锄草
车水 tsʻɔ$^{413}_{41}$ sɿ^{53} 用水车灌溉
挖塘泥 uæʔ^{5} dɒŋ$^{213}_{21}$ n̥i$^{213}_{53}$ 将池塘中的腐泥挖出用作肥料
割稻 kəʔ^{5} dɒ^{22} 收割稻谷
打稻 taŋ^{53} dɒ^{22} 用摔打的方式为稻谷脱粒
稻桶 dɒ$^{22}_{35}$ doŋ$^{22}_{53}$ 用于打稻的桶
垫笪 diæ^{35} liʔ^{2} 用竹篾编成的大席，用于翻晒稻谷等粮食
抑谷笓 løy$^{22}_{35}$ kɔʔ^{5} bɔ$^{35}_{22}$ 用于聚拢或散开谷物的笓子
风车 foŋ$^{413}_{41}$ tsʻɔ$^{413}_{22}$
箩 lo^{213} 一种方底圆口的竹编器具

猪潭 tsɿ$^{413}_{41}$ dɑ̃^{213} 猪栏
猪槽 tsɿ$^{413}_{41}$ zɔ$^{213}_{53}$ 盛猪食的石槽
料缸 liɒ$^{35}_{22}$ kaŋ$^{413}_{22}$ 大粪缸：～头（厕所）
肥桶 bi$^{213}_{21}$ doŋ^{22}
浇挈 tɕiɒ$^{413}_{41}$ tɕʻiʔ^{5} 一种有提手的木制浇水农具
锄头 zɿ$^{213}_{21}$ døy$^{213}_{53}$ 翻地刨土用的农具
铁镕 tʻiʔ^{5} tsaʔ^{5} 一种带齿的掘土农具
沙镙 sɔ$^{213}_{41}$ tɕi^{5} 镰刀
踏碓 dæʔ^{2} tɛ^{44} 旧时舂米的设置，用脚踏木干的一端，使安装在另一端的石杵一升一降，降落时捣石臼中的稻谷以使谷粒脱壳
捣臼 tɔ$^{53}_{35}$ dʑiøy$^{22}_{53}$ 踏碓的石臼部分
水碓 sɿ$^{53}_{35}$ tɛ$^{44}_{53}$ 旧时利用水力舂米的设置
磨 mo^{35}
筛 sɿ^{413} 筛子：米～|麻～
罗 lo^{213} 用来筛细末状物品的筛子
牵磨 tɕʻiæ$^{413}_{41}$ mo^{35} 拉磨
掏 dɒ^{213} 从土里挖掘：～芋芳|～笋
扳六谷 pʻaʔ^{5} lɔʔ^{2} kɔʔ^{5} 掰玉米
钩刀 køy$^{413}_{41}$ tɒ^{413}
排竹筒 ba^{213} tsoʔ^{5} doŋ$^{22}_{53}$ 旧时农民干活时所带的装饮用水的竹筒
蒲里袋 bu^{213} li$^{22}_{35}$ dɛ$^{35}_{53}$ 一种用蒲草编成的用于装干粮的袋子
丝厂 sɿ$^{413}_{21}$ tsʻaŋ^{53}
机米厂 tɕi$^{413}_{41}$ mi$^{22}_{35}$ tsʻaŋ^{53}
洋车 iaŋ$^{213}_{21}$ tsʻɔ$^{413}_{22}$ 缝纫机：踏～
弹花 dæ$^{213}_{21}$ huɔ$^{413}_{22}$ 弹棉花：～师父
烧窑 sɒ$^{413}_{41}$ iɒ^{213}

打铁 taŋ^{53} t'iʔ^{5}

□碗 dʑin$^{35}_{22}$ ʔuɐ̃^{53} 铜碗

扯屋 ts'a^{53} ʔoʔ^{5} 盖房

榔头 laŋ^{213} døy^{53} 锤子

老虎钳 lɒ$^{22}_{35}$ hu^{53} dʑiɐ̃$^{213}_{22}$ 钳子

钉□ tin$^{413}_{41}$ tsa$^{413}_{22}$ 钉子

做生意 tso^{44} saɐ̃$^{413}_{41}$ ʔi^{44}

店 tiɐ̃^{44} 商店：布～|肉～|宿夜～

摆摊 pa^{53} t'ɐ̃^{413}

市日 zɿ$^{22}_{35}$ nəʔ^{2} 定期买卖货物的日子

行 ɦiaŋ^{213} 经济人经营某些商品的场所（不单用）：米～|猪～

便宜 biɐ̃$^{213}_{21}$ n̦i$^{213}_{53}$

贵 tɕy^{44}

有货 iøy$^{22}_{35}$ ho$^{44}_{53}$ 买的东西分量足

无货 m̩$^{213}_{21}$ ho^{44} 买的东西分量不足

趁 ts'ən^{44} 赚：～钞票

拆蚀 ts'aʔ^{5} zəʔ^{2} 赔本儿

捱 ʔɔ^{44} 硬卖给，硬送给

交运 kɒ$^{413}_{21}$ yn^{35}

秤 ts'ən^{44}

戥子 tən$^{53}_{35}$ tsɿ^{53}

斤两 tɕin$^{413}_{41}$ liaŋ^{53} 分量：称～

钞票 ts'ɒ$^{413}_{41}$ p'iɒ^{44} ①纸币 ②泛指钱

铜板 doŋ$^{213}_{21}$ pɐ̃^{53} ①铜元 ②泛指钱

洋钿 iaŋ$^{213}_{21}$ diɐ̃$^{213}_{53}$ 泛指钱：十块～

银洋钿 n̦in$^{213}_{21}$ iaŋ$^{213}_{35}$ diɐ̃$^{213}_{53}$ 银元

角子 kɔʔ^{5} tsɿ$^{53}_{44}$ 硬辅币

算盘 sɐ̃$^{44}_{22}$ bɐ̃^{35}

账簿 tsaŋ$^{44}_{22}$ bu^{22} 账本

汽车 tɕ'i$^{44}_{22}$ ts'ɔ$^{413}_{22}$

汽车站 tɕ'i$^{44}_{22}$ ts'ɔ$^{413}_{35}$ dzɐ̃$^{35}_{53}$

小包车 siɒ^{53} pɒ$^{213}_{35}$ ts'ɔ$^{413}_{41}$ 小轿车

黄包车 uaŋ$^{213}_{21}$ pɒ$^{413}_{41}$ ts'ɔ$^{413}_{41}$ 人力车

学堂 ɦɔʔ^{2} daŋ^{53} 学校

学生（子）ɦɔʔ^{2} saŋ^{413}（tsɿ^{53}）

上班 zaŋ^{22} pɐ̃^{413} 上课

退班 t'ᴇ^{44} pɐ̃^{413} 下课

赖学 la$^{35}_{22}$ ɦɔʔ^{2} 逃学：～狗

伴猫猫 bɒ^{35} mɒ$^{213}_{21}$ mɒ$^{213}_{21}$ 藏猫儿

办囊家 bɐ̃$^{35}_{22}$ naŋ$^{213}_{21}$ kɔ$^{413}_{22}$ 过家家儿

挠子 nɒ^{22} tsɿ^{53} 一种抛、拾小石子的儿童游戏

打台球 taŋ^{53} dᴇ$^{213}_{21}$ dziøy$^{213}_{53}$ 打乒乓球

猜□ ts'ᴇ$^{413}_{41}$ n̦in^{35} 猜谜语

放鹞 faŋ^{44} iɒ^{35} 放风筝

走棋 tsøy^{53} dʑi^{213} 下棋

打扑克 taŋ^{53} p'oʔ^{5} k'əʔ^{5}

打牌九 taŋ^{53} ba^{213} tɕiøy^{53} 推骨牌

押宝 ʔæʔ^{5} pɒ^{53} 一种赌博

叉麻将 ts'ɔ$^{413}_{22}$ mɔ$^{213}_{21}$ tɕiaŋ^{44} 打麻将

打虎跳 taŋ$^{53}_{22}$ hu$^{53}_{35}$ t'iɒ^{44} 侧身跳运动

翻筋斗 fɐ̃$^{413}_{22}$ tɕin$^{413}_{41}$ tøy^{53} 翻跟斗

抛篮球 p'ɒ$^{413}_{22}$ lɐ̃$^{213}_{21}$ dziøy$^{213}_{53}$ 打篮球

澎水浴 baŋ$^{213}_{22}$ sɿ$^{53}_{35}$ ioʔ^{2} 游泳

（八）动物　植物

牛 n̦iøy^{213} ①通称牛：水～ ②特指黄牛

猪 tsɿ^{413} ：～娘|～食

羊 iaŋ^{213}

狗 køy^{53} ：哈巴～|狼～|癫～（疯狗）

猫猫 mɒ$^{213}_{21}$ mɒ$^{213}_{21}$ 猫：瞎～撞着个死老鼠

兔 t'u^{44} 兔子

鸡 tɕi^{413}

鸡子 tɕi$^{413}_{41}$ tsɿ^{53} 鸡蛋

哺鸡娘 bu$^{35}_{22}$ tɕi$^{413}_{35}$ n.ian$^{213}_{53}$ 抱窝鸡

鸭 ʔæʔ^5

鸭子 ʔæʔ^5 tsɿ^{53} 鸭蛋

鹅 ŋo^{213}

鹅子 ŋo^{213} tsɿ^{53} 鹅蛋

雄鹅得头 ioŋ$^{213}_{21}$ ŋo$^{213}_{22}$ təʔ^5 døy$^{213}_{53}$ 公鹅
　头上的红色肉冠

蚕 zɶ^{213} 家蚕：～宝宝丨～山（蚕蔟）

蚕沙 zɶ$^{213}_{21}$ so$^{413}_{22}$

蚕女 zɶ$^{213}_{21}$ n.y$^{22}_{53}$　蚕蛹

野兽 ia$^{22}_{35}$ søy$^{44}_{53}$

老虎 lɒ$^{22}_{35}$ hu^{53}

狮子 sɿ$^{413}_{41}$ tsɿ$^{53}_{44}$

白象 baʔ^2 zian$^{22}_{53}$　象

野猪 ia$^{22}_{35}$ tsɿ$^{413}_{53}$

活猁 uəʔ^2 sən$^{413}_{22}$ ① 猴子 ② 骂人话：
　小～丨～精

獖猪 hɒ$^{413}_{41}$ tsɿ$^{413}_{22}$ 刺猬

狗头熊 køy$^{53}_{35}$ døy$^{213}_{53}$ ioŋ$^{213}_{21}$ 狼

黄鼠狼 uaŋ$^{213}_{21}$ ts'ɿ^{53} laŋ$^{213}_{21}$

老鼠 lɒ$^{22}_{35}$ ts'ɿ^{53}

蝙蝠 piɶ$^{413}_{41}$ foʔ^5

壁虎 piʔ^5 hu^{53}

蛇 dzɔ^{213}

青蛙 tɕ'iŋ$^{413}_{41}$ ʔuɔ$^{413}_{22}$

蛤疤 kəʔ^5 pɔ$^{44}_{53}$ 癞蛤蟆

鸟 tiɒ^{53}

麻鸟 mɔ$^{213}_{21}$ tiɒ^{53} ① 麻雀 ② 男童阴

老鸦 lɔ$^{22}_{35}$ ʔɔ$^{413}_{22}$ 乌鸦

老鹰 lɔ$^{22}_{35}$ in$^{21}_{22}$　鹰

燕 ʔiã^{53} 燕子

雁 iã^{53}

鹁鸪 bəʔ^2 kəʔ^5

大头鸟 do$^{35}_{22}$ døy$^{213}_{35}$ tiɒ^{53} 猫头鹰

翼膀 iʔ^2 paŋ^{53} 翅膀

鱼 ŋ^{213}（文读 y^{213}）

鲫鱼 tsin$^{53}_{35}$ ŋ$^{213}_{53}$

黄鳝 uaŋ$^{213}_{21}$ zɶ$^{22}_{53}$　鳝鱼

鳗 mɶ^{213} 鳗鱼

泥鳅 n.i$^{213}_{21}$ ts'øy$^{413}_{22}$

鲇台 n.iɶ$^{213}_{21}$ dᴇ$^{213}_{53}$ 鲇鱼

乌鳢子 ʔu$^{413}_{41}$ li$^{53}_{35}$ tsɿ^{53} 黑鱼

乌龟 ʔu$^{413}_{41}$ tɕy$^{413}_{22}$

鳖 piʔ^5

　甲鱼 kæʔ^5 ŋ^{213}

弹虾 dɶ$^{213}_{21}$ hɔ$^{413}_{22}$ 虾

蟹 ha^{53}

螺蛳 lo$^{213}_{21}$ sɿ$^{413}_{22}$

田螺 diɶ$^{213}_{21}$ lo^{213}

蛇虫百脚 dzɔ$^{213}_{21}$ dzoŋ$^{213}_{22}$ paʔ^5 tɕiaʔ^5 泛
　指虫类或某些爬行动物

苍蝇 ts'aŋ$^{413}_{41}$ ʔin$^{413}_{22}$

料缸虫 liɒ$^{35}_{22}$ kaŋ$^{413}_{35}$ dzoŋ$^{213}_{53}$ 蛆

蚊虫 mən$^{213}_{21}$ dzoŋ$^{213}_{53}$ 蚊子

水蛓 sɿ$^{53}_{35}$ tɕ'iʔ^5 孑孓

蚤 tsɒ^{53} 跳蚤

虱 səʔ^5 虱子

虱虮 səʔ^5 tɕi^{53} 虮子

臭虫 ts'øy$^{44}_{53}$（又音 tɕ'iøy$^{44}_{22}$）dzoŋ$^{213}_{22}$

门蚣 mən$^{213}_{21}$ koŋ$^{413}_{22}$ 蜈蚣

风蚜 foŋ$^{413}_{41}$ ŋa^{22} 蚂蚁

□牙 ts'oŋ$^{44}_{35}$ ŋɔ$^{213}_{53}$ 蚯蚓

圪蜢 kəʔ^5 maŋ^{53} 蝗虫

螳螂 daŋ$^{213}_{21}$ laŋ$^{213}_{53}$

蜻蜓 ts'in$^{413}_{41}$ din$^{213}_{53}$

蝴蝶 u_{21}^{213} diʔ²

萤火虫 in_{21}^{213} ho_{35}^{53} $dzoŋ_{53}^{213}$

蜘蛛绷 $tsɿ_{41}^{413}$ $\underline{tsɿ}_{22}^{413}$ $paŋ^{413}$ ① 蜘蛛 ② 蜘蛛网

刺了 $tsʻɿ_{22}^{44}$ $liŋ^{44}$ 知了，即蝉

叫哥哥 $tɕio_{22}^{44}$ ko_{22}^{413} ko_{22}^{413} 蝈蝈儿

蜂 $foŋ^{413}$ 蜜蜂：～桶

蜜糖 miʔ² $daŋ_{53}^{213}$ 蜂蜜

蟋蟀 $\underline{sə}ʔ^5$ səʔ⁵

稻 $dɒ^{22}$

稻草 $dɒ_{35}^{22}$ $tsʻɒ^{53}$

麦 maʔ²

麦秆 maʔ² $kæ^{53}$ 麦秸

六谷 loʔ² koʔ⁵ 玉米

芦穄 lu_{21}^{213} tsi^{44} 高粱

粟米 soʔ⁵ mi_{53}^{22} 小米

稗草 ba_{22}^{35} $tsʻɒ_{22}^{53}$ 稗子

番薯 $fæ_{41}^{413}$ $zɿ_{22}^{22}$ 白薯

红毛番薯 $fioŋ_{21}^{213}$ $mɒ_{22}^{213}$ $fæ_{35}^{413}$ $zɿ_{53}^{22}$ 马铃薯

　　洋番薯 $iaŋ_{21}^{213}$ $fæ_{35}^{413}$ $zɿ_{53}^{22}$

早豆 $tsɒ_{35}^{53}$ $døy_{53}^{35}$ 大豆

罗汉豆 lo_{21}^{213} $hæ^{44}$ $døy_{53}^{35}$ 蚕豆

蚕豆 $zæ_{21}^{213}$ $døy^{35}$ 豌豆

豇豆 $kaŋ_{21}^{413}$ $døy^{35}$

绿豆 loʔ² $døy^{35}$

油麻 ioy_{21}^{213} $mɔ_{53}^{213}$ 芝麻

花生 hua_{41}^{413} $saŋ^{413}$

大红袍 do_{22}^{35} $fioŋ_{35}^{213}$ $bɒ_{53}^{213}$ 花生米

葵花子 $guɛ_{21}^{213}$ $huɔ_{35}^{413}$ $tsɿ^{53}$ 向日葵

棉花 $miæ_{21}^{213}$ $huɔ_{22}^{213}$

烟叶 $ʔiæ_{41}^{413}$ iʔ²

菠棱菜 $pɔ_{41}^{413}$ $liŋ_{22}^{213}$ $tsʻɛ^{44}$ 菠菜

黄芽菜 $uaŋ_{21}^{213}$ $ŋɔ_{22}^{213}$ $tsʻɛ^{44}$ 黄心白菜

蒿菜 $hɒ_{41}^{413}$ $tsʻɛ^{44}$ 茼蒿

茄 $dʑia^{213}$ 茄子

茭白 $kɒ_{21}^{413}$ baʔ²

番茄 $fæ_{41}^{413}$ $dʑia_{53}^{213}$

萝卜 lo_{21}^{213} boʔ²

芋艿 y_{22}^{35} na^{22}

芥拉头 ka_{22}^{44} la_{22}^{213} $døy_{22}^{213}$ 芜菁根块

大蒜 da_{22}^{35} $sæ̃^{44}$ 蒜苗

大蒜子 da_{22}^{35} $sæ̃_{22}^{44}$ $tsɿ_{22}^{22}$ 蒜头

水果 $sɿ_{35}^{53}$ ko^{53}

梨头 li_{21}^{213} $døy_{53}^{213}$ 梨子

橘 $tɕyʔ^5$ 橘子

文旦 $uən_{21}^{213}$ $tæ̃_{22}^{413}$ 柚子

梅 $mɛ^{213}$ 梅子

杏梅 $fiaŋ_{22}^{35}$ $mɛ_{53}^{213}$ 杏子

杨梅 $iaŋ_{21}^{213}$ $mɛ_{53}^{213}$

柿红 $zɿ_{22}^{22}$ $fioŋ_{53}^{213}$ 柿子

藤梨 $tʻən_{21}^{213}$ li_{53}^{213} 野生猕猴桃

桃 $dɒ^{213}$ 桃子：水蜜～|秋～鬼

李 li^{22} 李子

枣 $tsɒ^{53}$ 枣子：红～（干枣）|蜜～

枇杷 bi_{21}^{213} $bɔ_{53}^{213}$

葡萄 bu_{21}^{213} $dɒ_{53}^{213}$

金樱 $tɕin_{41}^{413}$ $ʔaŋ_{22}^{413}$ 石榴

西瓜 si_{41}^{413} $kuɔ_{22}^{413}$

鹅子瓜 $ŋɔ_{22}^{213}$ $tsɿ_{35}^{53}$ $kuɔ_{53}^{413}$ 一种甜瓜

大菱角 do_{22}^{35} $liŋ_{21}^{213}$ $kɔʔ^5$ 菱角

刺菱 $tsʻɿ_{22}^{44}$ $liŋ_{22}^{213}$ 一种长刺的菱

甘蔗 $kæ_{21}^{413}$ $tsɔ_{22}^{413}$

糖梗 $daŋ_{21}^{213}$ $kuaŋ^{53}$ 比甘蔗细的甜秆

树 $zɿ^{35}$

松丝毛 $zoŋ_{21}^{213}$ $sɿ_{35}^{413}$ $mɒ_{53}^{213}$ 松针

毛竹 mɒ$^{213}_{21}$ tsoʔ^5

竹竿 tsoʔ^5 kœ$^{413}_{53}$

篾爿 miʔ^2 bæ^{213} 篾片

笋 sin^{53}

团笋 dœ$^{213}_{21}$ sin^{53} 冬笋

鞭笋 piæ$^{413}_{41}$ sin^{53} 竹鞭的嫩芽，可食用

花 huɔ^{413}

蕊头 ny$^{22}_{35}$ døy$^{213}_{53}$ 花蕊

兰香花 læ$^{213}_{21}$ ɕiaŋ$^{413}_{22}$ huɔ$^{413}_{22}$ 兰花

梅鸭子花 me^{213} ʔæʔ^5 tsɿ^{53} huɔ$^{53}_{53}$ 栀子花

女指头花 ny$^{22}_{35}$ tsəʔ^5 døy$^{213}_{53}$ huɔ$^{413}_{53}$ 凤仙花

柴把花 za$^{213}_{21}$ pɔ^{53} huɔ$^{413}_{41}$ 杜鹃花

浮藻 vu^{213} biɒ^{53} 浮萍

青粘浮苔 tɕʻin$^{413}_{41}$ ȵiæ$^{213}_{53}$ vu$^{213}_{35}$ dᴇ$^{213}_{53}$ 青苔

猪娘苋 tsɿ$^{413}_{21}$ ȵiaŋ$^{213}_{22}$ hæ^{44} 一种野草

（九）性质状态

好 hɒ^{53}

娓着 uaʔ^2 dzaʔ^2 很好：～介

疲 ɕiʔ^5 不好：烂～介（很坏）

蹩脚 biʔ^2 tɕiaʔ^5 差，差劲：～货

刁 tiɒ^{413} 聪明（褒义）

呆 ŋᴇ^{213} 傻：～虫

□ huæ^{413} 小儿乖，听话

喽 ʔo^{413} 小孩缠人，好哭闹

听话 tʻin^{44} uɔ^{35} 听从长辈的话

蛮 mæ^{213} 小孩好动不斯文

吊欠 tiɒ^{44} tɕʻiæ^{44} 小孩多动不顾安全

入调 zəʔ^2 diɒ^{35} 行为举止合宜，常用于否定式：弗～

服帖 voʔ^2 tʻiʔ^5 ① 顺服 ② 合宜

下作 fiɔ^{35} tsoʔ^5 下流：～东西

识相 səʔ^5 siaŋ^{44} 知趣：弗～｜～点

眼热 ŋæ$^{22}_{35}$ ȵi$^{213}_{53}$ 眼红，羡慕别人好的东西希望也能得到：鞭去～别囊葛东西

豪悷 fiɒ$^{213}_{21}$ sɒ^{44} 快：～去｜～些

要紧 ʔiɒ$^{44}_{22}$ tɕin$^{53}_{22}$

碎烦 sᴇ$^{44}_{22}$ væ^{22} 麻烦琐碎

烦难 væ$^{213}_{21}$ næ$^{53}_{53}$ 艰难

罪过 zᴇ^{35} kɔ^{44} 可怜：～生

省快 saŋ^{53} kʻua^{44} 舒服：弗～（有病）

写意 sia^{53} ʔi^{53} 舒适合意

肉痛 ȵioʔ^2 tʻoŋ^{44} 心痛

做肉 tso^{44} ȵioʔ^2 食物消化吸收好

利市 li$^{35}_{22}$ zɿ^{22} 吉利

灵清 lin$^{213}_{21}$ tsʻin$^{413}_{22}$ 清楚：账要算伊～｜对伊讲道理讲勿～葛

泰 tʻa^{44} 不慌忙：～～～介去｜百～

牢 lɒ^{213} 结实，安稳：块布～｜坐伊～

好看 hɒ$^{53}_{35}$ kʻœ^{44}

难看 næ$^{213}_{21}$ kʻœ^{44}

齐整 zi$^{213}_{21}$ tsæn^{53} 小孩或姑娘长得漂亮：个大姑娘生得～

克气 kʻəʔ^5 tɕʻi^{44} 小儿长得可爱惹人爱

毛面 mɒ$^{213}_{21}$ miæ^{35} 小儿长得健壮

叹眼 tʻæ$^{44}_{22}$ ŋæ^{22} 害羞：怕～猛

坍台 tʻæ$^{413}_{41}$ dᴇ$^{213}_{53}$ 丢人：～煞

威严 ʔuᴇ$^{413}_{41}$ ȵiæ$^{213}_{53}$ 骄傲不可侵犯的样子：尔有豪葛什么～猛来？

麻乏 mɒ$^{213}_{21}$ væʔ^2 神气活现的样子：～帝都介

闹热 nɒ$_{22}^{35}$ n̠iʔ² 热闹

乌 ʔu⁴¹³ 黑：墨～介

荫 ʔin⁴⁴ 暗：～猛，一点也看勿见

薄 boʔ² ① 厚薄的薄 ② 稀：～粥 ～汤

长 dzaŋ²¹³ ① 长短的长 ②（人）高：～婆

壮 tsɑŋ⁴⁴（人）胖：滚～介（"大胖子"不说"大壮子"）

□ ʔua⁴¹³ 瘦：精～介｜只鸡～猛

油 iøy²¹³（食肉）肥：～肉

精 tsin⁴¹³（食肉）瘦：～肉

筐 tsʻia⁵³ 歪斜

宽舒 kʻuæ̃$_{41}^{413}$ sɿ$_{22}^{413}$ 宽快，空闲

□ dʑiʔ² 狭窄不宽快：间房间～猛｜日子过得～溜溜介

□ foŋ⁴⁴ 脏

干净 kæ̃$_{41}^{413}$ zin³⁵

囫囵 uəʔ² ləŋ$_{51}^{213}$ 整个儿：～鸡子｜牛肉狗肉～吞

（十）其　　他

□ ʔmɛ⁴¹³ 很：～好好介

忒葛 tʻəʔ⁵ kəʔ⁵ 太：～大猛

一堆生 iʔ⁵ tɛ$_{41}^{413}$ saŋ⁴⁴ 一起

样样生 iaŋ$_{22}^{35}$ iaŋ$_{22}^{35}$ saŋ⁴⁴ 每一样

两个生 liaŋ$_{35}^{22}$ ka$_{53}^{413}$ saŋ$_{41}^{413}$ 分成两个

样介 ʔiaŋ⁴⁴ ka⁴⁴ 一样：两个囊～长

特为（介）dəʔ² uɛ³⁵（ka$_{53}^{44}$）

偷伴介 tʻøy$_{41}^{413}$ bæ̃$_{44}^{35}$ ka⁴⁴ 偷偷地

□辰 ʔmæ̃⁵³ zən$_{53}^{213}$ 现在

头□辰 døy$_{21}^{213}$ ʔmæ̃⁵³ zən$_{53}^{213}$ 刚才

头伐溜 døy$_{21}^{213}$ væʔ² løy³⁵ 从前

老早 lɒ$_{35}^{22}$ tsɒ⁵³ 早已

下通 ɦɔ³⁵ tʻoŋ$_{53}^{413}$ 以后

下遍 ɦɔ³⁵ biæ̃$_{53}^{413}$ 下一次

常司介 dzaŋ$_{41}^{413}$ sɿ$_{35}^{413}$ ka$_{53}^{44}$ 时常，经常

匣禁头介 ɦæʔ² tɕin⁴⁴ døy$_{21}^{213}$ ka$_{53}^{44}$ 一直不停地

三没头子介 sæ̃$_{41}^{413}$ məʔ² døy$_{21}^{213}$ tsɿ$_{35}^{53}$ ka$_{53}^{44}$ 突然

暴时介 bɒ$_{22}^{35}$ zɿ$_{35}^{213}$ ka$_{53}^{44}$ 偶尔

日日相 nəʔ² nəʔ² siaŋ⁴⁴ 每天

年年生 n̠iæ$_{21}^{213}$ n̠iæ$_{22}^{213}$ saŋ⁴⁴ 每年

永生百世介 ʔioŋ$_{22}^{53}$ saŋ$_{22}^{53}$ baʔ² sɿ⁴⁴ ka$_{53}^{44}$ 永远地

一点麦 ʔiʔ⁵ tiæ̃⁵³ maʔ² 一点儿

好两个 hɒ⁵³ ʔliaŋ⁵³ ka$_{41}^{413}$ 好几个

没计个 məʔ² tɕi⁴⁴ ka⁴¹³ 无数多

木牢牢介 moʔ² lɒ$_{21}^{213}$ lɒ$_{35}^{213}$ ka$_{53}^{44}$ 许许多

无添介 m̩$_{21}^{213}$ tʻiæ̃$_{35}^{413}$ ka$_{53}^{44}$ 绝顶，非常

含个 ɦiæ̃$_{21}^{213}$ ka$_{22}^{22}$ 全部
　　含□ ɦiæ̃$_{21}^{213}$ soʔ⁵

统计介 tʻoŋ$_{35}^{53}$ tɕi$_{53}^{44}$ ka$_{53}^{44}$ 总共

没有得 møy$_{35}^{22}$（"没有"合音）təʔ⁵ 未曾：我～去过北京

㧒 foŋ⁵³（合音）不用：～去葛

鞭 fiɒ³⁵（合音）不要：～伊

弗着 fəʔ⁵ dza² 不如

奥忙 ʔɒ⁴⁴ mɑŋ$_{22}^{213}$ 也许

恐怕 kʻoŋ⁵³ pʻɔ⁴⁴ 表示估计兼担心：～伊弗肯来

偏生 pʻiæ̃$_{41}^{413}$ saŋ$_{22}^{413}$ 偏偏

确来 kʻɔʔ⁵ lɛ$_{22}^{213}$ 难道

定道 diŋ³⁵ dɒ²² 以为

嵌板 k'æ⁴⁴ pæ⁵³ 必定

剩得 dzən³⁵ təʔ⁵ 只好

乐得 lɔ²² təʔ⁵ 何乐而不为：～食葛

作豪来 tsɔʔ⁴¹³₄₁ （"作豪"合音）lɛ²¹³₂₂ 做什么

哪伊 na²² i²² 为什么

豪几干 fiɔ²¹³ tɕi⁵³ kœ⁴⁴ 为什么

觉加 tɕiɔʔ⁵ kɔ⁴¹³₂₂ 语气词，犹"吧"，含商量、恳求的语气：去～

早末 tsɔ⁵³ məʔ² 接语词，用于接承上文：～伊吓也吓煞啊

介末 ka⁴⁴₃₅ məʔ² 那么

望 mɑŋ³⁵ 向（某处去）：～块介去

对 tɛ⁴⁴ ①和、同：我～尔一堆生去｜我～尔话 ②对待：伊～尔弗错

好 hɒ⁴⁴ 和、同，同"对①"：我～尔一堆生去｜我～尔话

□ ta⁴¹³ 给：～个我｜偏生弗～尔

把 pɒ⁴⁴（又音 pɛ⁴⁴）替：只鸡～我杀 杀了｜尔～我写封信来起

来□ lɛ²¹³₂₁ ku⁴⁴（或 løy³⁵、mɔŋ³⁵）在：阿叔～块｜侬支笔～推斗溜｜伊～北京读书葛

为得 uɛ³⁵ təʔ⁵ 为了

葛 kəʔ⁵ 助词，犹"的"：我～书册｜好好介～东西｜本书册是伊～

介 ka⁴⁴ ①助词，犹"地"：好好～走鞭逃！②用在复合式形容词或副词之后，含有"的样子"的意思，口语中用得很多：血红～｜雪白白～｜上好～｜无添～｜一日到夜～ ③用在形容词后，义同"的"：红～｜白白～

得 təʔ⁵ ①用在动词和补语中间表示可能：驮～动 ②在动词或形容词后连接补语：写～好｜打～记｜好～要命｜壮～路也走勿动

两 ①liaŋ²² 二：～个囊｜～三个 ②ʔliaŋ⁵³ 不定数，犹"几"：～个囊｜～个东西

二 ɲi³⁵（文读 ʔər⁵³）数数时用"二"不用"两"：一～三四五

廿 ɲiæ³⁵ 二十：～个｜～三岁

个 ka⁴¹³ 量词：一～囊｜一～鱼｜一～猫猫｜一～梨头｜一～萝卜

只 tsɔʔ⁵ 量词：一～狗｜一～鸡

枝 tsʅ⁴¹³ 量词：一～树｜一～笔

颗 k'o⁴¹³ 量词：一～珠｜一～豆

爿 bæ²¹³ 量词：一～店

份 vən³⁵ 量词：一～囊家

□ tɔʔ⁵ 量词，一小团：一～屙｜一～糊溜

些 səʔ⁵ 量词，用于小块肉：一～肉

口 k'iøy⁵³ 量词：一～屋｜一～塘｜一～镬｜一～棺材

乘 zən³⁵ 量词：一～轿

床 zɑŋ²¹³ 量词：一～被

埭 da²² 量词，条：一～路

坯 bi²¹³ 量词，层：一～砖头

排 ba²¹³ 量词：一～屋｜一～座位

圢 da³⁵ 量词，趟：来得～｜去～来

顿 tən⁴⁴ 量词：敲～伊｜打得～

记 tɕi⁴⁴ 量词，下：打得～

餐 ts'æ⁴⁴ 量词，顿：一日三～

四　语　法

本章择要介绍长乐方言一些特殊的语法现象。

一　语缀

长乐方言用得最多的语缀是名词后缀"头"，大体可以分为以下两大类。

（一）表示具体事物的普通名词和方位词等

有三项内容。

1. 表示人的身体各部位名称的

如：额角头　眼角头　鼻头　舌头　拳头　肩胛头　手掌头　脚髁头　手指头　脚指头　骨头

2. 表示人或一般事物名称的

如：咿娃头_{婴儿}　田作头_{长工}　姅头　件头_{事情}　山头　热头_{太阳}　浪头　岩头　石头　屋檐头　灶头　木头　篮头　馒头_{包子}　腌菜萝卜头　梨头　钵头　床头　枕头　被头　布头　锄头　行头

3. 表示方位、处所和时间的

如：里头　外头　前头　后头　田塍头　灶头　东司头_{厕所}　角落头　高坎头_{地名}　城里头　乡下头　空心头_{早晨}　晏昼头_{中午}　夜头_{晚上}　钟头

（二）含有特殊意义的比较抽象的名词

其意义往往是前面那个语素义的引申，或者是以前一语素作比况的。有两项内容。

1. 表示事物名称的

如：囊头_{指人员：看～，分馒头}　牌头_{来头：～大}　风头　名头_{名望}　甜头　苦头　肉头_{丰实、柔软的感觉}　对头　年头_{年景}　想头

2. 表示人或事物的性质状态的

又分四种。

① 表示某人的性格特点又可用以指称这个人的，如：木头　寿头　踱头　滑头

② 表示某人在某方面的性格特点可以用来说明这个人的，如：谈头 山头_{牛皮：介囊顶会搭～} 盘头_{计划，算计} 花头 抑头_{出花样，惹事：～大}

③ 表示某事物性质状况的，如：镬头_{指火力：～旺勿旺} 水头_{水分：～足勿足} 脚头_{行路速度} 刀头_{刀锋} 笔头_{写作能力}

④ 在某些动词后构成的名词，表示是否值得进行此种行为，多用于否定式，如：食头_{烂苦介，没有～葛} 看头_{部电影没有～葛}

长乐方言其他语缀有前缀"老""阿"和后缀"子""婆""家""佬"，除"子"可兼指人、指物外，其余多用于指人：

老：老大　老三　老张　老王　老公_{丈夫}　老马_{妻子}

阿：阿婆　阿妈　阿叔　阿婶　阿娘　阿姐　阿嫂（不说阿哥、阿弟、阿妹）

子：胖子　瞎子　癫子　癞子　跷子　狮子　鸡子_{鸡蛋}　角子_{泛称角以下}_{硬币}　椅子　纽子　戥子　架子　饼子_{肉丸}

婆：长婆　矮婆　癫婆　癞头婆　呆婆

家：男人家　女人家　后生家　别人家　亲眷家　邻舍家

佬：讨饭佬　大好佬　东阳佬　日本佬

二　语序

语序是重要的语法手段，包括各种复合词构成的语素序和短语、句子的词序。长乐方言跟普通话相比主要有以下三方面的特点。

（一）复合词的语序

长乐方言跟普通话不同的如：

长乐方言	人客_{也说客人}	兄弟	魂灵	花菜	菜干	闹热	齐整	欢喜	来起
普通话	客人	弟兄	灵魂	菜花	干菜	热闹	整齐	喜欢	起来

（二）家禽、家畜表示性别语素所处的位置

家禽、家畜性别词的构词语素及其所处位置的不同是汉语东南方言跟北方方言语法的重要不同点之一。北方方言一般在名词前加"公、母"或"雄、雌"，东南方言则大多在名词后面加"公、母""牯、婆""角、㜺"等。长乐方言基本上属于北方方言的类型，在名词前面加"雄、雌"，例如雄鸡、草鸡，雄鹅、雌鹅，雄猪、雌猪，雄狗、雌狗，但也存在少量

东南方言性别词在后的特点，例如鸡娘、鹅娘、猪娘、狗娘儿，值得注意的是，这一类性别语素在名词之后的，一律是雌性中产过卵或生产过幼崽的。

（三）副词后置

普通话修饰形容词或动词的副词通常在形容词、动词等的前面，例如很好、很喜欢，极少数、极有价值，太大、太过分了，煞白、煞费苦心，重做，再去一趟等。长乐方言也有这种形式，例如蛮音 ⁼ʔmɛ 好、烂疲介很坏，但有几个常用的副词习惯于放在形容词或动词后面。以下分别介绍。

1. 猛 ⁼maŋ

表示达到很高程度或程度过头，意思相当于普通话的"很""太"等，可以广泛地用于单、双音节的形容词，形容词性词组或动词后：

好猛　大猛　高猛　多猛　早猛　红猛　苦猛　忙猛　饱猛　够猛 冷猛　省快舒服猛　高兴猛　碎烦猛　罪过可怜猛　豪悚快猛　冷清猛　懒惰猛　肚饥猛

长乐方言"动词／形容词＋猛"的前面还可以加"忒葛"，构成"忒葛＋动词／形容词＋猛"的格式，表示程度过头，而且带有强调的意味，例如"尔来得早猛"，如果说"尔来得忒葛早猛"，超过正常要求，"过于早"的意思更为明确。

2. 煞 sæʔ。

用在表示身体感觉、心理活动等的动词或形容词之后表示程度达到极点：

好煞　苦煞生活困苦　胀煞心情郁闷　悔煞　气煞　想煞思念　望煞　急煞 吓煞　忙煞　难过煞　肉疼煞心疼　头疼煞　口燥煞渴　肚饥煞

"形／动＋煞"的前面不能加"忒葛"，不能说"忒葛好煞""忒葛肉疼煞"。

3. 添 ⁼tʰiæ

用在动词短语之后，意思相当于普通话的"再"，表示前面已经进行的动作需要再次进行：

坐漫辰添再坐一会儿　碗弗够用，尔去买两个来添　伊听勿见，尔喊声伊添

"动词短语 + 添"的形式还可以在前面加"再"，构成"再 + 动词短语 + 添"的格式，例如："坐漫辰添"可以说成"再坐漫辰添"，但不能说"再坐漫辰"。

4. 过 ko⁻

用在动词之后，意思相当于普通话的"重新""再"，表示某些事情需要重做以达到满意的结果：

张_{这张}字写得弗好，扯了写过！　件_{这件}线衫_{毛衣}结_织得小猛_{太小}，拆开来结过。

5. 还 ₌uæ

用在动词短语之后，表示某些事物发生了变化，受到了损耗或破坏等，跟原先的不同，需要重做或给以修复等，也含有普通话"重新""再"的意思：

个_{这个}碗是尔倒破葛，尔要赔我还！　伊借我本_{一本}书册_{书本}，尔去把_替我驮_拿归来还。

乘_{这座}桥□ ₌ta_被溜大水汆 ꞈten_{去冲走}□ ꞈkua 了，豪悙_{赶快}把伊造来起还！

6. 货 ho⁻

用在数量词或数量名词词组之后，意思相当于普通话的"只"，常常含有嫌乎数量少的口气：

介点_{这么一点}货弗够葛！两角洋钿_{两毛钱}货，半碗汤包_{馄饨}也买勿着！

长乐方言"数 + 货"的格式前面还可以再加"剩得"，构成"剩得 + 数 + 货"的格式，表示"只剩下"或"只有"两种意思：

剩得一点货□ ꞈkua 了！（只剩下一点儿了）

剩得两个囊_人货，介许多生活_{活儿}哪会做得完来？（只有两个人，这么多活哪会做得完来）

三　形容词生动形式

以下将长乐方言的形容词生动形式按其结构大体分为十类，其中的"A"表示单音节形容词，"AB"表示双音节形容词或形容词性结构，"B、C、D"等表示附加成分等。十类中除"BA"的后面可以加"介"也可以加"葛"以外，其余一般都加"介"。

（1）A → AA 介　好好介　早早介　红红介　热热介　暖暖介
　　　　　　团团介　矮矮介　长长介　甜甜介　软软介　新新介
　　　　　　牢牢介　齐齐介

（2）A → BA 介（或 "葛"）　上好介　顶好葛　烂疲介　血红介
　　　　墨乌介　滚热介　正方介　笔直介　飞薄介　精光介
　　　　蜜甜介　石硬介

（3）A → BAA 介　上好好介　烂疲疲介　血红红介　滚热热介
　　　　笔直直介　崭新新介　飞薄薄介　蜜甜甜介　石硬硬介

（4）A → ABB 介　媔着着介　新鲜鲜介　大方方介　热落落介
　　　　死板板介　矮敦敦介　甜蜜蜜介　滑溜溜介　绿莹莹介

（5）AB → AABB 介　平平安安介　高高兴兴介　大大方方介
　　　　干干净净介　省省快快介　实实在在介　闹闹热热介
　　　　整整齐齐介　服服帖帖介

（6）AB → AB "AB" 介（AB 和 "AB" 是一对并立结构）
　　　　永生百世介　清冰冷水介　清汤寡水介　油腔滑调介
　　　　青花绿水介　墨乌尽嫩介　挖壁□ ꜜdziŋ꜔掘洞介

（7）A → BACD 介（"A" 或为名词）
　　　　滚壮答秋介　出卵答秋介　乌漆木独介　血红漓拉介
　　　　热红暴燥介　油腻雾拉介　吓囊搭头介　明梦叮咚介

（8）A → A 头 A 脑介　木头木脑介　寿头寿脑介　呆头呆脑介
　　　　踱头踱脑介　鬼头鬼脑介　滑头滑脑介
　　　　□ ꜜcz头□ ꜜcz脑介

（9）数字式　乱七八糟介　荫 ʔin꜔ 暗七八糟介　三没头子介
　　　　瞎□ ꜜtɛ扯廿三介　二五八六介　搞七廿三介
　　　　甚多八少介　活□ ꜜtɛ扯廿三介

（10）其他　千手弗动介　火着道士介　哭出呜拉介　因之无□ ꜜtɛ扯介
　　　　瞒眈明梦介　神射弗知介　吊则角落头介

四　句式

（一）双宾句

双宾句有两个宾语，一个指人，一个指物。两个宾语的位置在普通话中通常是指人的宾语在前，指物的宾语在后，长乐方言也可以这样说，但习惯的说法是指物的宾语在前而指人的宾语在后，比较：

长乐方言　伊送（得）一本书册我。　　我借（得）三块洋钿伊。
普通话　　他送了我一本儿书。　　　　我借给他三块钱。

动词后加"得"，强调已然，动作完成。为突出物品，双宾句中指物的宾语还可以提到动词之前，这种句式大多表示未然，用于祈使句，这时，数量词被单独留在动词后面宾语的位置，例如：

尔钢笔借记ⁿ会儿我！　　　尔洋钿借葛三块我！

（二）处置句

处置句表示对人或事物的处置，其宾语是后面及物动词的受事，普通话用介词"把"引出，所以又叫"把字句"。处置句有陈述和命令不同内容，例如：把茶杯（给）打破了。（陈述）把头抬起来。（命令）长乐方言中表陈述的处置句一般说成被动句（见下），表命令的处置句则通常要把受事宾语提到动词前面，比较：

长乐方言　尔房间把我扫伊干净！　　　尔只鸡把我杀伊了！
普通话　　你（给我）把房间扫干净！　　　你（给我）把这只鸡杀了！

"扫伊干净""杀伊了"也可以说成"扫扫干净""杀杀了"。

（三）被动句

被动句的主语是受事，施事用介词引出。上文说到的表陈述的处置句长乐方言一般说成被动句。长乐方言的被动句跟普通话主要有两点不同：

第一，介词不同，普通话用"被、叫、让"，长乐方言用"□ ₌ta"，比较：

长乐方言　茶杯□ ₌ta 伊倒破□ kua˙了。　　伊□ ₌ta 只狗咬得□。
普通话　　茶杯被他打破了。　　　　　　　他被一只狗咬了一口。

第二，普通话的被动句施事者可以省略不说，长乐话不能。例如：

普通话　　　茶杯被打破了。　　　　　　　他被骂了一顿。
长乐方言　×茶杯□ ₌ta 倒破□ kua˙了。　×伊□ ₌ta 骂得一顿。

（四）反复问句

反复问句是选择问句的一种。普通话用肯定和否定并列的形式发问，让对方选择其中的肯定或否定回答，否定词用"不""没有"等。长乐方言有两种形式，一种也是肯定和否定并列，句末加语气词"来"，否定词用"勿"；另一种省略否定词，谓词重叠，句末加语气词"来"。比较：

长乐方言甲 去勿去来？ 饭熟勿熟□ lia˙ 了来？ 会开勿开来？ 听勿听得灵清来？

长乐方言乙 去去来？ 饭熟熟□ lia˙ 了来？ 会开开来？ 听听得灵清来？

普通话 去不去？ 饭熟了没有？ 会开不开？ 听得清听不清？

以上甲、乙两式，在日常生活中以说乙式的居多。甲式可以省略语气词"来"，乙式不能，可以说"尔去勿去？"不能说"尔去去"。

五　语料记音

一　儿歌

（一）ʔiʔ⁵ kʻo²¹³ sin⁴¹³, pəʔ⁵ lən²¹³ tən⁴¹³。lian³⁵ kʻo⁵³ sin⁴¹³, kuɔ⁴⁴
　　　一　颗　星，　拨　棱　登。　两　颗　星，　挂

iøy²¹³ bin⁵³。iøy²¹³ bin⁵³ løy³⁵, hɔ⁵³ tsʻɒ⁵³ døy³⁵。døy³⁵ xuɔ⁴¹³ ɕian⁴¹³,
油　瓶。油　瓶　漏，好　炒　豆。豆　花　香，

kuɔ⁴⁴ læʔ² tsian⁴⁴。læʔ² tsian⁴⁴ læʔ², kʻɔ⁵³ sŋ³⁵ tʻæʔ⁵。sŋ⁵³ tʻæʔ⁵ mi²²₃₅
挂　辣　酱。辣　酱　辣，柯捉 水　獭。水　獭　尾

pɔ⁵³ ʔa⁵³, kʻɔ⁵³ tsaʔ⁵ ha⁵³。ha³⁵ tsŋ⁵³ tsiæ⁴¹³, kʻɔ⁵³ zən²¹³ siæ⁴¹³₂₂
巴　矮，柯　只　蟹。蟹　嘴　尖，柯　神　仙。

zən²¹³ siæ⁴¹³ ŋE²¹³ lian³⁵, ŋE⁵³ zan²² sæ⁴¹³ tsaʔ⁵ tsʻin⁴¹³ mE²¹³。tsʻin⁴¹³
神　仙　呆　两　呆，　上　山　摘　青　梅。青

mE²¹³ kʻu⁵³, ti⁵ lɔʔ² fu⁵³。fu⁵³ døy²¹³ kʻua⁴⁴, pʻa⁴⁴ za²¹³ ma³⁵。
梅　苦，跌　落　斧。斧　头　快，破　柴　卖。

（二）ʔa⁵³ bo²¹³ sɔ⁴¹³, hæ⁴⁴₃₅ i²²₅₃ tɕʻiæ⁴¹³₄₁ tɕʻiæ⁴¹³₂₂ mo³⁵, mo³⁵ tæ⁴¹³₂₂
　　　矮　婆　娑，喊　伊　牵　牵　磨，磨　担

lin³⁵ vəʔ² dzaʔ²。hæ⁴⁴₃₅ i²²₅₃ tsaʔ⁵ tsaʔ⁵ tsʻoŋ⁴¹³, pʻɔʔ⁵ moŋ³⁵ zian²¹³ døy²¹³₅₃
料　勿　着。喊　伊　摘　摘　葱，扑　蒙在 墙　头

maŋ³⁵₂₂ lɔ²²₃₅ koŋ⁴¹³₅₃。hæ⁴⁴₃₅ i²²₅₃ tsaʔ⁵ tsaʔ⁵ dzia²¹³, lE²¹³ moŋ³⁵ dzia²¹³ zŋ³⁵
望　老　公。喊　伊　摘　摘　茄，来　蒙　茄　树

ti⁵³₃₅ fiɔ²²₅₃ san⁴¹³₄₁ ʔua⁴¹³₅₃ ʔua⁴¹³₅₃。hæ⁴⁴₃₅ i²²₅₃ si⁵³ si⁵³ ʔuæ⁵³, zəʔ² ka⁴¹³₄₁
底　下　生　娃　娃。喊　伊　洗　洗　碗，十　个

tɕøy₃₅⁵³ ka₅₃⁴¹³ tɒ₃₅⁵³ pʻa₅₃⁴⁴ uæ̃²¹³。hæ̃₄₄⁴⁴ i₅₃²² tsʻiæ̃₄₁⁴¹³ tsʻiæ̃₂₂⁴¹³ kʻua⁴⁴, zəʔ²
九　　个　　倒　　破　　完。　喊　　伊　　扦　　扦　　筷，　十

saŋ₅₃⁴¹³ tɕiøy₃₅⁵³ saŋ₅₃²¹³ tsʻiæ̃₄₁⁴¹³ tsʻə₂₅ʔ⁵ ŋa³⁵。hæ̃₃₅⁴⁴ i₅₃²² zəʔ² zəʔ² ko⁵³, mœ̃²²
双　　九　　双　　扦　　出　　外。　喊　　伊　　食　　食　　果，　满

səʔ² ʔuæ̃⁵³ ta₄₁⁴¹³ løy₂₁²¹³ ŋo²²。
些　　碗　　□给　溜　　我。

（三）tiæ̃⁵³ tiæ̃⁵³ çyʔ⁵ çyʔ⁵, do₂₂³⁵ kuæ̃⁴¹³ mæ̃²² ȵyʔ²。nœ̃₂₁²¹³ sæ̃₂₂⁴¹³
　　　　点　　点　　血　　血, 大　　官　　满　　月。　南　　山

pən₂₂⁵³ tøy₂₂⁵³。pən₂₂⁵³ tøy₂₂⁵³ li₃₅²² døy₅₃²¹³ tsʻə₂₅ʔ⁵ tsʻin⁴¹³ tsʻɔ⁵³, tsʻin⁴¹³ tsʻɔ⁵³
畚　　斗。　畚　　斗　　里　　头　　出　　青　　草，　青　　草

hɒ⁵³ z̩³⁵ ȵøy₂₁²¹³, ȵøy₂₁²¹³ bi₅₃²¹³ hɒ⁵³ paŋ⁴¹³ ku⁵³, tin₂₂⁴¹³ tin₂₂⁴¹³ doŋ²²
好　饲　牛,　牛　　皮　好　　绷　鼓,　叮　　叮　　咚

doŋ²², na₂₁²¹³ ka₅₃⁴¹³ dza²²³⁵ pʻi⁴⁴ læ̃³⁵ doŋ₂₂³⁵ koŋ₂₂⁴¹³。
咚, 哪　　个　　□放　屁　　烂　　胴　　宫。

（四）ʔiæ̃⁵³, ʔiæ̃⁵³, fi₄₁⁴¹³ ko⁴⁴ tʻiæ̃⁴¹³, tʻiæ̃₄₁⁴¹³ mən₅₃²¹³ kuæ̃⁴¹³。fi₄₁⁴¹³
　　　　燕,　燕,　飞　　过　　天,　天　　门　　关。　飞

ko⁴⁴ sæ̃⁴¹³, sæ̃₄₁⁴¹³ døy₅₃²¹³ iɒ²¹³。fi₄₁⁴¹³ ko⁴⁴ dʑiɒ²¹³, dʑiɒ₃₅²¹³ tən⁵³ tʻɒ⁵³
过　山,　山　　头　　摇。　飞　　过　　桥,　桥　　等上面 讨

sin₄₁⁴¹³ vu₅₃²² , dʑiɒ₃₅²¹³ fiɔ₅₃²¹³ taŋ⁵³ huɔ₄₁⁴¹³ ku⁵³。
新　妇,　桥　　下　　打　　花　　鼓。

（五）læ̃₃₅²² fiu₅₃²² sɒ⁵³, ȵiʔ² døy₅₃²¹³ kʻuən₃₅⁴⁴ taʔ⁵ sæ̃⁴¹³ dzaŋ³⁵ kɔ₅₃⁴¹³,
　　　　懒　户　嫂,　热　　头　　困　　□到　三　　丈　　高,

fiæ̃₂₁²¹³ din₂₂³⁵ dɒ²² z̩²² ko₂₂⁴¹³ uaŋ₃₅²¹³ kʻuən₅₃⁴⁴ çiɒ⁵³。
还　　定　　道以为 是　颗　黄　　困　　晓。

（六）ʔnɛ₃₅⁵³ bu₅₃²¹³ døy₅₃²¹³, ma³⁵ mœ̃₂₁²¹³ døy₅₃²¹³, ʔiʔ⁵ ma³⁵ ma³⁵ taʔ⁵
　　　　□女孩儿 蒲　头,　卖　　馒　　头,　一　卖　卖　□到

kɒ₄₁⁴¹³ kʻæ̃⁵³ døy₅₃²¹³, ta₄₁⁴¹³ løy₃₅²² lɒ₃₅²² koŋ₂₂⁴¹³ ʔiʔ⁵ tɕiaʔ⁵ døy₅₃²¹³, tʻiʔ⁵
高　　坎　　头,　□给　溜　老　公　　一　脚　　头,　踢

taʔ⁵ ua₃₅²¹³ li₃₅³⁵ døy₅₃²¹³。
□到　怀　里　　头。

二　谚语

（一）y_{35}^{22}　$kæʔ^5$　$siʔ^5$，$lɔʔ^2$　$vəʔ^2$　$ɕiʔ^5$。

　　　雨　　夹　　雪，　落　　勿　　歇。

（二）$taŋ_{41}^{413}$　$ʔæ^{44}$　$lɔʔ^2$　y^{22}　$liaŋ_{35}^{44}$　$døy_{53}^{213}$　$kʻoŋ_{53}^{413}$。

　　　当　　晏　　落　　雨　　两　　头　　空。

（三）ia_{22}^{35}　$lɛ_{22}^{213}$　$sæ̃_{41}^{413}$　$nəʔ^2$　y^{22}。

　　　夜　　雷　　三　　日　　雨。

（四）$toŋ_{41}^{413}$　$høy^{44}$　$ȵiʔ^2$　$døy_{53}^{213}$　si_{41}^{413}　$høy^{44}$　y^{22}。

　　　东　　鲎　　热　　头　　西　　鲎　　雨。

（五）$tsʻən_{41}^{413}$　$saŋ_{22}^{413}$　$fəʔ^5$　lu^{35}　$baʔ^2$，lu^{35}　$baʔ^2$　$ʔiɒ^{44}$　$tsʻəʔ^5$　$tɕiaʔ^5$。

　　　春　　霜　　弗　　露　　白，　露　　白　　要　　赤　　脚。

（六）$tɕin_{41}^{413}$　$dzəʔ^2$　$ziæ̃_{}^{213}$　$ɕiaŋ^{53}$　$lɛ^{213}$，$sʅ_{22}^{44}$　$zəʔ^2$　$ȵi_{22}^{35}$　$nəʔ^2$　yn_{35}^{213}　$fəʔ^5$　$kʻɛ^{413}$。

　　　惊　　蛰　　前　　响　　雷，　四　十　　二　　日　　云　　弗　　开。

（七）$toŋ_{41}^{413}$　$siʔ^5$　$væ^{35}$，$tsʻən_{41}^{413}$　$siʔ^5$　$næ^{35}$。

　　　冬　　雪　　饭，　春　　雪　　难。

（八）$toŋ_{41}^{413}$　$laŋ_{53}^{22}$　$fəʔ^5$　$sœ̃^{44}$　$laŋ^{22}$，$tsʻən_{41}^{413}$　$laŋ_{53}^{22}$　$toŋ^{44}$　$sæʔ^5$　$ʔaŋ^5$。

　　　冬　　冷　　弗　　算　　冷，　春　　冷　　冻　　煞　　犆_{牛犊}。

（九）$tsʻiʔ^5$　$ȵyʔ^2$　$pœ̃^{44}$，$mən_{35}^{213}$　$dzoŋ_{53}^{213}$　$ziaŋ^{22}$　$zaʔ^2$　$tsæ̃^{44}$，

　　　七　　月　　半，　蚊　　虫　　像　　石　　钻，

$pæʔ^5$　$ȵyʔ^2$　$pœ̃^{44}$，$mən_{35}^{213}$　$dzoŋ_{53}^{213}$　$sɒ^{53}$　$ʔiʔ^5$　$pœ̃^{44}$，

　　八　　月　　半，　蚊　　虫　　少　　一　　半，

$tɕøy^{53}$　$ȵyʔ^2$　$tɕøy^{53}$，$mən_{35}^{213}$　$dzoŋ_{53}^{213}$　$kʻuən^{44}$　$tɒ_{35}^{53}$　$dʑiøy_{53}^{22}$，

　　九　　月　　九，　蚊　　虫　　困　　捣　　臼，

$zəʔ^2$　$ȵyʔ^2$　$zəʔ^2$，$mən_{21}^{213}$　$dzoŋ_{53}^{213}$　$tɕiaʔ^5$　$kuəʔ^5$　$piʔ^5$　$piʔ^5$　$dzəʔ^2$。

　　十　　月　　十，　蚊　　虫　　脚　　骨　　笔　　笔　　直。

（十）ia_{22}^{35}　$ɦoŋ_{35}^{22}$　$iɔ_{53}^{213}$，$sɔ^{44}$　$sæʔ^5$　$lɒ_{35}^{213}$　$ȵin_{53}^{213}$　$kɔ_{41}^{413}$。

　　　夜　　红　　霞，　晒　　煞　　老　　人　　家。

（十一）$toŋ^{44}$　$tɕøy^{53}$　$ʔu^{44}$　$sʅ^{44}$。

　　　　冻　　九　　煦　　四。

（十二）$ɕi^{53}$　$miæ̃^{35}$　$ɕi^{53}$　$ŋæ̃_{35}^{22}$　$kɔʔ^5$，$sɒ^{53}$　di^{35}　$sɒ^{53}$　$piʔ^5$　$kɔʔ^5$。

　　　　洗　　面　　洗　　眼　　角，　扫　　地　　扫　　壁　　角。

（十三）tɒ⁴¹³₄₁　siɒ⁵³　tsiɒ⁵³　kʻua⁴⁴，nɑŋ²¹³₃₅　siɒ⁵³　tsiɒ⁵³　ʔua⁴⁴。
　　　　刀　　小　　晏　　快，　囊人　　小　　晏　　□能干。

（十四）lin²¹³₂₁　ẓ²¹³₂₂　bɒ²²　vəʔ²　tɕiaʔ⁵，yʔ²　bɒ²²₅₃　yʔ²　fəʔ⁵　dzaʔ²。
　　　　临　　时　　抱　　佛　　脚，　越　　抱　　越　　弗　　着。

（十五）kʻæʔ⁵　lɛ²¹³　mɑŋ²¹³₂₂　sɒ⁵³　di³⁵。
　　　　客　　来　　忙　　扫　　地。

（十六）kuœ̃⁴¹³₄₁　do³⁵₂₂　lu³⁵　tso⁴⁴　zən²¹³₂₁　dzin²¹³₅₃。
　　　　官　　大　　路　　做　　人　　情。

（十七）mən³⁵₂₂　kæʔ⁵　sæʔ⁵　tɕi⁴¹³。
　　　　问　　客　　杀　　鸡。

（十八）hæʔ⁵　mɒ²¹³₃₅　mɒ²¹³₅₃　dzɑŋ³⁵₂₂　dzaʔ²　sɹ⁵³₃₅　lɑ²²　tsʻɹ⁵³。
　　　　瞎　　猫　　猫　　撞　　着　　死　　老　　鼠。

（原载《长乐镇志》，浙江人民出版社 1999 年 4 月）

方言同音字汇表

声母 \ 韵母	**开口呼** ɿ	a	ɔ	o	ɤ	əɯ	ã	aŋ	oŋ	aʔ	aeʔ	ɔʔ	oʔ	oʔ	m̩	ŋ̍	**齐齿呼** i	ia	iɛ	iɔ	iəɯ	iɛ̃	in	iŋ	iaŋ	ioŋ	iʔ	iaʔ	iɔʔ	ioʔ	**合口呼** u	ua	uɛ	uo	uã	uaŋ	uoŋ	uaʔ	uɛʔ	uaʔ	**撮口呼** y	yŋ	yʔ
p		拜	巴	波	悲	包	班	邦		百	北	驳	钵				比		边	标			兵				必				补												
pʻ		派	怕	坡	坯	抛	潘	胖		拍		扑				披		偏	飘			品				匹				铺												
b		排	爬	婆	陪	婆	盘	旁		白	鼻		仆			皮		辫	嫖			平				别				葡											群	
m		埋	马	磨	梅	谋	满	忙	蒙	麦	默	莫	木			米		棉	苗			明				灭																愚	
f						否	分	方	风	法	罚	弗	福			飞													夫		灰											
v						负	文	房	冯	罚		佛	服			肥													父		回											
t		带	多	刀	堆	丢	端	丹	灯	东	搭	得	德			低		颠	貂			丁				的			都													
tʻ		太	拖	桃	推	偷	团	滩	吞	通	塔	脱	秃			梯		天	挑			厅				铁			土		歪											
d		大	驮	逃	颓	头	团	坛	藤	同	达		独			题		田	条			停				迭			徒													
n		拿	挪	脑		纽	暖	南	能	农	纳					你		年	鸟										努													
l		拉	罗	劳	雷	流	乱	兰	冷	龙	辣	勒	鹿			梨		连	辽			林	良			力			卢													
ts		斋	左	糟	追	周	转	占	争	忠	扎	则	作			姐		尖	焦			精	将			接			租	招									居	军	菊
tsʻ		差	搓	抄	催	秋	传	春	撑	充	插	尺	职			妻		千	俏			清	枪			七			粗		快									区		缺
dz		豺	坐	曹	徐	愁	船	蝉	曾	丛	宅	直	族			脐		全	巢			巡	详			疾			锄											渠		撅
s		筛	沙	梢		收		山	生	松	杀	色				西		仙	消			心	箱			雪			苏		歪									虚		搠
z		柴	射			柔		禅		桑	闸	失			鱼	齐		前				晴	墙			席					回											月
tɕ																基	皆	坚	交	家	今	江			急				威	瓜	关	光		骨		挖			于		
tɕʻ																欺	敲	牵	巧	丘	轻	坑			吃		姑		蛙	夸	筐			刮	滑			区		歙	
dʑ																骑	茄	权	桥	求	琴	强			及	努	枯			匡	狂							渠	群	群	
ɕ																希	蟹	仙	晓	牛	兴	香			热	浓		虎	花	荒								虚	虚	血
ʑ															食乂	齐		险				墙乂			见	及		鸟										喻	魚	
k		街	歌	高	沟		干	甘	更	工	甲	格	各			医	夜		妖	家	玄	刑			勇	曲	姑	威		光			挖	骨	郁	郁	菊
kʻ		揩	科	烤	口		看	看	晴	空	客	克	确					亚	摇						荣	轴	枯		蛙	筐							
g																											回		狂							
ŋ												岳		鱼					霞	烟		玄			肉												
h		蟹	虾	蒿	虹		罕	罕		杭	吓	黑							优			亦				乌			昏	温	魂	挖	滑			须
ɦ		鞋	河	火	回		咸	否	恨	红	匣	合	岳			移		言	摇						亦	药	胡		完	黄				喻	
ʔ		挨	哑	袄	呕		安	安	慇	翁	压	恶	或					冤	夭			因							歪	汪				郁	
∅		儿											屋					也								学			忽						闰

---

① ～ɡɔ⁻ 一人戏用一条腿滚空越过另一人的身子　② ɡɔʔ₂ 放置一边　③ ŋiaŋ 神气，威风，～出佬，不子理睬：～出佬　④ ₜɕioŋ 赡养老人，
供给饭食　⑤ dʑiaʔ₂ 打人声：～记尔　⑥ ʔuaˀ 瘦；ʔuaˀ　⑦ ɦuaˀ 乖，刀小蔞快！听话

浙江嵊州长乐话的变调

提要： 本文分两字组和三字组介绍长乐话的变调：两字组 64 种组合基本式的 36 种变调型、两字组后字为轻声的 6 种变调型、两字组动宾结构的 32 种变调型；三字组 512 种组合 118 种变调型。分别总结基本规律、例外和异读情况。各种组合及变调类型皆以表格形式罗列，精选例词。

关键词： 两字组　三字组　组合关系　变调值　基本规律　例词　松散结构

长乐镇位于浙江省嵊州市西南部。按《中国语言地图集》第 2 版《汉语方言卷》(中国社会科学院语言研究所、中国社会科学院民族学与人类学研究所、香港城市大学语言资讯科学研究中心编，2012 年) 的分区，长乐话属于吴语太湖片临绍小片。

长乐话是笔者母语。拙作《长乐话音系》见《方言》2003 年第 4 期。为读者阅读方便，下面列出长乐话声韵调。

声母 30 个：

p pʻ b m，f v，t tʻ d n l，ts tsʻ dz s z，tɕ tɕʻ dʑ ɲ ɕ ʑ，k kʻ g ŋ，ʔ h ɦ，ø。

韵母 54 个：

ʅ i u y，ər，a ia ua，ɛ iɛ uɛ，ɒ iɒ，ɔ iɔ uɔ，o，øy iøy，æ iæ uæ，œ iœ uœ，ən in uən yn，ɑŋ iɑŋ uɑŋ，aŋ iaŋ uaŋ，oŋ ioŋ，m̩ ŋ̍，iʔ uʔ yʔ，aʔ iaʔ uaʔ，æʔ uæʔ，əʔ iəʔ uəʔ，ɔʔ iɔʔ，oʔ，ioʔ。

声调 8 个：

阴平	[˩˧˩]413	阴上	[˥˧]53	阴去	[˦]44	阴入	[˥]5
阳平	[˨˩˧]213	阳上	[˨]22	阳去	[˧˥]35	阳入	[˨]2

壹 两字组变调

1.1 两字组连调表

		阴平 413	阳平 213	阴上 53	阳上 22	阴去 44	阳去 35	阴入 5	阳入 2
古平声	阴平 413	41 22	41 53			41 44	41 35	41 5	41 2
	阳平 213	21 22	21 53			21 44	21 35	21 5	21 2
古上声	阴上 53	35 53						35 5	35 2
	阳上 22								
古去声	阴去 44	22 22				44 44	44 35	44 5	44 2
	阳去 35					22 44	22 35	22 5	22 2
古入声	阴入 5	5 22	5 53			5 44	5 35	5 5	5 2
	阳入 2	2 22	2 53			2 44	2 35	2 5	2 2

基本规律：

① 8 个单字调 64 种组合，共得两字组连调型 36 种。

② 前字：阴阳平，后面的升起部分省去，成为降调，但是保留开头高低的不同。阴阳上，都变为 [⋁]35。阴阳去，除阴去在阴阳去和阴阳入前面时读原调 [˧]44 不变外，其余为 [˩]22，跟阳上的单字调同值。注意，阳上单字调 [˩]22，但是变调为 [⋁]35，而阴阳去的变调则为 [˩]22。

③ 后字：阴平除在阴阳上后读 [⋀]53 以外，其余都读 [˩]22。阳平在阴阳去后读 [˩]22 外，其余都读 [⋀]53。阴阳上都读 [⋀]53。阴去和阳去读 [˧]44 和 [⋎]35 不变。

④ 入声无论在前、在后，基本不变调。两字组后字为轻声、动宾结构及三字组变调等也一概不变，下文不再赘述。

⑤ 古四声今分阴阳两类，两字组的变调值明显存在阴阳两类按古四声合拢的现象。分两种情况：一是调值完全相同，如阴上和阳上等；二是调值不全相同，但是调型相同，其不同在于阴调类高、阳调类低，如阴平前字为 [⋀]41，阳平前字为 [˩]21。

⑥ 新调值变调值没有曲折调型，变调产生的新调值 [⋀]41、[˩]21，实际上是单字调简化的结果。

⑦ 异读：由前字阳去与阴阳平、阴阳上的四种组合有两种变调值，第二种是少数。见下表（表中括号内的数字表示“阴平”等调类，如“61”表示“阳去 + 阴平”）：

组合	（61）		（62）		（63）		（64）	
变调值 1	22 22	地基	22 22	预防	22 22	电影	22 22	地道地下道
变调值 2	35 53	大衣	35 53	面皮脸皮	35 53	大嫂	35 53	地道纯真

⑧ 例外：前缀"老"构成的词，前后两字都读原调。例见下表：

	阴平 413	阳平 213	阴上 53	阳上 22	阴去 44	阳去 35	阴入 5	阳入 2
例词	老张 老三	老王 老牛	老史 老九	老李 老五	老顾 老四	老谢 老大	老毕 老七	老白 老六
变调值	22 413	22 213	22 53	22 22	22 44	22 35	22 5	22 2

⑨ 也有个别的例外情况，如"癫子"不读"[ᴎ]41、[ɣ]53"而读"[ᴎ]41、[ㄱ]44"等，但是不多。

1.2 两字组连调例词表

说明：

① 本表竖分 4 大栏，横分两大栏。按首字平、上、去、入依次排列，左栏为阴调类，右栏为阳调类。各调类分别以 1—8 的数字表示。各栏皆以前字同类为一单元，每单元再分为 8。

② 横栏再分组合、变调值、例词三项，即首栏括号"（ ）"内的数字表示单字调的组合关系，第二栏是变调值，第三栏为 4 个例词。

③ 例词选择要求符合古今对应关系的通用词，为便于音高比较，凡同一调类的前字力求相同或读音相同。

阴调类					阳调类				
组合	变调值	例	词		组合	变调值	例	词	
（11）	41 22	公开	天公	清官	花边	（21）	21 22	文科	毛巾	前方	红花
（12）	41 53	公平	天文	清明	花篮	（22）	21 53	文明	毛皮	前头	红娘
（13）	41 53	公海	天狗	清水	花草	（23）	21 53	文火	毛孔	前景	红火
（14）	41 53	公理	天道	清静	花脸	（24）	21 53	文武	毛重	前后	红眼
（15）	41 44	公正	天亮	清唱	花布	（25）	21 44	文化	毛线	前进	红记
（16）	41 35	公用	天地	清净	花样	（26）	21 35	文具	毛病	前任	红晕
（17）	41 5	公益	天色	清洁	花烛	（27）	21 5	文法	毛笔	前脚	红色
（18）	41 2	公物	天日	清白	花白	（28）	21 2	文物	毛涤	前日	红木
（31）	35 53	主张	口音	好心	火车	（41）	35 53	老公丈夫	马鞍	动机	后生
（32）	35 53	主人	口才	好囊人	火龙	（42）	35 53	老牌	马蹄	动摇	后来
（33）	35 53	主管	口齿	好处	火腿	（43）	35 53	老酒	马掌	动产	后悔

续表

阴调类						阳调类					
组合	变调值	例　词				组合	变调值	例　词			
（34）	35 53	主动	口语	好佬	火炬	（44）	35 53	老弟	马桶	动静	后母
（35）	35 53	主意	口试	好菜	火箭	（45）	35 53	老到	马褂	动态	后世
（36）	35 53	主义	口号	好饭	火亮	（46）	35 53	老话	马路	动用	后代
（37）	35 5	主角	口诀	好煞	火烛	（47）	35 5	老式	马脚	动作	后脚
（38）	35 2	主席	口服	好食	火药	（48）	35 2	老实	马达	动物	后学
（51）	22 22	证书	汽车	信心	暗箱	（61）	22 22	面包	内科	大家	电灯
（52）	22 22	证明	汽油	信徒	暗流	（62）	22 22	面前	内人	大红	电台
（53）	22 22	政府	气管	信纸	暗锁	（63）	22 22	面子	内子	大小	电影
（54）	22 22	正理	气象	信仰	暗码	（64）	22 22	面善	内弟	大雨	电脑
（55）	44 44	证据	气数	信教	暗笑	（65）	22 44	面相	内线	大戏	电线
（56）	44 35	证件	气闷	信号	暗号	（66）	22 35	面具	内部	大豆	电话
（57）	44 5	政客	气息	信托	暗杀	（67）	22 5	面积	内阁	大雪	电压
（58）	44 2	正直	气力	信服	暗疾	（68）	22 2	面目	内服	大栗	电力
（71）	5 22	结交	铁青	发生	一心	（81）	2 22	木工	日光	白金	合身
（72）	5 53	结余	铁条	发条	益虫	（82）	2 53	木鱼	日常	白糖	合同
（73）	5 53	结果	铁板	发火	一点	（83）	2 53	木板	日子	白果	合法
（74）	5 53	结尾	铁道	发动	益鸟	（84）	2 53	木耳	日后	白眼	合理
（75）	5 44	结帐	铁矿	发散	一遍	（85）	2 44	木器	日记	白菜	合算
（76）	5 35	结论	铁路	发电	一路	（86）	2 35	木匠	日用	白露	合办
（77）	5 5	结束	铁索	发作	一笔	（87）	2 5	木刻	日托	白色	合作
（78）	5 2	结石	铁石	发热	一划	（88）	2 2	木筏	日历	白食吃	合力

1.3 两字组后字为轻声的变调及例词表

组合	阴平+轻声	阳平+轻声	阴上+轻声	阳上+轻声	阴去+轻声	阳去+轻声	阴入+轻声	阳入+轻声
变调值	41 53	21 53	35 53		22 22		5 53	2 53
例词	花头	拳头	斧头	户头	罐头	念头	骨头	木头
	香猛	甜猛	好猛	冷猛	细猛	慢猛	湿猛	辣猛
	泔水	油水	苦水	冷水	汽水	大水	汁水	热水

注：表中"猛"，在形容词后表示程度深，义同普通话的"很"，"好猛"就是"很好"，但是语序和普通话不同。下同。

基本规律：

① 两字组后字轻声的调值有二：一是在阴阳平、阴阳上、阴阳入六类的后面时读"[Ⅳ]53"，和单字调阴上相同；二是在阴阳去两类后读"[Ⱶ]22"，和单字调阳上相同。

② 轻声前字的变调，仍有按古调类合拢的现象，如阴阳上、阴阳去，而阴阳平和阴阳入也是调型相同。所以，当阴上或阴去处于多音节后字时，例如"苦水"（[Ⅳ Ⅴ]）、"细猛"（[Ⱶ Ⱶ]），就很难从音高判断这个字是读的轻声还是读的本调。

③ 单字调和轻声没有长短轻重的不同，所以有些组合的后字是否轻声不易判断。

1.4 动宾两字组变调及例词表

组合	变调值	例词	组合	变调值	例词	组合	变调值	例词	组合	变调值	例词
（11）		开车	（12）		开门	（13）		开厂	（14）		筛米
（31）	44 413	打针	（32）	44 213	捆捉鱼	（33）	44 53	洗手	（34）	44 22	养老
（51）		唱歌	（52）		种田	（53）		放火	（54）		送礼
（21）		骑车	（22）		弹琴	（23）		平反	（24）		骑马
（41）	22 413	坐车	（42）	22 213	坐船	（43）	22 53	动土	（44）	22 22	动武
（61）		背书	（62）		卖柴	（63）		贷款	（64）		定罪
（71）	*5 413	摘葱	（72）	*5 213	摘桃	（73）	*5 53	喝酒	（74）	*5 22	割稻
（81）	*2 413	摸虾	（82）	*2 213	拔河	（83）	*2 53	拔草	（84）	*2 22	籴米
（15）		搓背	（16）		烧饭	（17）		搓脚	（18）		浇麦
（35）	44 44	写信	（36）	44 35	写字	（37）	44 5	洗脚	（38）	44 2	转业
（55）		种菜	（56）		种地	（57）		晒谷	（58）		炖肉
（25）		查账	（26）		排队	（27）		烊化雪	（28）		防贼
（45）	22 44	动气	（46）	22 35	动怒	（47）	22 5	犯法	（48）	22 2	受辱
（65）		卖菜	（66）		画画	（67）		代笔	（68）		赖逃学
（75）	*5 44	割菜	（76）	*5 35	斫砍树	（77）	*5 5	杀鸭	（78）	*5 2	切肉
（85）	*2 44	拔菜	（86）	*2 35	食饭	（87）	*2 5	落雪	（88）	*2 2	食肉

基本规律：

① 动宾两字组的特点是后字全部不变调。

② 前字舒声按阴阳两类分别合并，即阴调类都读"[Ⱶ]44"，阳调类都读"[Ⱶ]22"。

③ 64 种组合前字舒声按阴阳分别合并，共得两字组连调型 16 种，加前字入声不变的 16 种（表中用"*"号标出），共 32 种。

贰　三字组变调

2.1 三字组连调表。说明：

① 本表竖分 8 大栏，按首字阴平、阳平、阴上、阳上、阴去、阳去、阴入、阳入依次排列，各调类分别以 1—8 的数字表示，每栏再以第二字为序共分为 64 行，横按第三字为序分为 8 栏，列出了长乐话的 512 种三字组组合。

② 变调值记在各种组合的右边，如"181"的组合，变调值为"[ɴˈˈ ˈ]41 2 22"。

③ 变调后有许多合并的组合，如果是排列在上下相连的位置，表中就合写一个变调值，如第一行和第二行的"111"和"121"，右边的"[ɴˈ ˈ ˈ]"，表示这两种组合的变调值合一，如果是排列在左右的位置，则分别写出变调值，如"172""173""174"的变调值都是"[ɴ ˈ ɴ]"，各自分别写出。

111	112	113	114	115	116	117	118
41 22 22				41 22 44	41 22 35		
121	122	123	124	125	126	127	128
	41 35 53	41 35 53	41 35 53			41 35 5	41 35 2
131	132	133	134	135	136	137	138
41 35 53				41 35 53	41 35 53		
141	142	143	144	145	146	147	148
151	152	153	154	155	156	157	158
41 44 53	41 44 53	41 44 53	41 44 53	41 44 53	41 44 53	41 44 5	41 44 2
161	162	163	164	165	166	167	168
171 41 5 22	172 41 5 53	173 41 5 53	174 41 5 53	175 41 5 44	176 41 5 35	177 41 5 5	178 41 5 2
181 41 2 22	182 41 2 53	183 41 2 53	184 41 2 53	185 41 2 44	186 41 2 35	187 41 2 5	188 41 2 2
211	212	213	214	215	216	217	218
21 22 22				21 22 44	21 22 35		
221	222	223	224	225	226	227	228
	21 35 53	21 35 53	21 35 53			21 35 5	21 35 2
231	232	233	234	235 21 35 53	236 21 35 53	237	238
21 35 53				245 21 22 44	246 21 22 35	247	248
241	242	243	244				
251	252	253	254	255	256	257	258
21 44 53	21 44 53	21 44 53	21 44 53	21 44 53	21 44 53	21 44 5	21 44 2
261	262	263	264	265	266	267	268

271	21 5 22	272	21 5 53	273	21 5 53	274	21 5 53	275	21 5 44	276	21 5 35	277	21 5 5	278	21 5 2
281	21 2 22	282	21 2 53	283	21 2 53	284	21 2 53	285	21 2 44	286	21 2 35	287	21 2 5	288	21 2 2
311		312		313		314		315		316		317		318	
321		322		323		324		325		326		327		328	
331	35 53 53	332	35 53 53	333	35 53 53	334	35 53 53	335	35 53 53	336	35 53 53	337	35 53 5	338	35 53 2
341		342		343		344		345		346		347		348	
351		352		353		354		355		356		357		358	
361		362		363		364		365		366		367		368	
371	35 5 53	372	35 5 53	373	35 5 53	374	35 5 53	375	35 5 53	376	35 5 53	377	35 5 5	378	35 5 2
381	35 2 53	382	35 2 53	383	35 2 53	384	35 2 53	385	35 2 53	386	35 2 53	387	35 2 5	388	35 2 2
411		412		413		414		415		416		417		418	
421		422		423		424		425		426		427		428	
431	35 53 53	432	35 53 53	433	35 53 53	434	35 53 53	435	35 53 53	436	35 53 53	437	35 53 5	438	35 53 2
441		442		443		444		445		446		447		448	
451		452		453		454		455		456		457		458	
461		462		463		464		465		466		467		468	
471	35 5 53	472	35 5 53	473	35 5 53	474	35 5 53	475	35 5 53	476	35 5 53	477	35 5 5	478	35 5 2
481	35 2 53	482	35 2 53	483	35 2 53	484	35 2 53	485	35 2 53	486	35 2 53	487	35 2 5	488	35 2 2
511		512		513		514		515		516	22 22 35	517		518	
521		522	44 35 53	523		524	44 35 53	525	22 22 44	526		527	44 35 5	528	44 35 2
531	22 22 22	532		533	44 35 53	534		535	44 35 53	536	44 35 53	537		538	
541		542		543		544		545		546		547		548	
551		552	22 22 22	553	22 22 22	554	22 22 22	555	22 22 44	556	22 22 35	557	22 22 5	558	22 22 2
561		562		563		564		565		566		567		568	
571	22 5 22	572	44 5 53	573	44 5 53	574	44 5 53	575	22 5 44	576	22 5 35	577	22 5 5	578	22 5 2
581	22 2 22	582	44 2 53	583	44 2 53	584	44 2 53	585	22 2 44	586	22 2 35	587	22 2 5	588	22 2 2
611	22 22 22	612		613		614		615	22 22 44	616	22 22 35	617		618	
621		622	22 35 53	623		624		625		626		627	22 35 5	628	22 35 2
631	22 35 53	632		633	22 35 53	634	22 35 53	635	22 35 53	636	22 35 53	637		638	
641		642		643		644		645		646		647		648	
651	22 22 22	652	22 22 22	653	22 22 22	654	22 22 22	655	22 22 44	656	22 22 35	657	22 22 5	658	22 22 2
661		662		663		664		665		666		667		668	

671	22 5 22	672	22 5 53	673	22 5 53	674	22 5 53	675	22 5 44	676	22 5 35	677	22 5 5	678	22 5 2
681	22 2 22	682	22 2 53	683	22 2 53	684	22 2 53	685	22 2 44	686	22 2 35	687	22 2 5	688	22 2 2
711	5 22 22	712		713		714		715	5 22 44	716	5 22 35	717		718	
721		722	5 35 53	723	5 35 53	724	5 35 53	725		726		727	5 35 5	728	5 35 2
731	5 35 53	732		733		734		735	5 35 53	736	5 35 53	737		738	
741		742		743		744		745		746		747		748	
751	5 44 53	752	5 44 53	753	5 44 53	754	5 44 53	755	5 44 53	756	5 44 53	757	5 44 5	758	5 44 2
761		762		763		764		765		766		767		768	
771	5 5 22	772	5 5 53	773	5 5 53	774	5 5 53	775	5 5 44	776	5 5 35	777	5 5 5	778	5 5 2
781	5 2 22	782	5 2 53	783	5 2 53	784	5 2 53	785	5 2 44	786	5 2 35	787	5 2 5	788	5 2 2
811	2 22 22	812		813		814		815	2 22 44	816	2 22 35	817		818	
821		822	2 35 53	823	2 35 53	824	2 35 53	825		826		827	2 35 5	828	2 35 2
831	2 35 53	832		833		834		835	2 35 53	836	2 35 53	837		838	
841		842		843		844		845		846		847		848	
851	2 44 53	852	2 44 53	853	2 44 53	854	2 44 53	855	2 44 53	856	2 44 53	857	2 44 5	858	2 44 2
861		862		863		864		865		866		867		868	
871	2 5 22	872	2 5 53	873	2 5 53	874	2 5 53	875	2 5 44	876	2 5 35	877	2 5 5	878	2 5 2
881	2 2 22	882	2 2 53	883	2 2 53	884	2 2 53	885	2 2 44	886	2 2 35	887	2 2 5	888	2 2 2

2.2 三字组连调例词表

说明：

① 本表阴平、阳平、阴上、阳上、阴去、阳去、阴入、阳入分别以1—8的数字表示。横分8栏，以第三字为序排开；竖分64栏，按第一、二字列出了前面两字的64种组合。长乐话的三字组共有512种组合。

② 512种组合以前面两字相同分为64组。每组分"组合""变调值""例词"三项。为醒目，"组合"的三个数字用"（ ）"号标出；变调值紧接在下。如"（111）"是"阴平＋阴平＋阴平"的三字组合，其变调值是"[˥]+[˧]+[˧]（连调与单字调相同的，也按连调处理。下同。）"。

③ 为提供一份可备参考的例词，本表每种组合力求举出三个例词，选词尽可能为通行的词语，而且单字音能够符合古今对应关系。但是要找出512种符合以上条件的实在太难，有的只好用长乐方言词，必要时

加注；有的组合凑不齐三个例词，只好留空。

④ 变调值合并的组合，末字（横行）相同的表格已经显示，如"（112）""（113）""（114）"合并为"[N]41 [V]35 [N]53"。但是还有许多包括前面两字也相同的，因为中间加有例词，表格无法显示，如"（131）"至"（136）"和"（141）"至"（146）"共12种组合的变调值都是"[N]41 [V]35 [N]53"，这种情况很多，像阴阳上的舒声共72种三字组，全部变为"[V]35 [N]53 [N]53"。

组合	（111）	（112）	（113）	（114）	（115）	（116）	（117）	（118）
变调值	41 22 22	41 35 53			41 22 44	41 22 35	41 35 5	41 35 2
例词	鸡冠花	钢丝绳	乌龟子	亲家姆	穿衣镜	啦啦队	穿山甲	工商业
	收音机	高跟鞋	观音井	亲兄弟	夫妻店	清汤面	深呼吸	花岗石
	双胞胎	花生油	天花板	蜘蛛网	空心菜	相思病	婚姻法	轻音乐

组合	（121）	（122）	（123）	（124）	（125）	（126）	（127）	（128）
变调值	41 22 22	41 35 53			41 22 44	41 22 35	41 35 5	41 35 2
例词	金银花	拖油瓶	丝棉袄	西红柿	灯笼裤	阴凉地	方程式	心头肉
	穿堂风	乌篷船	仙人掌	鸡头米	鸡毛信	精神病	构词法	星期日
	弓长张姓	天鹅绒	桑皮纸	丝绵被	菠菱菜	风凉话	修辞格	新文学

组合	（131）	（132）	（133）	（134）	（135）	（136）	（137）	（138）
变调值	41 35 53						41 35 5	41 35 2
例词	包打听	清水塘	标准粉	瓜子脸	鸡子酱	亲姐妹	加减法	金手镯
	抽水机	秋海棠	深水井	双口吕姓	松紧带	居委会	分子式	班主席
	三点钟	思考题	新产品	生死簿	花鼓戏	风景画	君子国	生产力

组合	（141）	（142）	（143）	（144）	（145）	（146）	（147）	（148）
变调值	41 35 53						41 35 5	41 35 2
例词	金项圈	双眼皮	乌鳢子黑鱼	千里马	刀马旦	修道院	冬五端午节	生理学
	伸懒腰	山里头	秋老虎	冤枉罪	轻武器	三马路	冤枉煞	歌舞剧
	清道夫	番薯藤蔓	机米厂		宽紧带		孙女婿	开场白

组合	（151）	（152）	（153）	（154）	（155）	（156）	（157）	（158）
变调值	41 44 53						41 44 5	41 44 2
例词	观世音	通讯员	支气管	双季稻	分界线	欢送会	低气压	经济学
	亲眷家	方向盘	消费品	单干户	风纪扣	惊叹号	高兴煞	书记局
	单相思	当晏头正午	机器井	交际舞	兴奋剂	方块字	非正式	

续表

组合	（161）	（162）	（163）	（164）	（165）	（166）	（167）	（168）
变调值	41 44 53						41 44 5	41 44 2
例词	工具书	心电图	多面手	凹面佬	豇豆粽	关帝庙	丁字尺	音韵学
	丁字街	司令员	工艺品	书面语	高射炮	方便面	金字塔	希望值
	方面军	当事人	高帽子	军事犯	工会费	军令状	高利息	公路局

组合	（171）	（172）	（173）	（174）	（175）	（176）	（177）	（178）
变调值	41 5 22	41 5 53			41 5 44	41 5 35	41 5 5	41 5 2
例词	收割机	轻骨头	鸡脚爪	跷脚佬瘸子	敲竹杠	诸葛亮	肩胛骨	工作服
	装甲车	三角形	心血管	三角眼	基督教	中国话	低血压	编织物
	西北风	松节油	金橘饼	排竹筒	钢笔套	风湿病	三角尺	鸡血石

组合	（181）	（182）	（183）	（184）	（185）	（186）	（187）	（188）
变调值	41 2 22	41 2 53			41 2 44	41 2 35	41 2 5	41 2 2
例词	差勿多	书踱头	鸡翼膀	专业户	生活费	千佛寺	兵役法	猜勿着
	中学生	烧镬婆	痧药水	挑勿动	工业化	抛物线	工业国	空落落
	科学家	单立人	玻璃板		优越性	工学院	归纳法	生物学

组合	（211）	（212）	（213）	（214）	（215）	（216）	（217）	（218）
变调值	21 22 22	21 35 53			21 22 44	21 22 35	21 35 5	21 35 2
例词	螺丝刀	鱼肝油	传家宝	洋番薯土豆	棉纱线	桃花运	螺蛳壳	红烧肉
	兰香花	梨膏糖	葵花子	长方脸	黄花菜	防空洞	红铅笔	年三十
	尼姑庵	松丝毛	灵芝草	毛巾被	航空信	疑心病	图书室	莲花落

组合	（221）	（222）	（223）	（224）	（225）	（226）	（227）	（228）
变调值	21 22 22	21 35 53			21 22 44	21 22 35	21 35 5	21 35 2
例词	黄泥山	银洋钿	牛皮纸	人行道	黄芽菜	摇钱树	摇篮曲	胡萝卜
	钱塘江	难为情	文明棍	毛毛雨	文明戏	龙王庙	和平鸽	尼龙袜
	迷魂汤	抬头纹	肥田粉	排球场	牛脾气	篮球队	田螺壳	移民局

组合	（231）	（232）	（233）	（234）	（235）	（236）	（237）	（238）
变调值	21 35 53						21 35 5	21 35 2
例词	黄浦江	游泳池	蚕宝宝	劳改犯	皮手套	泥水匠	咸水鸭	长统袜
	龙卷风	成品粮	农产品	团体舞	流水账	扬水站	狂想曲	苹果绿
	团体操	萤火虫	寒暑表		连锁店	无底洞	男主角	红宝石

续表

组合	（241）	（242）	（243）	（244）	（245）	（246）	（247）	（248）
变调值	21 35 53				21 22 44	21 22 35	21 35 5	21 35 2
例词	红领巾	牛奶糖	肥皂水	常有理	肥皂泡	船老大	童养媳	劳动力
	人造丝	明眼囊人	名士派	刘姥姥	劳动布	传染病	劳动节	伦理学
	回马枪	凡士林	台柱子		形象化	阳冥庙	人造革	鹅卵石

组合	（251）	（252）	（253）	（254）	（255）	（256）	（257）	（258）
变调值	21 44 53						21 44 5	21 44 2
例词	邻舍家	研究员	油菜籽	皇太后	裙带菜	罗汉豆蚕豆	无意识	农副业
	油菜花	煤气炉	罗汉果	难怪伊	煤气灶	无线电	难过煞	民政局
	煤气灯	熬过来	文化馆	红线女	前半夜	人性论	棉背褡	鱼翅席

组合	（261）	（262）	（263）	（264）	（265）	（266）	（267）	（268）
变调值	21 44 53						21 44 5	21 44 2
例词	勤务兵	环洞门	油焖笋	和事佬	门外汉	霉豆腐腐乳	绒面革	邮电局
	常备军	黄豆芽	农具厂	雷阵雨	文汇报	肠胃病	来蒙葛在的	文艺学
	长恨歌	河埠头	长命锁	传教士	疑问句	茶话会		期望值

组合	（271）	（272）	（273）	（274）	（275）	（276）	（277）	（278）
变调值	21 5 22	21 5 53			21 5 44	21 5 35	21 5 5	21 5 2
例词	摩托车	浓缩油	毛竹笋	排竹筒	原则性	油漆匠	红扑扑	来得及
	头发丝	亡国奴	咸鸭子	油漆桶	游击战	呆阿大傻瓜	羊脚骨羊腿	农作物
	微积分	墙角头	毛织品	绒夹里	磁铁矿	王八蛋	颜色笔	墙角落

组合	（281）	（282）	（283）	（284）	（285）	（286）	（287）	（288）
变调值	21 2 22	21 2 53			21 2 44	21 2 35	21 5 2	21 2 2
例词	留学生	茶叶茶茶水	红药水	大力士	长乐镇	长乐话	蝴蝶结	来勿及
	红绿灯	联络员	荞麦粉	防疫站	洋白菜	劳碌命	联合国	弥勒佛
	牛肉干	华达呢	连轴转	驮拿勿动	农业税	寒热病疟疾	传达室	弹力袜

组合	（311）	（312）	（313）	（314）	（315）	（316）	（317）	（318）
变调值	35 53 53						35 53 5	35 53 2
例词	鼓风机	口香糖	土包子	小花脸	小商贩	水烟袋	主心骨	饼干盒
	矮墩墩	耳东陈姓	体温表	死心眼	笋干菜	手工艺	总编辑	粉蒸肉
	哑巴亏	管家婆	小苏打	表兄弟	水蒸气	火车站		手工

续表

组合	（321）	（322）	（323）	（324）	（325）	（326）	（327）	（328）
变调值	35 53 53						35 53 5	35 53 2
例词	手提箱	嘴唇皮	马蹄表	顶梁柱	枕头套	委员会	小人国	小人物
	火头军	早红霞	选民榜	好朋友	显微镜	水帘洞	紫红色	主旋律
	打油诗	紫葡萄	草鞋底	口头语	土皇帝		主题曲	

组合	（331）	（332）	（333）	（334）	（335）	（336）	（337）	（338）
变调值	35 53 53						35 53 5	35 53 2
例词	保险丝	手掌头	小伙子	死板猛	导火线	表姐妹	手指甲	火腿肉
	打火机	选举权	小数点	选举伊	小把戏	老鼠洞	选举法	考古学
	醒酒汤	反转来	手底板手心		保管费	保险柜	蟹脚爪	

组合	（341）	（342）	（343）	（344）	（345）	（346）	（347）	（348）
变调值	35 53 53						35 53 5	35 53 2
例词	走马灯	小市民	纸老虎	小老马姜	表演唱	养老院	处女作	想象力
	小五金	管理员	处理品	小道理	管理费	处女地	小米粥	主动脉
	起重机	早稻田	显像管	早稻米	好两遍次			表演欲

组合	（351）	（352）	（353）	（354）	（355）	（356）	（357）	（358）
变调值	35 53 53						35 53 5	35 53 2
例词	保送生	死对头	讨债鬼	小气猛	保价信	简化字	省快舒服煞	统计学
	紫菜汤	挡箭牌	统计表	省快舒服猛	反对票	统帅部	警戒色	抵抗力
	小布衫内衣	解放鞋	保护伞	火箭筒	火箭炮		小背褡马甲	翡翠绿

组合	（361）	（362）	（363）	（364）	（365）	（366）	（367）	（368）
变调值	35 53 53						35 53 5	35 53 2
例词	打字机	短裤头	等外品	水电站	紫外线	小卖部	保护色	企事业
	养路工	写字台	董事长	讨饭佬乞丐	小字辈	董事会	小动作	水电局
	伙队家朋友	本命年	小事体事情	小字母	海岸线	假面具		古韵学

组合	（371）	（372）	（373）	（374）	（375）	（376）	（377）	（378）
变调值	35 5 53						35 5 5	35 5 2
例词	想得开	嘴角头	早竹笋	守法户	紧箍咒	检察院	组织法	巧克力
	纺织机	保质期	虎骨酒	补足语	丑八怪	简笔字	小阿叔	纺织业
	小客厅	古月胡姓	纺织品	抢劫犯	假客气	反作用	想得出	胆结石

续表

组合	（381）	（382）	（383）	（384）	（385）	（386）	（387）	（388）
变调值	35 2 53						35 2 5	35 2 2
例词	小学生	水蜜桃	紫药水	表侄女	小白菜	省略号	比例尺	等勿及
	草木灰	小滑头	好日子	比翼鸟	苦肉计	水墨画	表侄媳	体育局
	炒肉丝	比目鱼	体育馆	好食吃猛	想勿到	保育院	想勿出	九十六
组合	（411）	（412）	（413）	（414）	（415）	（416）	（417）	（418）
变调值	35 53 53						35 53 5	35 53 2
例词	冷清清	有心人	老夫子	老花眼	老花镜	武装部	脑充血	重工业
	眼中钉	两公婆夫妻	两三碗	女招待	两三块	两方面	两三尺	两三石
	耳边风	耳东陈姓	美洲虎	弟新妇弟媳	五分制	橡胶树	冷清煞	
组合	（421）	（422）	（423）	（424）	（425）	（426）	（427）	（428）
变调值	35 53 53						35 53 5	35 53 2
例词	橡皮胶	满堂红	道林纸	肚脐眼	羽毛扇	座谈会	女儿国	五粮液
	美人蕉	午牌头正午	马蹄表	棒球场	老前辈	柳条帽	淡红色	
	野王性野婆	老黄牛	混凝土	尽头牙智齿	美人计	马蹄袖	马前卒	
组合	（431）	（432）	（433）	（434）	（435）	（436）	（437）	（438）
变调值	35 53 53						35 53 5	35 53 2
例词	稻草堆	老板娘	老古董	户口簿	冷板凳	市委会	马口铁	后悔药
	两点钟	淡水湖	老虎嘴	冷处理	老虎灶	老虎洞	女主角	冷水浴
	懒惰胚	聚宝盆		眼底下	导火线	耳朵洞耳孔		米粉肉
组合	（441）	（442）	（443）	（444）	（445）	（446）	（447）	（448）
变调值	35 53 53						35 53 5	35 53 2
例词	老脑筋	女演员	母老虎	马尾辫	马后炮	妇女病	妇女节	后脑勺
	肚下拖囊膪	座右铭	眼泪水	武士道	市场价	养老院	晚米粥	犯罪率
	马尾松	冷拢起来	懒妇嫂	懒惰猛	马桶盖	领导层		
组合	（451）	（452）	（453）	（454）	（455）	（456）	（457）	（458）
变调值	35 53 53						35 53 5	35 53 2
例词	老太公	老太婆	五线谱	氧气筒	老太太	后半夜	辩证法	礼拜日
	野战军	马戏团	马粪纸	罪过可怜猛	重要性	有线电	罪过可怜煞	眼镜盒
		眼镜蛇	乳制品			妇救会	礼拜一	李太白

续表

组合	(461)	(462)	(463)	(464)	(465)	(466)	(467)	(468)
变调值	35 53 53						35 53 5	35 53 2
例词	养路工 士大夫 吕洞宾	老面皮 冷饭头 有效期	领事馆 断代史 李大嫂	近视眼 女驸马 待慢慢待猛	两面性 动画片 马后炮	理事会	老办法 重量级	领袖欲

组合	(471)	(472)	(473)	(474)	(475)	(476)	(477)	(478)
变调值	35 5 53						35 5 5	35 5 2
例词	道德经 演说家 女法官	混血儿 被角头 软骨头	染色体 储蓄所 老弗死	委屈猛 好呷喝猛	老百姓 老搭档 耳朵屙耳屎	老革命 抑谷笆农具 软骨病	雨夹雪 脑溢血 老伯伯	犯弗着 老笃六人名

组合	(481)	(482)	(483)	(484)	(485)	(486)	(487)	(488)
变调值	35 2 53						35 2 5	35 2 2
例词	美术家 女学生	动物园 坐落下来 老实囊人	了勿起 满月酒 眼药水	咬勿动 是勿是 女学士	美术片 老学究	老实话 冷热病 美术字	了勿得 淡绿色 老实些	犯勿着 混合物 五六十约数

组合	(511)	(512)	(513)	(514)	(515)	(516)	(517)	(518)
变调值	22 22 22	44 35 53			22 22 44	22 22 35	44 35 5	44 35 2
例词	救生圈 笑嘻嘻 教科书	四边形 绣花鞋 楂丝绸	化工厂 太师椅 桂花酒	斗鸡眼 教书佬 顺风耳	照妖镜 抗生素 半封建	四方步 晏公庙 少先队	四方桌 化妆室	试金石 向心力

组合	(521)	(522)	(523)	(524)	(525)	(526)	(527)	(528)
变调值	22 22 22	44 35 53			22 22 44	22 22 35	44 35 5	44 35 2
例词	少年宫 夜明珠 做囊家节俭	酱油瓶 继承权 半圆形	算盘子 输油管 半成品	剃头理发佬 气囊人猛 种田佬	半瓶醋 对台戏 剃头店	少林寺 幼儿院 碰头会	教研室 进行曲	散文集 太湖石

组合	(531)	(532)	(533)	(534)	(535)	(536)	(537)	(538)
变调值	22 22 22	44 35 53					44 35 5	44 35 2
例词	扫帚星	菜籽油 做好囊人	看守所 替死鬼	个体户 借手左手佬	对口戏 系统性 进口税	做好事施善 探险队	做手脚 跳伞塔 做解释	正比律 副主席

续表

组合	（541）	（542）	（543）	（544）	（545）	（546）	（547）	（548）
变调值	22 22 22		44 35 53	22 22 22	22 22 44	22 22 35	22 22 5	22 22 2
例词	赞美诗	气象台	炮筒子	将士象	介绍信	圣诞树	圣诞节	气象局
	叫马好哭绷	太上皇	半导体	气象站	帅仕相	屁眼洞肛门	驻在国	
			四眼狗					

组合	（551）	（552）	（553）	（554）	（555）	（556）	（557）	（558）
变调值	22 22 22				22 22 44	22 22 35	22 22 5	22 22 2
例词	榨菜汤	战斗员	照相馆	照相簿	世界观	做夜梦	变戏法	战斗力
	探照灯	四少爷	靠背椅	晦气猛	背靠背	炸酱面	计算尺	记忆力
	报告厅		救世主		困晏觉午睡	富贵病	晦气煞	苋菜叶

组合	（561）	（562）	（563）	（564）	（565）	（566）	（567）	（568）
变调值	22 22 22				22 22 44	22 22 35	22 22 5	22 22 2
例词	信号灯	试验田	胖大海	见面礼	放大镜	信用社	纪念册	纪念日
	救护车	应用文	纪念品	半自动	过滤器	故事会	闭幕式	凑闹热
	致命伤	塑料盆	笑面虎		面对面	臭豆腐	正字法	政治局

组合	（571）	（572）	（573）	（574）	（575）	（576）	（577）	（578）
变调值	22 5 22	44 5 53			22 5 44	22 5 35	22 5 5	22 5 2
例词	背黑锅	四脚蛇蜥蜴	印刷品	教唆犯	对角戏	副作用	战国策	肺结核
	晏脚跟傍午	变色龙	派出所	四弗像	过得去	对得住	斗蟋蟀	建筑物
		著作权	半脱产	布谷鸟	半决赛	删节号	著作法	

组合	（581）	（582）	（583）	（584）	（585）	（586）	（587）	（588）
变调值	22 2 22	44 2 53			22 2 44	22 2 35	22 2 5	22 2 2
例词	教育厅	少白头	看勿起	注目礼	看勿透	对勿住	怪勿得	汉白玉
	算术书	算术题	劝业场	唱白脸	算术课	错别字	教学法	化合物
	半月刊	制服呢	价目表		抗药性	肺活量		四十六

组合	（611）	（612）	（613）	（614）	（615）	（616）	（617）	（618）
变调值	22 22 22	22 35 53			22 22 44	22 22 35	22 35 5	22 35 2
例词	电冰箱	大姑娘	卫生纸	大花脸	大多数	地方病	办公室	奠基石
	未婚妻	定心丸	地方史	住家户	助听器	外交部	暴风雪	卫生局
	亮晶晶	卫生球	败家子	顺风耳	电风扇	大锅饭	大西北	

续表

组合	（621）	（622）	（623）	（624）	（625）	（626）	（627）	（628）
变调值	22 22 22	22 35 53			22 22 44	22 22 35	22 35 5	22 35 2
例词	夜明珠 万年青 忘年交	大团圆 护城河 夜红霞晚霞	大门口 器材厂 困藏来起	外来户 夜头市夜里 旧朋友	站台票 地平线 背时货	自留地 现成饭 大王庙地名	大团结 共和国	万年历 大前日 大人物
组合	（631）	（632）	（633）	（634）	（635）	（636）	（637）	（638）
变调值	22 35 53						22 35 5	22 35 2
例词	耐火砖 旧体诗 闹水灾	大扫除 电子琴 饲养员	电子管 潜水艇 大使馆	地底下 下水道 助产士	样板戏 电影片	蛋炒饭 电影院 顺口溜	代表作 校长室	净产值 饲养室
组合	（641）	（642）	（643）	（644）	（645）	（646）	（647）	（648）
变调值	22 35 53						22 35 5	22 35 2
例词	旧脑筋 电动机 大后方	丈姆娘岳母 代理人 大肚皮	代乳粉 糯米果 大老板	大道理 大老马妻	望远镜	糯米饭 校友会 大马路	地下室 露马脚 凤尾竹	大理石 大动脉 地理学
组合	（651）	（652）	（653）	（654）	（655）	（656）	（657）	（658）
变调值	22 22 22				22 22 44	22 22 35	22 22 5	22 22 2
例词	电唱机 汗背心 大汉奸	大蒜头 示意图 大块头胖子	大蒜子 旧报纸 肺气肿	电信网 廿四五	电气化 闹意见 现世报	面对面 硬碰硬 自顾自	大气压 代数式 辩证法	电信局
组合	（661）	（662）	（663）	（664）	（665）	（666）	（667）	（668）
变调值	22 22 22				22 22 44	22 22 35	22 22 5	22 22 2
例词	电话机 万事通 自治区	大自然 办事员 议论文	互助组 办事处 纪念品	电话簿	电话费 大路货 现代化	自治县 病号饭 自卫队	电话室 电视塔	电话局 备忘录
组合	（671）	（672）	（673）	（674）	（675）	（676）	（677）	（678）
变调值	22 5 22	22 5 53			22 5 44	22 5 35	22 5 5	22 5 2
例词	大客厅 夜脚跟傍晚	硬骨头 问答题 让出来	腌鸭子 健脚笋	外国佬 暴发户 二百五	外国货 第一性	地质队 坏血病	廿七八 大角色	垫脚石 卖国贼

续表

组合	（681）	（682）	（683）	（684）	（685）	（686）	（687）	（688）
变调值	22 2 22	22 2 53			22 2 44	22 2 35	22 2 5	22 2 2
例词	助学金	话说勿来	艺术品	大力士	大合唱	俱乐部	蛋白质	料勿着
	事业心	大舌头	电热毯	内侄女	纪录片	大杂烩	电烙铁	电力局
	住宅区	内陆湖	电力网	大勿不了	大栗粽	肺活量	话说勿得	附着力
组合	（711）	（712）	（713）	（714）	（715）	（716）	（717）	（718）
变调值	5 22 22	5 35 53			5 22 44	5 22 35	5 35 5	5 35 2
例词	郁金香	菊花茶	浙江省	杀猪佬	百家姓	夹生饭	八仙桌	出生率
	雪花膏	竹夫人	隔音板	吓囊人猛	结婚证	北方话	不规则	发音学
	铁公鸡	脚窝头膝盖	百分比	夹遮下腋窝	弗相信		削铅笔	弗舒服
组合	（721）	（722）	（723）	（724）	（725）	（726）	（727）	（728）
变调值	5 22 22	5 35 53			5 22 44	5 22 35	5 35 5	5 35 2
例词	说明书	说明文	发言稿	出头鸟	必然性	缺牙缝	隔离室	弗明白
	七言诗	法兰绒	托儿所	斫砍柴佬	发脾气	发祥地	霍元甲	
	国防军	弗完全	喝凉水	足球场	出洋相	柏油路	雪菩萨雪人	
组合	（731）	（732）	（733）	（734）	（735）	（736）	（737）	（738）
变调值	5 35 53						5 35 5	5 35 2
例词	百宝箱	脚趾头	七巧板	骨子里	黑板报	八宝饭	弗晓得	出版物
	北斗星	发起人	复写纸	出版社	出主意	八九号	不等式	一点麦点儿
	发酒疯	一品红	撒手铜		百把块		弗舍割不舍	
组合	（741）	（742）	（743）	（744）	（745）	（746）	（747）	（748）
变调值	5 35 53						5 35 5	5 35 2
例词	益母糕	出远门	益母草	接待站	弗买账	答辩会	接待室	接待日
	发动机	雪里蕻	阔老板	赤卵光腚佬	一礼拜	一两号	铁马甲	塔里木
	织女星	粟米糖	呷喝老酒		粟米粽			
组合	（751）	（752）	（753）	（754）	（755）	（756）	（757）	（758）
变调值	5 44 53						5 44 5	5 44 2
例词	织布机	出气筒	笔记本	笔记簿	宿夜店	急救站	激将法	设计局
	不锈钢	压岁钿	发酵粉	客气猛	必要性	客气话	弗见得	
	急救包	北半球	促进派	出气筒	国库券	出气洞	急救室	

续表

组合	（761）	（762）	（763）	（764）	（765）	（766）	（767）	（768）
变调值	5 44 53						5 44 5	5 44 2
例词	鸭蛋青	八字胡	铁饭碗	客运站	决定性	福利院	八字脚	发病率
	压路机	蓄电池	发电厂		一大半	责任地		铁路局
	责任心	责任田	弗放手		甲状腺	弗自量		
组合	（771）	（772）	（773）	（774）	（775）	（776）	（777）	（778）
变调值	5 5 22	5 5 53			5 5 44	5 5 35	5 5 5	5 5 2
例词	弗作兴不行	蟋蟀笼	蟋蟀草	赤脚佬	刮刮叫	压发帽	湿漉漉	剔骨肉
	压缩机	八角亭	吸血鬼		格式化	七百廿	一百七	恶作剧
	的笃班越剧	百褶裙	的笃鼓		弗客气		八一节	吸铁石
组合	（781）	（782）	（783）	（784）	（785）	（786）	（787）	（788）
变调值	5 2 22	5 2 53			5 2 44	5 2 35	5 2 5	5 2 2
例词	压力锅	阿木林	雪石子雪珠	接力棒	八月半中秋	对勿住	弗及格	吃勿落
	脚踏车	角落头	博物馆	黑木耳	积极性	职业病	八十八	失学率
	百叶窗	复习题	隔热板		毕业证	福禄寿	复活节	七十六
组合	（811）	（812）	（813）	（814）	（815）	（816）	（817）	（818）
变调值	2 22 22	2 35 53			2 22 44	2 22 35	2 35 5	2 35 2
例词	落汤鸡	热心肠	学生子	独生女	服装店	肉丝面	自修室	日光浴
	录音机	列车员	列车长	侄新妇媳妇	劣根性	木瓜树	石灰质	石灰石
	十三经	陌生囊人	十三点	杂交稻	十三四		轴心国	木樨肉
组合	（821）	（822）	（823）	（824）	（825）	（826）	（827）	（828）
变调值	2 22 22	2 35 53			2 22 44	2 22 35	2 35 5	2 35 2
例词	白头翁	白鳞鱼	蜜糖水	及时雨	月台票	白杨树	集邮册	杂文集
	囫囵吞	麦芽糖	石头子	白毛女	杂牌货	划时代	肋棚骨肋骨	狄仁杰
	学徒工	肉馒头	集邮本	热头雨	氯霉素	鼻头洞鼻孔	鼻头血	白杨木
组合	（831）	（832）	（833）	（834）	（835）	（836）	（837）	（838）
变调值	2 35 53						2 35 5	2 35 2
例词	立早章姓	墨水瓶	落水狗	独养女	立体化	石子路	墨水笔	玉手镯
	盒子枪	热水壶	独养子	热处理	灭火器	热水袋	木板屋	杂感集
	立体声		日本海	木子李姓	集体化	踏倒步台阶		实打实

组合	（841）	（842）	（843）	（844）	（845）	（846）	（847）	（848）
变调值	2 35 53						2 35 5	2 35 2
例词	活动家	直肚肠	活里子	白眼佬	白米粽	白米饭	侄女婿	物理学
	麦乳精	活动房	白老虎	活受罪	合理化	鼻尾韵	活动室	白米粥
	白牡丹	十里亭	食老本	独养女	木偶戏		入场式	十五六

组合	（851）	（852）	（853）	（854）	（855）	（856）	（857）	（858）
变调值	2 44 53						2 44 5	2 44 2
例词	白衬衫	十块头	白报纸	十四五	杂货店	集散地	阅报室	活报剧
	月季花	热带鱼	直性子	日记簿	习惯性	杂志社	直线尺	绝对值
	药剂师	六少爷	活见鬼		滑稽戏	十进位	活气杀	白菜叶

组合	（861）	（862）	（863）	（864）	（865）	（866）	（867）	（868）
变调值	2 44 53						2 44 5	2 44 2
例词	十字街	杂技团	活字版	鼻韵尾	十字架	十字路	实验室	独幕剧
	月亮光	绿豆芽	日用品	服务社	学位制	月亮地	植树节	特效药
	绝命书	食用油		日内瓦	落地扇	凸面镜	十字尺	活地狱

组合	（871）	（872）	（873）	（874）	（875）	（876）	（877）	（878）
变调值	2 5 22	2 5 53			2 5 44	2 5 35	2 5 5	2 5 2
例词	木壳枪	贼骨头小偷	六谷玉米粉	六谷箪穗	合作化	合作社	活脱脱	白切肉
	白菊花	白血球	立脚点	莫须有	蹩脚孬货	立脚地	腊八粥	簋作业
	麦克风	蜡烛台	踏脚板	直辖市	独角戏	逐客令	十七八	活作孽

组合	（881）	（882）	（883）	（884）	（885）	（886）	（887）	（888）
变调值	2 2 22	2 2 53			2 2 44	2 2 35	2 2 5	2 2 2
例词	熟石灰	独木桥	滑石粉	白木耳	学杂费	立勿住	热六谷玉米	热落落
	值日生	植物园	食吃勿饱	特别市	达勿到	六十二	六月雪	目录学
	特别区	越剧团	食落起下去		白热化	白日梦	食勿得	六月六

基本规律：

① 三字组共 512 种组合，有许多合并的现象。如：第一字阴阳上读"[35+ 53+ 53"调型的共有 72 种组合，"5 ＋ 44 ＋ 53"和"2 ＋ 44 ＋ 53"各有 12 种组合。因为入声不变调，所以有入声的较少合并，凡三个入声相连，就只有一种调型。合并后共得三字组调型 118 种（请看附表"三字组连调 118 种调型表"）。

② 三字组的变调大多以前两字组的变调为基础。如："阴平＋阴平"的变调为"[ꜝ]41 ＋ [꜔]22"，三字组"阴平＋阴平＋阴平"的变调为"[ꜝ]41 ＋ [꜔]22 ＋ [꜔]22"；不论阴上还是阳上的两字连读都是"[[ꜗ]35＋ [ꜜ]53"，第三字如果还是阴上或阳上，三字连读为"[ꜗ]35＋ [ꜜ]53＋ [ꜜ]53"。

③ 第三字的调值，除入声不变以外，其他声调为：阴阳平为"[꜔]22""[ꜜ]53"，阴阳上为"[ꜜ]53""[꜔]22"，阴阳去为"[꜕]44""[ꜜ]53"。全部舒声调类都有"[ꜜ]53"一读。

④ 轻声一般读 [ꜜ]53。下表是长乐话三字组末字读轻声的一些例词及变调值，其中的"佬""猛""介"都是后缀。

中字调	阴平	阳平	阴上	阳上	阴去	阳去	阴入	阳入
佬	杀猪佬	剃头佬	大好佬	赤卵光腚佬	红记红斑佬	和事佬	赤脚佬	烧镬佬
调值	5 35 53	44 35 53	22 35 53	5 35 53	21 44 53	21 44 53	5 5 53	41 2 53
猛	宽舒猛	便宜猛	齐整漂亮猛	懒惰猛	罪过可怜猛	待慢猛	委屈猛	闹热猛
调值	41 35 53	21 35 53	21 35 53	35 53 53	35 53 53	35 53 53	35 5 53	22 2 53
介	正方介	血红介	好好介	冰冷介	统计总共介	石硬介	烂疲孬介	雪白介
调值	41 35 53	5 35 53	35 53 53	41 35 53	35 53 53	2 44 53	22 53 53	5 2 53

⑤ 异读：三字组的异读跟两字组相关，主要是前字为阴阳去、第二字为阳上的，有的有两种变调值。例见下表（表中"变调值1"已见上文，此处列出便于比较）：

组合	（541）		（542）		（544）		（545）		（546）	
变调值1	22 22 22	赞美诗	22 22 22	气象台	22 22 22	将士象	22 22 44	介绍信	22 22 35	圣诞树
变调值2	44 35 53	放冷风	35 53 53	替罪羊	44 35 53	少奶奶	44 35 53	正负数	22 35 53	敬老院
组合	（548）		（641）		（642）		（643）		（645）	
变调值1	22 22 2	气象局	22 35 53	旧脑筋	22 35 53	丈姆娘	22 35 53	代乳粉	22 35 53	望远镜
变调值2	22 35 2	燕尾服	22 22 22	豆腐干	22 22 22	现大洋	22 22 22	避难所	22 22 44	地道战

⑥ 例外：由于有的词语结构相对松散，一些组合按两字组加一字变调，有"1 ＋ 2"（后两字按两字组变调）和"2 ＋ 1"（前两字按两字组变调）两种，以前者居多。这种组合变化的结果与前面三字结构有所不同。例见下表（表中"三字调值"写出按三字组合所变的调值，以便比较）：

例词	1+2					2+1		
	卷+铺盖	炒+冷饭	抱+佛脚	做+生活	爱+面子	后悔+药	地道+战	铁道+部
组合	(3+15)	(3+46)	(4+25)	(5+18)	(5+64)	(63+8)	(64+5)	(74+6)
变调值	53+41 44	53+35 53	22+2 5	44+41 2	44+22 22	35 53+2	22 22+44	5 22+35
三字调值	35 53 53	35 53 53	35 2 5	44 35 2	22 22 22	22 35 5	22 35 53	5 35 53

说明：三字组 512 种组合的例词不容易凑齐，特别是有的调类字数很少，如阳上、阴阳入等，这是本文预期的每种组合举出三个例词不能全部实现的原因，也由于例词数量不够，也就不能对某些情况如轻声和异读等作进一步的比较和分析。

附　三字组连调 118 种调型表

说明：① 本表以首字 8 个调类为序横向排列。竖分 21 行，按入声位置分为四类：1—5 行，第二和第三字都非入声；6—9 行，第三字为入声；10—17 行，第二字为入声；18—21 行，第二、三字为入声。各项用粗线隔开。② 每个调类分两项，分别表示变调值和在这个单字调类中有几种组合读这个调值。因为古调类首字阴阳两类有合并或同调型的现象，为便于比较，横行又按古四声分四类，各类用双线隔开，并且将两类的变调值排在一起。如：首字单字调"阴平"，读变调值的"[╲┤┤]"的有 2 种组合；首字阴上和阳上都读变调值"[╱╲╲]"的各有 36 种组合。③ 下面最后一行分别标出首字调类有几种三字调型，读这种调型的有几种组合。其中数字前写"合"字的，表示两类相合。

		阴平	阳平			阴上	阳上			阴去	阳去			阴入	阳入	
1	2	41 22 22	21 22 22	2					14	22 22 22		10	2	5 22 22	2 22 22	2
2	18	41 35 53	21 35 53	16	36	35 53 53	35 53 53	36	12	44 35 53	22 35 53	18	18	5 35 53	2 35 53	18
3	2	41 22 44	21 22 44	3					5	22 22 44		4	2	5 22 44	2 22 44	2
4	2	41 22 35	21 22 35	3					5	22 22 35		4	2	5 44 35	2 44 35	2
5	12	41 44 53	21 44 53	12									12	5 44 53	2 44 53	12
6	4	41 35 5	21 35 5	4	6	35 53 5		6	3	44 35 5	22 35 5	4	4	5 35 5	2 35 5	4
7	4	41 35 2	21 35 2	4	6	35 53 2		6	3	44 35 2	22 35 2	4	4	5 35 2	2 35 2	4
8	2	41 44 5	21 44 5	2					3	22 22 5		2	2	5 44 5	2 44 5	2
9	2	41 44 2	21 44 2	2					3	22 22 2		2	2	5 44 2	2 44 2	2
10	1	41 5 22	21 5 22	1	6	35 5 53		6	1	22 5 22		1	1	5 5 22	2 5 22	1

续表

		阴平	阳平		阴上		阳上		阴去		阳去			阴入	阳入	
11	3	41 5 53	21 5 53	3				3	44 5 53		22 5 53	2	3	5 5 53	2 5 53	3
12	1	41 5 44	21 5 44	1				1		22 5 44			1	5 5 44	2 5 44	1
13	1	41 5 35	21 5 35	1				1		22 5 35		3	1	5 5 35	2 5 35	1
14	1	41 2 22	21 2 22	1	6	35 2 53	6	1		22 2 22		1	1	5 2 22	2 2 22	1
15	3	41 2 53	21 2 53	3				3	44 2 53		22 2 53	3	3	5 2 53	2 2 53	3
16	1	41 2 44	21 2 44	1				1		22 2 44			1	5 2 44	2 2 44	1
17	1	41 2 35	21 2 35	1				1		22 2 35		2	1	5 2 35	2 2 35	1
18	1	41 5 5	21 5 5	1	1	35 5 5	1	1		22 5 5		1	1	5 5 5	2 5 5	1
19	1	41 5 2	21 5 2	1	1	35 5 2	1	1		22 5 2		1	1	5 5 2	2 5 2	1
20	1	41 2 5	21 2 5	1	1	35 2 5	1	1		22 2 5		1	1	5 2 5	2 2 5	1
21	1	41 2 2	21 2 2	1	1	35 2 2	1	1		22 2 2		1	1	5 2 2	2 2 2	1
	64	21	21	64	64	合 9	64	64	7	合 13	5	64	64	21	21	64
合计	组合：64×8=512							变调值：21+21+9+7+13+5+21+21=118								

参考文献

钱乃荣　1992《当代吴语研究》，上海教育出版社。

钱曾怡　1988《嵊县长乐话语法三则》，《吴语论丛》，上海教育出版社。

钱曾怡　1999《长乐镇志·方言编》，（杭州）浙江人民出版社。

钱曾怡　2003《长乐话音系》，《方言》第4期。

钱曾怡　2005《嵊县长乐话语法两则》，《吴语研究》，上海教育出版社。

王福堂　1959《绍兴话记音》，《语言学论丛》（第三辑），上海教育出版社。

赵元任　1956《现代吴语的研究》，（北京）科学出版社。

（原载《方言》2016年第1期）

扬雄"蝇，东齐谓之羊"古今考[*]

提要：扬雄《方言》"蝇，东齐谓之羊"。在现代山东中部一些方言中，双音词"苍蝇"读为 ts'aŋ²¹³⁻²¹iaŋ⁰，说明西汉时期"蝇"为"羊"的读音至今仍然保存。本文用地图显示其分布地区，并从古代文献和今山东方言两方面进行考察说明：历代文献并没有单字"蝇"作"羊"的记载；从现代山东方言的情况推断，东齐谓之"羊"的"蝇"字，当是在双音节"苍蝇"这个词中，后字的韵母受前字韵母同化的结果：苍 aŋ 蝇 iŋ →苍 aŋ 蝇 iaŋ。

关键词：扬雄《方言》 蝇 苍蝇 古今考 山东方言 复音词 音变 同化

《輶轩使者绝代语释别国方言》第十一："蝇，东齐谓之羊，陈楚之间谓之蝇，自关而西秦晋之间谓之蝇。"

考历代文献，除了扬雄《方言》以外，单字"蝇"没有作"羊"的记载。"蝇"，《说文·黾部》："营营青蝇。虫之大腹者，从黾虫。"段玉裁注："虫犹蟲也。此虫大腹，故其字从黾虫会意，谓腹大如黾之虫也，其音则在六部，余陵切。"查另外几种字书和韵书，都没有"蝇"字读"羊"的记录。例如：《玉篇》虫部"蝇，余陵切，青蝇虫"；《广韵》蒸韵"蝇，虫也。《诗》云'营营青蝇'，余陵切"；《集韵》蒸韵"余陵切，《说文》'营营青蝇，虫之大腹者'，或从女"；《中原音韵》"蝇"在十五庚青韵，阳平。

明代毕拱辰《韵略汇通》"蝇"在庚晴韵，声母"一"（零声母），下平声。共 11 个同音字"盈楹嬴瀛籝嬴迎蝇凝萤荸"，"蝇"字下举例词"苍蝇"。而"羊"在江阳韵，声母"一"，下平声。共 13 个同音字"阳旸杨扬飏场炀疡羊洋烊徉徉"，"蝇"字不在其中。说明《韵略汇通》也是"蝇""羊"

---

* 本文蒙姜岚、刘娟、刘倩、宋恩泉、王红娟、邢军、岳立静、周广璜、张树铮、张燕芬等提供"苍蝇""蝼蛄"语料，非常感谢。

不同音的。

毕拱辰是山东掖县（今莱州）人，当地方言称"苍蝇"为"苍羊"ts'aŋ$^{213-42}$iaŋ^0（本文按扬雄说法，以下凡"蝇"读 iaŋ^0 的字一律写作"羊"），那么为什么《韵略汇通》却没有"蝇"读"羊"的记录呢？原因在于，《韵略汇通》是为"童蒙入门"而编，目的是使小儿识字，各韵只收单字，并以"通语"为准，也就不可能将口语中多音词的读音收集在内。

日照人丁惟汾《方言音释》卷十一解释"蝇，东齐谓之羊"时说："蝇羊，阳部。蝇，从黾得声，古音当在阳部，与羊叠韵。注，江东人呼羊声如蝇。按：阳部字，南方人多读入耕部音，故云江东人呼羊声如蝇。蝇俗读耕部音，子云从俗读，故云蝇东齐谓之羊。蝇为苍蝇，诗《齐风·鸡鸣》篇'苍蝇之声'。今俗谓苍蝇为苍羊，仍东齐土音。蝇古本音读羊，子云不识，景纯瞢然，而东齐故地之日照，历数千百年而不失其雅音，于此知方言之宝贵者，正在此也。"

丁惟汾以"蝇、羊"同属于古代阳部来解释"东齐谓蝇为羊"，认为"蝇古本音读羊"，而扬雄不识，这个结论尚可商榷。段玉裁注《说文》：蝇在六部，"余陵切"，而羊在十部，"与章切"。两者不在同部。查王力《汉语语音史》，先秦、两汉"阳"部音分别是 aŋ、ɑŋ，而耕部音 eŋ，两部并非同韵。但是，丁惟汾说"今俗谓苍蝇为苍羊"是"东齐土音"，却是说明了东齐土音的"蝇"读为"羊"是在"苍蝇"这个双音词中，而并非单字"蝇"读为"羊"，这是符合客观实际的。

查现代"蝇"读为"羊"的方言，"蝇"也无一不是在"苍"之后构成双音词的时候才读为"羊"。

例如济南：济南话"蝇"字一般不单独用。《济南方言词典》收集与"苍蝇"相关的词共 8 个，除"苍羊"一词以外，其余没有一个是读"羊iaŋ^0"音的，见下：

苍羊 ts'aŋ$^{213-21}$iaŋ^0	苍蝇 ts'aŋ$^{213-21}$iŋ^0（又音）
绿豆蝇 ly$^{21-44}$tou^{0}iŋ^{42}	麻苍蝇 ma$^{42-55}$ts'aŋ$^{213-21}$iŋ^0
蝇子 iŋ$^{42-55}$tsʅ^0	苍蝇子 ts'aŋ$^{213-21}$iŋ^{0}tsʅ^{55}
苍蝇甩子 ts'aŋ^{213}iŋ^{42}ʂue$^{55-213}$tsʅ^0	蝇甩子 iŋ$^{42-55}$ʂue^{0}tsʅ^0

又如莱州：

苍羊 ts'aŋ$^{213-42}$iaŋ^0	金苍羊 tɕiẽ^{213}ts'aŋ$^{213-42}$iaŋ^0
狗苍羊 kəu^{55}ts'aŋ$^{213-42}$iaŋ^0	绿豆蝇子 lu^{42}təu^{0}iŋ$^{42-213}$tsʅ^0

再如章丘：

苍羊 ts'aŋ$^{213-21}$iaŋ^0 绿豆蝇 ly$^{21-55}$tou^{0}iŋ^0

查其他有将"蝇"读作"羊"的方言点，如博兴、宁津等也无不如此。

现代山东方言，"蝇"在"苍蝇"词中读为 iaŋ^0 的分布地区主要在山东方言东区的东潍片和西区的西齐片，两片地域相连。调查材料说明，"苍蝇"在山东的说法有三，大致是：东区东莱片和西区临沂地区为"苍蝇"；东区东潍片和西区西齐片是"苍羊"或"苍蝇"；西区鲁西南地区全部说"蝇子"。见图 1。

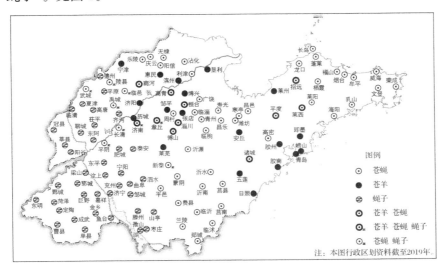

图 1   "苍蝇"各说法在山东的分布

从图 1 可见："苍羊"的分布区主要在古齐国一带而不在鲁国和东莱地区。

"苍蝇"这个双音词起源很早，古文献多有记载。例如：《诗·齐风·鸡鸣》"匪鸡则鸣，苍蝇之声"；扬雄《法言·吾子》"或问'苍蝇、红紫'。曰'明视'"；三国魏曹子建（植）《赠白马王彪》诗"苍蝇间白黑，谗巧令亲疏"；《后汉书·陈蕃传》"夫不有臭秽，则苍蝇不飞"；等等。苍蝇因其色青，所以又名"青蝇"。这个词在古文献中也很多见。例如：《诗·小雅·青蝇》"营营青蝇，止于樊。岂弟君子，无信谗言。营营青蝇，止于棘"；《汉书·成帝纪》"六月，有青蝇无万数集未央宫殿中朝者坐"。但是未见有"青蝇"读为"青羊"的记载。

　　基于我国早期就有双音节"苍蝇"词的存在，加以除了扬雄《方言》以外，其他文献并没有单字"蝇"读"羊"的记载，按照当代方言情况，可以推断扬雄《方言》中所谓"蝇，东齐谓之羊"的"蝇"字，也应该是在双音词"苍蝇"中的"蝇"。

　　其实，郭璞在《方言》"蝇，东齐谓之羊"的句下注中已经说得明白："此语转不正耳。"郭璞注《尔雅》《方言》时，往往说"语转""声转"，都是指语音的转变，是字音由于某种原因而发生了变化。"蝇"变读为"羊"的条件是在"苍"之后，从语流音变的角度解释，"蝇"是受"苍"字韵母顺同化而读为"羊"的，我们还可以进一步判断，这个"羊"字应该是读轻声，这是一种很普遍的语音现象。

　　在山东，不少双音节词后字为轻声时会产生或顺或逆的同化现象。有一个词很有趣："蝼蛄"这个词，在山东境内，多数点为 $lou^{42}ku^0$ 两个音节的双向同化。这双向同化的分布地点有的是紧相连的：读 $lou^{42}kou^0$（顺同化）的分布在昌乐、寿光、青州、博山、莱芜一线以西；读 $lu^{42}ku^0$（逆同化）的在其东邻昌邑、潍坊、临朐、沂源、蒙阴以东及鲁南的较大地区。详见图 2。

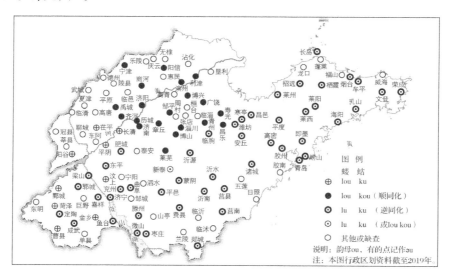

图 2　"蝼蛄"读音在山东的分布

注："蝼蛄"在山东方言中还有 $lu^{42}kou^0$（互换音变，有泰安、宁阳、泗水、临沂、临沭、兰陵、五莲等）、$la^{42}kou^0$（德州、临清等）、$la^{42}ku^0$（聊城等）、"粪虫子"（无棣）、"地狗子"（威海）等多种说法，但以"蝼蛄"$lou^{42}ku^0$ 两字的顺、逆同化和换位为主。本图主要标示 $lou^{42}ku^0$ 和顺逆两种同化音变的分布地。

　　像这样的双向同化的例子在山东还有许多，如：顺同化"腼 mian 腜 p'ian"（淄博）、"长 tʂ'aŋ 虫 tʂ'uaŋ"（德州），逆同化"蜻 t'iŋ 蜓 t'iŋ"（沂水）、"南 naŋ 瓜 kua"（淄博）等等，当然也有许多异化等其他现象，这里就不多说了。

　　王力《汉语史稿》（中册）："汉语构词法的发展是循着单音词到复音词的道路前进的。"音变是为了说话方便、顺口悦耳，是自然形成的。只要有复音词的存在，就会有各种音变的产生，也会有轻重音的不同。当然，变或不变，怎么变，并没有一定之规，但都有缘由可寻。用音变的角度来研究古代的语音现象，也许能够得到意想不到的效果。

附录　山东方言 118 点"苍蝇"说法

方言区	方言点	苍蝇	苍羊	蝇子
东莱	荣成	ts‘aŋ^{42}iŋ^{0}		
	文登	ts‘aŋ^{53}iŋ^{0}		
	威海	ts‘aŋ^{53}iŋ^{0}		
	牟平	ts‘ɑŋ^{31}iŋ^{0}		
	烟台	ts‘ɑŋ^{53}iŋ^{0}		
	福山	ts‘ɑŋ^{53}iŋ^{0}		
	蓬莱	ts‘ɑŋ^{31}iŋ^{0}		
	长岛	ts‘ɑŋ^{31}iŋ^{0}		
	龙口	ts‘ɑŋ^{31}iŋ^{0}		
	栖霞	ts‘ɑŋ^{31}iŋ^{0}		
	莱阳	ts‘ɑŋ^{31}iŋ^{0}		
	乳山	ts‘ɑŋ^{53}iŋ^{0}		
	海阳	ts‘ɑŋ^{31}iŋ^{0}		
	招远	ts‘ɑŋ^{214}iŋ^{0}	ts‘ɑŋ^{214}iɑŋ^{0}	
	莱西	ts‘ɑŋ^{213}iŋ^{0}	ts‘ɑŋ^{213}iɑŋ^{0}	
东潍	莒南	tθ‘ɑŋ^{213}iŋ^{0}		
	莒县	ts‘ɑŋ^{213}iŋ^{0}		
	沂水	tθ‘ɑŋ^{213}iŋ^{0}		
	沂南	tθ‘ɑŋ^{213}iŋ^{0}		
东潍	蒙阴	tθ‘ɑŋ^{214}iŋ^{0}		
	沂源	tθ‘ɑŋ^{213}iŋ^{0}		
	临朐	ts‘ɑŋ^{213}iŋ^{0}		
	青州	ts‘ɑŋ^{213}iŋ^{0}		
	寿光	ts‘ɑŋ^{213}iŋ^{0}		
	昌乐	ts‘ɑŋ^{213}iŋ^{0}		
	潍坊	ts‘ɑŋ^{214}iŋ^{0}		
	寒亭	ts‘ɑŋ^{213}iŋ^{0}		
	昌邑	tθ‘ɑŋ^{214}iŋ^{0}		
	高密	tθ‘ɑŋ^{213}iŋ^{0}		
	莱州		tθ‘ɑŋ^{213}iɑŋ^{0}	
	平度	tθ‘ɑŋ^{214}iŋ^{0}	tθ‘ɑŋ^{214}iɑŋ^{0}	
	即墨		tθ‘ɑŋ^{213}iɑŋ^{0}	
	崂山		tθ‘ɑŋ^{213}iɑŋ^{0}	
	青岛		tθ‘ɑŋ^{213}iɑŋ^{0}	
	胶州		tθ‘ɑŋ^{214}iɑŋ^{0}	
	安丘		tθ‘ɑŋ^{213}iɑŋ^{0}	
	胶南		tθ‘ɑŋ^{214}iɑŋ^{0}	
	诸城	tθ‘ɑŋ^{214}iŋ^{0}	tθ‘ɑŋ^{214}iɑŋ^{0}	

续表

方言区	方言点	苍蝇	苍羊	蝇子	方言区	方言点	苍蝇	苍羊	蝇子
东潍	五莲		tθʻɑŋ^{214}iɑŋ^0		西齐	德州			iŋ^{42}tsʅ^0
	日照		tθʻɑŋ^{213}iɑŋ^0			陵城	tsʻɑŋ^{213}iŋ^0		iŋ^{42}tsʅ^0
西齐	垦利		tsʻɑŋ^{213}iɑŋ^0			临邑	tsʻɑŋ^{213}iŋ^0		iŋ^{42}tsʅ^0
	滨州		tsʻɑŋ^{213}iɑŋ^0			禹城	tsʻɑŋ^{313}iŋ^0		iŋ^{42}tsʅ^0
	高青	tsʻɑŋ^{213}iŋ^0	tsʻɑŋ^{213}iɑŋ^0			武城	tsʻɑŋ^{213}iŋ^0		iŋ^{42}tsʅ^0
	博兴		tsʻɑŋ^{213}iɑŋ^0			平原			iŋ^{42}tsʅ^0
	桓台	tsʻɑŋ^{213}iŋ^0	tsʻɑŋ^{213}iɑŋ^0			夏津			iŋ^{42}tsʅ^0
	邹平		tsʻɑŋ^{213}iɑŋ^0			临清			iŋ^{53}tsʅ^0
	张店		tsʻɑŋ^{213}iɑŋ^0			高唐			iŋ^{42}tsʅ^0
	淄川	tsʻɑŋ^{213}iŋ^0	tsʻɑŋ^{213}iɑŋ^0			齐河			iŋ^{42}tsʅ^0
	博山	tsʻɑŋ^{213}iŋ^0	tsʻɑŋ^{213}iɑŋ^0			长清	tsʻɑŋ^{213}iŋ^0		iŋ^{42}tsʅ^0
	莱芜		tsʻɑŋ^{213}iɑŋ^0			泰安			iŋ^{42}tsʅ^0
	章丘	tsʻɑŋ^{213}iŋ^0	tsʻɑŋ^{213}iɑŋ^0	iŋ^{42}tsʅ^0		新泰	tsʻɑŋ^{214}iŋ^0		iŋ^{42}tθʅ^0
	济南	tsʻɑŋ^{213}iŋ^0	tsʻɑŋ^{213}iɑŋ^0	iŋ^{42}tsʅ^0	西鲁	临沂	tsʻɑŋ^{214}iŋ^0		
	历城		tsʻɑŋ^{213}iɑŋ^0			临沭	tθʻɑŋ^{213}iŋ^0		
	济阳		tsʻɑŋ^{213}iɑŋ^0			郯城	tsʻɑŋ^{213}iŋ^0		
	惠民		tsʻɑŋ^{213}iɑŋ^0			兰陵	tsʻɑŋ^{214}iŋ^0		
	商河	tsʻɑŋ^{213}iŋ^0	tsʻɑŋ^{213}iɑŋ^0			枣庄			iŋ^{55}tsʅ^0
	宁津		tsʻɑŋ^{324}iɑŋ^0			微山			iŋ^{42}tsʅ^0
	周村	tsʻɑŋ^{213}iŋ^0				滕州			iŋ^{42}tsʅ^0
	临淄	tsʻɑŋ^{213}iŋ^0				山亭			iŋ^{42}tsʅ^0
	广饶	tsʻɑŋ^{213}iŋ^0				费县	tsʻɑŋ^{213}iŋ^0		
	利津	tsʻɑŋ^{213}iŋ^0				平邑	tsʻɑŋ^{213}iŋ^0		
	沾化	tsʻɑŋ^{213}iŋ^0				邹城			iŋ^{42}tsʅ^0
	无棣	tsʻɑŋ^{213}iŋ^0				泗水			iŋ^{42}tsʅ^0
	阳信	tsʻɑŋ^{213}iŋ^0				宁阳			iŋ^{42}tsʅ^0
	庆云	tsʻɑŋ^{213}iŋ^0				曲阜			iŋ^{42}tsʅ^0
	乐陵	tsʻɑŋ^{213}iŋ^0				兖州			iŋ^{42}tsʅ^0

续表

方言区	方言点	苍蝇	苍羊	蝇子	方言区	方言点	苍蝇	苍羊	蝇子
西鲁	济宁			$iŋ^{42}tsʅ^{0}$	西鲁	鄄城			$iŋ^{42}nə^{0}$
	汶上			$iŋ^{42}tsʅ^{0}$		郓城			$iŋ^{42}tə^{0}$
	东平			$iŋ^{42}tsʅ^{0}$		嘉祥			$iŋ^{42}tsʅ^{0}$
	肥城			$iŋ^{42}tsʅ^{0}$		巨野			$iŋ^{53}tsʅ^{0}$
	平阴	$tsʻɑŋ^{213}iŋ^{0}$		$iŋ^{42}tsʅ^{0}$		金乡			$iŋ^{42}tsʅ^{0}$
	东阿			$iŋ^{42}tsʅ^{0}$		鱼台			$iŋ^{42}tsʅ^{0}$
	茌平			$iŋ^{42}tsʅ^{0}$		单县			$iŋ^{42}tsʅ^{0}$
	聊城			$iŋ^{42}tsʅ^{0}$		成武			$iŋ^{42}nə^{0}$
	冠县			$iŋ^{53}tsʅ^{0}$		定陶			$iŋ^{53}tɛ^{0}$
	莘县			$iŋ^{42}tsʅ^{0}$		曹县			$iŋ^{53}tɛ^{0}$
	阳谷			$iŋ^{42}tsʅ^{0}$		菏泽			$iŋ^{53}tɛ^{0}$
	梁山			$iŋ^{42}tsʅ^{0}$		东明			$iŋ^{53}tɛ^{0}$

参考文献

（明）毕拱辰 《韵略汇通》，成文堂校刊光绪十四年（1888）本。

（宋）陈彭年等 重修《校正宋本广韵》，台湾艺文印书馆股份有限公司 2012 年版。

（宋）丁度 《集韵》，北京市中国书店根据扬州使院重刻本影印 1983 年版。

丁惟汾 《方言音释》，齐鲁书社 1985 年版。

（清）段玉裁注 《说文解字注》，上海古籍出版社 1981 年版。

（南朝）顾野王 《宋本玉篇》，北京市中国书店根据张氏泽存堂本影印 1983 年版。

钱曾怡等 《烟台方言报告》，齐鲁书社 1982 年版。

钱曾怡 《博山方言研究》，社会科学文献出版社 1993 年版。

钱曾怡编纂 《济南方言词典》，江苏教育出版社 1997 年版。

钱曾怡主编 《山东方言研究》，齐鲁书社 2001 年版。

钱曾怡主编 《山东方言志丛书》（1—26 种：利津 即墨 德州 平度 牟平 潍坊 淄川 荣成 寿光 聊城 新泰 沂水 金乡 诸城 宁津 临

沂 莱州 汶上 定陶 郯城 沂南 章丘 苍山 宁阳 泰安 无棣），语文出版社等 1990—2015 年版。

王　力 《汉语史稿》，中华书局 1980 年版。

王　力 《汉语语音史》，中国社会科学出版社 1985 年版。

徐明轩　朴炯春 《威海方言志》，韩国学古房 1997 年版。

张鸿魁 《临清方言志》，中国展望出版社 1990 年版。

（元）周德清著　李殿魁校订 《校订补正中原音韵及正语作词起例》，学海出版社 1978 年版。

周祖谟校　吴晓铃编 《方言校笺及通检》，科学出版社 1956 年版。

（原载《中国语文》2019 年第 4 期）

"做""作"考辨[*]

提要："做""作"的使用一直比较混乱，本文试从二者产生的时代、读音、词性、词的语体色彩、语法结构及辞书收录等方面对二者进行辨析。后附"做""作"相关词条在几种辞书中的收录情况。

关键词：做　作　辨析　辞书

"做"和"作"，词义关联，今普通话及许多方言的读音相同，在使用中比较混乱。但是，"做作"不是"作做"、"作业"不是"做业"、"做作文"不是"作做文"，说明两者还是有区别的。为避免两字使用的混乱，本文试作"做""作"考辨。

壹 "做""作"产生的时代

1.1 "作"字产生早，周秦文献多有记载，在各种字书、韵书中也都有所收录

（一）文献中的"作"

以下"作"字文献大致以时间先后为序排列，所收语料除《庄子》外皆录自中华书局1980年《十三经注疏》影印本。括号内注明该语料在《十三经注疏》中的页码。

《周易·乾》：圣人作而万物睹。（16页）

《周易·系辞下》：神农氏没，皇帝尧舜氏作。（86页）

《尚书·尧典》：昔在帝尧，聪明文思，光宅天下，将逊于位，让与虞舜，作尧典。（118页）

《尚书·舜典》：鞭作官刑，扑作教刑，金作赎刑。（128页）

《诗经·小雅·何人斯》：作此好歌。（455页）

《周礼·考工记》：作车以行陆，作舟以行水，此圣人之所作也。

---

* 本文为2021年4月16日在济南全国汉语方言学会第二十一届年会上的发言稿，此后做了多次修订和补充。

（906 页）

《左传·庄公十年》：一鼓作气，再而衰，三而竭。（1767 页）

《庄子·让王》：日出而作，日入而息。（《庄子今注今译》744 页）

《论语·述而》：子曰"述而不作，信而好古"。（2481 页）

（二）字书和韵书中的"作"

《说文》："作，起也。从人，乍声。"段玉裁注："《秦风·无衣》传曰：作，起也。《释言》《穀梁传》曰：作，为也。《鲁颂·駉》传曰：作，始也。《周颂·天作》传曰：作，生也。其义别而略同，别者所因之文不同，同者其义一也。……则洛切。"

《广韵》三收：① 去声暮韵：臧祚切，造也。（无例）② 去声箇韵：则箇切，本臧洛切，造也。（无例）③ 入声铎韵：则落切。又则逻、臧路二切。为也、起也、行也、役也、始也、生也，又姓也，汉有涿郡太守作显。

《集韵》四收：① 去声御韵：庄助切，《说文》诪也。② 去声暮韵：宗祚切，造也。俗作做，非也。③ 去声箇韵：子贺切，起也，造也。④ 入声铎韵：即各切，《说文》起也。

《中原音韵》萧豪韵，入声作上声：作（无注释例字）。

1.2 "做"字产生晚，文献记载多在宋元以后，在明清小说中多见

（一）文献中的"做"

宋秦观《江城子》：便做春江都是泪，流不尽许多愁。

元王实甫《西厢记》第一本第二折："老夫人着俺问长老，几时好与老相公做好事。"第一本第三折："好清新之诗，我依韵做一首。"第一本第四折："扭捏身儿百般做作，来往人前卖弄俊俏。"

明施耐庵《水浒传》第四回："智深见众人退散，撇了桌脚，叫道：'长老，于洒家做主。'"第二十四回："我且不做买卖，一同和你家去。"

明兰陵笑笑生《金瓶梅词话》第六十三回："乔大户与众人又看了一回做成的棺木……西门庆要与他开光明，着陈经济做孝子，与他抿了目。"第六十三回又："那戏子又做了一回，并下。"

清蒲松龄《聊斋俚曲集·墙头记》：那一时还支使着个小使，白日给我做饭，黑夜给我看火。

清吴敬梓《儒林外史》第三回："金有余道：'贤东，我扶着他，你且去到做工的那里借口水来灌他一灌。'"第三回又："自古道人逢喜事精神

爽，那七篇文字，做的花团锦簇一般。"

清曹雪芹《红楼梦》第二十八回："宝钗也进来问：'妹妹做什么呢？'"第三十三回："你在家不读书也罢了，怎么又做出这些无法无天的事来！"第四十回："明儿就拣我们爱吃的东西做了，按着人数，再装盒子来。"

（二）字书和韵书中的"做"

《集韵》虽然只将"做"字放在"作"的去声暮韵而否定"做"为"作"的俗字（见上文），客观上却说明"做"在宋代已经存在。

元周德清《中原音韵》鱼模韵去声：做（无注释例字）。

明张自烈编《正字通》：俗作字，旧注租去声，又音佐。不知作本有去入二音，分作、做为二，非。

明梅膺祚《字汇》：做，臧祚切，租去声，作也。又：子贺切，音佐，义同。

贰 "做""作"的读音和词性、词的语体色彩及语法结构

2.1 "做""作"的读音

《古今字音对照手册》："做（作）臧祚切，遇合一去暮精。""作"除作为"做"的同音字以外，还有一个入声来源："作，则落切，宕开一入铎精。"

按照古今语音演变规律，古清声母入声字今普通话语音分化为阴平、阳平、上声、去声。古精母入声字"作"今普通话有阴平、阳平、去声三调，例如《新编汉语词典》（李国炎等，1988）：阴平 zuō 作坊、作弄、作死、作揖、自作自受；阳平 zuó 作践、作料、作兴；去声 zuò 作案、作罢、作保、作弊、振作、写作；等等。今普通话读阴平和阳平的都是"作"，因为"做"只来源于去声。《现代汉语词典》（第6版）（2012）将"作弄、作揖"的"作"定为去声，但又说明"口语中多读 zuō"，将"作践、作料"的"作"定为去声，但又说明"口语中多读 zuó"，那么口语中读阴平或阳平的也是"作"。因为"做"字只有一个去声来源，所以可以说，普通话读阴平、阳平的一般是"作"而非"做"。读去声的则两者都有可能，如"作伴""做伴"等。

"做"字来自去声，"作"字来自入声，今保留入声的方言，可以大体从声调来确定"做""作"两字。见下表：

	吴方言			闽方言		粤方言	客家方言	江淮官话	
	上海	苏州	温州	福州	厦门	广州	梅县	南京	扬州
做	tsuꜗ	tsəuꜗ	tsøuꜗ	tsoꜗ	tsoꜗ 文 tsueꜗ 白	tʃouꜗ	tsoꜗ	tsoꜗ	tsoꜗ
作	tsoʔ꜆	tsoʔ꜆ tsɤʔ꜆ 口	tsoʔ꜆	tsauʔ꜆ 文 tsoʔ꜆ 白	tsokꜙ 文 tsoʔ꜆ 白	tsɔk꜆	tsɔk꜆	tsoʔ꜆	tsaʔ꜆

除此之外，晋语也是保留入声的方言，但是在晋语保留入声的一些方言中，存在舒声促化从而有舒促两读的现象，其中包括"做"字，如下表：

	太原		大同		忻州	静乐	代县	邯郸	
做	tsuəʔ꜆ 文	tsəuꜗ 白	tsuꜗ 做饭	tsuaʔ꜆ 做活儿	tsuaʔ꜆	tsuaꜗ	tsuaꜗ	tsuaꜗ 做生儿	tsuaʔ꜆ 做小买卖 儿嘞（小贩）
作	tsuaʔ꜆ 文	tsuaʔ꜆ 白	tsuaʔ꜆		tsoʔ꜆	tsaʔ꜆	tsuaʔ꜆	tsuəʔ꜆	

舒声促化，有些方言有两种情况可以区分"做""作"两字：第一，"做"有去、入两读，而"作"只有入声一读，如大同；第二，"作"来自宕摄铎韵，韵母主要元音比来自遇摄的"做"字舌位要低要后。

入声消失的方言，入声字不论清浊读阳平的，如西南官话，"作"字读为阳平，与古去声来源的"做"字有别。如下表：

	成都	昆明	贵阳	柳州	武汉
做	tsuꜗ	tsoꜗ	tsuꜗ	tsɐuꜗ	tsuꜗ
作	꜀tso	꜀tso	꜀tso	꜀tso	꜀tso

2.2 "做""作"的词性、词的语体色彩及语法结构

（1）词性。"作"可以在偏正结构的名词中做名词主体。例如：大作、故作、遗作、译作、佳作、杰作、原作、拙作、出世作、代表作、处女作。"做"则只能在极少数双音词中做名词。如：做工（这衣裳做工好）。

（2）语体色彩。"作"，书面语色彩较浓，例如：作伐、作梗、作祟等。"做"，口语色彩较浓，例如：做活儿、做饭、做工、做官等。

（3）成语。四字格成语多为"作"。例如：作壁上观、作恶多端、作法

自毙、作嫁衣裳、作奸犯科、作茧自缚、作威作福、胡作非为、始作俑者、自作聪明、装模作样、认贼作父、逢场作戏、弄虚作假、为虎作伥、无所作为、兴风作浪、一鼓作气、以身作则、矫揉造作、精耕细作、无恶不作等等。只有极少数成语用"做",例如:做贼心虚、白日做梦,还是源于口语"做贼""做梦"。

(4)语法结构。汉语词汇发展是由单音节向多音节演变,在动宾词组中,可以看到"做""作"两个动词后宾语音节的不同:"作"历史悠久,其宾语以单音节居多,例如作价、作祟、作证等,少有双音节以上的;"做"产生时代晚,口语色彩重,宾语中有许多是多音节的,例如做大老、做大头、做道场、做工作、做功德、做功果、做功课、做鬼脸、做好事、做礼拜、做买卖、做满月、做圈套、做人情、做三朝、做生活、做生日、做生意、做手脚、做文章、做喜事、做戏文、做小动作、做学问、做衣服、做阴寿、做针线等等。

在用"得"联系的动补词组中用"做"而不用"作"。表示可能,例如做得完、做得了、做得来、做得完、(他的思想工作只有你才能)做得通、(三天能)做得出来等;表示结果,例如做得快、做得真好、做得不好、做得彻底、做得太慢等。

以上各项可概括为下表:

	名词	语体色彩	成语	动宾词组	得+补语表可能	得+补语表结果
做	×	口语:做饭	极少:做贼心虚	做工作	做得了	做得太好了
作	大作	书面语:作罢	多数:以身作则	×	×	×

叁 现有常用辞书收录动词"做""作"同读去声的情况

语言是约定俗成的,字书和辞书都是实际语言使用的记载。为了解"做""作"的实际使用情况,笔者抄录辞书中的"做""作"词语,制成表格(见附录)。用收入辞书有无或多少的方法来确定用"做"还是用"作",就像投票,有票的入选。"做""作"在词语首的6种辞书是①《现代汉语词典》(第6版),②《现代汉语规范词典》,③《辞海》,④《汉语大词典》,⑤《中文大辞典》,⑥《新编汉语词典》;在词语尾的4种是①《现代汉语词典》(第6版),②《现代汉语规范词典》,③《新编汉语词典》,④《辞海》。见下表:

"做" "作" 在词语首

类					
做	做爱①②	做产④	做大④⑤⑥	做东①②③④⑥	做饭②	做工①②③④⑤⑥
	做公的④⑤	做功①②④⑥	做官②⑤	做官当老爷④	做客④	做鬼①②④⑥
	做好做歹⑤	做好做恶⑤	做活儿①②④⑤⑥	做醮①	做媒①②④⑥	做梦①②④⑥
	做派做功①②④⑤⑥	做七④	做亲①②④⑤⑥	做人①②④⑤⑥	做人家③	做人做世④
	做事①②③④⑥	做小④⑤⑥	做眼睛帽木语③④	做眼睛探消息⑤	做斋④	做账④
	做庄④⑥	做嘴④	做作①②③④⑤⑥			
作	作罢①②④⑥	作案①②④⑥	作别①②④⑥	作冰④	作病④
	作场③④⑤	作答①②④	作底（或抵）④	作对①②④⑤⑥	作恶①②③④⑤⑥
	作伐①②④⑥	作反④⑥	作废①②④⑤⑥	作风①②③④⑤⑥	作覆④
	作梗①②③④⑤⑥	作古①②③④⑤⑥	作合④⑤	作耗③④⑤⑥	作画②④
	作伪①②④⑥	作怀①②④⑥	作假①②④⑤⑥	作嫁④⑤	作嫁衣裳④	作奸④
	作家①②③④⑤⑥	作贱①②④⑤⑥	作践①②③④⑤	作脸①②④⑥	作料①②③④⑤	作乱①②③④⑤⑥
	作恶①②④⑤⑥	作仲④	作么④⑤	作么生④⑤	作难①②④⑤⑥	作呕①②④⑥
	作美①②④⑥	作陪①⑥	作品①②③④⑤⑥	作气④	作曲②④⑤	作曲家②⑤
	作派派头②	作色①②③④⑤⑥	作势①②④⑥	作数①②④⑥	作死①②④⑥	作速①②④⑥
	作肉方，长肉④	作崇④⑤	作态①②③④⑥	作痛①②⑥	作头④	作外④
	作为①②③④⑤⑥	作酸④⑤	作伪①②④⑤⑥	作文①②③④⑤⑥	作物①②③④⑤⑥	作息①②④⑥	作响④
	作兴①③④⑤	作秀④	作业①②③④⑤⑥	作揖①②④
	作协③④	作谢④	作用力①②	作乐①②④⑤⑥	作者①②④⑤⑥
	作庸①②③④⑤⑥	作用①②③④⑤⑥	作战①②③④⑤⑥
	作证①②④⑤	作咋①②④⑥	作做当作，算作④

续表

"做""作"在词语首

两可	做作①②④⑥	作伴②④⑤	做得⑤	作得④⑤	做法名①②④⑥	作法名①②④⑤⑥
	做客①②④⑤⑥	作客①②④⑤⑥	做脸④⑥	作脸①②④⑥	做弄③④⑤	作弄①②④
	做美②④	作美①②④⑥	做甚⑤	作甚④	做声①②④⑤⑥	作声①②③④⑤
	做下⑤	作下⑤	做主①②④⑤⑥	作主②④⑤		

"做""作"在词语尾

	做	作					
做	小题大做①②③④						
	唤做①③	创作①②③④	动作①②③	发作①②③	耕作①②③	工作①②③④
	操作①②③	合作②③	词作①②③	矫作③	劳作③	连作①②③④
	故作②③	轮作①②③④	拟作①②③	套作①②③④	作作①②③④	习作①②③
作	坐作①②③④	下作①②③	协作①②③	写作①②③	造作①②③	振作①②③④
	细作①②③④	著作①②③④	做作①②③④			
	制作①②③	制作①②③④	叫作①②③④	叫作①②		
两可	当做②③	当作②			看做①②③	看作①②
	装做③	装作③				

说明：1. 上文从两字的读音和词性、词的语体色彩、成语及语法结构看中已经明确为"做""作"的词语不列在内；2. 语词后的小字①②等表示该词语收在哪部词典，例如"做爱"收在①《现代汉语词典》(第6版)、②《现代汉语规范词典》；3. 有的词语只有一票入选，如"做产"，因为"作产"零票。

附录 "做""作"词语一览表

（一）"做""作"在词语首

本表汇集目前通行的 6 种词典所收的常用 "做" "作" 语词，表中 "出处" ①至⑥分别为：①《现代汉语词典》（第6版），②《现代汉语规范词典》，③《辞海》，④《汉语大词典》，⑤《中文大辞典》，⑥《新编汉语词典》。

词条后打 "√" 的表示此词条为该词典收录，打 "○" 的表示没收录。"备注" 栏对某些词语性质略加说明；有的词典对某些词的写法有说明的用附注写在表后，附注按顺序在词语右上角标 "注 1" "注 2" 等。

为缩短表格长度，④⑤中所收多字词组及只在某些古书中出现而今不常用的词语不收，例如：④ 做夫、做张做势，作一、作古正经；⑤ 做节、做张做智，作火、作君作师。如此等等。

本表按后字音序排列。

"做" 在前								"作" 在前							
词语	出处						备注	词语	出处						备注
	①	②	③	④	⑤	⑥			①	②	③	④	⑤	⑥	
做爱	√	√	○	○	○	○									
								作案	√	√	○	√	○	√	
								作罢	√	√	○	√	○	√	
做伴	√	√	○	√	○	√		作伴	○	√	○	√	√	○	
								作保	√	√	○	√	○	√	
做弊	○	○	○	√	○	○		作弊	√	√	○	√	√	√	
								作壁上观	√	√	○	√	○	○	
								作别	√	√	○	√	○	√	
								作冰	○	○	○	√	○	○	
								作病	○	○	○	√	○	○	
做产	○	○	○	√	○	○									
								作场	○	○	√	√	√	○	工场
								作伥	○	○	○	√	○	○	
								作成	√	√	○	√	√	√	
做大	○	○	○	√	√	√		作大	○	○	○	√	○	○	
做大老	○	○	○	√	○	○									

续表

"做"在前								"作"在前							
词语	出处						备注	词语	出处						备注
	①	②	③	④	⑤	⑥			①	②	③	④	⑤	⑥	
做大头	○	○	○	√	○	○									
								作答	√	√	○	√	○	○	
做道场	○	○	○	√	○	○									
做得	○	○	○	○	√	○	可以做	作得	○	○	○	√	√	○	
								作底（或抵）	○	○	○	√	○	○	
做对	○	○	○	√	○	○		作对	√	√	○	√	√	√	
								作恶	√	√	√	√	√	√	
做东	√	√	√	√	○	√		作东	○	○	○	√	√	○	
								作伐	√	○	√	√	√	√	
做法	√	√	○	√	○	√	名	作法	√	√	√	√	√	√	名
								作法	√	√	○	√	○	√	动宾
								作法自毙	√	√	√	√	√	√	
								作反	○	○	○	√	○	√	
做饭	○	√	○	○	○	○									
								作坊	○	○	√	√	√	○	
								作废	√	√	○	√	√	√	
								作风	√	√	√	√	√	√	
								作覆	○	○	○	√	○	○	
做梗	○	○	○	√	○	○		作梗	√	√	√	√	√	√	
做工	√	√	√	√	√	√	动宾	作工	○	○	○	○	√	○	
做工[注1]	√	√	○	√	√	√	名：～好								
做公的	○	○	○	√	√	○									
做工作	○	√	○	○	○	○									
做功	√	√	○	√	○	√	名								
做功	√	√	○	√	○	√	动								
做功德	○	○	○	√	○	○									
做功果	○	○	○	√	○	○									

续表

"做"在前								"作"在前							
词语	出处						备注	词语	出处						备注
	①	②	③	④	⑤	⑥			①	②	③	④	⑤	⑥	
做功课	√	○	○	○	○	○									
								作古	√	√	√	√	√	√	
								作怪	√	√	○	√	√	√	
做官	○	√	○	○	√	○		作官	○	○	○	○	√	○	
做官当老爷	○	○	○	√	○	○									
做馆	○	○	○	√	○	○									
做鬼	√	√	○	√	○	√									
做鬼脸	○	√	○	√	○	○									
做好看	○	○	○	○	√	○	增面子								
做好做歹	○	○	○	○	√	○									
做好做恶	○	○	○	○	√	○									
								作耗	○	○	√	√	√	√	
								作合	○	○	○	√	√	○	
								作画	○	√	○	√	○	○	
做活（儿）	√	√	○	√	√	√		作活	○	○	√	○	√	○	
做家	○	○	○	○	○	√	方：把家	作家	√	√	√	√	√	√	
做假	○	○	○	√	○	○		作假	√	√	○	√	√	√	
								作价	√	√	○	√	√	√	
								作嫁	○	○	○	√	○	○	
								作嫁衣裳	○	○	○	√	○	○	
								作奸	○	○	○	√	○	○	又：作姦
								作奸犯科	√	√	√	√	○	√	又：作奸犯罪
								作茧	○	○	√	√	√	○	
								作茧自缚	√	√	√	√	√	○	
								作件	√	○	○	√	○	○	
								作践	√	√	√	√	√	√	
做醮	○	○	○	√	○	○									

续表

"做"在前								"作"在前							
词语	出处						备注	词语	出处						备注
	①	②	③	④	⑤	⑥			①	②	③	④	⑤	⑥	
做客	√	√	○	√	√	√		作客	√	√	○	√	√	√	
								作乐	√	√	○	√	√	√	"乐"音 lè
做礼拜	√	√	○	√	○	○									
做脸	○	○	○	√	○	√		作脸	√	√	○	√	○	√	
								作料	√	√	√	√	√	○	
								作乱	√	√	√	√	√	√	
做买卖	√	√	○	√	○	√									
做满月	√	√	○	√	○	○									
做媒	√	√	○	√	○	√									
做美[注2]	○	√	○	√	○	√		作美	√	√	○	√	○	√	
								作么	○	○	○	√	√	○	
								作么生	○	○	○	√	√	○	
做梦	√	√	○	√	○	√		作梦	○	○	○	○	√	○	
做难	○	○	○	√	○	○		作难	√	√	○	√	√	√	从中~
								作难	√	√	○	√	√	√	书：起事
								作孽	√	√	√	√	√	√	
做弄	○	○	√	√	√	○		作弄	√	√	○	√	○	○	
								作呕	√	√	○	√	○	√	
做派	√	√	○	√	√	√	名：做功	作派	○	√	○	√	○	○	派头
								作陪	√	√	○	√	√	√	
								作品	√	√	√	√			
做七	○	○	○	√	○	○									
								作气	○	○	○	√	○	○	
做亲	√	√	○	√	√	√		作亲	○	○	○	○	√	○	
								作曲	○	√	○	√	√	○	
								作曲家	○	√	○	○	√	○	
做圈套	√	√	○	○	√	○									
做人	√	√	○	√	√	√		作人	○	○	○	√	√	○	

续表

"做"在前 词语	①	②	③	④	⑤	⑥	备注	"作"在前 词语	①	②	③	④	⑤	⑥	备注
做人情	√	√	○	√	√	○									
								作肉	○	○	○	√	○	○	方：长肉
做三朝	○	○	○	√	○	○	又：做朝								
								作色	√	√	√	√	√	√	
做甚	○	○	○	○	√	○		作甚	○	○	○	√	○	○	
做生活	√	○	○	√	○	○	方								
做生日	√	√	√	√	√	√	又：做生								
做生意	√	√	○	√	○	○									
做声[注3]	√	√	○	√	√	√		作声	√	√	√	√	√	○	
								作诗	○	○	○	○	√	○	
做事	√	√	√	√	○	√		作事	○	○	○	√	√	○	
								作势	√	√	√	√	√	√	
做什么	○	○	○	√	○	√									
做手脚	√	√	○	√	√	√									
做寿	√	√	√	√	√	√									
								作书	○	○	○	√	√	○	
								作数	√	√	○	√	○	√	
								作死	√	√	○	√	√	○	
								作速	√	√	○	√	○	√	
								作酸	○	○	○	√	√	○	
								作祟	√	√	○	√	√	√	
								作态	√	√	○	√	√	√	
								作痛	√	√	○	○	○	√	
								作头	○	○	√	√	√	○	
								作外	○	○	○	√	○	○	
								作威作福	√	√	√	√	√	√	
								作为	√	√	○	○	√	√	名：大有~
								作为	√	√	√	√	√	√	动；介

续表

"做" 在前								"作" 在前							
词语	出处						备注	词语	出处						备注
	①	②	③	④	⑤	⑥			①	②	③	④	⑤	⑥	
								作伪	√	√	○	√	√	√	
								作文	√	√	○	√	√	√	
做文章	√	√	√	√	○	√									
								作物	√	√	√	√	√	√	
								作息	√	√	○	√	○	√	
做喜事	○	○	√	○	○	○									
做戏	√	√	○	√	○	√									
做戏文	○	○	○	√	○	○									
做下	○	○	○	○	√	○	留下	作下	○	○	○	○	√	○	
做小	○	○	○	√	√	√		作小	○	○	○	√	○	○	
								作响	○	√	○	√	○	○	
								作协	○	○	√	√	○	○	
								作谢	○	○	√	√	○	○	
								作兴	√	○	√	√	√	○	方
做秀注4	√	√	○	○	○	○		作秀	√	√	○	○	○	○	
做学问	√	√	○	○	○	○									
								作压	○	○	○	○	√	○	
做眼	○	○	√	√	○	○	围棋术语	作眼	○	○	○	√	○	○	
								作业	√	√	√	√	√	√	
								作揖	√	√	○	√	○	○	
做衣服	○	○	√	○	○	√									
做一路	○	○	○	√	○	○									
做一天和尚撞一天钟	○	○	○	√	○	○									
做阴寿	○	○	○	√	○	○									
								作俑	√	√	√	√	√	√	
								作用	√	√	√	√	√	√	
								作用力	√	√	○	○	○	○	

续表

"做"在前								"作"在前							
词语	出处						备注	词语	出处						备注
	①	②	③	④	⑤	⑥			①	②	③	④	⑤	⑥	
								作乐	√	√	○	√	√	√	"乐"音 yuè
								作贼	○	○	○	√	○	○	
做贼心虚	√	√	○	√	○	√		作贼心虚	○	○	○	√	○	○	
做斋	○	○	○	√	○	○									
								作战	√	√	○	√	√	√	
做账	○	○	○	√	○	○									
								作者	√	√	○	√	√	√	
做针线	√	√	○	○	○	○									
做证	√	√	○	○	○	○		作证	√	√	○	√	√	○	
做中	○	○	○	○	○	○									
做中学	○	○	√	○	○	○									
做主	√	√	○	√	√	√		作主	○	√	√	√	√	√	
做庄	○	○	○	○	○	√									
								作准	√	√	○	○	√	√	
做嘴	○	○	○	√	○	○									
做作	√	√	√	√	√	√		作做	○	○	○	√	○	○	当作，算作

注：1."做工"：① 同"做功"；② 现在一般写作"做功"。2."做美"：② 现在一般写作"作美"。3."做声"：② 现在一般写作"作声"。4."做秀"：② 现在一般写作"作秀"。

④《汉语大词典》和⑤《中文大辞典》收词广泛，有些词组（或今已不常用的词语），附表未列在内。其中有：

《汉语大词典》"做"：做人家、做人做世、做小动作、做女媒、做夫、做木头、做不是的、做不过、做分上、做方便、做心儿、做生理、做用、做格、做刚做柔、做造、做病、做家、做黄梅、做处、做眼色、做猜、做脚、做脚色、做牵头、做张致、做张做致、做张做智、做张做势、做细、做场、做腔、做道理、做道路、做寓、做嘎、做圆活、做节、做意、做模样、做桩打桩、做厂、做线、做头发、做嘴脸、做学、做声分、做旧、做脸、做阔、做翻、做鼃虎

《汉语大词典》"作"：作一、作刁、作刀、作力、作工徒、作土、作士、作小服

低、作子、作夫、作不准、作歹为非、作厄、作止、作止语默、作手、作手势、作反、作火、作巧、作甘、作古正经、作本务农、作田种地、作仗、作册、作册内史、作册尹、作外、作主意、作司、作民、作刑、作吏、作伎亦作"作妓"、作奸、作如是观、作好、作好作歹、作孝、作花、作见、作邑、作兵、作作、作役、作孚、作言造语、作玩见"作耍"、作武、作苦、作直、作杯、作述、作两、作具、作忠、作制、作牧、作所、作舍道边、作念、作育、作治、作性、作戾、作房、作挺、作茶、作荒、作故、作轨、作威、作威福、作面子、作耍、作劲、作则、作咢作噩、作科、作保见、作急、作计、作逆、作活、作洛、作室、作祖、作郡、作屋、作阵、作院、作眉、作勇、作马、作哲、作真认真, 当真的、作索糟蹋、作配、作倡、作健、作师、作徒囚徒、作训、作部、作浪语、作浪兴风、作害、作家气、作家歌、作务、作排、作梵、作梅、作雪、作眼做眼线、作鄂、作过、作动、作脚、作许、作翔、作情、作溪、作冤方, 犹言上当、作问、作张作致、作队、作喜、作场1表演场地、作达、作壹、作恶多端、作景、作喧、作程、作黍、作乔、作筷子、作腔、作善、作善降祥、作劳、作游、作寓、作裙、作强、作塌、作想、作罫围棋术语、作置、作会、作解、作辂、作新、作意、作烦、作愿、作誓、作繁、作歌、作对头、作海、作诵、作么朗、作适、作养、作宾、作闹、作挞、作谷、作横、作辍无常、作剧、作暴、作踏、作稽、作范、作诺、作庆、作娇、作娇作痴、作耍亦作"作玩"、作缘、作翰、作疆、作霖、作器、作馆、作诨、作瘴、作宪、作赘、作戏、作踢、作敛、作脸、作龟、作礼、作艺、作垒、作镇、作鳖子又作"作瘪子"、作辞、作獭、作瘪子、作俪、作骁、作藁旗儿、作衅

《中文大辞典》"做":做好看、做官时少、做法子、做活局子、做计、做面子、做根儿、做鬼儿、做眼探消息之谓、做张做智、做脚、做节、做线、做阔摆阔、做脸

《中文大辞典》"作":作力、作人、作人脚指、作士、作土、作文三上、作文法、作火、作歹、作手、作什、作仇、作立、作民、作巧、作田、作史三长、作史年岁、作用点、作册、作白、作犯、作死马医、作有则用有征、作竹、作任、作舟、作好、作言、作君作师、作车、作甫清陈壎之字、作材、作成、作见、作足、作作、作房、作武、作事不时、作两、作具、作明清王绍舒之字、作服、作制、作姑、作舍、作舍道傍、作室、作洛、作者谓圣、作故、作述、作咢、作苦、作英清浦华之字、作祝、作马、作配、作修、作徒、作淫、作部、作情、作务、作问、作强、作阴、作梅、作荒、作动、作得、作巢、作游、作咏、作词十法、作裙、作善、作善降之百祥、作劳、作肃宋冯允中之字、作鄂、作新、作意、作诗法、《作义要诀》《逸周书》篇名、作圣、作过、作置、作业教育、作会、作韶清钟狮之字、作诵、作海教海、作歌、作誓、作图、作雒《作雒解》书名、作伪心劳日拙、作论、作谷、作辍、作闹、作范、作箴、作稽、作仪、作娇、作霖、作输、作疆、作挞、作器、作战目标、作战地、作战计划、作战

重点、作龟、作踢、作敛、作礼、作辞、作獭、作俪

（二）"做""作"在词语尾

本表汇集目前通行的几种词典所收的常用"做""作"语词，表中"出处"①至④分别为：①《现代汉语词典》（第 6 版），②《现代汉语规范词典》，③《新编汉语词典》，④《辞海》。

词条后打"√"的表示此词条为该词典收录，打"○"的表示没有收录；有的词典对某些词的写法有说明的用表注写在表后，表注按顺序在词语右上角标"注 1""注 2"等。

本表按首字音序分两栏排列。

"做"在后	出处				"作"在后	出处				"做"在后	出处				"作"在后	出处			
词语	①	②	③	④	词语	①	②	③	④	词语	①	②	③	④	词语	①	②	③	④
					操作	√	√	√	√						连作	√	√	√	√
					出世作	√	○	√	○						垄作	√	√	√	○
					处女作	√	√	√	√						轮作	√	√	√	√
					创作	√	√	√	√						拟作	√	√	√	○
					大作	√	√	√	√						套作	√	√	√	√
					代表作	√	√	√	√						无恶不作	√	√	√	√
当做注1	√	√	√	○	当作	√	√	√	√						仵作	√	√	√	√
					动作	√	√	√	√						习作	√	√	√	√
					发作	√	√	√	√						细作	√	√	√	√
					耕作	√	√	√	√						下作	√	√	√	○
					工作	√	√	√	√	小题大做	√	√	√	√					
					故作	○	√	√	√						协作	√	√	√	√
					合作	√	√	√	√						写作	√	√	√	√
唤做	√	○	√	○											遗作	√	√	√	√
					佳作	√	√	√	√						译作	√	√	√	√
					间作	√	√	√	√						原作	√	√	√	√
					矫作	○	√	○	√						造作	√	√	√	√
					矫揉造作	○	√	○	√						振作	√	√	√	√
叫做	√	√	√	√	叫作注2	√	√	○	○						制作	√	√	√	○

续表

"做" 在后					"作" 在后					"做" 在后					"作" 在后				
词语	出处				词语	出处				词语	出处				词语	出处			
	①	②	③	④		①	②	③	④		①	②	③	④		①	②	③	④
					杰作	√	√	√	√						著作	√	√	√	√
					精耕细作	√	√	√	○	装做[注5]	○	○	√	○	装作[注6]	√	○	√	○
看做[注3]	√	√	√	○	看作[注4]	√	√	○	○						拙作	√	√	√	√
					劳作	√	√	√	○						做作	√	√	√	√

注: 1. "当做": ① 同 "当作"; ② 现在一般写作 "当作"。2. "叫作": ② 现在一般写作 "叫作"。3. "看做": ① 同 "看作"; ② 现在一般写作 "看作"。4. "看作": ① 也作 "看做"; ③ 未出条, 但在 "看做" 条下说 "也作 '看作'"。5. "装做": ③ 同 "装作"。6. "装作": ② 不宜写作 "装做"。

参考文献

北京大学中国语言文学系语言学教研室编 2013《汉语方音字汇》(第二版重排本), 王福堂修订,(北京)语文出版社(本书为苏州、温州、福州、厦门、广州、梅县、扬州、太原 8 点语料来源)。

陈鼓应注译 1983《庄子今注今译》,(北京)中华书局。

陈章太、李行健主编 1996《普通话基础方言基本词汇集》,(北京)语文出版社(本书为南京、忻州、成都、昆明、贵阳、柳州、武汉 7 点语料来源)。

辞海编辑委员会编 1980《辞海》(缩印本), 上海辞书出版社。

崔淑慧 2005《代县方言研究》,(太原)山西人民出版社。

丁声树编录, 李荣参订 1966《古今字音对照手册》,(香港)太平书局, 1976 年重印。

汉语大辞典编辑委员会、汉语大辞典编纂处编纂, 罗竹风主编 1986《汉语大词典》, 上海辞书出版社。

河北省地方志编纂委员会编 2005《河北省志》第 89 卷《方言志》,(北京)方志出版社(邯郸 1 点语料来源)。

李国炎、莫衡、单耀海、吴崇康编著 1988《新编汉语词典》,(长沙)湖南人民出版社。

李建校 2005《静乐方言研究》,(太原)山西人民出版社。

李行健主编 2004《现代汉语规范词典》,(北京)外语教学与研究出版社／语文出版社。

马文忠、梁述中 1986《大同方言志》,（北京）语文出版社。

唐圭璋编纂、王仲闻参订、孔凡礼补辑 1999《全宋词》(简体增订本),（北京）中华书局。

许宝华、陶寰编纂 1997《上海方言词典》,（南京）江苏教育出版社。

赵荫棠 1956《中原音韵研究》,（北京）商务印书馆。

中国社会科学院语言研究所词典编辑室编 2012《现代汉语词典》(第 6 版),（北京）商务印书馆。

中华汉语工具书书库编辑委员会、李学勤主编 2002《中华汉语工具书书库》(第三册张自烈《正字通》),（合肥）安徽教育出版社。

中华汉语工具书书库编辑委员会、李学勤主编 2002《中华汉语工具书书库》(第五册梅膺祚《字汇》),（合肥）安徽教育出版社。

中文大词典编纂委员会，林尹、高明主编 1968《中文大辞典》,（台北）中国文化研究所印行。

[东汉]许慎撰,[清]段玉裁注 1981《说文解字注》,上海古籍出版社。

[宋]陈彭年等重修 2012《校正宋本广韵》,（台北）艺文印书馆。

[宋]丁度 1983《集韵》,（北京）中国书店。

[元]施耐庵、[明]罗贯中 1975《水浒全传》,上海人民出版社。

[元]王实甫著,王春晓评注 2016《西厢记》,（北京）中华书局。

[明]兰陵笑笑生 1985《金瓶梅词话》,（北京）人民文学出版社。

[清]曹雪芹 1973《红楼梦》,（北京）人民文学出版社。

[清]蒲松龄 1986《蒲松龄集·聊斋俚曲集·墙头记》,上海古籍出版社。

[清]阮元校刻 1980《十三经注疏》,（北京）中华书局。

[清]吴敬梓 1973《儒林外史》,（北京）人民文学出版社。

（原载《方言》2022 年第 1 期）

"假借"辨

一

1.1　假借是古人分析汉字造字、用字方法"六书"中的一种。"六书"，《十三经注疏》卷十四《周礼·地官·司徒第二》："保氏掌谏王恶，而养国子以道，乃教之六艺：一曰五礼，二曰六乐，三曰五射，四曰五驭，五曰六书，六曰九数。"郑玄（127—200年，字康成）注："六书，象形、会意、转注、处事、假借、谐声也。"（731页）

许慎（约公元58—约147年）《说文解字》第十五卷对六书内容说得更为具体："周礼八岁入小学，保氏教国子，先以六书。一曰指事。指事者，视而可识，察而见意，上下是也。二曰象形。象形者，画成其形，随体诘诎，日月是也。三曰形声。形声者，以事为名，取譬相成，江河是也。四曰会意。会意者，比类合谊，以见指㧑，武信是也。五曰转注。转注者，建类一首，同意相受，考老是也。六曰假借。假借者，本无其字，依声托事，令长是也。"（754—756页）

象形字由图画发展而来，但是因为能表示语言中的词，有词的读音，所以跟图画有本质的不同。指事字在象形字的基础上加一些指示性的符号构成。象形字和指事字都是独体字，因为许多抽象的事物无法用线条（笔画）勾勒，所以局限很大，不能满足记录语言的要求。会意字和形声字都是合体字。会意字由两个或三四个部分构成，字义也是这几个的合成（如"明晶矗集"）。会意扩大了象形造字的作用，远比象形、指事能产，后代许多简化字如"籴粜尘众掰"等都是会意字。形声字是意义和声音的结合体，打破了汉字单纯表意的局限，是一大发展，也是历史的必然。转注是说两个字字义相通，可以互训，而假借则是语言中有了这个词，但还没有文字来书写，就在已有的字中借用一个与这个词同音的字来代替。朱骏声认为许慎假借所举例字"令长"应是六书之转注；高亨认同，说："发号之令转为官名之令，年长之长转为爵位之长，皆一义之引申，非假借也。"（语见朱骏声《说文通训定声·说文六书爻列》23 页、高亨《文字形义学概论》83 页）转注和假借并不产生新的字体，从严格意义上说，并不是造字方法。

1.2 假借的产生。张世禄《中国音韵学史》有一段详细描写："中国最古的字体，自然是一些单纯表明实物的图像；后来觉得这种具体的图形，不能表明抽象的意义，就利用象征作用，把表明实物的形象，当做抽象观念的符号，或者把原有的象形字体互相结合，以代表一种新意义。这些构造的方法，都是利用字形直接表明字义的，可以说是依据衍形的原则。单是依据形象来构造字体，实在太费心思脑力，不足以应付实际的需要。另一方面，图画的形象已经和语言结合，除了表明意义之外，形体自身又有一种音读。于是因势利便，自然由衍形转变而趋向于衍音了。最初大概只采取一种借字表音的方法，将原有的一个象形字体，依据音读的相同或相似，以代表语言上另一个语词或代替另一个字体。这样一来，同是这个字体就演成为二种或多种的意义；同时字体本身，除了表明许多意义之外，又兼具有表音的效用，这种就是最初的'假借'。"（43 页）假借部分地解决了表意方法创造新字的困难。

1.3 早期的假借字。从历史的角度看，假借的产生是很早的，甲骨文中就有一定数量的假借字，这说明很古的时候，汉字就存在一字多用的情况。赵诚《甲骨文简明词典——卜辞分类读本》中所收的 26 类甲骨卜辞中，多数都有"借音"（假借）字，较多地用于人名、地名、方国名，还有一些表示抽象概念的形容词和虚词等，因为这些内容是衍形的方式不能表示的，所以只能借用已有的与之声音相同的字。这些借音字，本字属于象形、指事、会意和形声的都有。早期象形字较多，后来形声字逐渐多了起来。下面从《甲骨文简明词典——卜辞分类读本》中选择 10 例说明假借字的情况（以下解释依《甲骨文简明词典——卜辞分类读本》而略有删改，释义后注明该字收在《甲骨文简明词典——卜辞分类读本》中的页码）：

方：象耒形，为一种农具，本为象形字。甲骨文用为"东方"、"四方"之方，是为借音字。（271 页）

皿：象器皿之形。甲骨文用作形容词，读作猛，则为借音字，如"皿雨，即猛雨"。（278 页）

萬：本象蝎子形。作为数字，则为借音字。（275 页）

来：象小麦之形。甲骨文用作往来之来，则为借音字。（345 页）

亦：在人的两臂之下加两点，表示腋下所在之处，当是表意字。甲骨文用作副词，有"又""还"之义，则为借音字。（293页）

林：从双木会意，甲骨文用作地名，则为借音字。（103页）

鸣：象禽类鸣叫之形。甲骨文用作人名，则为借音字，如"令鸣"。（177页）

止：从止从一，表示人之所至，本为会意字。甲骨文用作指示代词或指示词，则为借音字。（308页）

酒：从水酉声。卜辞用为地名，则为借音字。（112页）

狈：从犬贝声。甲骨文用作人名，则为借音字。（181页）

一个本字还可以借为书写两个词以上的字，例如：

果：象果实在木上之形。本义当为果实之果。甲骨文借为地名、为副词（有果然之义）等。（120页、288页、294页）

又：象右手之形。甲骨文用作侑祭之侑，又借为连词、动词等。（231页、301页、324页）

二

2.1 假借和通假。假借和通假都属于同音借用，习惯上通称假借。严格来说，两者还是有区别的。

通假是指古书中一个词，其书写形式除本字以外，还常用音同或音近的字来代替。高亨《古字通假会典》收集先秦两汉及少量魏晋以后至隋唐古籍中的通假字近17000字（据徐超统计，见《中国传统语言文字学》112页），每个字可通的字数不一，多的达十几个，《古字通假会典》所收通假字的资料有几十万条。为什么古书中通假字这么多？《古字通假会典·前言》中说："主要是由于当时文字数量不多，流传亦复不易，以致人们难于处处使用本字，难于做到书写的规范化。"（前言5页）徐超《中国传统语言文字学》也说到通假产生的原因："我们认为其中固然有古时字数较少，不敷使用，以及古代文化教育多是口耳相授，所以每每写同音代替字等原因在，但更重要的还是由于文字记录语音这个本质特征决定的。"（112页）唐兰《古文字学导论》则认为："象意字是人为的，任何人可以把要表示的语言和思想自由地画出来，各人对于同一个题材的画法，不一定相同……上古时期的文字，可以说始终是很混乱的，而且还是很繁多的。"（109页）由于古代文字比较繁杂而无规范，又由于古代文化口耳相传的教学方式，加以语言中许多同音词的存在，必然会产生同音字或近音字互相替用的通假现象。

从形式看，通假相当于现代的写别字。写别字也是由于音同或音近。像蒲松龄《聊斋俚曲集》和西周生《醒世姻缘传》，都把"和"字写作"合"。"和"是古平声字而"合"是古全浊入声字。在山东方言中，古全浊入声今读阳平，"合"与"和"同音，所以往往把"和"写成"合"，久而久之，在当地也就习以为常，但是在保留古入声字的方言地区的人是肯定不会这样写的，可见写什么别字是有一定地域性的。另外，由于古代文字没有法定的、明确的规范，通假字的使用在当时是被认可的；而当代的别字，因为汉字已经经过整理，有了"现代汉语通用字表"等明确的规范字形，是应该被纠正的。

通假字为汉语语音史的研究提供了极其重要的依据。例如，清代学者钱大昕（1728—1804）古音研究的重要成果"古无轻唇音"等结论，主要的根据就是通假字："封_{非母}域"即"邦_{帮母}域"、"妃_{敷母}"读如"配_{滂母}"、"扶_{奉母}服"即"匍_{並母}匐"、"望_{微母}诸"即"孟_{明母}诸"等等。

总之，假借是"本无其字"，通假则是本有其字。所以通假字可以通过不同字音的相同或相近来提供古汉语语音研究的例证，而假借没有这种比较的可能。这就是假借和通假的根本区别。

2.2　"假借"和词义。语言随着社会的发展而发展，词汇也处于不断演变丰富的过程之中。语言中的词义演变，例如词义的扩大或缩小、词义的引申、词义的转移，都是词汇系统随着社会发展的需要自身发展的结果，并非由于文字的假借，词汇本身也没有什么假借义。

这要搞清楚词和字、词义和字义的区别。

语言中的词是音和义的结合，文字则是形音义的结合。文字的字和语言的词是不同的。文字系统的字义和词汇系统的词义是两个不同的系统，各自按自身的规律发展演变。假借是用一个字来书写语言中同音的另一个词，这两个词之间并没有意义上的关系，就是说，借来的那个字跟本字只是声音相同或相近，而意义并不相同，所以朱骏声说"本无其意，依声托字"。（语见《说文通训定声·说文六书爻列》23页）高亨《文字形义学概论》也说："按假借字，乃借此字之形作他义之用也。本无其字者，谓某事某物已有其名，而无其字也。依声托事者，谓依此字之声，以寄托别一不相关之事物也。"（82页）例如上文举到的"方""皿""萬""亦"四字及下文表中的"女""求"二字，其本义和假借义，象耒形的农具跟表示方位的方、器皿和形容词猛、蝎子和数词萬、腋下和副词亦、妇女和代词你、裘皮和动词要求的求，在意义上都毫不相干。

文字记录语言，是语言在先，文字在后。语言中同音的词很多，假借利用同音关系，使一个字在本字的意义之外，又用来书写另一个词，是文字的使用。假借造成文字的一字多义，而一个字所书写的表示另一个不同意义的词，实际是语言中本已存在了的，并不是因为文字的假借才使语言中产生了这个词。例如：麦子之形"来"，借为"来去"之"来"，是因为语言中原来就有小麦、来去的"来"两个词，后来虽然"来"字消失了"小麦"的意义，但这并不是语言中"小麦"这个词也不再存在。再如：下文表中的"北""其"等字假借以后，原来的字义"背"和"箕"逐渐消失，而只剩下方位的"北"义和副词"其"义，如果说这是意义转移的话，那也只能说是字义的转移而并非词义转移，因为语言中的这两个词依然是存在的，只不过用另外的文字"背"和"箕"来书写而已。

2.3 "假借"和汉字简化的"同音代替"。简化汉字是我国文字改革的一项重要内容，包括减少笔画和减少字数两项内容。减少字数的一个方法是同音代替，就是在两个或两个以上的音同或音近的字中选择其中的一个来代替另外的一个或多个字，这样，这个字除原有的意义之外，就兼有了被代替的字的含义。简化汉字的同音代替在利用同音字这一点上，跟假借在形式上是相同的，但是两者有实质性的差别。

假借在文字初创时期，语言中有的词没有文字可写，就借用同音字来书写，结果原来的那个字（本字）就增加了新的词义，后来有的字为使两个字义有所区别，表示其中一个意义的字又增加一个形符或声符而成为形声字，如"新"之加义符"艹"为"薪"、"自"加声符"畀"为"鼻"，使柴火的"薪"跟"新旧"的"新"有别、介词的"自"与"鼻子"的"鼻"有别，可见假借本身虽然并不产生新字，但其发展的结果则是滋生了汉字。

而汉字简化的同音代替是文字发达时期，汉字太多了，为了减轻学习负担，用同音代替的方法合并一些汉字，如"表（錶）""台（颱）""姜（薑）""咸（鹹）"，其结果自然是减少了汉字。

可见两者所处的时代不同，目的不同，结果也不同。以下列表将假借与汉字简化各 14 例进行比较。

| 六书的假借 | | | | 简化汉字的同音代替 | |
本字	本字义	假借义	滋生字	滋生字义	简体字	被简化字
北	背会意	方位词	背	脊背	板	闆
隹	羽禽象形	语助词	唯	语助词	别	彆
女	女象形	代词你	汝	代词你	才	纔
莫	日暮会意	虚词	暮	日暮	丑	醜
其	箕子象形	副词	箕	箕	出	齣
凤	神鸟	朋党之朋	鹏	鸟	冬	鼕
求	裘皮象形	要求	裘	裘皮	斗	鬥
象	象会意	相像	像	相像	干	乾~湿幹
新	砍柴会意	新旧之新	薪	薪柴	谷	穀
永	游泳会意	永久	泳	游泳之泳	胡须	鬍鬚
鱼	鱼象形	渔	渔	捕鱼	克	剋尅
云	云彩象形	言说	雲	云彩	里	裏
止	脚趾，脚象形	指示词	趾	脚趾	面	麵
自	鼻子，自己象形	介词，自从	鼻	鼻子	云	雲

以上云彩的"云"字假借为言说的"云"以后，滋生了形声字"雲"字；而汉字简化则又将"雲"字简化为"云"，使"云"兼有云彩、言说的意义。汉字这种循环往复的发展，都是有一定历史背景的。

参考文献

[1] 阮元校刻《十三经注疏》，中华书局影印，1980 年 10 月。

[2] 许慎著，段玉裁注《说文解字注》，上海古籍出版社 1981 年 10 月。

[3] 朱骏声《说文通训定声》，世界书局（上海）1936 年 9 月。

[4] 张世禄《中国音韵学史》（中国文化史丛书），台湾商务印书馆 1970 年 10 月。

[5] 唐兰《古文字学导论》，齐鲁书社 1981 年 1 月。

[6] 高亨《文字形义学概论》，齐鲁书社 1981 年 2 月。

[7] 高亨纂著，董治安整理《古字通假会典》，齐鲁书社 1989 年 7 月。

[8] 赵诚《甲骨文简明词典——卜辞分类读本》，中华书局 1988 年 1 月。

[9] 徐超《中国传统语言文字学》，山东大学出版社 1996 年 6 月。

（原载《澳门文献信息学刊》2012 年第 6 期）

《淄博乡音乡俗》（于中著）序

　　我和于中同志相识在 1959 年，掐指算来，至今已经有整整四十二个年头了。回想当时，他是山东大学中文系第一届实行五年制的学生，我是"现代汉语"的任课教师之一。1961 年，我第一次开选修课"汉语方言学与方言调查"，于中是选修语言课的为数不多的几个学生之一；1963 年，他又参加"汉语方言学与方言调查"课的教学实习，我们同去烟台，对烟台方言作了一个多月的调查，那次调查，奠定了他进行方言调查研究的基础。

　　于中同志祖居淄博。山大毕业后，先后在淄博师专和淄博市职工教育培训中心任教。长期以来，对普及文化教育的工作和故乡的方言、民俗研究情有独钟，先后出版过《小学低年级写字教学》《怎样正确使用汉字》等著作，近年来潜心收集淄博的方言和当地民风民俗材料，撰写了淄博市及四个区县的方言志，并在《淄博晚报》"方言与普通话"专栏发表过 30 余篇有关淄博方言和普通话的文章，为家乡的文化建设事业作出了有益的贡献。

　　上月下旬，于中同志送来他的新著《淄博乡音乡俗》，嘱我写序。看到这份厚厚的手稿，我想象得到他所付出的艰辛。

　　方言是一个地区民风民俗的载体，《淄博乡音乡俗》将淄博方言和淄博民俗结合起来进行研究，在方法上能注意融知识性、学术性、趣味性于一体，具有较高的可读性和科学性。全书收入淄博方言有特色的词语约 2500 条，谚语 260 余条，歇后语近 200 条，谜语 50 余个，民谣 60 余首，有关地名读音和来源的解释 170 余处，内容丰富，是一份难得的地域文化资料，对方言和民俗的研究、推广普通话等都很有参考价值。相信这部著作将会受到广大读者的欢迎，衷心祝贺于中同志的努力又一次获得满意的成果！

钱曾怡

2001 年 6 月 2 日

写于山东大学文学院

（原载《淄博乡音乡俗》，香港华夏文化出版社，2000 年 7 月）

《黄河三角洲方言研究》（沈兴华著）序

  《黄河三角洲方言研究》选择博兴县陈户镇方言为代表，在详细描述这个点的语音、词汇、语法全貌的基础上，将本文设定的"黄河三角洲"范围内的其他地区方言与之进行对比，并根据中古清声母入声字今读上声还是阴平的不同，把"黄河三角洲方言"划分为河北、东南两个小区。

  鲁西北一角的方言情况比较复杂，特别在古清声母入声字的归向上，这个地区是属于由胶辽官话（今读上声）向冀鲁官话（今读阴平）的过渡地带，而且有的点还保留着清声母入声字的独立调类。全面了解这些情况，对于研究古入声在现代汉语中的消失过程极有参考价值和理论意义。可惜由于以往山东方言的研究对这个地区还没有足够的投入，直到现在虽然也有如《利津方言志》等一些成果问世，但从总体来看，这个地区的方言资源还缺乏应有的发掘。由此可以说，本书的出版具有一定的填补空白的意义。

  本书的研究方法比较科学，能够以历史比较语言学的理论为指导，将现代的当地方言音系跟中古音系、普通话音系进行纵横两向比较，并对几种语音现象的发展进行前瞻性的探讨，其中如东南区"入声的演变趋势"结论为"在单字音中已经消失或正在消失"及其根据，"尖团音合并是当地方言演变的必然趋势"等，符合本地区方言发展的客观实际。

  本书内容丰富，资料翔实，尤其是博兴方言的词汇部分。全书对汉语史和地方文化的研究等，都有重要价值。

  沈兴华曾是山东大学 1990—1991 年助教进修班的学员，也曾是 1993 年山东省普通话测试员培训班的学员，我和罗福腾都为这两个班上过课。其间我们虽没有特别的交往，但我听罗福腾说，沈兴华好钻研在助教进修班是有名的。许多年过去了，这些年也没大有他的消息。

前些时他忽然"冒出来"，送来这份《黄河三角洲方言研究》的稿子让我审读。

　　沈兴华在方言研究方面取得的这一成绩着实令人高兴。因为之序。

钱曾怡

2004 年 11 月写于山东大学

（原载《黄河三角洲方言研究》，齐鲁书社，2005 年 3 月）

《陕西方言重点调查研究》丛书

（邢向东主编）**序**

最近用了近一个月的时间，先详后略地读了《陕西方言重点调查研究》丛书的第一部《平利方言调查研究》（初稿）。书稿很长，洋洋数十万言，从地理历史人口到移民和方言形成，从语音到词汇语法再到语料记音，从平面描写到共时、历时比较，详细地描绘了平利方言全貌，丰富而鲜活的语料揭示出这种处于江淮、西南、中原三个官话地区之交的方言错综复杂的情况。平利这种混合型方言的许多特点，诸如亲属称谓、词缀、语气词的兼收并蓄，动词体貌的多种表现形式，特色明显的补语及其多种格式，等等，都使我开了眼界，受益良多。下面只说其中语音的一项。

平利方言见晓组声母逢合口细音与知庄章合口字（包括少量开口字）合并，读为舌尖后音 tʂ、tʂʰ、ʂ，韵母或介音是 ʮ。平利方言的 ʮ 类韵母共有 8 个，如下表：

	例字	读音	例字	读音	例字	读音	例字	读音
知庄章	主章	ᶜtʂʮ	耍生	ᶜʂʮa	说书	ᶜʂʮe	搜崇	₌tʂʮai
见晓	举见		（见晓组无字）		靴晓		（见晓组无字）	
	例字	读音	例字	读音	例字	读音	例字	读音
知庄章	追知	₌tʂʮei	喘昌	₌tʂʰʮan	唇船	₌ʂʮan	庄庄	₌tʂʮan
见晓	（见晓组无字）		犬溪		裙群		（见晓组无字）	

中古知庄章声母的一些合口字与见晓组合口三、四等字（今北京读撮口呼）同音，在汉语中除江淮官话黄孝片以外，还分布在其他的方言区，如湘语（长沙）、赣语（南昌）等方言。但是这种音类的合并从音值看则有不同的走向：长沙等大多是知庄章向见晓组靠拢读为舌面音（或舌根音），

而平利方言则是见晓组向知庄章靠拢读为卷舌音。这种不同也存在于江淮官话黄孝片的内部，看下表的比较：

	居	诸	虚	书	靴	说	权	船	群	唇
英山	₌tʂʅ		₌ʂʅ		₌ʂʯɛ		₌tʂʰʯan		₌tʂʰʯən	
红安	₌kʯ		₌ʂʯ	₌ʂʯe	₌ʂʯæ		₌kʰʯan		₌kʰʯən	
武汉	₌tɕy		₌ɕy	₌ɕye	₌suɤ		₌tɕʰyen	₌tɕʰyn	₌ɕyn	
通山	₌tɕy		₌ɕy	₌ɕiɒ	₌ɕye	₌ʂʅ	₌tɕyɛ̃	₌tɕʯɐn	₌ɕʯɐn	

可以看出，平利跟英山一致，是见晓组向知庄章靠拢读卷舌音的一种，这在汉语方言中是不多见的，尤其是平利方言在音类的合并方面另外还有独特的地方，即部分精组合口三等字文读也归舌尖后声母拼ʯ类韵母（白读为舌面前拼齐齿呼）。例如：

取娶清 ⁼tʂʰʯ文 ⁼tɕʰi白　　　　俗邪，风俗 ₌ʂʅ文 ₌ɕi白
绝从 ₌tʂʯe　　　　　　　　　　旋邪，凯旋 ₌ʂʯan
旬巡循邪 ₌ʂʯən文 ₌ɕin白　　　迅心 ʂʯən⁼文 ɕin⁼白

这样，平利方言舌尖后拼ʯ类韵母的字来源有三：知庄章合口、见系合口三等和四等、精组合口三等文读，就有例如以下几组字的同音或同声韵母：

驻知＝句见＝聚从 tʂʯ⁼　　　出昌＝曲溪＝蛆清、文 ₌tʂʰʯ
术述船＝旭晓＝序叙邪，文 ʂʯ⁼　　楦晓＝涮生＝镟邪、文 ʂʯan⁼
⁼准章＝⁼均见＝俊骏⁼精 tʂʯən　　顺⁼船＝训⁼晓＝₌询荀邪、文 ʂʯən

以上现象涉及平利方言尖团分混的复杂情况。第一，就开口细音来说，平利方言不分尖团；部分精组合口字文读与见系合口同音，表现了跟开口字一样的不分尖团的特色。第二，精组合口细音的白读为齐齿呼，跟精见组开口细音相同而跟见组合口不同。这种关系见下表：

古音系	精开细	见开细	精合细	见合细	精开细	见开细	精合细	见合细
例字	妻	欺	蛆	去	夕	吸	俗	虚
精合文	₌tɕʰi		tʂʰʯ⁼		₌ɕi		₌ʂʯ	
精合白	₌tɕʰi		tʂʰʯ⁼		₌ɕi		₌ʂʯ	

每一种汉语方言都因其自身的各种因素而具有特殊的研究价值。陕

西省方言调查研究的重要性在于：历史上陕西的长安曾是我国历史上长期的政治中心，以长安为代表的关中方言是早期汉民族共同语的基础方言，研究现代共同语官话方言的形成历史，不能将陕西方言弃之不顾。特别是，陕西境内所分布的方言种类繁多，特色显著，特别是像平利这样离中心城市较远的经济未开发的地区，蕴藏着大量的方言资源，急需记录整理予以保存。

《平利方言调查研究》又一次使我感慨汉语方言的丰富奇妙，使我对陕西省的方言研究的意义和迫切性有了进一步真切的认识。当然，陕西的同行比我的认识深切得多，近一二十年来，经过不懈的努力，陕西方言的研究已经有了很大的发展，成果喜人，令人称羡。综合性的描写和研究成果如：刘育林编著《陕西省志·方言志》（陕北部分，1990）、宋文程和张维佳主编《陕西方言与普通话》（1993）、邢向东《陕北晋语语法比较研究》（2006）、张崇主编《陕西方言词汇集》（2007）；单点的调查报告如：张成材《商县方言志》（1990）、孙立新《户县方言研究》（2001）和《西安方言研究》（2007）、邢向东《神木方言研究》（2002）、毋效智《扶风方言》（2005）；等等。这为陕西方言的进一步开发创造了有利的条件。

向东不失时机地确定将《陕西方言重点调查研究》作为下一步的研究课题，计划对陕西境内的 10 个点进行重点调查研究。研究方言的人都知道：方言研究的基础是调查，没有调查就谈不上研究；就调查来说，首先是一个个具体的点，没有点的调查，也就谈不上片的比较。《陕西方言重点调查研究》正是要从基础的点的实地调查做起，在强调充分调查描写方言事实、全面收集语料的基础上，在不同地域、不同时段的比较中，加强解释和理论的探讨，旨在突破通常"方言志丛书"和"方言研究丛书"的格局，以达到调查和研究相得益彰的效果。针对以往综合性的方言单点调查研究偏重语音而语法相对薄弱的情况，该丛书有意加强语法研究，力求挖掘虚词、时体系统等深层次的内容。

先期的准备工作是很充分的。首先在点的选择上照顾到分布于陕西境内陕北、关中、陕南三区，注意到人员的配备，能够保证计划的完成，也注意从中培养锻炼方言的研究人员。在内容上以《神木方言研究》为蓝本，制定了十分详细的统一的"写作大纲"，并经过课题组成员集体讨论，达成共识，让每一位参加研究的人员对于调查研究内容心中有数，能够有本可循、有法可依，但也可以按照方言的具体内容而有所变通。这就保证了将来的成果既能进行统一的比较研究，又能妥善保存某些方言点的特殊资料。这些，都将对陕西方言研究的发展产生重大的促进作用。

　　除了代表陕南地区的《平利方言调查研究》之外，我还看过分别代表陕北、关中两个地区的《吴堡方言调查研究》"文白异读和语音层次"一节（定稿）和《合阳方言调查研究》（初稿）的大部分章节，总的印象是调查的材料全面丰富，分析到位，有理论深度。这使我对向东胜利完成《陕西方言重点调查研究》满怀信心，相信这套丛书一定会在我们面前展现出陕西方言五彩缤纷的语言世界。

　　肩负这套丛书主编的重任，我深知其中的诸多甘苦，所要付出的心血可以想见。看到向东迈开了他"大展鸿图"的坚实的步伐，我很高兴。向东，祝你成功！

钱曾怡

2008 年 7 月 22 日写于山东大学

2008 年 8 月 20 日改定

（原载《陕西方言重点调查研究》丛书《平利方言研究》，

中华书局，2009 年 4 月）

《东营方言研究》(杨秋泽著)序

　　东营市地处黄河入海口，大部分地域属于黄河冲积形成的黄河三角洲，是胜利油田的开发地、一个新兴的工业城市。管辖三县两区，居民因境内成陆和建制的不同时期而有不同的来历：有距今五千多年新石器时期的广饶县本地住户，也有随着黄河泥沙冲积成陆后陆续由外省或省内其他县市迁徙而来的各地移民，较早的利津县成立于战国时期，较晚的垦利县和河口区则只有近百年历史，20世纪60年代胜利油田的开发，更使外来人口剧增。

　　东营方言就是在这种特定地理环境和历史条件、特殊人口结构的背景下形成的一种方言。这种方言既有因所处的黄河三角洲的同一地理位置而在总体上同属于山东西区西齐片的共性，又因各地人口来源的不同而区分为多种类型。东营方言的研究，有助于了解现代汉语方言形成的多元化因素，探讨属于不同来源的方言在同一政区中如何趋向融合，又如何在一定程度上保持原迁出地的方言特色，为语言发展研究提供理论依据。

　　《东营方言研究》对东营市方言的语音、词汇、语法等进行了全方位的描写。在概括这个方言的总体特点以外，又按照各地方言的差异将市内方言划分为六种类型，以不同人口来源命名为"广饶话、利津话、沾化话、寿光话和鲁西话"，"广饶话"再分为"广南话"和"广北话"。分别记述其单字音系、语流音变、和普通话语音的比较，以及各地词语的记音和释义、全市各地常用词语对照，从构词、造词、词类、短语、句式五方面记述东营方言的语法特色，语料记音包括语法例句、歌谣、谚语、歇后语、谜语、故事。内容翔实，语料丰富，真很难得！

　　读了《东营方言研究》有许多收获，多是我平时感兴趣的内容，以下举例说两条。

　　首先是，鲁西话还保持北京舌尖前声母拼合口呼韵母的"坐葱蒜"等字为舌面前声母拼撮口呼的读法，声调调值也还保持与迁出地的一致，说明外来人口与本地方言的融合必定经过一定的过程。移民原来所说的方言到了新居地，会受当地方言的影响而逐渐演变，当地方言也可能会受到移民带来的客地方言影响而有所变化。这种双方影响都是客观存在的，但是具体过程怎样，恐怕各有各的特点，东营鲁西话这种移民方言的演变很值得继续观察。

其次是，词汇记录丰富，尤其是地名词和习俗类词语中的生产类很具濒临海域的地理特色；语法部分的词缀，特别是动词、形容词后缀，以及分音词、合音词和语音造词等，都使我对这一片方言的特色有了真切的了解。

秋泽是山东大学 1977 届本科生。我是他们"现代汉语"课任课教师之一，三年级时他又选修了我开设的"汉语方言学和方言调查"选修课。那时候我跟学生的个别接触较多，除了个别辅导汉语拼音或国际音标的发音以外，还常在一起讨论课程作业。"汉语方言学和方言调查"课要求每人写一份有关方言调查内容的文章。秋泽写的是《利津方言调查报告》，我们个别交谈多次，也就在那时，我们发现了利津老派的入声。利津老派清入字独立为一类，调值 44，跟上声的 55 非常接近，利津周围许多方言古清入也有归上声的，所以我就简单地判断利津方言古清入多数字归上声，但是秋泽不认可，经过反复比照读音，终于得出利津方言老派多数清入字独立成调的结论。这使我在以后的山东方言声调研究中特别注意关于入声的问题。我从与学生的交流中获益良多，和秋泽讨论利津方言的入声便是其中一例。

秋泽毕业留校是我建议的。那时的中文系领导说，他家庭负担重，将来很可能会因家属问题离开山大。当时我说过这样的话：留下他让我带他一些时间，他就会独立进行方言调查了，将来即使到了别的地方，也一样可以为汉语方言学事业做贡献。后来他果真调到胜利油田工作了。他有个儿子长得虎头虎脑的，我叫他"小老虎"。记得他走的那天早晨，我给"小老虎"买了点蛋糕去送行，到了那里，却已是人去楼空。虽然我对他的调离有思想准备，但是真的走了，仍不免惋惜遗憾。

令我欣慰的是，秋泽走后一直没有放弃方言调查研究工作，继专著《利津方言志》和教材《汉语方言调查与研究》之后，又以近 30 年的积累，完成了《东营方言研究》，实在是可喜可贺！

钱曾怡

2009 年 3 月 20 日写于山东大学

（原载《东营方言研究》，中国国际文化出版社，2009 年 10 月）

《绩溪荆州方言研究》（赵日新著）序

　　日新脾气好，与人相处，不急不躁，不争不抢，豁达随和，即使跟他开个玩笑，他也只是一笑置之，从不较真，可是他做学问却是丝毫也不含糊的。去年他将《绩溪荆州方言研究》稿寄来，嘱我写序。我仔细读来，读到"特殊字音举例"，不禁被这些内容深深吸引，180 字的考证辨析，旁征博引，令人称绝。酌举两例。

　　獭：《说文》"獭，如小狗，水居食鱼"，《玉篇》"獭如猫"。《广韵》他达切（山开一入曷透），又他辖切（山开三入下透）。今读 [tshɔʔ³]（～猫：水獭）。按规律今应该读送气塞音的 [thɔʔ³]，但徽语多读送气塞擦音，如歙县 [tshaʔ²¹]、休宁 [tshɔ²¹²]、婺源 [tshɔ⁵¹] 等。南宋范成大《虞衡志》："山獭，土人呼为插翘……。"又明李时珍《本草纲目》兽部："山獭出广之宜州溪峒及南丹州，土人号为插翘……。"两条记载都提到"獭"称作"插翘"，其中"插"应该就是"獭"的记音字，大致可以推知在南方某些方言中"獭"字读塞擦音的现象由来已久。

　　产：《广韵》所简切（山开二上产生）。① [sɔ²¹³]（做～妇：坐月子），合于《广韵》反切，白读。② [tshɔ²¹³]（生～、～量），文读。我老早就注意到"产"字读音，因为山东胶东地区平度等地是读擦音 [ʂã⁵⁵ 上声] 的，以前还没有见到其他方言读擦音的记载，以为只有胶东地区才是符合《广韵》反切读音的，这次读到荆州方言白读擦音 [sɔ²¹³] 的记载，分外高兴。真是山外有山，"说无"真的是很难很难。

　　其他如将"站立"义的本字写作"徛"，将"倚靠"义的本字写作"隑"等，都是通过古音来源、异读现象、古书引证及周边方言情况，从不同角度加以说明，大多是有理有据的。做到这样，没有深厚的文化底蕴不行，不下苦功更不行。

　　日新是我 1986 年所招的第三届研究生，是跟薛德泰老师合招的。与他一同考进来的还有沈明和扈长举。当时，我为他们开设了有关方言音韵方面的几门课程，薛德泰老师开设语言理论方面的几门课程，有"语言学方法""语言理论名著选读"等。薛老师外语系毕业，专攻普通语言学，曾在北京大学进修，导师是王力跟高名凯。他教学内容中有许多直接吸收了国外的语言学资料，培养了他们良好的语言学理论修养。三人志趣不同，长举走了纯语言学理论的道路，沈明和日新随我从事语言调查和研究。后来沈明考入中国社会科学院攻读博士学位，师从李荣、熊正辉先生；1995 年日新成为我的第二届博士研究生。

日新的博士学位论文题为《徽语研究》，我认为是写得很好的，盼望能够早日出版，拉着架势想给他写个序，想不到这次让我写序的竟是这部《绩溪荆州方言研究》，这是个面积 50 平方公里、只有 7300 多人的方言点。开始有点失望，但不论怎样，日新的稿子是一定要好好读的，读着读着就又兴奋起来。这真是应了李荣师的真言"麻雀虽小五脏俱全"，日新在显微镜下解剖的荆州方言这只麻雀，使我大开眼界。

汉语方言的描写研究，如果只停留于单点的共时描写，虽然可以为研究者提供有价值的语料，但是对某些语言现象的认识也往往只能知其然而不知其所以然，较难有突破性的发现；如果能纵跟古音、横跟北京话或其他方言进行比较研究，就能发现许多特点的形成过程，揭示出语言发展的客观规律，使方言的平面研究升华到理论研究的深层。坚持纵横比较研究正是本书的特色。语音部分，用表格的方式详细比较荆州方言与《广韵》音系、北京音系的异同。词汇部分，比较了荆州方言与普通话词形、词义、语素价值及词源等四项差异。语法部分，也多注重与普通话的比照，特别是相关语词、同类结构在方言内部的比较，例如指示代词"那"和"面"的区别、动词后置成分"添"的两种读音在语义上的细微差别、差异比较句比较标记"比"和"倍"的用法异同等。通过种种比较，充分显示了荆州方言的特点。

一般的方言调查报告，大多偏重于语音描写，从篇幅来说，分类词汇是最大的，语法的内容相对薄弱，有的甚至欠缺。本书的语法部分占了与词汇相等的分量。对荆州方言的语法现象分词法、句法两部分的描写都十分细致。例如：对名词后缀"子"的用法说明及其本字的考证、对量词三种结构及其语法功能的描述、助词"得"的分析、介词"是"和"在"的分工、名词"物事"虚化为副词的动因和机制、动词七种"体"的说明以及丰富例证等等，都颇有新意。体现了本书语音、词汇、语法并重，内容均衡的特色，在当前众多的方言调查报告中也是不多见的。

荆州方言是绩溪方言较有特色的一支，其区别于绩溪岭南其他方言的一个重要特点是鼻化韵少，咸山摄一等和二等、咸摄合口三等及深臻曾梗通等摄今读无鼻韵尾，读为开尾韵。有关荆州方言的研究成果极少，罗常培1934年简单调查过荆州上胡家方言，在《绩溪方言述略》的"城内音和各乡音的显著差异"部分提到荆州方言的一些特点；此后再无人问津。本书对荆州方言语言系统的详尽描写具有填补空白的意义，对徽语研究有重要价值。

　　日新在山大读书六年，我对他多有了解，很是信任。他朴实无华，思维缜密，治学严谨。毕业后长期从事汉语方言研究，尤其是徽语研究，足迹遍及皖南山区。我们平时多有联系，有时一段时间没来电话，准又是和学生外出进行方言调查了。学术研究最可宝贵的品质是实事求是，方言研究的生命是实地调查，日新终于成为有作为的学者，是与他的勤奋、他对学术的孜孜以求分不开的。相信他一定会一如既往沿着这样的道路走下去。

　　日新喜欢喝酒，还抽烟。抽烟有损健康，酒精伤肝。我希望他戒酒戒烟，可又不忍心让他仅有的这一点点嗜好也都被迫清除，有时还送给他酒。最后嘱咐日新一句：烟最好不抽，酒适量。

钱曾怡

写于2014年3月24日

（原载《绩溪荆州方言研究》，安徽教育出版社，2015年11月）

《霸州方言志》(李旭著) 序

　　李旭关于霸州方言的书稿速递来到，没有写书名。我电话问："你这书名是什么？是《霸州方言研究》还是《霸州方言志》？"李旭回复："只是语言事实的记录，谈不上研究，就是《霸州方言志》。"李旭认为"志"离"研究"还有距离，直直地说"谈不上研究"。现在有的人单字音系还没有搞清楚，动不动一下子就"研究"了。就此一点，足可看出李旭朴实无华的秉性。

　　李旭是我 2005 年招收的第八届博士生，硕士就读于河北师范大学，导师是吴继章教授。刚来的时候，总是显得不自信的样子，事事处处小心谨慎，讨论问题时也不轻易发言，但是学习十分刻苦，发言提纲写得中规中矩，而且时有新见。就读期间，完成了《试论比较法是方言研究的基础》《试论河北方言的分区》《河北方言研究的历史和现状》等习作。其中《河北方言研究的历史和现状》发表在《南开语言学刊》(2008 年下半年)。

　　初学者从事方言研究，最好的方法是从记录母方言入手，李旭正是这么做的。李旭是土生土长的河北霸州市人，入学以后在记录整理霸州方言方面投入了大量的精力，写出了《霸州方言同音字表》《霸州方言的文白异读和新老差异》《霸州方言的词缀》《河北霸州方言表约数的三种特殊方法》《从霸州方言的特点谈方言区特征的确定》等论文。其中《霸州方言同音字表》和《河北霸州方言表约数的三种特殊方法》分别在日本《亚细亚言语论丛》(第七辑，2008 年 3 月)和《中国语文》(2007 年第 3 期)发表。毕业以后，在完成本职工作的同时，李旭不负初心，继续进行收集、整理霸州方言的工作。经过这么多年的努力积累，终于完成了《霸州方言志》的书稿，这是她长年积累的成果。

　　李荣先生在《山东方言志丛书序》中评价"山东方言志丛书"时说："体例符合方言志以记录事实为主的原则，并且报告了一些新鲜的事实……"我看用李先生的话来评价《霸州方言志》也是很恰切的。综观《霸州方言志》，突出的感觉有三。一是内容丰富，书中"同音字汇"收入常用字 4575 个、词汇章的 5109 条词语、配合语法规则描写的例词例句，以及乡土气息十分浓厚的语料记音，都能充分显示当今霸州方言的全貌及其特点之所在。二是有所发现，其中如：语音部分两字组变调因重音的位置不同而有不同的变调模式，是以前一般的研究者还没有注意到的；用表格的形式所归纳的古宕江曾梗通五摄在霸州方言中成系统的文白异读规律，看来一目了然，起到直观的效果；语法部分的远指代词"乜"，用"围着""们""小……子"的约数表示法表示不同程度的多种方式等，都为汉语方言的语法研究提供新鲜语料。三是体例严谨，描写细致，叙述平实。

"志书"以记录某一事物、某一现象为宗旨。一个点一个点的方言记录，是方言研究的基础。有了这些基础，历史比较语言学、方言地理学等等才有可能。河北省的方言研究已经取得了很大的成绩，但是对于单点的全面记录尚不多见。《霸州方言志》对霸州方言的详尽记录，为河北方言的全面深入研究布了一个点，为其近邻北京、天津等地方言的研究提供了可资比较的语料。

期待河北方言的研究在李旭们的努力下取得更大的成绩。

钱曾怡

2016 年 12 月 20 日

（原载《霸州方言志》，南开大学出版社，2019 年 7 月）

《中古阳声韵韵尾在现代汉语方言中的读音类型》(张燕芬著)序

　　我这人运气好，招到了一批好学生。指导研究生，当然也有付出，但是收获也多。学生们在作业、论文中的一些论述以及提出的一些疑问，常常会启发我对某些问题的思考；所提供的丰富方言语料更是丰富了我的见闻、扩展了我的知识。这，使我真切地领略到教学相长的真谛。和学生相处、相知、相帮，使我的生活更为充实。看到学生们在各自的岗位上为本专业勤奋工作、取得丰硕成果，我感到十分欣慰。学生们个个都是重情重义的，燕芬也是。

　　燕芬是我招收的最后一个博士生，"关门弟子"。我 2005 年退休，本来已不能承担指导研究生的任务，却因为邢向东的《神木方言研究》于 2004 年获得"全国优秀博士论文奖"，那个时候有规定，获得全国优秀博士论文奖的指导教师只要符合有项目、有经费等条件的，可以终生招收博士生，于是在 2005 年和 2006 年，我又分别招到了李旭、洪小熙和张燕芬，那不能不说是一种缘分。

　　燕芬聪慧好学，有良好的业务素质，对语言学有浓厚兴趣，专业基础扎实。攻读博士学位期间，先后修习过"语言研究的理论和方法""语言学名著导读""汉语方言专题研究"等多门专业课程，成绩优秀。创新意识强，独立撰写的论文已经发表的有《广东揭东方言的量词"奇"和"爿"》(《中国语文》2009 年第 3 期)、《从"猪舌头"看汉民族语言禁忌的特点》(《民俗研究》2009 年第 2 期)、《从语言接触看漳州、郁南、平乐三地闽语的"十五音"》(日本神户外国语大学《亚细亚言语论丛》第七辑)、《广西平乐闽语音系及同音字汇》(《桂林师范高等专科学校学报》2006 年第 4 期)等多篇，都是很有见地的。先后参加过"汉语官话方言研究""汉语方言地图集"等重大国家课题，积累了实践经验。博士学位论文《中古阳声韵韵尾在现代汉语方言中的读音类型》体量大，难度高，质量优，正如山东大学人才招聘的主审教授曹志耘评价该论文所说："选题具有填补空白的意义，在大量方言材料的基础上，整理归纳出汉语方言古阳声韵演变的类型、分布和规律，具有很高的学术价值。"

燕芬热心肠，乐于助人，很具先人后己的团队精神。关心爱护学生，不仅在学术上悉心指导，生活上也待学生亲如家人，学生有病，她还会带着去医院诊治。对我，那更是体贴周到。从入学攻读博士学位，到毕业以后留校工作至今，我们相处已经有 15 个年头了。我已老迈迟钝，跟不上时代脉搏，使用高科技手段时有缺失，燕芬却得心应手。无论工作生活，依赖于她的越来越多：要补充调查济南方言词汇，她物色发音人，全程陪同记音；写了文稿，由她帮着向有关刊物投递；科研经费她掌管；电脑出了故障，她来排除；打印机、手机陈旧了，她来更新换代；外地学生来济南，她组织聚会。如此等等，真是不胜枚举。

燕芬博士学位论文即将出版，称我心愿，很高兴写了以上这些，算是序。对于论文评价，我已于 2009 年 4 月写过"导师评语"，附录于下，就不再另外叙述了。

钱曾怡写于 2021 年 12 月 2 日

附：《中古阳声韵韵尾在现代汉语方言中的读音类型》导师评语

古阳声韵三种韵尾发展到现代汉语方言有了很大变化。汉语阳声韵的历史演变，是汉语史研究的重要内容之一。

从古到今，汉语鼻音韵尾的演变主要是两个方面：一是韵尾的归并，二是韵尾的弱化乃至消失。前者是韵尾数量的减少，后者是韵尾发音辅音特点的减轻、脱落，两者都是走着简化的道路。但是由于两者在许多方言中的演变是交叉的，不同方言中的演变过程更是参差不齐，这就形成了古阳声韵和现代汉语各种方言的对应关系千差万别，呈现出极其复杂的局面。单从读音形式看，古阳声韵在现代汉语不同方言中的读音既有鼻辅尾，也有鼻化元音和口元音，远比古音系统复杂，要从中归纳读音类型并总结其演变规律，难度很大。

本文依据 930 个方言点的共时调查，将汉语方言古阳声韵今读概括为八大类型（84 小类），并呈现了其在各大方言区的分布情况。在此基础上探讨古阳声韵演变的不同形式、途径、条件和动因。本文选题属于历史比较语言学的范畴，有开拓性价值，对语言演变的研究具有理论意义。

以前的学者对本课题已经做过一些研究，主要成果是总结出古阳声韵演变的两条规律：韵尾发音部位的归并，是发音部位在前的归并到在后的；元音鼻化的顺序，是主要元音舌位由低到高。本文充分考察、验证了前人成果，并用比以往更全面的原创性语料作出了进一步的论证。但是客观存在的语言现象极其复杂，除了主体规律以外，方言中还存在许多特殊的现象，如辅音韵尾发音部位在后的归并到在前的、主要元音舌位高的比舌位低的先鼻化了等，对这些现象，以往的学者还很少涉及，而本文注意到了，除了进行细致描写以外，又分析归纳这些特殊演变的重要条件。文章还从音节内部、音节之间关系等多个角度分析了古鼻音韵尾演变的动因。这些，都是发前人所未发。

古阳声韵从有鼻音韵尾到韵尾归并、弱化，乃至演化为阴声韵，这是汉语语音演变的总体规律，但也存在阴声韵变为阳声韵的现象。本文的余论讨论这些逆行发展的现象，从中总结演变条件。以主体趋势为主，但也要注意非主体的特性，这才是全面认识语音发展的辩证方法。

本文内容充实，资料翔实可靠，思路清晰，有独立见解，语言通畅，写作规范，达到博士学位论文水平，同意授予张燕芬同学博士学位。

指导教师　钱曾怡

2009 年 4 月 10 日

研究生教学

——在山东大学新增博士研究生导师岗前培训班上的报告

2009 年 8 月 29 日

四年前，管理学院的领导让我介绍过指导研究生的一些情况，当初我有些为难，难处有二：一是学生确实不错，说他们，是否有自吹之嫌；二是我的专业比较偏，怕谈到学术问题说不明白。后来因为盛情难却，还是硬着头皮去了。我认真地写了讲稿，讲的效果被认可。这次研究生院的领导又让我来讲这个题目，有上次的讲稿在，就痛快地答应了。

先说我的专业方向。我主攻汉语方言学，就是地方语言。这门学科不像文学那样尽人皆知，长期被视为"冷门"。2004 年我应邀为香港中文大学的"杰出学人"到该校讲学，香港的《信报》有个记者来访，写了篇报道，题目是《冷门学科教授谈治学教学的苦与乐》。初入门时，我了解到，第一个用汉语方言资料来拟测古音的，是瑞典学者高本汉而不是我们中国人；我的老师李荣先生说过，"日本有许多不及我们的地方，但是日本有人来研究汉语方言，而中国没有人去研究日本方言，这一点我们输给他们了"。这两件事对我刺激很大。汉语方言对于构建汉语史、推广普通话、研究地方历史文化、建立普通语音学理论都有重要意义，在国外应该是"热门学科"。1980 年全国进来 8 个高级进修生，山大来了两个，一个考古专业，另一个汉语方言学。

再说我带研究生的大体情况。我 1982 年开始招收硕士研究生，1993 年经国务院学位委员会批准为博士生导师，1994 年招收了第一届博士生。2002 年停招，2005 年、2006 年又招两届。至今共招收硕士生 29 人、博士生 20 人（其中论文博士 4 人）。此外，还有一名日本高级进修生，美国、法国和苏联的 3 名访问学者，多名国内进修教师。虽然"冷门学科"有许多难题（最现实的是论文或著作读者面窄，加上符号繁多，排版难度大，成果难以被出版社接受；经费困难，外出调查实习辛苦；等等），但是这不影响学生热爱专业。记得 1983 年带研究生去潍坊等地调查实习，条件非常艰苦。有位南方学生肝病刚好，又水土不服，流着鼻血，鲜血滴在记录纸上。真担心动摇他的专业思想，试探地问"苦吧？"回答是"苦中有乐"，这才放心。

学生专业思想稳固，都很努力，成绩不错。29个硕士生考博的11人，其中北大3人、中国社会科学院3人、南大1人、南开1人、中国传媒大学1人、语言大学1人、香港科技大学1人。我鼓励自己的硕士生去别的大学读博，因为我觉得他们已经跟了我三年，我已经无保留地把知识传给他们了，再到别的老师那里，不同的老师有不同的风格、不同的知识结构，学生就可以学得更多，当然，这个学校或老师是要我看得上的。有个韩国学生基础不错，我推荐他去南京大学跟鲁国尧老师攻读博士学位，开始不肯去，说"老师你是不是不要我了"，我给他讲上面的道理，一年后他专程从南京来看我，对我说"老师，我现在知道你那时候是为我好"。

如今，学生们绝大多数坚持在本专业的重要岗位上，如《中国语文》《方言》《语言教学与研究》三个编辑部6人，中国人民大学、清华大学、北京师范大学、南京大学、陕西师范大学、天津师范大学、浙江师范大学、徐州师范大学、广西师范大学各1人，日本1人、韩国2人。他们承担着重大的科研项目，有的已经成为国内外知名学者，取得了各种荣誉。例如：一人为首批新世纪百万人才工程国家级人选、获得教育部全国高校优秀青年教师奖、北京市高等学校青年学科带头人；二人入选教育部新世纪优秀人才支持计划；一人被评为长江学者；一人获北京市教育创新标兵，在北京市青年教学基本功比赛中获一等奖；等等。

学位论文水平较高，其中有：

一篇硕士论文发表后获中国社会科学院"青年语言学奖"（1998年）

两篇博士论文获山东省优秀博士论文奖（2002年）

一篇博士论文获全国优秀博士论文提名奖（2003年）

一篇博士论文获全国优秀博士论文奖（2004年）

一篇获王力语言学奖二等奖（2001年，一等奖空缺）

学生在读期间和毕业以后发表学术论文的刊物级别高，例如：前一时期接到一个学生电话，告诉我那年在《中国语文》第2期上分别发表了我学生的两篇长文，还有一篇是我学生的学生的；在今年第3期《中国语文》上，又发表了我两个学生的文章，其中一篇是在读学生写的。像这样，学生们同时在某一刊物上发表文章的情况在日本也不少，例如：《开篇》（早稻田大学）18 期有罗福腾、赵日新两篇；19 期有曹志耘、邢向东两篇；20 期有赵日新、吴永焕两篇；21 期有傅根清、邢向东、曹志耘三篇；22 期有张树铮、刘淑学、张世方（学生的学生）三篇；2009 年《亚细亚言语论丛》第七辑（日本神户外国语大学）有罗福腾、张燕芬、洪小熙、李旭、太田斋的论文 5 篇。

这些凑在一起是很像样的，于是我就出名了。1997 年 9 月，我接受日本学术振兴会的资助到日本访问、讲学，在东京大学的那次讲座中，主持人平山久雄教授在介绍我的时候，特别提到"她培养了一批著名方言学家"。我这人一提到学生就特别兴奋，他们每个人都在我的脑子中留下一幅幅生动的画面。其实，学生出色都是他们努力的结果，我只是尽到了一个教师应有的本分。我实在是运气好，能遇到这么好的学生，深深体会到学生们给予我的实在是很多。

下面谈谈我带学生的几点体会。

一、对学生寄予厚望，希望学生超过我。我把学生看成我学术生命的延续、发扬和光大。从总体看，"青出于蓝而胜于蓝"是客观规律，不然，历史就不会前进。我认为，一个教师如果培养不出超过自己的学生，那这个教师归根结底是失败的。我把所有的东西无保留地交给了学生，学生是在我的终点起步，他应该比我走得远。当然，有的大师几百年才出一个，常人难以超越，比如我就超不过我的老师丁声树和李荣先生，而我是很普通的，只要努力，超过我并不难。我从不计较去上课时学生站不站起来，给不给我倒水喝，我认为学生学好我的课就是对我最大的尊敬。有的学生给我买礼物，我告诉他："你不要给我买东西，只要你将来能够让我为你而骄傲，那就是你对我最好的回报。"当然，对待学生也是要有牺牲精神的。例如，我有的研究题目学生要做，我会毫不犹豫地让给他，并且帮他收集资料；我讲授中有一定见解的有些内容被学生写成文章发表了，我也为他高兴，因为他毕竟听明白了，思考了。

研究生的教学工作，除了专业以外，还有一个重要的方面是人的素质的培养。有几个毕业后去了电视台、银行、税务局等单位工作的学生，表示不再从事方言的教学研究工作了，对不住我。我总安慰他们说："虽然你离开了方言专业，但是你读了研究生，素质提高了，就能把本职工作做好，听到你工作出色，我也是很高兴的。"

二、因材施教。每个学生的情况不同，相处时间长了，对他们逐渐有所了解。他的智力、业务素质、治学风格，他能做得怎样，都会心中有数，要求他们在力所能及的范围内尽量做得好一些。实际上素质好的学生教起来并不费力，稍微点拨一下就行。倒是差一点的学生，要用大力气去提高他。下面举几个例子。

一个学生研究浙江景宁畲族话。这个方言很复杂，区属不明。他收集了许多资料，但不知论文怎么写才能出彩，如果只是平面描写，那只能是一篇普通的方言调查报告。考虑到这个学生的特点，我说你将文章角度变一下，是不是在讨论景宁话的归属方面下点功夫。我们将论文题目确定为《从景宁畲话的语音特点论景宁话的归属》。这个学生是一点就透的，通过对浙江景宁畲族移民历史的考察，景宁话与周围粤方言、闽方言、吴方言的异同比较，最后得出结论："景宁畲话是以一种族群分布的层次非常复杂、极具动感的方言。"资料还是那些资料，但是文章上了一个层次。这篇文章 2003 年获得全国百篇优秀博士论文提名奖。

我常跟学生说，聪明的学生不怕把自己的弱点暴露给老师，老师可以针对你的弱点给你帮助，老师不该笑话自己的学生。我可以谅解学生知识不全面或见解有误，对他宽容，但是绝不允许敷衍应付、不严谨不刻苦，更不允许偷用别人观点、抄袭别人成果，引用别人的文字不注明出处。例如：

有个学生的博士论文因为引用材料前后不一等问题，反复修改了多次，我甚至威胁他延期毕业，后来经过努力，他的论文受到同行学者好评，出版前让我写序时，我反思：当初对他是不是太严厉了？

有三个硕士生因导师出国转到我的名下，开始时作业马虎不认真，退回重做，一次不行再次退回，这个时候是毫不客气的。一个硕士生原是专科毕业，聪慧好学，但是很粗心，挨了我不少批评，后来考入北京大学攻读博士学位，师从李小凡教授。博士论文的后记中深情地写到了我："我的硕士导师对我来说是一个很重要的人，我'先天不足'（钱老师语），不仅没有好的方言，专业基础也很差，可以说，我汉语方言的基础全是钱老师一手教出来的。……我有一个很大的毛病，就是做事情很不认真，不仅内容幼稚可笑，字也写得非常潦草，用钱老师的话说'缺胳膊少腿，没心少肺'，但是她的批注在一旁密密麻麻，有些字因为太潦草，笔画不全，她都给我添上了，看她修改的作业，我都差点哭了，真是难为她老太太当初是怎么看的，发誓以后写字再也不浮皮潦草了。"看到她的后记，我从心里感谢她没有记恨我。

我了解学生的途径主要是详细阅读他们的作业。相对于别的专业，方言学方向的研究生作业是非常多的，第一年差不多每三个星期就要写一篇，我们定期讨论、讲评。讲评主要由我准备，指出学生文章的主要缺点（内容、方法、结构、语言甚至标点符号）应该如何修改，这都必须仔细阅读学生的习作，做笔记，因为不全面了解作业的内容，就无法提出切实的意见，这是要花很多时间的，特别要帮他出主意如何修改，你说这儿不行，那怎么写才能行，很费心思。毕业论文当然是个别指导，一般也是讲评式的，学生认为，这种方式对他们提高研究能力帮助很大，所以有的学生除了听我讲他本人的论文以外，讲别人的也会来听。每篇学位论文，至少要在这种讲评的基础上修改两次以上，最多的一篇博士论文修改了 6 次。现在还有好些学生保存着我手写的笔记作纪念，不肯还给我。

另外，为提高学生识别能力，也将一些写得不好、有失误的文章让学生看，并让他们给我说说文章的问题在哪里。

三、教学相长，鼓励培养学生的创新意识，和学生共同走向本学科的前沿。

首先是为人，我曾和有的学生有约：今生有缘我们成为师生，你不能做不好的事情对不起我，我也决不做不好的事情对不起你。

老师应该成为学生的榜样。这些年，方言学学科发展很快，稍一放松就会落伍，老师必须努力站在本学科的前沿，否则就无法指导学生。这些年，我们在开发汉语官话方言和汉语方言方法论方面做了一些工作，在学术界有一定影响，其中将方言分区和考古的文化圈结合起来进行研究，在国内外还是首次。我认为方言工作者应该踏踏实实地进行田野调查，所以每届学生都要带他们进行实地调查。1983 年，我和学生三次外出调查的时间加起来总共 156 天；1999 年，带中、日、韩学生 10 人到临沂调查。这些调查都是很辛苦的，白天记录，晚上整理材料，每天工作十几个小时。

创新是每个科学工作者的追求。首先，创新必须是建立在继承的基础之上的，总结历史是为了创造未来。没有继承就谈不上创新。你还不会爬，不会走，就想跳，就想飞，能行吗？我说过："不继承而想创新，这正像鲁迅所说'恰如用自己的手拔着头发，要离开地球一样，他离不开'。"所以要求每个学生必须打好基础，练好基本功，写文章的一招一式，都得合乎规范（京剧界所说的"科班出身"，不是"票友"）。再，要能有所创新，你只能站在学科前沿。学校设置的"前沿讲座"这门课程很好，我们安排在第三学期，大体做法是：由我提出本学科学术界共同关注的一些题目，让学生根据自己前两学期的情况选择自己关心或有心得的内容准备论文，也可以自己找，至少五篇，定期进行讨论，没人选的就由我来讲。学生选择的题目不同，就是题目相同，考虑的着重点也有不同，这样起到了相互交流的作用。我常常在学生的这些习作中看到一些闪光的东西，抓住这些亮点，鼓励他们继续深入研究，有的学生的学位论文就是在这样的基础上确定的。而我的知识，也从中得到了充实。

完成学位论文是研究生学习阶段的重中之重。学位论文能不能有所创获，是摆在导师面前的难题。从收下每一个学生开始，就要考虑这个学生适合做什么题目。例如：河北籍学生《中古入声字在河北方言中的读音研究》、山西籍学生《汾河流域方言的语音特点及其流变》、韩国学生《韩国釜山华侨的荣成方言与中国大陆荣成本土方言的语音比较研究》《汉韩双向语言教学解难》等，都是根据学生的具体情况确定的。题目要力求醒目，有前瞻性，能够引人注意；然后是文章内容，必须在达到基本要求的基础上有新的发现、新的论点，要突出几个亮点。为此，我必须充实自己，随着学生的论文阅读有关文献，不然就不可能提出中肯的意见。

我不喜欢盲从书本或老师的学生，即使跟我争论，也绝不会打击排斥他，因为学术总是通过不断讨论才能前进的，何况我学识有限，再认真仔细，也难免有考虑不周的地方。学生精力充沛，思想活跃，信息灵通，运用现代化的手段更比我强。我用电脑写文章，动不动出故障，就要请学生来指导。我的论文初稿也常常请学生审读，对他们的意见都会认真考虑。我是真心把学生看成同行、朋友的。教学相长，使我受惠无穷。

我并没有什么能耐，只有老老实实做学问，尽心尽力教学生，下的是死功夫，用的是笨办法，唯有一片真诚。所幸的是，学生也都能以真诚待我。

我似乎觉得我的做法已经落后于这个时代了，今天讲这些，浪费了各位老师的时间。

谢谢！

给"子海"学生介绍国际音标
及与之相关的常识

2014 年 12 月 17 日、24 日

    题记：为帮助古文献专业方向的研究生阅读古籍时能够了解古音注释的问题，"子海"领导让我给他们的学生介绍国际音标及相关知识。

    到这里教国际音标，主要是帮助大家了解并能够读懂古音韵的一些书籍。这要牵涉语音学和音韵学两门课程。这两门课，在汉语专业，应该是一学期每周各 3 学时的内容。这么短的时间介绍这些内容，是个难题，只好简要介绍，两点说明。

    1. 不可能在很短的时间让大家掌握国际音标的发音和听音能力，只能大体介绍国际音标的特点，使大家能够通过表格认识这些符号。

    2. 只能让大家初步知道怎样利用国际音标读懂古音韵的一些图表。

一　国际音标的相关常识

（一）语音和语音学

    语音是人类发音器官发出来的能表示一定意义的声音和意义的结合体，从这点来看，语音是形式，其所表达的内容就是词汇和语法所包含的意义。

    语音的性质：

    1. 物理属性（物体振动发出声音，一切声音都具有的共性，如风吹、流水等）

    2. 生理属性（动物发音体发出的声音，如牛叫、鸡啼、鸟鸣等）

    3. 社会属性（包含一定意义，具有社会交际功能，人类声音的本质特征）

    有声语言是人类特有的交际工具，是人从动物界区分出来的重要标

志之一。

语音学是研究语言声音的学问，有各种门类，如普通语音学研究人类语音的一般性特征和普遍规律，个别语音学研究某一特定语种的语音，历史语音学研究语音的历史发展规律，等等。

（二）国际音标

国际音标是学习语音学的必要工具。

1. 音标跟文字

音标是记录语音的工具，是记音的；文字则是记录语言的。

方块汉字是形音义的统一体，当然也是表音的，但表示的是一个音节而不一定是音素，而且有一定的意义。方块汉字和音标的不同是很清楚的。

2. 音标跟拼音文字的字母的不同有二

① 具体语言的字母有限，一般二三十个就可以了，像俄语 33 个，英语、法语都是 26 个；音标数量不限，国际音标要记录各种不同语言的声音，数量要多得多，而且可以按照某种语言的特殊需要而添加，如汉语中的塞擦音由一个塞音符号加一个擦音符号组成。

② 拼音文字只记录某种特定的语言，是按这种语言的音系特点来制定的。不同的语言可以选用同一个符号来做字母，但规定的读音可以不同，如 b，英语、法语读 b[bi]，汉语读 p[po]。同一个字母在同种语言中的不同条件下还可以有不同的读音，如英语的 c，可以读 [s]（city）[srti]，也可以读 [kʻ]（can）[kʻæn]，又如《汉语拼音方案》中的 a，在汉语的不同音节中有前后不同的三个声音 [A、a（ai）、ɑ（ɑu）]，《汉语拼音方案》中的 i 在 ts、tsʻ、s 后面是舌尖前元音 [ɿ]，在 tʂ、tʂʻ、ʂ 后面是舌尖后元音 [ʅ]，在其他声母后面或零声母是舌面前元音 [i]。总之，文字是概括性的，反映一种语言的音系特点，而音标则是单纯记音的。

3. 国际音标的特点

国际音标是由 1886 年成立的国际语音学会制定的，初稿公布于 1888 年，以后几经补充修订，最后一次修订是 2005 年，修订稿见《方言》2007 年第 1 期。主要特点如下：

① 一个符号代表一个音素，不会混乱。

② 各种语言的音基本上都有固定的符号（或加附加符号）表示。

③ 音值固定，国际通用。

④有系统又较灵活。字母以拉丁字母为底，外加以下形式补充：

草体 ɑ e	合体 æ œ
倒写 ʁ ə ɐ	大写 ᴀ ᴇ ɢ
两个符号 ts tɕ tʂ	
附加符号如：送气 tʻ（或 tʰ th ）	
长元音 aː oː iː	短元音 ă（或 ạ i̦ ẹ）
鼻化 ã ẽ ĩ	自成音节 m̩ ŋ̍

使用中感到的不足：个别字母容易相混，如 [ɔ] 与 [c]、[ɤ] 与 [ɣ]、[ø] 与 [ø]；有的音没有相应的符号，如山东的舌叶元音（借用 [ʮ]）、齿间元音（借用 [ʯ]）。

4. 怎样学习国际音标

① 先介绍几组概念

音素和音节　音素是语音的最小单位，音节是语音的自然单位，汉语的一个字音是一个音节，也有两个字表示一个音节的，如"花儿" [huar]。一个音节可以是一个音素，如"衣" [i]，也可以是两个及两个以上的音素，如"牙" [ia]、"摇" [iau]、"交" [tɕiau] 等。

元音和辅音　元音和辅音是音素的两大类。这是语音学最基本的一对概念，语音学音质成分的分类和描写，都是以这两个概念为基础的。元音和辅音的区别主要是气流通过口腔时受阻不受阻的不同：气流通过口腔不受阻的，是元音；气流通过口腔时受到从喉到唇的不同部位、不同方式阻碍的，是辅音。

声母和韵母　声母指一个音节开头的部分，韵母指一个音节声母后面的部分。任何音节都必须有韵母，但是可以没有声母，没有辅音声母的音节称为零声母，如"阿 [a]、衣 [i]、乌 [u]"等。声母由辅音充当，如"巴" [p]、"大" [t]、"马" [m] 等。韵母可分为韵腹、韵头（介音）和韵尾。一个音节可以没有韵头和韵尾，但是必须有韵腹。韵腹和韵头都由元音充当；韵尾可以是元音，也可以是辅音。有的辅音也可以单独为韵母，如北京"姆 [m̩]、唔嗯 [n̩]"。

调类和调值　调类是声调的分类，调值是一个调类的实际读音。汉语一种方言有几个调类决定于有几个调值，例如北京语音单字调可以读出 55、35、214、51 四种调值，就有阴平、阳平、上声、去声四个调类。调值的名称由实际音值而定，如北京的阴平 55 叫高平调、阳平 35 叫高升调、上声 214 叫低降升调、去声 51 叫全降调；调类的名称是按照某一方言与古调类相对应的情况而定的，如北京的阴平字和阳平字大多来自古平声、去声字主要来自古去声。

北京话音节构成表

		衣	牙	袄	威	句	学	高	庄	嗯	能够充当声母韵母的音素
声母		ø				tɕ	ɕ	k	tʂ		各部位的辅音
韵母	韵头		i		u		y		u		高元音 i u y
	韵腹	i	a	a	e	y	ɛ	a	a	ŋ	舌面元音 a o e ə ɛ i u y 舌尖元音 ɿ ʅ
	韵尾			u	i			u	ŋ		高元音 i u 辅音 n ŋ
声调		阴平	阳平	上声	阴平	去声	阳平	阴平	阴平	阳平	

注："ø"为零声母符号。

了解音节构成的元素非常重要，特别是各种韵尾，音韵学家的韵部分类往往是依照韵尾的不同。

②学习内容

元音　元音发音时气流通过口腔不受阻，都是乐音。

元音有舌面元音、舌尖元音、卷舌元音、鼻化元音四种。

舌面元音是由舌面起主要作用的元音。发出不同舌面元音的决定因素有三条：舌位的高低、舌位的前后、唇形圆不圆。

舌尖元音是由舌尖起主要作用的元音，有舌尖前元音和舌尖后元音四个。

舌面元音和舌尖元音见下表。

元音表

	舌面元音					舌尖元音			
	前		央	后		前		后	
	不圆	圆	不圆	不圆	圆	不圆	圆	不圆	圆
高	i	y		ɯ	u	ɿ	ʮ	ʅ	ʯ
半高	e	ø		ɤ	o				
中	ᴇ		ə						
半低	ɛ	œ		ʌ	ɔ				
低	a		ɐ	ɑ	ɒ				

卷舌元音是发一些舌面元音时是卷着舌头发出的，如北京"儿"[ɚ]、

"花儿" [huar]，音标 [r] 表示前面元音卷舌。

鼻化元音是发舌面元音时气流通过鼻腔和口腔流出，如济南"班" [pã]、"音" [iẽ]，音标上的"～"号表示这个元音是鼻化元音。

辅音　发音时气流要受到口腔不同部位、不同方式的阻碍，都是噪音。发出不同辅音的决定因素是发音部位和发音方法。见下表：

辅音表

发音部位 \ 发音方法			双唇	齿唇	齿间	舌尖前	舌尖中	舌尖后	舌叶	舌面前	舌面中	舌面后（舌根）	小舌	喉壁	喉
			上唇下唇	上齿下唇	上下齿舌尖	上齿背舌尖	上齿龈舌尖	前硬腭舌尖	上日齿舌面边	前硬腭舌面前	硬腭舌面中	软硬腭舌面后	小舌舌面后	喉壁舌根后	声带
塞	清	不送	p				t	ʈ		ȶ	c	k	q		ʔ
塞	清	送气	pʻ				tʻ	ʈʻ		ȶʻ	cʻ	kʻ	qʻ		ʔ
塞	浊	不送	b				d	ɖ		ȡ	ɟ	g	ɢ		
塞	浊	送气	bʻ				dʻ	ɖʻ		ȡʻ	ɟʻ	gʻ	ɢʻ		
塞擦	清	不送		pf	tθ	ts		tʂ	tʃ	tɕ					
塞擦	清	送气		pfʻ	tθʻ	tsʻ		tʂʻ	tʃʻ	tɕʻ					
塞擦	浊	不送气		bv	dð	dz		dʐ	dʒ						
塞擦	浊	送气		bvʻ	dðʻ	dzʻ		dʐʻ	dʒʻ						
鼻	浊		m	ɱ			n	ɳ		ȵ	ɲ	ŋ	N		
滚	浊						r						R		
闪	浊						ɾ	ɽ							
边	浊						l	ɭ							
边擦	清						ɬ								
边擦	浊						ɮ								
擦	清		ɸ	f	θ	s		ʂ	ʃ	ɕ	ç	x	χ	ħ	h
擦	浊		β	v	ð	z		ʐ	ʒ	ʑ	j	ɣ	ʁ	ʕ	ɦ
无擦通音（半元音）	浊		w ɥ	ʋ			ɹ	ɻ			j	ɰ			

复合音　复合音主要指韵母不是单纯的一个音素，而是由两三个音素结合而成的。复合音有元音和元音的结合与元音和辅音的结合两类。

元音和元音的结合称为复合元音，如北京有前响的复合元音 [ai]、[ei]，中响的复合元音 [uai]、[uei]，后响的复合元音 [ia]、[ua] 等。

元音和辅音的结合又可分为元音和鼻辅尾的结合与元音和口辅尾的

结合两类，鼻辅尾有 [am]、[an]、[aŋ]，口辅尾有 [ap]、[at]、[ak]、[aʔ]。

声调　汉语语音学用五度标记法记录声调，是将一根竖线分成五等分，由高到低分别为高、半高、中、半低、低。字调分别有平、升、降、升降、降升五种调型。北京话和济南话的四声就是：

北京　　阴平 55　　阳平 35　　上声 214　　去声 51
济南　　阴平 213　　阳平 42　　上声 55　　去声 21

但是声调是一种相对音高。人与人不一样，同一人在不同的时间可发出不同的音高。

③ 学习方法

通过《汉语拼音方案》学习国际音标。《汉语拼音方案》是根据现代北京音系制定的。从小学就开始学习《汉语拼音方案》，对于这个方案，大家应该是熟悉的。《汉语拼音方案》和国际音标对照表可以让大家掌握《汉语拼音方案》中用到的那些国际音标。

通过英语字母表音学习国际音标。

通过母语学习国际音标。

二　现代音韵学家用国际音标构拟古音

音韵学研究必须确立以下几个概念。

1. 时与地的概念　明代音韵学家陈第说："时有古今，地有南北，字有更革，音有转移。"就是说：语音是发展的，就汉语来说，语音是有地域差异的。例如"平上去入"四声，用现代北京音读，"上""去""入"三字都读去声，只有两个声调；又如"帮滂並明"四个声母，用现代北京音来读，"帮"和"並"都读 [p]，只有一个声母，这是因为古今语音发生了变化，这是时代的不同；以上这些字，如果用我的母语浙江嵊州方言来读，情况就大不相同，不仅"平上去入"是四个不同的声调，"帮滂並明"也是完全不同的四个声母，这就是地域的不同。

2. 系统性的概念　语言是一个系统。在语言这个系统中，语音的系统性是最为严密的。语音系统地存在，其历时演变或地域差异基本上也是成系统的。

汉语的一个字是一个音节。在音节内部声韵调系统的历时演变中，往往是声韵调互为条件的。例如：

声调影响声母，中古全浊声母清化：平声送气，仄声不送气。如平声字"瓶（平声）"字为送气音、仄声字"並（上声）病（去声）别（入声）"为不送气音。

　　声母影响声调。古声调的演变，往往是以声母的清浊为条件的。今声调的调类名称，凡是按声母清浊分类的，清声母来源的为阴调类、浊声母来源的为阳调类。如古四声在我的母语中各按声母清浊的不同分化为八个声调，就是阴平、阳平，阴上、阳上，阴去、阳去，阴入、阳入。今北京话古平声字按声母清浊分为阴平、阳平两类，阴平字来源于清声母、阳平字来源于浊声母，如"东（清）"读阴平、"同（全浊）聋（次浊）"读阳平。上面说到，古四声的标目字"平上去入"用北京话来读只能读出"平去去去"两个声调，为什么？第一，古全浊声母"上"字，按古全浊上声归去声的规律（全浊上声归去声在汉语声调演变中是一条普遍规律）读成了去声。第二，入声调在北京已经转化为舒声，转化的条件是：全浊声母字归阳平，如"局读"；次浊声母字归去声，如"入月"；清声母字分化为阴阳上去四声，如"一急笔必"。

　　韵母影响声母如：今北京音古精见组（包括晓组下同）声母，按照韵母洪（开口呼、合口呼）细（齐齿呼、撮口呼）的不同各自分为两套声母：洪音前精组读 [ts]、[ts']、[s]，见组读 [k]、[k']、[x]；细音前则精见两组都读为 [tɕ]、[tɕ']、[ɕ]。见下表：

	洪	细	细	洪	
精	宗 tsuŋ	尖 tɕian	= tɕian 奸	kuŋ 公	见
清	葱 ts'uŋ	千 tɕ'ian	= tɕ'ian 牵	k'uŋ 空	溪
从	从 ts'uŋ	前 tɕ'ian	= tɕ'ian 钳	kuŋ 共	群
心	嵩 suŋ	先 ɕian	= ɕian 掀	xuŋ 烘	晓
邪	诵 suŋ	旋 ɕyan	= ɕyan 玄	xuŋ 红	匣

　　这里顺便说明一下关于尖团音的问题。尖团音是指古精见两组声母的字，在今细音韵母前同音不同音：同音的叫不分尖团，不同音的叫分尖团。北京话不分尖团，京剧分尖团。在分尖团的方言中，凡从精组来的叫尖音、从见组来的叫团音。尖团音是指分尖团的方言来说的，不分尖团的方言就无所谓尖音和团音了。现在的"女国音"把北京的 [tɕ]、[tɕ']、[ɕ] 都发得靠前了，有人说是"有尖音"，严格说这样的说法不科学，因为他们是把精见两组字都读得像 [ts]、[ts']、[s] 了。另外，《辞海》对"尖团音"的解释是："尖音和团音的合称。声母 [ts]、[ts']、[s] 跟 [i]、

[y] 或以 [i]、[y] 开头的韵母相拼，叫尖音；声母 [tɕ]、[tɕ']、[ɕ] 跟 [i]、[y] 或以 [i]、[y] 开头的韵母相拼，叫团音。……普通话不分尖团，'精经'、'青轻'、'星兴'都读团音。"这样的说法也不科学。"尖团"是音类的概念，尖音和团音，在分尖团的方言中，虽然 [ts]、[tɕ] 的区别比较普遍，但还有许多其他读法，并不都是 [ts] 组和 [tɕ] 组的区别，如山东分尖团的方言读音有 8 种之多（[ts]、[c]；[tɕ]、[c]；[tʃ]、[c]；[ts]、[tɕ]；[tθ]、[tɕ]；[tʃ]、[tɕ]；[ts]、[tʃ]；[ɬ]、[tʃ]）。《辞海》用一种方言的音值来说明一种音类，失在以偏概全。

19 世纪新语法学派强调"语音演变规律无例外"就是基于对语音系统性的认识，在我国影响很大。但是什么事情绝对化了就有偏颇。语音演变中"类同变化同"固然是一条普遍规律，但也必须看到还有例外的存在。例如，上面说到的清声母入声字今北京分化为"阴阳上去"四声，没有明显规律；又如，声母"见溪群疑"中的"溪"，北京读擦音 [ɕ] 而不读 [tɕ']；再如，"产"字《广韵》"所简切"，按上字同声母的规则此字应读擦音 [ʂ]，而现在的北京及许多方言都读送气塞擦音 [tʂ']，只有胶东莱州 [s]、平度和即墨 [ʂ] 一带还读擦音。这样的例子很多。

确立了时和地、系统性这几个观点，我们再介绍音韵学中的拟音问题。

古人因读经的需要，小学识字教育就有注音问题。汉代称文字学为小学，因为儿童入学先要认字。隋唐以后，文字学、训诂学、音韵学统称小学。那么古人怎样来给汉字注音？

周汉采用"借字标音"的方法来给汉字表音，也就是用一个字来表示另一个与之同音或近音的字的读音，例如"某读曰某"（直音）、"某读如某"（读若）。"直音"就是用同音字注音，"读若"顾名思义是用近音字注音了。

汉字可以借用，古人的假借字犹如现代的别字，用的时间长了，也就约定俗成被认可了。假借的条件就是语音相同或相近，近代文学著作如蒲松龄《聊斋俚曲集》将"和"字写成"合"，因为作者的博山方言"和""合"同音。

魏晋南北朝时期，随着对汉语语音认识的深入，又受到当时佛学的影响，逐渐有人按照梵文的拼音原理来分析汉字字音，反切开始盛行。反切依据双声叠韵的原理，把一个音节分析为两部分。由单字的记音演变为两字的拼音，是注音方法的一大进步。

反切是我国传统的拼音方法，是我们研究各类韵书的基础。反切
要领：

①上字取声　反切上字与所切之字同声母

东，德红切　东和德同声母

同，徒红切　同和徒同声母

②下字取韵、调　反切下字与所切之字同韵母、声调

东，德红切　东和红同韵母、声调

同，徒红切　同和红同韵母、声调（系连法："东同红"同韵）

以后有注音字母，如：ㄅㄆㄇㄈㄚㄛㄜ等。

现在的北京语音就是《汉语拼音方案》。

音韵学一向被认为是天书，其实只不过是研究古代语音的学问。古
音系的研究主要依靠先秦韵文和谐声字（形声字）的声符，如"江（从水工
声）""河（从水可声）"，"工"和"可"是表音的，"江与工""和与可"是谐声
关系。我国古音研究到了清代进入了十分昌盛的时期，特别是对于韵类
的研究。古韵部的建立自宋代郑庠 6 部，到清代顾炎武（1613—1682）10
部、江永（1681—1762）13 部、戴震（1724—1777）20 部、段玉裁（1735—
1815）17 部、黄侃（1886—1935）28 部，现代音韵学家王力增至 29 部，
高亨先生《古字通假会典》19 部。

中古有了韵书，音韵学家对中古韵类的研究主要是依靠《广韵》。

《广韵》206 韵（平 57、上 55、去 60、入 34），今北京音韵母是 39 个，
两者分韵有所不同。

①《广韵》按四声分韵，如"东董送"，按平上去的不同分为三个韵，
北京同为一韵。

②《广韵》有入声韵 34 个，今北京入声的塞音韵尾消失，全部转
为阴声韵，即没有辅音韵尾的韵母，如"立（深开三）"[lip]、"栗（臻开
三）"[lit]、"力（曾开三）"[lik]，北京都读 [li]。由此可以判断：凡有鼻音韵
尾的，肯定不是古入声字。

③《广韵》鼻音韵尾有 [m]、[n]、[ŋ] 三个，如"凡（咸合三）"[fam]、
"烦（山合三）"[fan]、"房（宕合三）"[faŋ]，北京只有 [n]（[m][n] 合并）、[ŋ]
两个，"凡烦"都读 [fan]。

206 韵太复杂了，音韵学家将韵腹和韵尾相同或相近的韵归并为一
类，称为"摄"，"摄"有归纳、概括之义。罗常培《汉语音韵学导论》："所
谓摄者，盖即聚集尾音相同、元音相近之各韵为一类也。"《四声等子》

（作者不详）、《切韵指南》（元·刘鉴《经史正音切韵指南》）等分《广韵》为十六摄，《方言调查字表》将十六摄排列为：果假遇蟹止效流，咸深山臻，宕江曾梗通。十六摄韵尾及主要元音的分布大致如下表：

韵类	韵尾		摄	主要元音
阴声韵（平上去）	开尾	无尾	果 假 遇	o a u
	元音尾	i	蟹 止	ai ei
		u	效 流	au ou
阳声韵（平上去）	鼻辅尾	m	咸 深	am əm
		n	山 臻	an ən
		ŋ	宕江 曾梗 通	aŋ əŋ uŋ
入声韵（入）	口辅尾	p	咸 深	ap əp
		t	山 臻	at ət
		k	宕江 曾梗 通	ak ək uk

　　阴声韵、阳声韵、入声韵，是按有无韵尾或韵尾的不同来给韵母分类的。另外，从韵母主要元音开口度的大小和韵头的不同来分析韵母的，就是开合和等呼。

　　音韵学家将韵母分为开口、合口两呼：凡主要元音是 [u] 或介音是 [u] 的叫作合口，反之为开口。等即等第，音韵学家将古韵母分为四等，清音韵学家江永《音学辨微》《四声等子》："音韵有四等，一等洪大，二等次大，三四皆细，而四尤细。"洪音舌位较低较后，细音舌位较前较高。如效摄有四等，一等"豪"[ɑu]、二等"肴"[au]、三等"宵"[ieu]、四等"萧"[ieu]。丁声树、李荣《汉语音韵讲义》："古代的开合口、摄、等和今音的开齐合撮四呼大致都有相当整齐的对应关系，但是错综的情况也要注意。"将《切韵音系》的四等二呼和今普通话四呼对照，大致有以下关系：

	古开	古合
古一、二等	开口呼	合口呼
古三、四等	齐齿呼	撮口呼

　　所谓错综的情况就是有许多例外。这种例外，有的是成系统的，有的是个别的。系统的如，见晓组开口二等为齐齿呼，如"江家"等字；古合口一等今读合口呼，但是唇音声母字读开口呼，如"波杯半本"等字。个别的如，"傻"字是假摄合口二等字，今读开口呼。

音韵学传统的三十六字母，是在唐末和尚守温（音韵学家）参照梵藏字母所创的三十字母的基础上，由宋人增加"非敷奉微床娘"六字母而确立的。三十六字母如下：

	唇音		舌音		齿音		牙音	喉音		半舌音	半齿音
	重唇	轻唇	舌头	舌上	齿头	正齿					
全清	帮 p	非 f	端 t	知 ȶ	精 ts	照 tɕ	见 k	影 ʔ	晓 x		
					心 s	审 ɕ					
次清	滂 pʻ	敷 fʻ	透 tʻ	彻 ȶʻ	清 tsʻ	穿 tɕʻ	溪 kʻ				
全浊	并 b		定 d	澄 ȡ	从 dz	床 dʐ	群 g				
		奉 v			邪 z	禅 ʐ			匣 ɣ		
次浊	明 m	微 ɱ	泥 n	娘 ȵ			疑 ŋ		喻 ø	来 l	日 ȵʑ

表中所注音标录自《辞海·语言文字分册》43 页。

认识声母的清浊的区别非常重要，正如前面所说，现代汉语方言的古今声调演变，往往是以声母的清浊为条件的。

古音韵研究中，韵类的研究发达，声母和声调则很欠缺。值得一提的是清人钱大昕（1728—1804）对古声母研究的贡献。最著名的是"古无轻唇音"，他举出许多古书上双唇和唇齿字相通的例子，如"伏羲"即"庖羲"、"方羊"即"旁羊"、"扶服"即"匍匐"，"纷"读如"豳"、"繁"读如"婆"等。仅就古书通用来说，"古无轻唇音"也可说"古无重唇音"，但是现代闽方言古轻唇音（唇齿音）读为重唇音（双唇音），例如："富"字厦门读 [pu˨]（白读）、福州读 [pou˨]（白读），"饭"字厦门读 [pŋ˨]（白读）、福州读 [puoŋ˨]（白读），可以证明钱大昕"古无轻唇音"的结论是正确的。

传统的音韵学在语音系统方面的研究取得了很大成就，但是在音值（实际读音）方面却很不足。

古代没有音标，语音系统是通过在同一类字中取其中的一个字来表示的，例如：声母"帮滂并明"中的"帮"，表示与"帮"同一声母的声类；韵母"东董送屋"中的"东"，表示与"东"同一韵母的韵类；声调"平上去入"中的"平"，表示与"平"同一声调的类。最早这些代表字并不固定，如守温三十字母唇音为"不芳并明"，后来才约定俗成逐渐有了比较固定统一的说法。这些代表字，相当于数学中的 X，这个 X 只是代表某一音的类而不能表示实际读音，这对音韵学家来说是很头痛的事情，段玉裁就自认"审音功浅"，他将"支脂之"三分，虽然从各种经书中得到了充分说明，但是始终不能进一步从审音方面去推求这三部之所以分的原因，很苦恼的，1812 年写信给江有诰说："能确知脂之分为三之本源乎？何以陈隋以前支韵必独用，千万不一误乎？足下沈潜好学，当必能窥其机倪，仆老耄，倘得闻而死，岂非大幸也？"（见《经韵楼集》）

又如：汉语自古有声调的区别，但是直到南北朝时，才有沈约、周颙等人明确"平上去入"四声。南北朝梁武帝（高祖）问周舍："何为四声？"周舍回答"天子圣哲是也"。至于四声音值已不可考，古人描写如：

唐·释神珙《反纽图谱》	明·释真空《玉钥匙歌诀》	清·顾炎武
平声哀而安	平声平道莫低昂	平声最长
上声厉而举	上声高呼猛烈强	上去次之
去声清而远	去声分明哀远道	
入声直而促	入声短促急收藏	入声则诎然而止无余音矣

这些描写都不能说明四声到底是怎么读的，拟音就是要解开这个 X 的数值问题，而要解开这个数值的根据就是时、地和语音系统性的理论。

最早用国际音标来构拟古音的是瑞典汉学家高本汉（1889—1978）。他的《中国音韵学研究》（原著法文，赵元任、罗常培、李方桂合译，1940 年出版，1948 年再版）把国外现代方言学的调查、研究运用于汉语方言研究，在描写、分析现代汉语方言的基础上，参照古代的韵书、韵图，构拟了整套中古音的系统，并理出中古音系到现代音系的演变过程。古音构拟在很大程度上依靠方言，例如：今吴语保留了古全浊声母的读音，粤方言有六个韵尾 [m]、[n]、[ŋ] 和 [p]、[t]、[k] 等（犹如为祖宗画像）。《中国音韵学研究》使我国音韵学研究进入了一个崭新的时代，以后的音韵学研究在很大程度上都是对《中国音韵学研究》进行补充和修正。王力对这个拟测说："高氏精心考据，引证甚博；在我们未能寻出一个新的韵母系统以前，自应暂用高说。"（246 页）

对上古音的拟测，则是通过中古音系推出来的。至于是否可信，王力《汉语语音学》说："上古音值之所以难研究，是因为不像中古时代有韵书、韵图，及外国译音的资料；又因中古离现代较近，单靠对现代的方音也可以对中古的音值推测得一个大概。我们研究上古音，大约只能有两种根据：第一是'谐声'；第二是先秦的韵文。但是，从两种材料里也只能得到一个语音系统；至于实际音值，不能不依靠我们所估定的中古音值再往上古推测；如果中古音值考得不精确，上古音值也就发生动摇。由此看来，上古音系容易得到定论，而其音值的定论却很难得到。"（428—429 页）

声调研究中，调类比较明确，调值是没法拟定的。日本著名汉学家平山久雄曾利用济南方言的轻声音变推断济南方言的古声调，他的学生岩田礼问我怎么看，我没说对或不对，只说"这是没法印证的"。

实际上即使是音类研究也不是没有问题。前面讲到系统论的观点，但是如果绝对化了，就难免出现偏差。古音学家为求音系整齐，往往把各种音类安排得十分整齐，例如"知彻澄娘"和"端透定泥"，"娘""泥"两母无论从《切韵》系统看还是从现代方音看，都是一个音位，被认为是宋代等韵学家为使图表整齐而勉强分出来的。当然，这只是局部现象，从总体来说还是可信的。

现在复印给大家的是：① 国际音标表；② 汉语拼音字母和国际音标对照表；③ 丁声树、李荣《汉语音韵讲义》中"古今声母比较表"和"广韵韵母表"，可以从中看到古今（北京）声母的演变，及《广韵》的韵摄情况（8—11 页）；④ 王力《汉语语音史》"第十章　历代语音发展总表"，包括声母、韵母、声调（490—525 页），供大家需要时参考；⑤ 高本汉声母、韵母拟音表。

附注：

沈约（441—513）：南朝梁文学家。字休文，吴兴武康（今浙江德清武康镇）人。与周颙等创四声、八病之说。（见《辞海》903 页）

周舍：字升逸，汝南安城人。晋左光禄大夫颙之八世孙也，父颙齐中书侍郎，有名于时，舍幼聪颖，颙异之。临卒谓曰："汝不患不富贵，但当持之以道德。"既长，博学多通，尤精义理，善诵书背文讽说音韵清辩……高祖即位，博求异能之士，吏部尚书范云与颙素善，重舍才器，言之于高祖，召拜尚书祠部郎。（见《二十五史·梁书·周舍列传》742 页）

梁武帝（464—549）：即萧衍，南朝梁的建立者。502—549 年在位。字叔达，南兰陵（今江苏常州西北）人。……长于文学，精乐律，曾创制准音器四具；又制长短不同的笛十二支以应十二律，并善书法……（见《辞海》1378 页）

高祖武皇帝讳衍，字叔达，小字练儿，南兰陵中都里人……（见《二十五史·梁书·武帝纪上》692 页）

陈第（1541—1617）：明音韵学家。字季立，号一斋，福建连江人，万历秀才。研究古音，认为"时有古今，地有南北，字有更革，音有转移"，论证了古今音的不同，对后世的音韵研究颇有影响。著有《毛诗古音考》《读诗拙言》《屈宋古音义》等。

守温　唐末和尚，音韵学家。参照梵藏字母创制三十字母，为宋人三十六字母蓝本。（见《辞海·语言文字分册》8页）

守温（《韵学残卷》）30字母：

唇音　不芳並明

舌音　端透定泥是舌头音　　知彻澄日是舌上音

牙音　见溪群来疑等是也

齿音　精清从是齿头音　　审穿禅照是正齿音

喉音　心邪晓是喉中音清　　匣喻影亦是喉中音浊

（见张世禄《中国音韵学史》下册15—16页）

谈"现代汉语"教学中的几个问题

  从一九七七届的新生开始，山东大学中文系恢复了"现代汉语"课的系统讲授。我先后给七七和七八两届学生开这门课的语音和绪论、语音、文字部分，在教学中断断续续地对一些问题进行了思考，特别在去年十月参加复旦大学"现代汉语"教材修订座谈会时，许多老师的发言又使自己深受启发。下面就理论和实际的关系问题，主要以语音部分为例谈一点粗浅的看法，以求教于众位师友和有关同志。

  一九五八年以前，一些语言课的教学存在着理论脱离实际的倾向。一九五八年，"现代汉语"课理论脱离实际的现象受到了批判。可惜在注意克服这种倾向的时候，另一种否定理论或者是不敢讲理论的倾向又产生了。课堂教学单纯强调实际（严格说是练习，连实际也是不全面的），来了个"矫枉过正"。结果是，课堂上知识性的东西越讲越少，教材越编越简单，学生感到学不到多少知识，也就越来越不爱学，直到"文化大革命"期间，有的部分干脆被取消。

  "现代汉语"课从排除理论到部分取消，正是"四人帮"及其同伙取消中文系课程中古汉语、中国语言的主张。也正是这种主张，使语言学的教学工作遭遇空前的浩劫。如果说五八年前理论脱离实际的现象是语言教学前进道路上的一个缺点，那么以后从理论到实际的彻底取消，则是连前进的道路也被堵塞。当然，取消语言课是"四人帮"文化专制主义的结果，但是我们也不能不看到，前些年矫枉过正、摈弃理论的做法，确也为最后的取消准备了条件。

  全党工作着重点的转移，必将使我国的科学文化事业出现前所未有的繁荣局面，必然要对语言学的科研和教学工作提出新的更高的要求。形势逼人思考，"现代汉语"课怎么办？进一步明确课程的性质，重新认识过去，从中总结经验和教训，澄清思想上的混乱，都是提高教学质量的前提。在复旦大学教材修订座谈会上，有的老师提出"现代汉语"课的名称，今后是不是改成"现代汉语学"。这种提法反映了老师们对这门课程的认识，也是对过去一个时期忽视理论的一种否定。我觉得当前"现代汉语"课存在的问题之一，就是未把理论提到应有的地位。

"现代汉语"是一门基础课，是要使学生能够获得有关现代汉民族共同语的基本理论知识和具有一定语言修养的课程，是学生进一步学习语言和文学的专门知识的基础。要达到这样的要求，就必须兼顾基本理论、基本知识和基本技能训练三方面，也就是有关现代汉语的一些语言学基本理论、现代汉民族共同语的系统知识及上述理论知识的具体运用。

从教学的实际效果看，上述三方面是相辅相成、互为因果、缺一不可的。拿语音来说，要想使学生迅速而准确地掌握发音，就要使他了解发音的原理。例如学辅音，就该搞清楚辅音的特点。从语音学的原理来认识，辅音都是噪音（浊辅音兼有乐音成分）。任何一个辅音都可以从发音部位和发音方法两方面进行分析。发音部位是说气流在哪儿受阻，发音方法是说气流受到的是什么样的阻碍和怎么样破除阻碍。整个辅音的讲授基本上可以用"阻"字贯串起来。在认识了辅音的这个基本特征的基础上，再对普通话的二十二个辅音进行具体分析，学生知其然又知其所以然，口头练习自然就比较能够达到既快又准确。另外，对某些近似的音也就易于识别，像 r 和 -i[ɿ]，只要讲清楚 r 是辅音，气流通过口腔要受阻，发音器官有摩擦的感觉，而 -i[ɿ] 是元音，气流通过口腔时不受阻，发音器官没有摩擦的感觉，有的学生是一点就通的。在指导学生练习辅音的具体实践中，还要注意引导他们体会辅音的特点，以加深对辅音原理的理解。可以说，用语音学的理论来指导听音和发音的实践，又以听音和发音的实践来巩固学得的理论知识，是抓住了主干，能够达到枝叶并茂，打下较好的基础。

就当前来说，"现代汉语"课的语音部分把教学《汉语拼音方案》和普通话作为一项重要的内容，是根据现在学生的实际情况决定的。但是我们不能把这部分的内容跟单纯的普通话练习等同起来，因为普通话并不只是一个语音问题，对普通话的口头练习也绝不是目的，那么，北京的学生是不是从现在开始就可免修？几年以后，语音部分也就可以再度取消。因为从去年九月，教育部就向全国发出了《关于加强学校普通话和汉语拼音教学的通知》。通知要求从一九七八年起，五年内应做到各级各类学校的语文教师基本上能用普通话教学，其他各科教师也能逐步用普通话教学；八年内做到各级各类学校基本普及普通话。往后，在正常情况下，小学生一进校，首先就是学习《汉语拼音方案》，又经过从小学到中学十年的普通话教育，有什么必要重复一遍中小学的内容呢？实际上，中小学的《汉语拼音方案》和普通话，基本上是作为一种工具来学的，这是大学"现代汉语"课的必要基础。而"现代汉语"课，则要用马克思主义语言学的理论，来对现代汉民族共同语进行细致的分析，整门课程内容是一个完整的科学体系。

一九七八年二月，华国锋同志在第五届全国人民代表大会第一次会议上作《政府工作报告》，提出："我们必须极大地提高整个中华民族的科学文化水平。"[①] 任何一门学科都离不开语言，可是我国的语言学知识太不普及。人人都会说话，但是有多少人知道语言是什么？话又是怎么样说出来的？新时期的总任务要求"现代汉语"课担负起普及语言学知识的任务，要让更多的人掌握必要的语言学知识，正确使用祖国语言，更好地完成本职工作。另外，我们也要在教学中注意发现、培养语言学的研究人才，为壮大语言科学的阵容作准备。我们不仅要使学过"现代汉语"课的学生能够得到现代汉语的系统知识，还希望通过他们去影响更多的人。随着我国语言科学的发展，人们对现代汉语的研究将日益深透，"现代汉语"课的内容也要不断得到充实，理论方面也必然要相对地逐步加强。像语音，将来是不是还可加一点声学的内容？

这时，我想附带谈一个关于教材的具体问题。过去见到语音部分的教材有两种，即声母、韵母系统和元音、辅音系统。但就近年来我所见有限的几种教材看，大家用的多是前一种，而且理论部分比较简略。声母、韵母系统的教材有不少长处，因为声母和韵母是汉语音节的基本成分，从声母、韵母的角度来介绍汉语语音比较方便。声母、韵母系统跟我国传统的音韵学和《汉语拼音方案》也比较一致，它跟中小学所学的内容也便于衔接，等等。但是从语音学的角度看，在阐述音理方面，又觉得元音、辅音的系统比较方便。例如用元音、辅音的系统讲元音，一般按这样的顺序讲：元音的共性是声带颤动，气流通过口腔时不受阻。各个元音的特性是由口腔和鼻腔的节制所形成的不同共鸣器而形成的。根据发音器官在构成不同共鸣器时的作用，元音又可分为舌面元音、舌尖元音、卷舌元音和鼻化元音。在发音过程中，共鸣器形状始终不变的是

---

① 《团结起来，为建设社会主义的现代化强国而奋斗》，人民出版社，1978。

单元音,共鸣器有了变化,就会发成复合音。这样讲,脉络比较清楚,似乎容易讲得透彻。用声母、韵母的系统讲时,概念交叉的情况比较多。例如,舌面元音图放在单韵母中,而单韵母又不只有舌面元音;复韵母部分还要介绍复合元音的特点。再如,声母表所列的发音部位和发音方法两项,实质上是辅音音素的发音部位和方法,而 ng 这个辅音就不能列入其中;就声母讲,普通话的声母连零声母共二十二个,那个零声母也不能列入表中。当然,元音、辅音的系统在讲到音节结构时也必须归结到声母和韵母,也有一定的交叉现象。究竟怎么样好,如果能开展一些讨论,那还是很有好处的。

　　最后一个问题,从学生的学习情况看,"现代汉语"课加强理论知识的讲授,对培养学生的学习兴趣也能起到积极的作用。担任"现代汉语"课的教师,一个顶头疼的问题是学生不喜欢上语言课,语音部分尤其是如此。原因究竟在哪里?除去大家感到的语言课"枯燥无味"等原因之外,我看还在于上面提到的语言科学太不普及,学生对这门课的性质不了解,内容太陌生。不少学生开始上课前就断定这门课没有多少内容,也因而认为学了这门课对自己的深造没有什么用处。尤其是那些一来就偏爱文学的学生,就有必要特别耐性地、满腔热情地帮助他们,使他们认识到"现代汉语"不但是进一步学习语言学科的基础,也是学好文学专业的基础。例如,一些学生很喜欢唐宋诗词,准备将来搞古典文学,想要研究古诗词,而古诗词是要讲平仄的,平仄是什么呢?要知道我国古典诗词的这种独特的艺术风格正是汉语语音有声调这一特点的具体运用,可是你连声调都分不清,还讲什么平仄?还有一些学生热衷于现代文学的研究,自然就要了解汉语诗韵的情况,如果连什么是韵母都搞不清,恐怕有一天也要碰钉子的。搞文艺理论,那么形象思维是什么?与语言有无关系?一个最关键的问题是,要真正使学生体会到这门课的知识有用,就必须热心地为他们打开知识的大门,引导他们去掌握这些知识,使他们能尝到"甜头"。事实说明,结合对普通话语音的系统介绍,有计划地讲授一些语言学的理论知识,学生是欢迎的。有的学生钻进去了,兴趣也就有了,还能主动地找些参考书来看,觉得语言学还真有些东西值得学、有些问题值得研究呢!

　　以上从教学的实际效果,"现代汉语"课本身的任务和发展,以及提高学生的学习积极性三方面,谈了谈"现代汉语"课加强理论的必要性,主要是针对批判理论脱离实际后忽视理论的情况来说的,并不包含否定实际的意思在内。总之，"现代汉语"课是高等学校中文系的一门重要的基础课，教学质量，对学生的学习质量有直接的影响；对我国语言科学的发展，也有一定的影响。希望这门课程能够引起各方面的关注。

（原载《文史哲》1979 年第 4 期）

《中国语言学要籍解题》前言

一

在我国光辉灿烂的古代文化宝库之中，语言文字之学占有极其重要的特殊的地位。这是因为：语言的历史跟人类社会的历史是同样久远的，而人类之所以进入文明时代，是倚仗了文字的产生；我国历代文化的很大部分是靠汉字所记录的语言来保存的，而语言的发展造成了方域、古今的不同，不研究语言，不足以通古今，也就谈不上继承古代文化。我国语言学在世界语言学的历史中，算得上是历史悠久、成果辉煌了，我们有世界第一本字典、第一部方言专著，有因汉语本身特点及传统教学方法所决定的特殊的语言学科训诂学和音韵学，有适合汉字产生及发展特点的文字学，等等。

20 世纪 80 年代，中国的语言科学面临着革新，广大语言工作者特别是青年一代，孜孜以求，努力要在开拓语言学研究新领域、新方法方面作出贡献。回顾过去是为了更好地建设未来，继承古代文化遗产的前提是了解这些遗产。鉴于新中国成立以来我国一直还没有一本比较系统的全面介绍中国历代语言学要籍的著作，我们深感很有必要填补这一空白，以满足社会的广泛需要。我们编写此书的宗旨是：既具有一定的工具性以供索骥之需，又具有一定的学术性以反映我国语言学研究的历史概貌。教师可按不同的需要或直接用为教材，或作为编写各科讲义的基础；学生可用作参考书；一般读者则可通过它来了解我国历代重要语言学著作的主要内容及方法。

二

本书共选择介绍了从先秦到新中国成立前的语言学专著 186 种（含少量在语言学研究史上有影响的论文）。分为音韵、训诂、语法修辞、方言、文字五类。各类中的篇目基本上按时间先后排列，但又兼顾以类相从的原则，如把研究《说文》的著作都排在《说文》之后，这样做是为了满足系统性的要求和方便读者阅读。各篇的介绍包括作者、内容、体例、方法、成就及其在语言学史上的地位、缺失、后人研究情况、版本等。其中以内容介绍为主，评价为辅。

收入两种或两种以上著作的作者，其生平只在一种书上介绍，其余只说明"见 ××（篇）"。版本的介绍以易得的通行本为主，尽量提供经人整理过的好版本。

三

编写此书的建议最初出自齐鲁书社的于志强和于春香两位青年同志。参加编写的大多是山东大学等高等学校的中青年骨干教师，有半数以上是语言学硕士学位获得者，他们思想敏锐、视野开阔，在研究生就读期间及毕业后的工作中都曾对我国古代语言学著作的某些部分有过较为深入的钻研。无论是篇目还是体例，都是集体讨论拟定的，各人选择自己最熟悉最有心得的篇目进行编写。初稿写定后由各编辑组成员按类分工审阅，修订后再集中由我们两人各自通读全稿，最后请顾问蒋维崧先生审阅。蒋先生从篇目的选定到编写都作过具体指导。在审稿过程中，蒋先生不仅指出了原稿存在的不足和错误，有的甚至亲手动笔进行了修改。可以说，此书是几经反复方始定稿的。值得欣慰的是，我们终于把近三十位同志平素悉心研究的心得汇集到了一处，犹如颗颗珍珠穿为一串。同志们精诚团结，互相尊重，取长补短，反复修改，保证了此书能够顺利完成。至于我们两人，一年来虽也尽心竭力，可毕竟受学识才力所限，全书缺点错误在所难免，敬请方家教之。

钱曾怡　刘聿鑫

1988 年 2 月 1 日

（原载《中国语言学要籍解题》，齐鲁书社，1991 年 11 月）

《汉语方言大词典》的贡献

  《汉语方言大词典》(以下作《大词典》) 以今为主,将古今方言研究者已刊或未刊的著作收集起来,并加以整理编辑,是我国第一部通贯南北古今的大型方言工具书。它的出版是继 1998 年江苏教育出版社出版《现代汉语方言大词典》(分卷本) 之后,汉语方言研究和词典编纂出版领域的又一件大事。

  作为迄今为止第一部全面展现汉语方言概貌的大型辞书,《大词典》在汉语方言学和词典学等方面都作出了很大的贡献。

一　在方言学方面的贡献

  从方言学的角度来看,《大词典》不失为一部总汇已有成果、开拓未来新径的方言著作。作为一部产生于 20 世纪末,肩负着继往开来重任的方言大词典,它以丰富的材料、浩博的内容和独特的形式,为现代汉语方言学的辉煌增添了厚重的一笔,也为汉语方言学今后的发展奠定了良好的基础。

1.《大词典》汇集了迄今为止汉语方言词汇调查的丰富资料

  世界上的其他语言很少像汉语这样,具有那么多种、那么复杂的方言,也正因为如此,世界上的其他语言也很少像汉语一样,积累有那么多记录不同时代地域方言差异的文献资料。就词汇研究来说,早在先秦时期就有不同地域间方言差异的记载,西汉时期已有较为系统的汉语方言词汇专著问世;此后,特别是宋、元、明、清时代,更是不断有精辟的方言论述出现;尤其从 20 世纪 80 年代以来,汉语方言词汇研究成绩卓著,涌现出大量的研究成果。然而,这些词汇材料是分散存在的,很不便于人们查阅、运用。《大词典》顺应时代的要求,对它们进行了收集、整理,成为具有严谨体例的一部大型方言词汇工具书,不失为汉语方言研究史上的一次创举。

2.《大词典》是第一部最能集中体现汉语方言词汇全貌的语言词典

汉语方言研究发展到今天，可以说，已对我国境内的绝大部分地区的方言情况都有了不同程度的认识，但用词典的形式对汉语方言进行通贯古今、覆盖全国的多方面介绍的著作，《大词典》还是第一部。在这之前不久出版的《现代汉语方言大词典》（分卷本），在汉语方言中，选取具有代表性的 41 个方言点作为描写对象，其特点是对这 41 个方言点进行细致、周密、深入的共时描写，求精，求细，求深。这样的词典当然有很高的学术价值，但由于它选取方言点的数量有限，所以往往覆盖面不够广，如对汉语方言中极具特色的徽语便没有设点，不能不说是一种遗憾。

与此相比，《大词典》的特点则是求全，求广，求宽。它对 1200 多种古今汉语方言文献中所涉及的东北官话、北京官话、冀鲁官话、胶辽官话、中原官话、兰银官话、江淮官话、西南官话、晋语、徽语、吴语、湘语、赣语、粤语、闽语、客家话、平话以及古方言、古南方方言、古北方方言等 20 多种方言的几乎所有区片的方言词汇，都作了介绍，有更大的普遍性和实用性。尽管由于方言词汇的收集受材料来源方式的限制，有一定的随机性，词典中各地区、各时期方言词语的采用比例并不十分平衡，但它仍不失为我国目前汇编方言词汇涉及区域最广、时间跨度最大的一部方言词典。从这个意义上说，《大词典》弥补了《现代汉语方言大词典》（分卷本）的不足，更确切地说，它们从不同的角度填补了我国方言辞书编纂的空白，以不同的方式向世人展示了汉语方言词汇的面貌。

3.《大词典》创用多元化的表现手段来表达方言调查研究成果

《大词典》对于汉语方言全貌的描述，不同于以往任何一部方言词典和方言研究论著，它既突破了词典表现形式的局限，又避免了一般研究论著在表现形式上的铺张，创造性地采用了古语、今语一典同现，今人、古人语料互证的共时和历时互为补充、互为参照的多元化描写手段，把不同时间里研究不同地域方言的大量文献资料，有计划、有目的、有重点地以不同形式展现出来，比如：

天行　〈名〉天然灾害；流行性疾病。① 古方言。唐段成式《酉阳杂俎·广知》："船底苔，疗～。"《喻世明言·月明和尚度柳翠》：

"柳宣教感～时疫病，无旬日而故。"②吴语。江苏。叶圣陶《倪焕之》十："还可以看它怎样遭逢疾病，怎样抵抗～。"（注音略，下同）

亡赖 ①〈形〉狡诈；品行不端。古方言。《汉书·高帝纪》："始大人常以臣～。"唐颜师古注引晋灼曰："或曰江淮间谓小儿多狡诈狯为～。"②〈名〉不务正业、品行不端的人。吴语。上海宝山。清光绪八年《宝山县志》："～，俗呼不习善者。"

同义词条中，古方言语料与今方言语料比较，同形词条下，古方言义项与今方言义项对照，既为我们展现出古今方言之间的相互关系，也为我们更准确地理解古代汉语文献资料，提供了一个简洁有效的途径。通篇古今互和、文白相谐，融学术风格和实用特点为一体，起到了雅俗共赏的效果。

二 在词典学方面的贡献

从词典学的角度来看，《大词典》由于特殊的编纂目的，在某些方面也许并不那么完美，但它却以其独特的编排体例和丰富的内容，为汉语词典的编纂开辟了一条新的途径。

1. 编排体例周全

《大词典》特别注重读者的需要，为此，它在体例的安排上有意进行了以下几项独到的处理。

第一，多种检索方式共举。为了便于查检，词典不仅正文按汉字笔画编排，还附有"汉语拼音（附注音字母）"和"四角号码"两种索引，以满足各类读者的查阅需要，提高检索速度。当然，如果词典能在此基础上再增加义类索引，顾全形音义三方面的特点，读者所能够获得的使用空间就会更大。

第二，条目全部标注词性。为了使读者更准确地理解所注词语的含义和用法，词典对每一个义项都加注了词性。从注音、释义、标词性、指明方言区片四个角度入手，来注释方言词语，尤其是加注词性，是《大词典》体例设计上的一种独特的周全考虑，这种用尽可能大的拓宽词典注释范围的方法来最大限度地提高词典的使用价值的做法，对于信息时代的词典编纂学来说，无疑是非常必要的。

在语言词典中给词语标注词性，一直是一项非常繁杂而且难度较大的工程，所以一般词典都极少涉及这个问题。而《大词典》则知难而上，给 21 万条方言词语的各个义项都分别标注了词性，充分显示了词典编纂者深厚的语言研究功底。词性的判别，涉及许多复杂的问题，尤其需要对词语的用法和意义，进行更深入、细致、全面的了解、认识，标注词性的过程，实际就是一个研究方言词语语法特点的过程。所以，这项基础工作的完成，不仅有助于广大读者对方言词语有更清楚的了解，而且有助于今后汉语方言语法的研究。

第三，利用"附录"补足正文内容。为了使正文中所列项目的解释更为详尽，词典在正文后以加"附录"的形式作为补充。比如词典的每一词条或词条下属不同方言区的各义项都标有方言归区，比如：

> **嫣头**　闽语。福建厦门。①〈形〉新鲜的。指食品没有变质，没有干缩，也没有经过腌制、干制等。特指水果。②〈形〉（花朵）没有枯萎，色泽新鲜。
>
> **撩活**　①〈形〉随便或不停地搅动。晋语。内蒙呼和浩特。他一个劲地乱～甚呢？②〈形〉活跃；活泼。吴语。浙江苍南金乡。病好转，人又～起 | 鱼拎到家园水里仍旧蛮～。

上举两例对福建厦门方言、内蒙古呼和浩特方言和浙江苍南金乡方言所属的方言小片并没有进一步说明。为了使读者进一步了解它们的详细归属情况，附录"全国各县市汉语方言系属简表"，列出了全国 2120 多个县市方言的具体系属。诸如上文提到的"福建厦门"正文中只说是"闽语"，"内蒙呼和浩特"正文中只说是"晋语"，"浙江苍南金乡"正文中只说是"吴语"，读者可以利用附录"全国各县市汉语方言系属简表"进一步查到：福建厦门方言属于闽语的闽南区泉漳片，内蒙古呼和浩特方言属于晋语的张呼片，浙江苍南金乡方言属于吴语的太湖片。这样处理，不仅对广大读者全面了解汉语方言属区的情况大有帮助，也使正文有关方言属区的描述得到了更详尽的补充说明。

2. 采编内容宽广

《大词典》的编纂目的，旨在汇集、整理、积累古今汉语方言资料。因此，对它而言，采编覆盖面宽、信息量大、数量尽可能多的方言文献资料是至关重要的。从词典附录"本词典引用古今语言文字类文献目录"中所列出的 1200 余种方言文献资料的情况来看，《大词典》所采编的内容并不只是局限于一时、一地、一人、一种文献，而是现代汉语方言资料和古代汉语方言文献资料兼收，已刊资料和未刊资料兼收，国内资料和国外资料兼收，南北、东西方言资料兼收，其跨越的历史之长、地域之广，在方言词典编纂史上是前所未有的。《大词典》就是在这样一个广阔的领域内收录了21万条方言词，编纂成了这部纵能通贯古今、横能覆盖全国的真正跨越时空的大型方言词典。

一本如此浩博的方言词典，能在仅仅两年多的时间内完成全部材料的搜集、整理工作，确是得益于《大词典》的编辑目的和取材方式，但这更要归功于词典编纂者实事求是的治学态度。《大词典》汇集古今众多学人的研究成果，但绝不攫来据为己有，而是非常尊重每一位提供材料的学者的劳动，在附录中如实地列出"本词典引用古今语言文字类文献目录"，以对正文材料的来源、出处作出明确交代，这种谦虚、诚恳的学风，正是词典成功的原因所在。

当然，《大词典》的特殊编纂目的，也给它带来了一些不容忽视的缺点。例如，在释义方面，详略不均。在例句方面，有的词条没有例句，诸如上面所举"嫣头"一条。在注音方面，有的词条没有标音，诸如云南昭通方言的词语"瘦恰恰""懒古""瘟瘰公""趣蔑眼"等。这些缺点都是由《大词典》取材方式决定的，也是词典编纂者自身所无法克服的。

《大词典》全书采用了数十万个口语例证和文献书证，涉及古今语言文字类文献资料1000余种，其他各类文献资料如诗文、词典、戏文、笔记、小说、野史等各类文献资料近3000种。作为一部包含如此庞杂资料的综合性大型辞书，它的价值远不止体现在方言学和词典学两个方面，在其他方面如民族学、民俗学、社会学、文献学、民间文学、历史文化地理学等的研究中，也有不可低估的作用。我们相信，在新的世纪里，它必将会发挥出更大的作用。

20世纪，是现代汉语方言学从产生到繁荣的时代，《大词典》的出版，标志着汉语方言研究事业的兴旺发达。我们在欢庆《大词典》出版的同时，更期待汉语方言学研究的进一步繁荣、昌盛。

（山东大学文学院　济南　250100）

（本专辑责任编辑　徐祖友）

（原载《辞书研究》2000年第4期，上海辞书出版社，

与岳立静合作，本人为第一作者）

读《汉字三论》

　　殷焕先先生《汉字三论》已由齐鲁书社于一九八一年九月出版。三论的题目是：论汉字的"六书"性质和汉字的教学、论汉字的笔画形体、论汉字的简化与教学。这本书首先引人注意的，是其别具一格的表现形式，使人读来饶有趣味。学习以后，感到很有收获。从内容上说，主要有三点。

　　第一，是立论的根据，讨论汉字应该以什么为出发点。记得周恩来总理一九五八年在谈到简化汉字问题时说过："我们应该从六亿人口出发来考虑文字改革的问题"，"为了广大的劳动人民和千千万万的儿童，知识分子应该动动脑筋"。[①]《汉字三论·前记》明确提出把"速度"作为观察和分析汉字的首要角度，因为在 20 世纪 80 年代，"速度将决定我们的繁荣昌盛"。还因为"方块汉字目前正在为建设四化服务"，"前记"中提出观察分析汉字的第二和第三个角度，汉字的表意性格和汉字的教学，实质上也是从汉字的实际出发，来讨论如何使汉字更易为广大人民所掌握，服务于促进祖国繁荣昌盛这个总的目的。

　　第二，是用什么观点看待汉字的历史和汉字改革问题？《汉字三论》的答复十分明确："汉字是在发展着、进步着。认识汉字的发展应当是用'进步观'，'退化观'是错误的。"文字是记录语言的工具，语言随社会的发展而发展，语言越丰富、越纷繁，就要求发达的文字来适应语言发展的需要。就以假借来说，因为"语言要反映客观、主观万千种相，并且又要适应这万千种相的变化而作出相应的变化"，这是象形、指事、会意乃至形声都跟不上的，它们都受到了"形"的束缚，脱离不了有"穷"之日。语言的外壳是声音，语言中的许多声音、图形无法记录，而假借正是重音不重形的，所以假借适应了汉字发展的历史要求。同样，用发展的观

---

　　① 　周恩来：《当前文字改革的任务》，1958 年 1 月 10 日，是在中国人民政治协商会议全国委员会举行的报告会上的报告。

点来认识汉字改革，也就可以理解：汉字改革是记录汉语的必要、汉字发展的必然。

第三是，贯穿全书的一个理论问题，即汉字的有理性。《汉字三论》讲道："汉字在构形的时候，每一个字都有理性，没有理性就产生不了汉字。"汉字的有理性是以客观存在为依据的，汉字的可解释性也正是决定于汉字的有理性。汉字发展的每一步，包括早年的隶变到当前的汉字简化，都是汉字有理性的发展；而汉字从"目治"到"耳治"的发展，则更是从一种有理性向另一种有理性的飞跃。时代不同，人们的社会生活不同，也会影响到汉字的造形，影响人们对汉字形体的有理性的解释。

总之，《汉字三论》的出版，对深入讨论汉字的性质，正确评价汉字、汉字的简化以及汉字的教学问题等，都是很有意义的。

（原载《文史哲》1982 年第 2 期）

《商子汇校汇注》原稿问题及处理意见

2013 年 12 月

说明：《商子汇校汇注》，原为《商君书校注资料长篇》，原稿由周立昇、赵呈元、徐鸿修、钱曾怡、董治安、葛懋春六人编写，雇人抄录。不幸六人中赵、徐、董、葛相继去世。为替今后研究《商子》的人员保存这份难得的资料，山大"古籍整理研究所"的领导决定将《资料长篇》更名为《商子汇校汇注》，修订后在凤凰出版社出版。先请古籍所的研究生将原手抄稿电脑输入，再由周立昇、钱曾怡审读修订。钱曾怡在审读原稿中，发现一些问题，将这些问题整理为五个方面并提出处理意见，经周立昇同意，在修订中遵行。下面是问题及处理意见。

一、原手抄本错误较多，主要有以下几方面。

1. 原著有误。例如，《来民》篇原稿 310 页，《锥指》引《汉书·武帝纪》"年八十复二算，七十复甲卒"，查《汉书·武帝纪》(《汉书》156 页) 其中"七十"当为"九十"，等等。

2. 编者有误。例如《去强》篇漏第八段的一部分以及九、十两整段；《算地》篇，正文"两者偏用，则境内之民一"，其中"之"字误为"止"，等等。

3. 抄写有误。抄写者好用不规范的简化字，例如"撤"写作"㧃"，"壤"写作"埌"，等等。

4. 输入有误。例如，有的将正文误输为校文或注文，还有许多别字，如"极"误为"机"(音近)、"徙"误为"徒"(形近)、"搏"误为"搏"(形近)，等等。

处理意见：校对全稿，包括校勘所引各种版本原文及各版本引用的文献原著。

二、体例不一，编写六人，风格不同，造成体例不一的情况。主要有以下几方面。

1. 引书后有的加引号，有的不加，举例如下。

《解诂定本》:"……" 《解诂定本》:……

处理意见：引书后的引号取消。因为有的校注在引文中又有引文，而引号只有双引号、单引号两种，如果前面再有引号就没法处理，例如：《去强》篇"国好力日以难攻，好言日以易攻"句下，《锥指》：俞樾曰："两'日'字乃'曰'字之误。《说民》篇'国好力曰以难攻；国好言曰以易攻。'文与此同，可据以订正。"

2. 按"凡例"，方括号"[ ]"和圆括号"( )"是有分工的："[ ]"是编者核对原文发现有差错，在"[ ]"内予以订正；"( )"是编者按语。现在的问题是，有的编者没有严格执行而全部用了圆括号。另外，引书中原来就有在圆括号内加注的，就分辨不了是编者按语还是原书注文。

处理意见："[ ]"内的文字是对原文差错的订正。例如《修权》篇"故立法明分，中程者赏之，毁公者诛之"句下，《解诂定本》：《汉书·张苍传》[当为《汉书·高帝记》]。"( )"为编者按语，例如《开塞》篇"故王者以赏禁，以刑劝"句下，《新释》……《算地》篇曰：而赏者所以助禁（脱"也字"）；如果是原书注文，则在"( )"加"原书注"三字，例如《开塞》篇"所道则异，而所绳则一也"句下，《锥指》"……效于今者前刑而法（原书注：'法'当作'治'）"。

3. 对引文的处理

① 有的校注本引用前人论述，然后自己作出判断。有的引文很长，如果全部照抄，难免大量重复。

处理意见：一般处理为在"( )"内说明"引《××》文见上"。但是如果引文较短，也可照抄原文，这是为避免读者往前查找麻烦，不如直接写出方便阅读。

② 前面的校注《×》，后来有的著作引用了，也可在前面加"《××》《××》从《×》说"。例如《境内》篇"就为公卿"句下：《诸子平议》：当补"故爵公卿"四字。《解诂》《斠诠》《校释》《锥指》皆从俞说。

4. 按规定，钱熙祚刊商子简称为"指海本"，可有的仍称"钱校本"，有的则两称"钱校本（指海本）"。

处理意见：统一称为"指海本"。

三、校注引用的书目无法查找者，用《商君书》重校本核对。

四、版本，如《锥指》，原为蒋礼鸿先生手写稿，此稿于1986年在中华书局出版，其中对原手稿有许多修改补充，此次审校一依正式出版的本子为准。

另外，"扎迻"齐鲁书社 1989 年版、"籀厂碎金"齐鲁书社 1987 年版、《古书疑义举例》中华书局 1956 年版，2010 年第七次印刷，三者皆为重印，不再说明。

五、繁简字、异体字的处理，如"緜绵""譌讹""姦奸"，等等。

处理意见：最好以原书所用为准。

在"蒋维崧先生塑像落成式暨纪念蒋维崧先生诞辰九十六周年座谈会"上的发言

　　蒋先生 1955 年调来山东大学，当时我还是中文系四年级的学生。我 1956 年毕业留校，和蒋先生同在一个教研室。1957 年我从北京进修回校后，蒋先生上现代汉语课，我帮他为学生辅导。当时全国汉语方言普查，蒋先生是山东省方言调查工作组的领导成员，我负责山东大学承担的各调查点。我和蒋先生的接触，从那时开始，到他 2006 年去世，整整经历了将近 50 年。我们的关系始终密切，彼此之间都很了解，甚至达到无话不讲的程度。

　　20 世纪 70 年代，山东大学被迁到曲阜。我用了一段时间练字，写了不少张，后来拿给蒋先生看。他看了半天，指着一个字说，这个字的这一笔还可以。至此我自认为我于书法没有天分，不能师从蒋先生。但是蒋先生每次出书，都会首先送给我们。

　　下面，要说说蒋先生对我专业上的许多帮助。太多，捡几项想到的说。

　　蒋先生博学是众所周知的，他对方言学也很在行。我的第一篇方言论文《胶东方音概况》，是蒋先生推荐给《山东大学学报》发表的。以后我的几篇重要论文，蒋先生都会给我把关，只要我的论文送去，他都会放下手边的工作为我仔细阅读，有问题的地方用铅笔在旁边打个钩，待我去取时对我说，这里怎么怎么的。记得我的《汉语方言学方法论初探》一文，原先是投给《文史哲》的，被压了许多日子，编辑让我删去一些例子压缩在一万字以内，据说他们还去征求过蒋先生的意见，蒋先生说"钱曾怡的文章不能删"。后来我转投给《中国语文》，在那里全文头条发表。我出版的几部重要著作《烟台方言报告》《中国语言学要籍解题》《汉语方言研究的方法与实践》，封面题字都是蒋先生写的，我还精心保留着蒋先生为我和董治安篆刻的两个印章。有一次蒋夫人孙珊华给我打电话，让我去她家一趟，原来是蒋先生要把他关于方言的存书《湖北方言调查报告》赠送给我。蒋先生参加的唯一一次博士论文答辩，便做答辩委员主席，博士研究生是张树铮。那天文史楼一楼很热闹，是因为蒋先生去了，是常诚用轮椅推着他去的。

20 世纪 70 年代在曲阜，我和王怀让被派去纸坊锻炼，扫盲。那个村子几乎没有一本字典，回到学校后，我们向学校汇报了这个情况，请示能否编一本字典。正巧省教育部门的杜辉同志到山东大学，说现在字典紧缺，人家辽宁已经编出了一本，叫《学生字典》，咱山东也要编一本，让山东大学负责编写。系里组织了编写组，组长是张自义。在张自义的领导下，参加人有我、王怀让、马松亭、蒋先生、小殷先生（他俩当时还在另册）。业务负责人名义上是我，其实我依靠的是蒋先生。那时编字典也是受"极左"思潮影响的，在一次工农兵学员的座谈会上，有人就提出要为工农兵争夺每一个字。山西省煤矿的一个什么组批判《现代汉语词典》，批判丁声树，蒋先生看到报道，急得连连说："怎么办？怎么办？"但是我们的《学习字典》还是出版了，收字一万多，在当时同类字典中是收字最多的，受到各方面（包括丁声树先生）的好评。在编字典的过程中，我在蒋先生那里学到了许多。例如：逢古籍引文都要查原著，避免转引，因为有的引文常常出错（当时我们就发现《辞海》的一些引文错误）；在用字造句上无论写什么，都要字字斟酌；结论要反复思考，不可轻易判断。蒋先生极其严谨的治学态度，是我终身学习的榜样。

蒋先生头脑清晰灵活，记忆力之强令人吃惊，是真正的活字典。蒋先生兴趣广泛，对京剧、音乐，都有很高的欣赏水平，体育方面，还很关心足球比赛。

蒋先生生前也受到过一些不是很公正的对待（如《汉语大词典》、山东省著名社会科学家名单、《字调和语调》等，具体事实从略），表面他并不在意，其实内心还是有想法的，有时会对我说，说起来很激动，浑身发抖。前几天《中国近现代书法家作品集·蒋维崧卷》出版；今天，到蒋先生塑像落成，大家在一起畅谈蒋先生的成就，蒋先生的在天之灵，一定会得到很大的安慰。

（原载《维岳崧高——蒋维崧先生诞辰一百周年纪念文集》，
山东画报出版社 2015 年 9 月）

钱 高 楣

钱高楣（1904—1973），浙江嵊州长乐镇人。为武肃王钱镠三十三世孙；其继母为甘霖镇白泥墩王遐湘之女，名医王邈达长姐。

钱高楣从小不愿过富裕安逸的生活，矢志学医。毕业于浙江省立医专特班医科。在校期间，适逢五四运动，热心参加学生运动，曾任学生自治会主席，积极参加游行，宣传爱国主义，抵制洋货。

1919年，白泥墩王邈达、王晓籁、王孝本三兄弟创办以其父亲名字命名的"芷湘医院"，王邈达为院长，钱应王邈达之邀任该院医务主任，负责处理院务。

1929年，王邈达、王晓籁兄弟到长乐，与钱高楣发起合股筹建三益顺碾米厂。厂址初设于钱高楣家的前新屋，后迁下市头钱家后菜园，有房舍场地，购进德制碾米机器，是为长乐现代机械化工业之始。

抗日战争开始，芷湘医院因业务萧条、经费无着而停办，钱高楣遂回长乐自费开设诊所。1939年组织长乐镇抗日动员委员会，任副主任，兼任救护队队长，并督造位于长乐车站的抗日阵亡将士纪念碑。

1940年九三兵站医院（属军政部军医署闽浙分署）从东阳迁嵊县，因抗日伤兵蜂拥而来，条件十分困难，院长两易其人，钱高楣临危受命，接上校院长，设兵站医院于长乐花小祠堂等处，先后救治伤兵400余人，伤兵大多被治愈出院，重返抗日前线。1942年，日寇犯嵊，钱氏率全院人员携所有药品器械、担架等物资，日夜兼程，历尽艰辛，将医院撤至丽水碧湖，继续收治伤病官兵。

抗战胜利后，钱回长乐继续开诊所。他擅长内科，（钱德老患痢疾，中医束手无策，经钱氏诊治痊复，曾在《东南日报》上登报鸣谢），外科手术亦得心应手。为贫病乡邻治病，不取分文。

1946年，芷湘医院在其二舅父王晓籁先生努力下筹备复院，董事会任命钱高楣为院长，聘著名医生张诗观为内科主任。当时医院百废待举，钱氏为医院提前开业，将自己诊所的全部药品器械及部分必需家具，从长乐运至嵊城，无偿交由芷湘医院使用。不久医院元气渐苏，设内、外、妇产、五官等科。设病床 50 余张，员工达 25 人，规模颇大。解放后芷湘医院改为公立，今为嵊州市第一人民医院。

新中国成立后钱回家，曾参加长乐中西医联合诊所。晚年家居行医，常免费为乡民治病。夫人王昭裕，系王邈达之长女，乐善好施，擅治小儿疝气，有秘方自制痧药水，常年供患者敷用。

参考文献：

1.《长乐镇志》，浙江人民出版社，1999 年 4 月。

2.《九三兵站医院院长钱高楣》,《嵊讯》第十七期，台北市浙江省嵊县同乡会 1996 年 2 月。

2019 年 9 月为"芷湘医院百年大庆"而作

我 的 思 念

　　直到 5 月 26 日第三次在"病危通知"上签字，仍然不信他会永久离我而去，总以为他会好起来的。24 日上午他还在家里接待杭州来访的何俊等三位教授，审阅他们"马一浮《群经统类》点校整理"的项目，谈话约半个小时。26 日转入 ICU 病房，下午的 20 分钟探视之后，我还问大夫此时此刻他比进这个病房之前有无好转，大夫回答"有一点点"，心想只有一点点也好，总有希望。谁知才过几个小时就黯然长逝，生命竟如此脆弱。都怪我！4 月他头晕未能参加北京的一次会议，因为 3 月查体心电图正常，大夫说头晕是颈椎问题，没有几天也就好了。23 日发病，我又以为是颈椎的病致使头晕，还请人来家给他推拿，结果是适得其反。还是怕上医院、怕麻烦人的心理作怪，没能及时强迫他进医院抢救，追悔莫及，致成终生遗恨。

　　25 日问他头还晕吗，他说不晕；心还疼吗，他说不疼。26 日上午喂他喝水，劝他多喝点，他说"我回家就多多喝水"，这是他对我说的最后一句话。他是期盼早日回到家里的，他真的是舍不得离开我，他还没有吃够我做的饭。记得多年前的一天，他对我说："我看到一个材料，说我的祖先董昌被你的祖先钱镠剿杀了。"不久我们在绍兴参观钱镠的博物馆时真的看到对这个史实的图片展览。后来我有时不耐烦做饭，发牢骚说："我的祖先欠了你的先辈，这辈子罚我给你做一辈子饭。"没想到我还欠他这么多眼泪，不知我上辈子还欠他些什么。

　　我和治安，1952 年同为山东大学中文系语言文学专业新生，1956 年毕业双双留校，1958 年结为夫妻。相识至今，已是 60 个年头，整整一个甲子。

　　留校以后，我被派去教育部和语言研究所合办的"普通话语音研究班"学习，从此走上了语言学研究的道路。他师从高亨先生，进行古典文学和文献整理的教学科研工作。两人专业方向不同，起先都是围绕自己所承担的教学工作进行学习，个人做个人的事情。中年以后，特别是"文化大革命"中，我们同在章茂桐领导下的"《商君书》注释组"，开始学术上的相互探讨。之后，我们写的文章，彼此是对方的第一读者。从内容、标题，到篇章结构、标点符号，都会互相切磋，主要是挑文稿中的毛病，尤其注意防止"硬伤"。虽然专业主攻方向不同，仍然可以取长补短。我做方言离不开音韵学，重点在以《广韵》为代表的中古音系；他研究先秦两汉文学，整理高亨先生的《古字通假会典》，对上古音韵系统比较熟悉。我主攻方言以现代为主，注重实地调查；他熟习经史子集，他的专长正是我的缺项，这方面我得益于他的甚多。读书中只要看到有关于方言的内容，他都会一一用卡片抄出供我使用；有一个时期我热衷于现代方言分区与考古文化相联系的研究，他总会随时为我翻检查对古代文献资料；我主编的《山东方言研究》出版，他第一个看出我将西汉扬雄的时代误写成了东汉，使我得以及时纠正。时间长了，他也了解我的一些专业常识，一次北京开会回来，不无得意地跟我说，他在和与会者交谈中，不经意说出了"尖团"这个语音学术语，听到的人很是惊讶，说你怎么也懂尖团？

他一生唯教学与学术研究为重，将教学视为天职，视学术为生命，过的是"读书、教书、写书"的三书生活。他嗜书成性，常以购得好书为快。20 世纪 50 年代，他兴冲冲在一处地摊上购得点石斋照相石印本《佩文韵府》一套，竟用三个月时间为之编出一个检字表。各种工具书尽量配齐，即使在"文革"期间，有的人把专业用书都处理掉了，而我们家还是不断地添置新旧书籍，瑞典高本汉 1948 年出版的《中国音韵学研究》中译本，正是在人家处理旧书的时候购进的，书价 10 元，在当时是不小的数目，以后又陆续购买了中华书局 1973 年印刷的前四史《史记》《汉书》《后汉书》《三国志》等。他不知家中许多衣物放在何处，但只要说出书名，都能随手从书架上检出。今年 4 月，他对来家采访他的媒体总结自己几十年的研究重点，是主持整理《古字通假会典》、先秦两汉文学与文献研究、《诗经》学研究、《两汉全书》的编撰等。他辞世后清理他书桌的抽屉，眼前是手写的、打印的一摞摞历年讲稿、一篇篇论文稿件。他是文科较早学会用电脑写作的教授之一①，遗稿中有些是同一篇论文的多种打印件，是他对一篇稿子一次又一次修改而进行再次审读用的，见证他治

---

① 女儿海元计算机专业毕业，原就职于山东省计算机研究所，1995 年将所买的一台计算机搬回家来。这年儿子海恒教我们如何使用，开始时总学不会，而年仅 8 岁的外孙女裴玮在一旁看着看着就会了，连连说我们："真笨！真笨！"

学的严谨。即使是像《〈十三经注疏〉整理研究》的立项讨论（2012 年 3 月
25 日）和《子海精华编》进度和点校质量座谈会（2012 年 5 月 9 日）这样
的简短发言，在会议还没有开的前一两天，他仍在不断思考，反复修改
他的发言稿。我说他是"一根筋"，无论什么时候，只要他正在进行什么
工作，就一门心思只想这个事情。做中文系主任是这样，筹建古籍整理
研究所时也是这样。《两汉全书》项目立项之后，心心念念的全是《两汉全
书》，只要涉及业务，无论到日本讲学、写论文，还是与人交谈，就三句
不离《两汉全书》。

　　"一日为师，终生为父。"他与高亨先生情同父子，视弘扬高亨先生学
术为自己学术研究不可分割的一部分。主持整理高亨先生的《古字通假会
典》，用了整整 10 年时间，将一箱一片片零碎的字条汇集成 184 万多字
的鸿篇巨著；为编辑出版《高亨著作集林》（十卷）和《高亨子学研究未刊
稿》（三种）费尽心思。撰写介绍高先生学术成就的论文有《二十世纪学术
史上的一代大家——简述高亨先生的学术成就》《高亨先生的〈尚书〉研
究》《高亨先生的〈周易〉研究》等，达十余篇之多。高亨先生以外，他对
其他老师也是十分敬重，深得多位先生的器重和信任。他曾是当时中文
系副主任蒋维崧先生的科研秘书，以后与蒋先生亦师亦友，关系非同寻
常。他曾被萧涤非先生选中，跟萧先生合招硕士生，又合带博士研究生。
起初他有些胆怯，萧先生说"你不但要上，而且从出题、考试，包括以后
的教学，统统以你为主"，他写过纪念萧先生的文章《珍存的记忆——缅
怀萧涤非师》。他曾为黄孝纾先生的不幸深为痛惜，写过纪念黄先生的专
文《怀念黄孝纾老师》。殷孟伦先生一度被人诽谤，遭受不公正待遇，连
参加学术会议也被拒绝，1986 年 12 月，他顶住压力筹备召开了"殷孟伦
教授执教 55 周年暨学术讨论会"。"十年动乱"期间，高兰先生遭受粗暴
打击批斗，哀叹"我走到了人生的低谷"①，大家都很同情，有一次我们去
家里探望，高先生动情地说："你们才是我真正的学生。"

　　他待人以诚，对人很少防范。常常称赞谁谁是好人，某某是好同志。
在他看来，能跟他打招呼的都是好人，"每次见面都招呼我"。虽然出身富
家，但其生活之节俭常常令我费解。每每走过较高档的服装店，他总不

----

① 写到这里，不由想起 1952 年我们在青岛入学时的迎新晚会上，系主任高兰先生为我们
　朗诵讴歌新社会的诗句："朋友，你问我的生活吗？我的生活是好！好！好！"真是悲
　喜两重天！

肯进去看看，有几件像样的衣服，都是我做主非要为他买下才穿的。伙食上从不要求什么，西红柿炒鸡蛋、水饺是他的最爱；吃剩的菜从来不舍得倒掉，说"留到明天还是一个菜"，他也是怜惜我天天为伙食操心。但是对于亲友求助，一定鼎力相帮，从不吝啬。尤其是对学生，其关爱无异于自己的兄弟子女。他在业务上严格要求，但从不疾言厉色，而是通过自身的行为以严格认真的学风影响学生。为使学生顺利完成学术论文，可以代为拟订写作提纲；修改学生文稿，更是字字句句反复推敲。在生活上处处关心，处处维护，经济上只要需要，不论多少，都是有求必应，有时甚至不来相求也会主动给以支援。学生工作以后，也还一如既往，帮助他们设计研究课题、审读稿件，哪怕将自己的研究丢在一边，也要尽力支持他们所承担的各种研究项目。

　　他生长于一个传统的封建家庭，对于作为董门的"长子长孙"，自己是很看重的。由于长期家庭生活的熏陶，加以所学专业影响，传统文化的意识存在于他的思想深处。据我所知，他老家日常生活中洗衣做饭等家务，都是媳妇们的事情。对于生活琐事，他很少关心过问，或许还因为我太挑剔，总看不上他所做的，觉得达不到我的要求①，宁可样样自己动手。见我为烧洗缝补等一应家务操劳，曾感慨地称我是他的"糟糠妻"。我说他生活能力差、粗心，他不高兴，可那年我们同班、他最知心的同学张伯海来济南，我们三人一起吃饭，记不清是在什么语境下伯海说了一句"董治安最笨"，我拍手称快，他也只好默认。但是他也有仔细的时候，过去每当工资发下，就要各自给两家汇款。他是个特别怕麻烦的人，我体谅他，曾建议，现在经济条件好了，不妨每年打总寄一次，可以少跑几趟邮局。他不同意，说"奶奶②每次收到汇款，都会向周围邻居夸耀'儿子又寄钱来了'"。对于母亲的亲子之情，他体味至深，我自愧弗如！

　　我们两人性格各异爱好有别③，他温厚豁达我急性好较真，他疏懒我勤快，他离不开面食我惯吃米饭，他爱绵软我喜酥脆，电视节目他爱体育我喜戏曲。这些不同在50多年的共同生活中多已磨平，形成种种默契。家庭经济由我掌控，他从不过问，但家里的第一台彩电和冰箱，却都是我出差时在孩子的怂恿下由他做主买回来的，以后每每说起，他还很是

---

① 如：碗筷洗得不干净、衣服叠得不平妥、东西放得不规整等等。

② 我们随孩子称我婆婆为奶奶。

③ 也有共同爱好，如：爱听青蛙和蟋蟀的鸣叫、爱看古今中外小说名著等等。

自得。多年来我们形成的生活准则是节俭而不奢侈，自足又稍有盈余，自立而不求人。我们对孩子一向放任不多约束，但"不许撒谎，不许拿别人东西"两条规矩十分严格。高亨先生晚年，有一次他从北京回来，告诉我高先生对他说："治安哪，我家里的书用不着了，你挑选一下拿走吧。"我脱口而出："你不能拿！"他忙说："我没有拿！"到了老年以后，彼此更有了许多迁就：他不吃的东西家里一般不买，到了日本要为他到处去找卖馒头的商店，每晚吃粥原是他的习惯，后来成了我们家的常规；由他掌控的电视机遥控器有时也会指向中央台戏曲频道，对我严格的卫生要求尽量适应，掉到地下的垃圾也会弯腰拾起。我心中存不住芥蒂，喜恶都在脸上，说话口无遮拦；他"心似海阔能容尘"①，对我多有宽让，有时还为我辩解，说我是"刀子嘴豆腐心"。如今他永远地走了，以后还有谁能像他这样对我如此宽容？

亲朋好友纷纷劝我离开一段时间，到他们的家里生活一些日子，可我难舍和他共同建立起来的这个家；有人表示要帮我撤去他的床，改变一下屋子里的格局，可是往日朝朝暮暮，两人世界的点点滴滴都已铭刻在心，任何方式也无法稍稍抹去哪怕是一丁点儿。面对卧室的空床，书房的虚座，那个人呢？常言"子欲养而亲不待"，是人生一大遗憾；我以前不知珍惜，常嫌他不干家务、不够整洁，生活上处处依赖于我，而今情愿温情待他，让他更多依赖、更多懒惰，他却一去不复返了，这天大的遗憾如何弥补？自古人生伤离别，而永别，是回天无术，重见无期，是无奈，无望，无助。真盼人死有灵，魂魄来归。

钱曾怡
2012 年 10 月 15 日
11 月 15 日改定

作者简介：钱曾怡，董治安先生夫人，山东大学文学与新闻传播学院教授，博士生导师。

（本文原载于《儒风道骨　君子气象——董治安先生纪念文集》，齐鲁书社，2013 年 9 月）

---

① 董治安 1989 年 11 月"读报有感"："行同月明难逃谤，心似海阔能容尘。"

附录：未刊及主编、合著 10 种

1.《汉语方言学与方言调查》(讲义)，山东大学中文系 1963 年油印，1980 年重印。共 311 页。

2.《山东方言语音概况》(钱曾怡、高文达、张志静合作)，山东省教育厅 1980 年油印。共 111 页。

3.《首届官话方言国际学术讨论会论文集》(钱曾怡、李行杰合作主编)，青岛出版社，2000 年 3 月。共 395 页。

4.《山东方言志丛书》(主编)，共 27 种，语文出版社、齐鲁书社等出版社 1990 年至 2019 年出版。其中潍坊、诸城、莱州三种，钱曾怡为主要撰稿人，分别收入本文集第 6(潍坊、莱州)、第 7(诸城)两卷，其余 24 种为：利津、即墨、德州、平度、牟平、淄川、荣成、寿光、聊城、新泰、沂水、金乡、宁津、临沂、汶上、定陶、郯城、沂南、章丘、苍山、宁阳、泰安、无棣、费县。

5.《山东省志·方言志》(副主编，殷焕先主编)，山东人民出版社，1993 年 12 月。共 641 页，38 万字。

6.《中国语言学要籍解题》(钱曾怡、刘聿鑫主编)，齐鲁书社，1988 年 11 月。共 657 页，40.5 万字。

7.《学习字典》(合作)，山东人民出版社，1974 年 11 月。共 758 页，20.5 万字。

8.《商君书新注》(合作)，山东人民出版社，1976 年 1 月。共 213 页，20.5 万字。

9.《商子译注》(合作)，齐鲁书社，1982 年 10 月。共 204 页，14.8 万字。

10.《商子汇校汇注》(合作)，凤凰出版社，2017 年 10 月。共 847 页，58.9 万字。

钱曾怡教授访谈录

张燕芬采访整理

张燕芬（以下简称张）：钱老师，很高兴您能接受访谈。截至今年您从事教学研究工作已届六十二周年，您在汉语方言学界辛勤耕耘、建树卓越、著作丰硕，为国内外公认的大家。您于教书育人倾心付出、拳拳若亲、严师慈母，培养出一批在学术界有口皆碑的方言学者。今天很荣幸可以聆听您的人生故事，相信会对后学者有很多启发。

一

张：最近学生在讨论吴越钱氏，问我您是不是也是来自吴越钱氏。您能否给大家谈谈，作为远在千里之外的浙江人，怎么来到山东求学？您毕业以后一直从事汉语方言研究，当初怎么会选择方言学这一冷门的学科？方言研究这么难，您却坚持了这么多年。

钱曾怡（以下简称钱）：我是吴越王钱镠的 34 世孙。钱王于公元 907 年建立吴越国后，将子孙派往各州任一方之主，钱氏后裔就在江浙一带分布开来。我们长乐钱氏是钱王 9 世孙钱值从天台迁徙来的，长乐钱氏称钱值为"长乐太公"。钱氏堂号"遗经堂"，祖祖辈辈重教兴学。

20 世纪 50 年代，高考是全国统一分配。我们那个时候都强调个人要服从国家分配。我 1952 年高考被山东大学中文系录取，主攻汉语言文学专业。1956 年毕业后留校，被派往教育部与中国科学院合办的"普通话语音研究班"第二期学习，结业后留班进修，兼负责第三期教辅工作。

普通话语音研究班是为汉语规范化服务的，分为甲乙两个班：甲班学员主要是各省市负责推广普通话的干部；乙班多为高校教师，学习方言调查，要求回原单位后承担本地区的方言普查工作。两个班有不同的课程，我们乙班的课程有语音学（老师周殿福）、音韵学和方言调查（老师丁声树和李荣）、北京语音（老师徐世荣）。1957 年 7 月我回到山大，除了教学任务以外，其余时间全身心投入山东方言的调查工作。我实地调查的起点是莱阳、莱西等胶东方言，以后陆续扩展到全省各地，与山师的高文达、曲师的张志静、青岛二中的王采芹等，总共调查了山东全省110个县的103个点。1958年，在教育厅组织下，成立了与高文达、张志静三人的普查整理小组，我任组长，总结编写了《山东方言语音概况》（油印本），原计划修改出版，因"文化大革命"开始而终止。

二

张：您觉得汉语方言调查和研究中最难的是什么？最有意思的是什么？

钱：最难的是坚持，最有意思的是有所发现。我生性好奇，因为好奇，就有兴趣探索，坚持探索就会有所发现。

张：山东方言的研究走在全国汉语方言研究的前列，您在以山东方言为基础的官话方言研究和汉语方言学方法论方面做出了突出的贡献，能否跟我们谈谈这两方面的治学渊源和研究心得？

钱：实践出真知，实地调查是汉语方言研究的灵魂、生命之源泉，客观存在的方言事实是检验方言研究真理的标准。

下面具体说说上述体会的来由。

（一）关注官话方言研究

在山东方言调查中，发现山东方言的许多特点。1981年参加"全国汉语方言学会第一届年会"，看到学者们提供的论文，大多是讨论闽粤吴等东南地区方言的，而官话方言（当时称北方方言）却极少。我斗胆提出了要重视官话方言的研究，不想受到了官话地区方言研究者的响应。经过努力，于1997年7月在青岛召开了"首届官话方言国际学术讨论会"，编辑出版了《首届官话方言国际学术讨论会论文集》；又经十余年，组织编写了97万余字的《汉语官话方言研究》，于2010年在齐鲁书社出版。

（二）规律与例外

有位老师的学生问：钱老师方言调查的记音，是不是在掌握了语音演变规律后推出来的。这真是天大的误解。趁此机会严正声明：不具体调查发音人每一个字的发音，而按古今演变规律记录，是方言调查之大忌。举二例说明原因。

1. 我们知道，语音是一个严密的系统，语音的演变也是成系统的。

19世纪青年语法学派强调"语音演变规律无例外"，也就是"类同变化同"。对于这一点，我当初也是深信不疑的。但是，这一论断经不起客观存在的方言事实的检验，无数调查事实说明，"类同变化同"固然是带有普遍性的规律，但也不是绝对。方言的现实是，既有规律，也有例外，规律是一般，例外是个别，个别是超规律的。按语音演变规律推断记音，如果遇到少数例外的字，那就肯定出错。以古开、合口四等与今四呼的关系来说，一般规律是古开口一二等字今读开口呼、三四等字今读齐齿呼；古合口一二等字今读合口呼、三四等字今读撮口呼。但是，北京话中，古二等开口见系字大多读齐齿呼（交效摄开口二等、艰山摄开口二等），古三等合口非组字读开口呼（肺蟹摄合口三等、反山摄合口三等），这些都是成系统的、有规律的例外；还有一些个别字的例外，像"傻"是假摄合口二等字，今北京读开口呼；"吞"是臻摄开口一等字，今北京读合口呼。以前有个研究生记某县的音就是按古今演变规律来推断记录的，我们得知后不得不全部推翻重记。

　　2. 向共同语靠拢是方言演变的一般规律，但是也存在逆向演变的现象，就是说，既有顺势发展的普遍性，也有逆行变化的个别性。1983年在诸城调查，主要发音人是逄大爷。他是地道的老派，声母没有齿间音，但是新派是有齿间音的，我们调查时问他在炕上玩耍的孙子"三明，你几岁啦？""三岁 θã θuei"两字声母的齿间音十分明显。后来据我们了解，诸城方言老派没有齿间音，新派一般在当时50岁左右就开始有了。诸城方言声母由老派的舌尖前音向新派的齿间音演变，就是逆向发展的明证。

　　在不断的实地调查中，许多事实都启发我们要用辩证的方法来观察、分析各种语言现象。于是陆续写了《汉语方言学方法论初探》《方言研究中的几种辩证关系》《谈谈音类和音值问题》等讨论方言学方法论的几篇论文，结集在商务印书馆和山东大学出版社出版了《汉语方言研究的方法与实践》（2002年）、《钱曾怡汉语方言研究文集》（2008年）。

　　（三）儿化

　　"现代汉语"教材关于儿化的定义："普通话的'儿化'指的是一个音节中，韵母带上卷舌色彩的一种特殊音变现象。"

　　1981年与日本高级进修生太田斋调查博山方言，发现博山话有一套成系统的变韵，例如老伴 pɛ、一点点 tiɛ、小官 kuɛ、大杂院 yɛ、出门 mei、不得劲 tɕiei、掉 ə（了）魂 xuei、说话带刺 tsʰei、大侄 tʂei、香炉 lou、孙女 niou 等，都是平舌音，表示小、轻微，其作用相当于北京的儿化。后来在即墨等地调查，又发现即墨话的儿化音变尤其特别，不仅带有闪音，而且还有声母的变化。两地儿化音变都超出了"现汉"教材所说的内容。汉语的儿化究竟有多少不同的情况？好想知道。经过多方收集资料，写出了《论儿化》一文，1995 年发表于《中国语言学报》第 5 期。

（四）入声消失的途径

1984 年，李荣先生为绘制《中国语言地图集》，命我沿山东西线往西调查河北方言的语音，我和罗福腾、曹志耘调查了河北东南部沧州、衡水、邢台、邯郸等地区的 39 个点的语音。这次调查基本摸清了这些点的音系概况。一个重大的意外收获是在对河北有入声到无入声的方言对比中，我们看到了入声消失的途径：一是由西向东的逐渐扩展；二是以先全浊入、后次浊入、再清入的声母条件；三是入声消失后的调类归向。这使我们尝到了从当代方言的横向比较中探求纵向的历时演变规律的甜头，同时也明确了一个理念，就是想要寻求某种语音现象消失的途径，你不可能在牢固保留这种现象的方言中求得，就以入声如何消失来说，我们可以在官话方言有入声到无入声的过渡区的对比中看到从有到无演变的轨迹，这在完整保留入声的方言中肯定是看不到的。王力等老一辈语言工作者强调"汉语方言调查对汉语史研究的重要的意义"，确实是至理名言。

（五）方言分区问题

关于晋语的归属，是学术界争议很大的问题。我对晋语了解甚少，本无意介入这场论争。但是，官话方言研究开始，对处于官话地区中心位置的晋语如何处置，就没法回避，只好硬着头皮研究晋语。

因为有过山东龙山文化与山东方言分区研究的基础，我先从学习晋语区人民的历史开始。那一阵子，我恶补考古知识，学习晋语区人民的历史。最后得出结论：晋语属于汉民族共同语的基础方言（官话方言）是跟晋语区的地理位置和人文历史分不开的。

晋语是否独立为与官话、吴、粤、闽等并立的方言区，除了了解晋语区的历史以外，更重要的是讨论晋语的特点。晋语有入声是晋语从官话方言中独立出来的重要依据，但是这解释不了同样有入声的江淮官话，何况江淮官话的入声韵类还比晋语丰富。在此基础上，我们特别加入了词汇、语法特点的比较。词汇用《现代汉语词频词典》的前 150 词（占 4000 常用词频 58.7943%），删去"她、了、着"等，共 80 词（占 4000 常用词频 35.2296%），分别将晋语的一个代表点和其他方言区的一个代表点与共同语进行比较。官话方言的相同点都在 60% 以上，而晋语是 65%，比公认是官话方言的扬州点 60% 高出 5%；语法特点的 4 项比较，晋语则完全符合共同语的标准。

三

张：您目前带领大家参加中国语言资源保护工程和山东省语言资源有声数据库的调查研究工作，请您谈谈中国语言资源保护工程的意义，它跟 20 世纪 50 年代您所参加的全国汉语方言普查有何不同？

钱：方言调查在我国有优良传统，得到政府重视。据我所知，我国作为政府行为的方言调查有三次。据东汉应劭《风俗通义·序》："周秦常以岁八月遣辎轩之使，采异代方言，还奏籍之，藏于密室。"这是第一次。新中国成立以来，作为政府行为的方言调查有两次：一次是 20 世纪五六十年代的汉语方言普查，再就是现在的语保工程。这两次方言调查，都是时代的要求，国家经济文化建设的需要，但其目的、理念和方法都是不同的。

就目的说：五六十年代的汉语方言普查是为推广普通话（汉语规范化）服务的；这次的语保工程，则是收集记录口头语言文化实态，通过科学整理和加工，建立可持续增长的资料库，以达到传承弘扬中华优秀文化的目的。

就调查内容说：五六十年代的汉语方言普查以语音调查为主，在单字音（丁声树、李荣《汉语方言调查简表》2136 字）记录的基础上，总结方言与普通话的语音对应规律，以达到有效的指导方言地区的人们学习普通话的目的；今天的语保工程，是语音、词汇、语法的全面铺开，此外还有故事、对话及地域文化的记录。

就研究方法说：五六十年代的汉语方言普查，主要是耳听手记，限于纸本记录；今天的语保工程除了纸本记录以外，还利用录音录像等各种现代化手段，使调查结果更为精确，并达到直观的效果。

四

张：钱老师，您 1982 年以来共招收硕士研究生 12 届 29 人，1994 年开始至今共招收博士研究生 9 届 20 人，其中论文博士 4 人。此外还指导过日本、苏联、美国、法国的高级进修生和访问学者 5 人。很多师兄师姐都作出了很大的成绩，他们在言谈中都表示成果的取得离不开您的悉心培养。您给大家说说培养学生的经验吧，给我们做一个参考。

钱：大家对我的赞誉不敢当，我只做了一个教师应该做的。

作为教师，我有学习的榜样，每每想到他们，我就会感到自己的不足，特别是丁声树先生。难忘丁先生在我第一次方言调查作业上的批改，用红黑两色铅笔写出的意见不下 30 处。其中一处"声母表"上在 ts、tɕ 两个声母下分别加了"精""经"两个例子，旁边写"表现尖团"四字。这使我领悟到方言调查声韵调表的例字是不能随便举的，要能够表示这个方言的特点。例如：北京"p"声母的例字，你哪怕举了古"帮"母字的"巴包比边补"等几十个例字，也不如举一个古"帮"母字（如"巴"）、一个古"並"母仄声字（如"别"）更有价值。丁先生"表现尖团"四字，使我终生受益。

说到教学，我运气好，遇到了许多好学生。学生使我成名。要说体会，也有一点，说三条。

第一，对学生寄予厚望，希望学生超过我。我视学生为我学术生命的延续、发扬和光大。从总体看，"青出于蓝而胜于蓝"是客观规律，不然，历史就不能前进。一个老师如果教不出超过自己的学生，那这个老师是失败的。当然，有些大师几百年才出一个，常人难以超越，比如我就没法超过我的老师丁声树和李荣先生。但我是很普通的，我把所有的东西无保留地交给了学生，学生是在我的终点起步，他就应该走得比我远。所以，只要努力，超过我还是容易的。我看到学生职务提升了、收入高了，超过我了，就特别高兴，如有不遂心的事，烦恼顿消。

第二，因材施教。每个学生的情况不相同，相处时间长了，对每个学生都会有所了解。他的智力、业务素质、治学风格、他能做得怎么样，都会心中有数，按照学生的不同特点对他的研究方向和方法等提出建议，要求他在力所能及的范围内尽量做得好一些。实际上素质好的学生只要稍稍点拨一下就会做得很好，倒是稍差一点的要用更大的力气去提高他。我常跟学生说：聪明的学生不怕把自己的弱点暴露给老师，老师可以对准你的弱点给以帮助。我能够体谅有的学生知识不全面或认识有错误，对他宽容，但是绝不容忍不严谨不实在、弄虚作假、敷衍潦草，作业被退回重做是常有的事，有的反复修改多次，我怕学生烦了，对他说："好文章是越修改越完善，我的文章也是修改了好多次的。"学生的习作和毕业论文，都要反复阅读，而且每章每节都会写出笔记，提出详细的修改意见。为培养学生识别能力，有时会把写得不好或有明显失误的文稿让学生看，要他们指出存在什么问题。

第三，教学相长，和学生共同走向学术前沿。我视学生为同道、朋友，很反感有的老师像旧社会的学徒一样对待学生，让学生做家务，向学生要礼物，甚至将学生的成果占为己有，等等，常常引以为戒。老师是学生的榜样，包括为人处世。我曾和学生有约：今生我们有缘成为师生，应该相互负责。我不会做坏事影响你，你如做了坏事，也会伤害到我。方言学学科发展很快，老师必须不断学习，站在学术前沿，否则无法指导学生。我喜欢不盲从、有独立见解的学生，即使与我争论，也不会排斥打击他，因为我们的认识总是在不断讨论中提高的。我常在学生的作业或提问中，发现一些闪光的东西，这些东西往往启发我对一些问题的思考，他们习作中的许多方言素材，也使我的方言知识得以充实。何况我也并不是万全的，跟学生相比，我有保守、迟钝的一面，而学生思想灵活、信息灵通，接受新事物快。尤其这些年，用现代化手段调查研究，如果说，我还处在刀耕火种阶段，他们却已是宇宙飞船了，自然就成了我的老师。真的，学生们确实给了我好多。

我没有别的，唯有一片真诚；所幸的是，学生也都能以诚待我。

五

张：方言研究盛况空前，您觉得后学者如何做进一步的研究？

钱：全国开展的语保工程，使广大方言工作者都有了施展才华的良机。这项任务繁重，希望都能严格按调查手册的要求踏踏实实地做，更希望能够在实地调查的基础上，根据不同调查实况探讨方言学的一些理论问题。我们在实际调查中，总会发现某个方言一些特别的现象，例如音系特点、音变现象、构词法规则、特殊句法等等。这需要在手册的内容之外补充调查材料并加以总结，写出论文。如果这个方言有普查时期或更早的记录材料，还可以将其与当前的调查材料进行对比，总结这个方言的演变规律，像鲍明炜先生《六十年来南京方音向普通话靠拢情况的考察》。

对于初学者来说，基础要打好。李荣先生说过，"（方言）麻雀虽小，五脏俱全"。所以想做好方言，应具备全面的现代汉语知识，语音、词汇、语法不可或缺。方言调查第一关是语音，语音调查的基础有二。一是语音学的常识。首先，国际音标训练必须过关，分不清不同辅音或不同元音的区别、辨不明声调的高低升降，就无法进行方言调查，或者调查结果不符合方言实际，这很可怕。二是音韵学，没有音韵学常识做不好方言。以下推荐几种书：《普通语音学纲要》（罗常培、王均）、《汉语音韵学导论》（罗常培）、《汉语语音史》（王力）、《汉语音韵讲义》（丁声树撰文，李荣制表）、《汉语方言调查字表》（中国社会科学院语言研究所）、《现代汉语八百词》（吕叔湘主编）、《现代汉语语法讲话》（丁声树等）。

（原载于《山东大学中文论丛》第 3 辑，山东人民出版社 2019 年 9 月）

山东大学中文专刊目录

《杨振声文集》

《黄孝纾文集》

《萧涤非文集》

《殷孟伦文集》

《高兰文集》

《殷焕先文集》

《刘泮溪文集》

《孙昌熙文集》

《关德栋文集》

《牟世金文集》

《袁世硕文集》

《刘乃昌文集》

《钱曾怡文集》

《葛本仪文集》

《董治安文集》

《张可礼文集》

《郭延礼文集》

《曾繁仁学术文集》

《中国诗史》(陆侃如、冯沅君)

《诗经考索》（王洲明）

《先秦著述史》（高新华）

《战国至汉初的黄老思想研究》（高新华）

《蔡伦造纸与纸的早期应用》（刘光裕）

《刘光裕编辑学论集》（刘光裕）

《挚虞及其〈文章流别集〉研究》（徐昌盛）

《王小舒文集》

《苏轼诗文评点研究》（樊庆彦）

《中国古典小说互文性研究》（李桂奎）

《中国当代戏曲理论建设史述》（刘方政）

《中国电影新生代的轨迹探寻》（丁晋）

《莫言小说叙事学》（张学军）

《景石斋训诂存稿》（路广正）

《古汉字通解 500 例》（徐超）

《简帛人物名号汇考》（王辉）

《瑶语方言历史比较研究》（刘文）

《语音学田野调查方法与实践——黔东苗语（新寨）个案研究》（刘文）

《石学蠡探》（叶国良）

《因明通识》（姜宝昌）

《袁昶年谱长编》（朱家英）

《孙吴文学系年》（徐昌盛）

《明代文学论丛》（孙学堂）

《立言明道——战国士人的语言观念与思想表达》（刘书刚）

《姜宝昌语言学、墨学论文集》（姜宝昌）

《基于人工神经网络和向量空间模型的汉语体貌系统研究》（刘洪超）

《面向构式知识库构建的现代汉语"A+一+X,B+一+Y"格式研究》（刘洪超）

《众包与词汇计量研究》（王世昌）

《欧美文学的讽喻传统》（刘林）

《清华简〈五纪〉篇集释》（侯乃峰）

《郁达夫的生平与诗词》（刘晓艺）

《中古阳声韵韵尾在现代汉语方言中的读音类型》（张燕芬）

《一得文存》（唐子恒）

《稗海蠡测集》（王平）

《方言音韵稿存》（张树峥）

《马龙潜美学——文艺学论集》（马龙潜）

《马瑞芳研究资料》（李剑锋、丛新强）

《牛运清文集》（牛运清）

《吠陀梵语语法初阶：语音、变格及变位》（徐美德）

《门第、才学之争与中唐文学》（刘占召）

《〈史通〉校勘名著四种整理与研究》（刘占召）

《槐枫阁语言文化丛稿》（吉发涵）

《耿建华文艺评论集》（耿建华）